法学与政治学
视野下的人大制度

发展与创新

孙 莹 /主编

 中国民主法制出版社

图书在版编目（CIP）数据

法学与政治学视野下的人大制度：发展与创新 / 孙

莹主编 . —北京：中国民主法制出版社，2025. 4.

ISBN 978-7-5162-3914-8

Ⅰ. D621

中国国家版本馆 CIP 数据核字第 2025VE4171 号

图书出品人：刘海涛
图 书 策 划：陈　曦
责 任 编 辑：袁　月　张雅淇

书　　　名 / 法学与政治学视野下的人大制度：发展与创新
作　　　者 / 孙　莹　主编

出版 · 发行 / 中国民主法制出版社
地址 / 北京市丰台区右安门外玉林里 7 号 （100069）
电话 / （010）63055259 （总编室）　　63058068　63057714 （营销中心）
传真 / （010）63055259
http：// www. npcpub. com
E-mail：mzfz@ npcpub. com
经销 / 新华书店
开本 / 16 开　710 毫米 ×1000 毫米
印张 / 26. 25　　字数 / 351 千字
版本 / 2025 年 7 月第 1 版　2025 年 7 月第 1 次印刷
印刷 / 三河市宏图印务有限公司

书号 / ISBN 978-7-5162-3914-8
定价 / 119. 00 元

作者简介

一、发展历程：制度变迁

秦前红，武汉大学法学院教授、博士生导师，教育部国家级重大人才计划特聘教授，中国法学会学术委员会委员，享受国务院政府特殊津贴专家。武汉大学珞珈特聘教授、武汉大学社会科学学部学术委员会委员，武汉大学宪法与法治国家研究中心主任，最高人民检察院行政检察研究基地·武汉大学行政检察研究中心主任，武汉大学纪检监察研究院院长。《法学评论》主编，中国法学会期刊研究会副会长。入选教育部"新世纪优秀人才"支持计划。曾任武汉市人大代表、中国法学会宪法学研究会副会长。

席文启，曾任北京市委党校副校长，北京东城区委副书记、区人大常委会主任，北京联合大学党委书记，北京市十三届人大民族宗教侨务委员会主任委员、人大常委会民族宗教侨务办公室主任。两届东城区人大代表、四届北京市人大代表。北京市人大制度理论研究会一届秘书长、两届副会长。致力于人大研究20余年，发表论文数十篇，出版著作十余部。最新著作有《人民代表大会工作十六讲》《人民代表大会论稿》《人民代表大会工作问答》等。

韩旭，中国社会科学院政治学研究所"当代中国政治制度与国家治理现代化研究"执行研究员，政治制度研究室主任，中国政治学会副秘书长。主要从事人民代表大会制度、法治政府建设、城市治理以及央地关系等相关理论和实践问题的研究。主要相关论著有：《国家治理视野中的根本政治制度》《通过人大制度发展全过程人民民主》《法治政府建设与部门主义问题之解决》

《中央和地方事权关系研究》等，主张围绕人民代表大会制度的完善与发展，建构与新时代发展要求相适应的现代国家治理体系，推进以人民为中心的国家治理现代化。

严行健，英国赫尔大学政治学博士，华东政法大学政府管理学院副教授，上海市政治学会常务理事。主要研究方向为人大制度、比较议会和代表理论。围绕人大制度等议题，在《探索》《教学与研究》发表论文 20 余篇，主持"人大代表与人民群众的联系制度研究"等国家社科基金项目两项，出版译著《英国议会政治》，并运行公众号"立法机构研究通讯"。

陈玥，中山大学法学院博士研究生。

二、代表履职：机制创新

焦洪昌，中国政法大学教授、博士生导师，主要从事宪法学、纪检监察学研究。受聘国务院参事，曾任中国政法大学法学院院长、北京市人大代表、中国法学会宪法学研究会副会长。主持国家社科基金重大项目、教育部重大攻关项目等十余项。在《中国法学》《政法论坛》《法制与社会发展》《中共中央党校学报》等刊物发表文章百余篇。著有《选举权的法律保障》《立法权的科学配置》《港澳基本法》《宪法学》等系列专著和教材。

丁凌枫，中国政法大学法学院硕士研究生。

胡弘弘，法学博士，中南财经政法大学法学院教授、宪法与行政法专业博士生导师。1992 年本科毕业论文即选择宪法方向题目《人大代表素质刍议》，后留校在宪法教研室任教至今。2015 年当选为湖北省人大代表，现为湖北省第十四届人大常委会委员、人大法制委员会副主任委员。2022 年担任研究阐释党的十九届六中全会精神国家社科基金重大项目《发挥人民代表大会制度的根本政治制度作用研究》首席专家，2023 年获建"湖北名师工作室"。

上官丕亮，苏州大学王健法学院教授、博士生导师，《苏州大学学报（法学版）》主编。中国宪法学研究会常务理事、江苏省立法学研究会副会长、苏州市姑苏区人大代表及常委会委员。主要从事宪法学和人大制度研究，发表有《政体的本质与人民代表大会制度的完善》《划分人大法部门和建立人大法学初论》《人民代表大会制度，还是人民代表大会制》《完善人大宪法监督制度三建议》《地方人大常委会开展工作应有宪法思维》等法学论文100余篇。被苏州市姑苏区人大常委会评为"姑苏区代表履职先进个人"。

孙龙，北京大学博士，中国人民大学国际关系学院政治学系副教授，主要研究领域为人民代表大会制度、比较议会制度、地方治理比较研究。主持国家社会科学基金项目、教育部人文社会科学规划项目、北京市社会科学基金项目等科研课题；已出版个人专著一部，主编、主译或参编著作十余部；在《政治学研究》、《教学与研究》、《人口研究》、Political Research Quarterly、China Quarterly、China Review 等学术期刊发表论文30多篇。

赵谦，西南大学法学院教授、博士生导师、宪法学与行政法学学科负责人、教研室主任，西南大学国家治理学院博士生导师、博士后合作导师。中南财经政法大学法学学士、法学硕士、法学博士，西南政法大学法学博士后。主要兼任中国法学会立法学研究会常务理事、中国法学会宪法学研究会理事、中国法学会行政法学研究会理事、重庆市人民代表大会常务委员会立法咨询专家、重庆市人民政府立法咨询专家等。出版专著4部，主编教材3部，公开发表论文160余篇（其中CSSCI论文60余篇），主持国家社科基金项目3项、省部级课题15项。

张晓函，西南大学法学院公法与国家治理研究中心研究人员。

林奇富，1975年生人，法学博士。吉林大学行政学院教授、博士生导师、政治学系主任，剑桥大学和芝加哥大学访问学者，主要研究领域为比较政治、代表理论与中国人大制度。在《政治学研究》《学术月刊》《公共行政评论》等期刊上发表学术论文30余篇；出版专著1部并入选"高校社科文库"。主持完成国家社科基金项目2项、教育部人文社会科学研究项目1项，参与国家社科基金重大项目、教育部哲学社会科学重大课题攻关项目多项。曾获2009年全国优秀博士学位论文提名奖、吉林省社会科学优秀成果奖1项、长春市社会科学优秀成果奖3项。

丛萌雪，吉林大学行政学院政治学理论专业硕士。

三、监督·立法：中国经验

任喜荣，法学博士，吉林大学匡亚明领军教授，吉林大学地方立法研究中心主任，宝钢优秀教师奖获得者。兼任中国法学会宪法学研究会副会长，中国法学会立法学研究会、港澳基本法研究会常务理事。长期从事宪法学、立法学、法文化学研究，主要讲授《宪法学》《比较宪法学》等课程，出版《地方人大监督权论》《刑官的世界——中国法律人职业化的历史透视》等学术专著，主持"合宪性审查机关的宪法说理义务"等国家社科基金项目，在《中国法学》等法学期刊发表学术论文多篇。

谭清值，西南政法大学行政法学院副教授，硕士生导师，法学博士。兼任中国法学会法治研究基地浙江大学公法研究中心研究员、北京航空航天大学备案审查制度研究中心研究员、《西南政法大学学报》学术编辑、《备案审查研究》学术编辑。研究方向为宪法学、行政法学等公法领域。主持国家社会科学基金项目、中国博士后科学基金面上资助项目、中国法学会部级法学研究项目等省部级以上课题10余项。出版著作1部，主编教材1部，在《清华法学》《政治与法律》《环球法律评论》《法商研究》等核心期刊发表论文若干篇，其中多篇文章被"中国人民大学复印报刊资料"全文转载。

梁洪霞，西南政法大学教授、博士生导师、法学博士，中国法学会宪法学研究会和立法学研究会理事，重庆市人大常委会立法咨询专家，研究方向为备案审查、宪法监督、公民基本权利和义务等，在《法商研究》《法律科学》《当代法学》《法学论坛》《政治与法律》等核心期刊发表论文 50 余篇，其中多篇被人大复印资料全文转载；主持国家社科、教育部、司法部等课题 40 余项，出版专著《公民基本义务：原理、规范及其应用》《城市流浪乞讨人员行政救助制度研究》，主编教材《世界各国宪法经典案例评析》等。

徐嘉玲，西南政法大学行政法学院硕士研究生。

吴红勇，1964 年 7 月生，湖南醴陵人。武汉大学法学院法学本科毕业，广东财经大学法律硕士毕业。从事检察工作 36 年。1988 年起，先后在海南省人民检察院、广东省广州市人民检察院工作，历任副处长、调研员、检察员等职，2016 年 10 月成为广东省广州市人民检察院首批员额检察官，2017 年成为三级高级检察官。2024 年 8 月从检察机关退休。2007 年起为广东省人大制度研究会会员。多次参加广州市人大制度研究会研讨会。

于晓虹，清华大学社会科学学院政治学系长聘副教授、博士生导师，哥伦比亚大学政治学博士，曾任哈佛大学费正清研究中心博士后。主要研究领域为中国政府与政治、比较司法政治、法律实证研究以及司法大数据，在清华大学持续开设"司法政治"和"大数据时代的司法与政治"等课程，相关研究发表于 Journal of Empirical Legal Studies、China Quarterly、剑桥大学出版社、《政治学研究》、《清华法学》、《开放时代》、《中国法律评论》等国内外权威学术期刊或出版物。

刘连泰，1968 年 11 月生，湖南澧县人，厦门大学法学院南强重点岗位教授，博士生导师，兼任中国宪法学研究会常务理事，福建省法学会宪法学研究会副会长，主要从事宪法总论、行政法总论、财产法、征收法等领域研究。在《中国社会科学》《中国法学》《法学研究》等杂志发表论文 80 余篇，出版著作《美国法上的管制性征收》《宪法文本中的征收规范解释——以中国宪法第十三条第三款为中心》，译著《活的原旨主义》《私有财产、公共行政与法治》。

商昌征，厦门大学法学院博士研究生。

四、广东探索：地方样本

陈永康，法学硕士，现任广东省司法厅副厅长，曾任广东省人大常委会委员、广东省人大常委会法工委副主任，长期从事地方立法工作，牵头组织起草、修改《广东省人民代表大会议事规则》《广东省人民代表大会常务委员会议事规则》《广东省地方立法条例》《广东省科技创新条例》《广东省港澳青年在粤港澳大湾区内地九市创业就业条例》《广东省粤菜发展促进条例》《广东省平安建设条例》等 20 多部地方性法规，具有较高的立法理论水平和丰富的实践经验，被评为广东省立法工作骨干人才。

廖荣辉，现任广州市人大法制委员会主任委员、广州市人大常委会法制工作委员会主任，一级巡视员，曾任广州市人民检察院副检察长，广州市中级人民法院副院长，广州市司法局党委书记、局长，长期从事执法、司法和立法工作，有着丰富的法治工作实践经验，特别是对我国检察理论和刑事司法理论有着深入研究，在理论界较早提出完善和强化行政执法的法律监督等问题，多次承担全国检察理论研究重点课题，发表多篇学术论文，2006 年被最高人民检察院评为首届"全国检察业务专家"，2013 年被评为"广州地区十大杰出青年法学家"。

倪瑞兰，1967 年 6 月出生，吉林海龙人，中国政法大学硕士毕业，武汉大学法学博士。曾任广东省第十三届人大常委会监督司法咨询专家、广州市政协第十三届常委、广州市检察官培训中心兼职教师、广州市法学会新型犯罪研究中心研究员、广州市天河区人大常委会副主任。现为深圳大学法律硕士校外导师、广州应用科技学院特聘教授、广州市政协第十四届常委、民革广州市委员会副主委。曾在高校担任教师，在广东省人民检察院、广州市天河区人民检察院、区政协工作，有深厚的法学理论功底和丰富的实践工作经验。在国家核心期刊上发表论文 6 篇，承担了最高人民检察院的 2 个课题。

黄洁，法学博士，现任深圳市人大常委会代表工委办公室主任，长期在深圳人大从事代表工作。参与创建深圳人大代表之家、联络站、行业联系点平台，探索人大代表参与民生实事票决制，开展专项履职活动等，多项工作得到全国人大《联络动态》推广。在《中国人大》《人民之声》《人大研究》刊登多篇代表工作理论文章，在人大代表工作实务研究方面成果丰硕。

序　言

聚焦人民代表大会制度70年：来自跨界的声音

人民代表大会制度的构建，标志着中国政治体制实现了从少数人统治向人民当家作主的根本性变革，深刻彰显了政治权力结构民主化重构的历史性突破。2024年，正值人民代表大会制度建立70周年这一里程碑时刻，为深入回顾其发展历程，系统梳理其实践创新、评价其治理效能、分析其社会影响，并前瞻性地探索其现代化的发展路径与运行机制，中山大学法学院、中山大学社会科学学部、中国法学会宪法学研究会人民代表大会制度研究专业委员会于2024年10月19日共同举办了"人大制度七十年的理论与实践：法学与政治学的对话"的学术研讨会。此次研讨会会聚了法学、政治学等领域的知名学者与实务界人士，围绕人民代表大会制度的发展历程、理论基石、实践经验、地方探索，展开了多维度、跨学科的深入探讨。本书作为这次研讨会的成果汇集，不仅从多个维度揭示了人民代表大会制度的历史性、代表性、创新性及地方性，还深刻展现了法学与政治学研究人大制度的交叉融合趋势。该书在一定程度上集中汇集了来自学界的声音，从中我们可以发现法学和政治学者为了人民代表大会制度的发展所贡献的学理分析和理论思考。

限于阅读的视野，在此提出三个问题，做一点简单的讨论。

——如何从学理上总结人大制度70年的历史经验？这是学者们必须首先面对且无法回避的问题。有学者以比较研究给出了答案。在他看来，如果以当代各国代议民主制度面临的代表性困境、选举困境和民主性困境为观察点，那么，人大制度70年的历史经验可以归纳为三项。一是人大制度基于公意对众意的优先地位，积极拓展多重众意的表达和回应渠道，以此凝聚共识，化解地方主义和局部利益的干扰。换言之，公意优先的代表原则成功避免了代议民主制度在一些国家面临的代表性危机。二是在坚持和完善选举制度的同时，大力探索对代表权实质不平等问题的救济机制，尤其是降低选举个体代表之间的竞争性，这在一定程度上消解了选举困境，从而超越了竞争性选举。三是以人民性为前提探索增强制度效能，以此避免代议机构内部专业化和结构复杂化导致的代议政治寡头化，避免了陷入西方社会的民主性困境。这些经验总结的具体内容当然还有进一步推敲、讨论的空间，但这种比较分析的价值在于启发我们思考：人大制度70年的发展究竟在什么意义上探索了一条与西方不同的制度建设道路以及如何进一步优化这套制度。由此看来，在人大制度的研究中，比较研究不可或缺。

——如何拓展新时代人民代表大会制度建设创新经验的分析视角？来自人大工作一线的实践者和理论工作者高度重视、关注新时代人民代表大会制度建设中的实践创新。他们比较系统地梳理了这些实践创新的具体做法，例如，基层立法联系点制度、参与式预算监督制度、民生实事项目人大代表票决制、人大代表联络站制度、街道议事代表会议等。面对这些丰富、新鲜的实践创新经验，学界如何进行理论解释？全过程人民民主理论以及党的领导、人民当家作主和依法治国有机统一的理论当然是非常重要的分析框架，但如何在这些分析框架的指引下，借助法学和政治学的专业理论进行更具体的分析依然还有大大拓展的空间。这意味着需要拓展新时代人民代表大会制度建设创新经验的分析视角。

——如何把握未来人大制度研究的基本方向？有学者通过研究发现，70年来，不同阶段人大制度的研究有不同的议题，研究方法也在不断演化，而各阶段核心议题的变化与党和国家的方针政策紧密相关。据此，学者提出未来人大制度研究的基本方向是继续围绕坚持党的领导、贯彻全过程人民民主和推进国家治理现代化的任务，在积极回应人大制度运行中的具体问题的同时，不断创新人大制度相关理论框架，形成人大制度研究领域的自主话语体系。这一判断无疑是成立的。不过，如果可以做一点补充的话，可能不只是形成自主话语体系，还需要着眼于构建自主知识体系。就此而言，跨学科的对话就显得非常必要。就此而言，本书所彰显的人民代表大会制度研究的交叉性就特别重要，从中我们可以看到法学与政治学在人民代表大会制度研究中的交叉融合趋势，这种交叉性不仅促进了理论研究的深化与拓展，也为制度创新与实践优化提供了更为广阔的视野与更为丰富的路径选择，体现了当代社会科学研究的未来走向与内在要求。

总体而言，《法学与政治学视野下的人大制度：发展与创新》在多个维度上对人民代表大会制度进行了深入而系统的探讨，具有重要的学术价值和实践意义。展望未来，人民代表大会制度的研究须在新时代背景下不断完善，不断适应社会发展的新需求与新挑战。同时，学界也应积极促进跨学科研究的发展，加强法学、政治学等学科间的交流与合作，为人民代表大会制度的理论创新与实践优化提供更加坚实的学科支撑与智力资源。唯有如此，才能为人民代表大会制度的发展与创新提供学术资源和智力支持。

我相信，本书的出版将对人大制度的研究和实践产生积极的影响。是以为序。

*

2025 年 5 月 8 日于广州中山大学

---

　　*　肖滨，中山大学政治与公共事务管理学院教授、博士生导师，中山大学社会科学学部主任，教育部国家级重大人才计划特聘教授。

编 者 序

民选代议机构的出现是人类社会从专制到民主的分水岭。人民代表大会制度是中国共产党领导人民创造的全新政治制度。2024年是中国人民代表大会制度建立七十周年。为了回顾人大制度的发展历程，总结人民代表大会制度的制度优势与治理效能，推动人民代表大会制度的发展与创新，2024年10月19日，中山大学法学院、中山大学社会科学学部、中国法学会宪法学研究会人民代表大会制度研究专业委员会主办的"人大制度七十年的理论与实践：法学与政治学的对话"学术研讨会在中山大学举行。来自清华大学、中国人民大学、中国社会科学院、中国政法大学、武汉大学、吉林大学、厦门大学、华东政法大学、西南政法大学、中南财经政法大学、苏州大学等多所高校的学者专家，以及全国人大常委会和地方人大常委会的实务专家参加会议。人民代表大会制度的坚持与完善，需要政治学和法学等学科共同提供理论支撑，也需要理论和实践的同频共振。本次会议交流是政治学与法学的交叉学科融合，也是理论界与实务界的思想观点碰撞；本次会议是对人大制度七十年的献礼，也是向执着于人大制度研究领域的专家学者们的致敬。[1] 会议分为四个单元，分别是"制度·原理""探索·监督""立法·治理""选民·代表"。与会者提交了未发表的原创成果，承载其对于人大研究领域前沿问题的最新思考[2]。本书是对这次盛会学术交流成果的凝练记录。

---

〔1〕 本次会议产生了积极广泛的社会影响，《南方都市报》以《人大制度70年的发展创新：一场理论与实践的碰撞》为标题对会议进行专版报道（《南方都市报》2024年10月31日，第A03版）。

〔2〕 其中，秦前红教授、胡弘弘教授、任喜荣教授在会上发表了主旨演讲，编者整理其演讲内容形成文章，收入本书。

　　根据论文之间的逻辑联系，本书分为四部分。第一部分是对人民代表大会制度发展变迁的回顾总结。第一部分的六位作者分别从理论、实践、国际比较、知识谱系等视角分析了人大制度的发展历程。秦前红通过深入剖析"四个机关"的含义，指出了人大制度发展中存在的许多亟待阐释的理论命题，提出了人大制度尚未"定型"等颇具启发意义的观点，体现出具有深刻社会责任感的学者对于人大研究"热问题"的"冷思考"。席文启介绍了党的十八大以来人大制度在实践中的多项具体制度创新，并分析了这些具体制度在人大制度自身体系内部的层次位置。韩旭从制度基础、实现机制、概念辨析等角度论证了如何充分发挥人大制度在全过程人民民主发展中的重要制度载体作用。严行健在比较代议制度的视野下，指出人民代表大会制度既具备代议民主普遍性的制度特征，又是无产阶级权力机关特殊性的制度安排，这使人大制度避免了其他国家代议民主制度面临的代表性困境、选举困境和民主性困境。孙莹及其指导的研究生陈玥分别以宪法学教材和知网收录期刊文章为观察样本，梳理了宪法学教材中关于人大制度知识谱系的传承与变迁，探讨了自1954年以来人大制度研究涉及的议题和研究方法的发展演变。

　　第二部分是对人大代表履职工作机制创新的理论回应。焦洪昌及其指导的研究生丁凌枫聚焦于人大代表闭会期间履职机制的发展，全面系统地阐述了人大代表闭会期间履职的宪制基础、实践现状和制度完善，为人大代表闭会期间履职提供了清晰明确的理论工具。胡弘弘基于参与地方人大工作的切身体会，提出上下级人大之间关系在理论上还需进一步厘清，她从规范层面、实践层面、学理层面等不同维度对此提出了前沿观点。围绕选民与代表关系的主题，孙龙、上官丕亮、赵谦分别从选民登记、代表联系选民、基层人大的规范建构等环节开展研究。上官丕亮根据担任区人大代表的亲身经历，总结了代表定期联系选民履职活动的成功经验并对此进行理论思考。孙龙对1979年以来北京市区县人大代表选举选民登记情况进行了全面的数据分析和案例分析，提出选民登记程序的制度完善建议。赵谦及其指导的研究生张晓函从基层人大职能发挥的角度，初步提出基层人大的组织架构、立法决策、审查监督等方面的规范建构。作为本部分的理论升华，林奇富及其指导的研究生丛萌雪对"象征性代表"的概念进行了解构和重构，重新定义和解释了象征性代表的结构、功能和意义。

第三部分是关于人大的监督和立法工作的理论探讨。任喜荣从比较宪法学的角度，以世界范围内不同的宪法监督模式为坐标系，通过回应关于代议机关宪法监督模式运行中的疑难问题，对中国的实践进行提炼，从而构建代议机关宪法监督模式的中国理论。中国的代议机关监督模式，目前已经形成了事前、事中、事后的全过程合宪性审查制度机制。在法律草案的事前审查领域，围绕法律草案合宪性审查的"精细化构造"议题，谭清值分析了该审查程序的功能定位和核心要素，并搭建起法律草案审议中合宪性审查程序的整套复合机制框架。在规范性文件的事后审查领域，政府部门规范性文件备案审查在实践中存在着难以监督、监督不力、监督被规避等问题，梁洪霞及其指导的研究生徐嘉玲对此提出了有针对性的制度优化建议，对政府部门规范性文件"双报备"制度创新举措进行了宪法原理和规范的全面解读，以实现制度困境的破局。吴红勇从司法机关的外部视角分析了司法责任制改革给地方人大监督工作带来的新影响、新挑战和新课题，指出了人大监督司法工作与司法责任制改革制度衔接中存在的若干问题。在人大立法领域，本部分的两篇文章主要是探讨立法权限的划分。于晓虹依据省级地方立法数据库，实证考察了立法文本、立法经验和中央政策对地方立法的影响，提出了"立法效能"概念，以分析地方人大及其常委会的立法权限划分。刘连泰及其指导的研究生商昌征归纳了人大授权立法的四种类型，分析了人大授权立法的制度变迁特点，并指出了进一步的研究方向。

第四部分的主题是广东地方人大的探索实践。本部分的四位作者是分别来自省级、市级、区级人大常委会的资深人大实务工作者，这也体现了本书理论与实践相结合的特色。处于改革开放的前沿，广东地方人大的各项工作尤其是地方立法工作走在全国前列。陈永康梳理了广东省人大常委会通过地方立法引领推动改革的四个阶段的实践历程，分析了如何处理好立法与改革的关系，并指出进一步发挥地方立法引领推动改革作用的主要路径。廖荣辉总结了近 40 年来广州市人大常委会在全国或全省范围内率先制定的多部地方性法规，分析了"首创立法"的广州样本的特点，提出进一步发挥地方立法探索性功能的可行性建议。倪瑞兰对广东省、广州市基层立法联系点的设置情况作了全面的介绍，对基层立法联系点的设置问题提出了观察和思考。最后，黄洁对深圳人大丰富人大代表联系群众内容和形式探索创新的总结，为本书完成了逻辑闭环，即，人民代表大会制度的运行逻辑，无论是立法、监督还是其他人大工作，都是为了加强人民当家作主。

本书收录的 22 篇文章，主题共同指向人民代表大会制度的发展与创新。诚如各位作者所指出的，人大制度的发展创新中，还存在诸多理论上亟待厘清、实践中面临困境、制度上有待完善的问题。这恰恰说明了人大制度的接地气和有实效，人大制度就是在这样的动态发展中保持着动力和活力。在人大研究领域，来自不同学科背景的学者专家对于人大制度发展创新中的现象和规律有着共同的关注关切，并在理论和方法上彼此借鉴援用，本书收录的成果呈现出法学和政治学这种学科交叉融合的趋势。正如肖滨教授在本次会议开幕式上致辞时所指出的，人民代表大会制度是一个有生命的制度，拥有坚韧顽强的生命力；它既是一个法律制度，也是非常重要的政治现象，是法学和政治学共同的研究对象；围绕同样的研究兴趣和研究对象，不同学科背景的学者从不同的角度相互交流，这会是中国社会科学发展的重要的前景和方向。

孙莹

2025 年 1 月 30 日于广州中山大学

目 录
CONTENTS

一、 发展历程：制度变迁

- 人大制度七十年的经验回顾和前景展望

- 党的十八大以来人民代表大会制度实践中创新的
  若干具体制度

- 充分发挥人大制度在全过程人民民主发展中的
  重要制度载体作用

- 人大制度七十年探索的三条历史经验
  ——以国外代议民主困境为切入点

- 人民代表大会制度知识谱系在宪法学教材中的
  传承与变迁

- 人民代表大会制度研究的议题、方法与趋势

人大制度七十年的经验回顾和前景展望

秦前红

古语讲，人生七十古来稀，人大制度走过七十年，一路风雨。人民代表大会制度作为根本政治制度，在政治生活、社会生活、法治生活中发挥重要的作用。人大制度在社会生活中的存在感和在国家治理制度体系里的显示度是很高的。人大制度研究是宪法学者和公法学者高度聚焦的领域，近几年形成了很多重要的成果。人大制度的重要不仅是字面意义上的，它实际上处于中心乃至枢纽的地位，海内外学者关注中国的宪制结构及宪法发展，人大制度是其不能忽略的板块。在人大制度七十年暨"五四宪法"七十年的这样一个时间节点，官方和学界对人大制度的经验和成就进行了肯定和总结。我个人一贯秉持的风格，就是在热思考的同时辅之以冷静的审视，即冷思考。我认为人大制度还有待完善，还有许多亟待阐释的理论命题。

首先，各级人大及其常委会有着"四个机关"的性质定位，对于这"四个机关"的含义应如何理解和把握？"政治机关"主要是讲坚持党的领导。"政治机关"里面有一个很重要的命题，是从政治化转向学理化。法理上，人大制度关注的一个重点就是党和人大的关系，或者我们讲的党的政治关系，党和国家的关系。党和人大的关系其实有很多面向。我近些年一直关注一个问题，就是党的领导从《中国人民政治协商会议共同纲领》以来，有四部宪法，然后有五次修改，党的领导在宪法文本中有不同的表达。"五四宪法"的表达基本上是一种比较间接式的方式。"七五宪法""七八宪法"很直接，"八二宪法"相对是一种间接性的方式，到了2018年修宪，又把它直接写到正文的第1条，党的领导进入正文的第1条，它所带来的是一个学理性的命题，它到底意味着什么？我们通常讲宪法会讲四大原则，过去讲四大原则包括法治原则、人权保障、权力监督和制约。党的领导是不是原则？如果党的领导是原则，其与这四大原则是什么关系？这个原则要不要细化，原则之中是否存在位阶关系？什么是最根本的原则、什么是基本原则，是否存在宪法某一个领域的具体原则？这些是需要在学理上再讨论的。党的领导进入宪法表达、进入宪法政治以后，对立法、执法和司法产生怎样的影响？在立法领域，有"在立法中坚持党的领导"的具体表达，过去很长一段时间里，党的十八大以前的一些法律，不太写党的领导，因为当时的观点是在政治架构里面，党的领导是自在其中的，是当然之义。现在经过党的十八大、十九大，全国人大和全国人大常委会制定的每一部法律都写入党的领导，这带来了很多值得研究的问题。例如，"党的领导"入法，是否在不同的法的领域有不同的表现形式？党的领导作为原则，在法条体系里面，有一个跟原则相对应的制度配套的问题。在公法的领域，写入党的领导，容易为人所理解。在私法领域，比如《公司法》要写进党的领导，在公司里有董事会、管理层、经营机构，那么党委跟董事会等机构是什么关系？这是一个很现实的问题。所以，政治问题法律化，法律问题技术化，技术问题程序化，这是法律人的职责和使命。以上是"政治机关"所带来的思考。

人大及其常委会是立法机关，我觉得这里面也有很多值得思考的问题。中国现在最应该研究的问题是"什么是中国的立法"，中国需要建设新的立法学，过去的立法学理论不足以阐释和指引现实。从立法机关的意义来看，人大立法，国务院可以制定行政法规，部门制定规章，地方有地方性法规，军委制定军事法规，监察委制定监察法规，"两高"出台司法解释，这都是立法。这样多元的立法体系，可能是出于实用的需要，但这给法的体系带来了冲突，那么怎样解决法体系内部的和谐问题就成为一个重要课题。备案审查体系就是力图去解决法制统一的问题的。但是备案审查体系同样是多元的，监察委有备案审查体系，人大有备案审查体系，政府内部也有备案审查体系，司法机构内部建立了有关备案审查的逐级呈报制度。上述普遍存在的立法活动、立法事实与法秩序统一之间的矛盾张力是学界需要面对和应答的问题。此外，"五四宪法"规定全国人大是行使国家立法权的唯一机关，当时全国人大常委会是不能立法的。到了20世纪60年代，全国人大常委会开始制定法律。到了 1979 年，为了解决立法供给问题，为了社会生活的便捷和对法治的需要，"八二宪法"第 67 条给了全国人大常委会很多的权力，它既可以立法，又可以修改全国人大制定的法律，还有法律解释权、监督宪法实施的权力、重大决定权等。"八二宪法"第 67 条赋予全国人大常委会的权力到底有没有边界？这需要在理论上梳理。全国人大及其常委会制定的法律在宪法里面有一个位阶的划分。但是在中国的司法审判体系中，最高院和其他法院审判案件很少关注基本法律和普通法律位阶之分。那么不承认这个位阶之分就会滋生很多法理上的问题，造成执法和司法的严重的困惑。

再讲人大作为代表机关，对于代表机关，当下最权威的概念是"全过程人民民主"。全过程人民民主到底是代表了一种民主的追求目标，还是对当下中国民主现状的一种概括和表述，在学术论证里是要作出区分的。全过程人民民主是基于社会制度的性质，指导我们去建设这样一种全过程的民主制度。全过程人民民主中，选举民主依然是重要的。中国共产党领导中国人民干革命、搞建设都是为了实现人民当家作主，选举民主在所有民主环节里面是最基础的。党一直对人民有承诺，随着各种主客观条件的成熟，要不断扩大民主的范围，要不断提升直接民主的层级。所以讲全过程人民民主的同时，依然要讲选举民主。

人大工作机关权能加强的时候，一定要注意其正当性和合法性问题，一定要处理好人大常委会和人大全体会议之间关系的问题。人大工作主要是立法和监督工作。《监督法》2024 年通过了修改，这是几十年磨一剑中的一个阶段。《监察法》也在 2024 年修改通过。在人大制度体系里，监察机关是人大的一个下位的机关，由人大产生并接受其监督，由此应该产生了《监督法》和《监察法》之间的关系问题，例如它们之间优位、主位和次位的问题。我认为制度设计的原点应该从《监督法》设计开始，以《监督法》对人大的功能定位来设计《监察法》的一些制度安排。那么如何体现人大制度的逻辑？我认为可以推进的包括：监察委要向人大常委会做专题工作报告；监察委可以接受质询和询问；人大常委会可以对监察委的工作进行专项检查。目前《监督法》规定了人大常委会对其他国家机关的监督要通过七种形式。这七种法定监督形式中，特定问题调查、撤职等监督方式，是否适用于人大常委会对监察机关的监督，目前的理论和实践都尚未厘清。

以上是对人大制度的思考和总结。对人大制度的未来发展进行展望，我重点谈以下四个方面。

一、人大立法机制的完善

谈到人大立法，就要谈到"良法善治"，"良法"就是相当于水源问题。"问渠那得清如许，为有源头活水来"，如果良法善治里的立法不好，不可能达成这样一个目的。我一直关注立法，曾担任市人大常委会组成人员，参与地方立法工作十几年。我个人认为，立法，要坚持在政治正确性和立法本身的科学性之间的平衡。并且，在立法工作中加强党的领导，更需要智慧。人民代表大会制度是坚持党的领导、人民当家作主、依法治国有机统一的根本制度安排。在"三者有机结合"下，党如何领导立法，这是当下人大立法工作面临的一个重要课题。过去谈到党领导立法，是事实，是惯例，现在则是正式的制度。党的领导如何促进立法的良善性，是大有改善空间的。特别是在地方层面，要避免地方领导官员的个人意志立法。所谓"个人意志立法"，就是地方官员的一句话、一个意思被包装成了所谓的法律。例如，在地方治理体系中有个别面临高压问责的问题，有的地方领导干部就把个人意志转化为所谓的法律法规，以作为决策责任的转向，但这部法规实际上是体现其个人的意志。

二、人大决定权的行使

引入代议制民主后，在20世纪30年代就有一批学者讨论造法者和立法者、制宪权和立法机关之间的关系。当下，《宪法》第67条关于全国人大常委会职权的规定使全国人大常委会实际上的角色较为模糊。比如说人大职权中的决定权，近年来，用决定权来代替立法成了一种很重要的现象，以至于出现"决定性立法"的现象。要贯彻民主性常态的立法，一般要经过三读程序。而通过决定权行使方式作出的立法，其通过的程序是什么？其法律位阶是什么？这些问题目前还未厘清。那么这就对常态的立法秩序造成冲击。而且，不仅有全国人大的决定性立法，依据《宪法》第89条规定，国务院职权中也包含决定，那么国务院的行政性的决定到底有没有立法效力，它的载体是什么、它的渊源性是什么、它的效力是什么等，也都构成了很重要的问题，需要学界和实务界的解答。

三、备案审查制度的激活

备案审查制度激活了中国的宪法实施制度，但是在备案审查制度日益活跃的同时，我们还要关心备案审查如何行稳致远。目前的备案审查制度没有设立明确的过滤机制，当民众的备案审查请求大量涌来的时候，如何应对呢？是否设立裁定驳回诸如此类机制呢？中国的备案审查所公布出的案例里，关涉公民具体的基本权利。那么备案审查的对象是什么？是抽象审查，还是事关具体个案的审查？现在备案程序已经演化成具体个案的审查，在这样一种演变以后，相应的制度设计怎么去做到周延，也是一个很大的挑战。此外，合宪性审查制度目前看起来已经很周延，包含审议过程中、审查过程中、起草过程中的合宪性说明，有前端有后端。那么，使前端审查变得有力量的是什么？我认为是民主性，是某种程度的社会公意得到适当的、严谨的表达，学者们在必要时候的发声，才能使法律的审查更有力量。

四、人大授权机制的运用

党的十八大以来，尤其是最近这几年来，人大广泛地运用授权机制。改革要获得某种正当性或者是合法性，需要人大运用授权机制。这种授权机制实质内容的科学性和程序上的正当性是值得研究的。

综上，中国的人大制度历经执政党和人民的探索，有很多成功经验，我们应该对制度本身增强自信。但制度本身的活力是没有被充分释放的。在这种情况下，中国的人大制度在未来怎么坚持好、运行好、完善好，是我们这些学者的共同使命，也是需要我们思考的目标和方向。

党的十八大以来人民代表大会制度实践中创新的若干具体制度[*]

席文启

　　党的十八大以来，在以习近平同志为核心的党中央领导下，人民代表大会制度得到了毫不动摇的坚持和与时俱进的完善，不但在根本政治制度的理论创新方面得到了长足进展，形成了习近平总书记关于坚持和完善人民代表大会制度的重要思想，而且在这一重要思想指引下人民代表大会制度在实践运行方面即加强和改进人大工作方面也取得了长足进步，形成了人大工作层面许多新的具体制度。可以说，这些年来，党的十八届三中全会决定中提出"推动人民代表大会制度的与时俱进"，"推进人民代表大会制度理论和实践创新"取得了巨大成就。本文拟着重探讨人民代表大会制度在实践方面与时俱进所形成的若干具体制度问题。

　　我们先介绍近年来在人大制度实践中创新具体制度若干例证，然后再对作者所关注的人大制度在实践中所形成的具体制度创新问题进行分析。

一、基层立法联系点制度（以全国人大常委会法工委基层立法联系点为例）

　　基层立法联系点是立法工作贯彻民主立法原则的一个创新。早在 2002 年就诞生了甘肃省人大常委会确定的全国第一个基层立法联系点——定西

---

　　[*] 本文为应中山大学孙莹教授于 2024 年 10 月召开的人民代表大会制度正式建立 70 周年学术研讨会之邀提供论文而作。初稿完成于 2024 年 9 月上旬，2025 年 1 月做了进一步完善。

市临洮县；2014 年党的十八届四中全会决定中提出了建立基层立法联系点；2015 年全国人大常委会法工委设立了第一批共 4 个基层立法联系点。2019 年 11 月，习近平总书记在上海市长宁区虹桥街道考察基层立法联系点时提出："我们走的是一条中国特色社会主义政治发展道路，人民民主是一种全过程的民主，所有的重大立法决策都是依照程序、经过民主酝酿，通过科学决策、民主决策产生的。"

第一批基层立法联系点建立以来，立法的大门越开越大。至 2023 年底，全国人大常委会法工委已设立 45 个基层立法联系点（包括 1 个高校立法联系点），实现 31 个省（区、市）全覆盖。2015 年以来，全国人大常委会法工委先后通过联系点就 172 件次法律草案、立法规划稿征求群众意见建议 22000 多条，有 3100 多条被吸纳；我国现行有效的 299 件法律中，有 142 件征求过联系点意见。基层立法联系点普遍采用了以点带面的运行模式，不断扩大人民群众和专业机构人员广泛有序参与，把一个小联系点变成辖区范围全域性的一个大面，直接面向广大群众听取意见建议。比如，上海虹桥街道基层立法联系点积极拓展民主实践路径，推动立法前、立法中、立法后听取民意集中民智全覆盖，将立法参与融入民生治理的全过程各方面；江西景德镇基层立法联系点探索建立市、县、乡"三级联动"工作机制，总结形成点与面、定向与随机、专家与民众"三结合"工作方法，确立遵循"真、实、度"工作原则，最大限度保持所收集意见的"原汁原味"，切实发挥良法善治的"助推器"作用；湖北襄阳基层立法联系点把立法意见征集融进日常与群众"拉家常"、居民"小板凳"活动中，拉近立法与百姓的距离；甘肃临洮基层立法联系点设立了 43 个基层立法联络点、100 个信息采集点、104 名立法联络员和兰州大学等法学实践基地，把国家民主立法的"直通车"开进村庄、社区、企事业单位和社会组织。

各联系点建立起 215 项工作制度机制，涵盖建设方案、工作规则、意见建议征询规程等 10 大类 20 多个方面。各地集合本地和跨区域多种资源打造工作网络，畅通线上线下"人人皆可参与"的汇聚民意民智渠道。例如，北京朝阳基层立法联系点线上通过"朝阳人大"网站和微信公众号广泛征集群众立法意见，线下建立了"43 个立法联络站 +292 个立法信息采集点 +61 家

立法征询单位 +3 个专家顾问单位"的工作网络和立法联络员、信息员、宣传员队伍。创新联系点辐射带动、上下联动、区域协同机制；新疆胡地亚于孜基层立法联系点构建"扎根基层、辐射全州、汇聚各族"的"一点三圈"工作网络；四川雅安基层立法联系点与周边 5 个市（州）人大常委会和四川农业大学充分交流协商，共同建立基层立法联系点"6+1"区域协同机制。坚持亲民务实，一些联系点积极打造特色品牌。例如，江苏昆山基层立法联系点树立"双桥"（指国家立法工作联系群众的连心之桥、人民群众参与民主法治建设的聚力之桥）品牌，淀山湖镇的"讲讲张"、巴城镇村民议事廊、开发区的"咖啡议事园"、周庄镇的"吃讲茶"等活动取得了良好口碑；广东江海基层立法联系点扎根五邑侨乡，推出"贴近港澳、亲近华侨、联通海外"的独特品牌，推动港澳同胞、海外侨胞参与国家立法的积极性稳步提升。紧扣"原汁原味"；浙江义乌基层立法联系点通过苏溪镇六都村的"法治长廊座谈会"、后宅街道李祖村的"大樟树下议法议事"、江东街道的"天幕圆桌会"等，以群众喜闻乐见的形式，让老百姓畅所欲言；贵州毕节基层立法联系点建立采纳意见情况反馈机制，以颁发荣誉证书、寄送感谢信等形式，鼓励引导群众积极参与立法。

与此同时，有立法权的地方人大也纷纷仿效，普遍建立了各自的基层立法联系点体系。截至 2023 年 5 月，全国人大常委会法工委基层立法联系点辐射带动 31 个省级人大常委会设立 556 个基层立法联系点，304 个设区的市（州）人大常委会设立 5984 个基层立法联系点，全国三级立法联系点总计达到 6572 个。立法联系点的触角延伸到基层的各个角落，有效畅通了与基层群众和相关方面的联系渠道。可以说，把联系点变成联系面，以点带面，不断扩大征集群众立法意见建议的范围，人民群众也越来越积极主动地参与到立法过程中来。[1]

---

〔1〕 此具体制度例证主要材料来源：《中国人大》2023 年第 22 期报道："让每一部法律都满载民意、贴近民生、顺应民心——记全国人大常委会法工委基层立法联系点工作交流首次会议。"

二、参与式预算监督制度（以浙江温岭参与式预算监督和广东省广州市天河区人大参与式预算监督为例）

国内比较早开展参与式预算且最广为人知的是浙江省温岭市。此后不少地方开始结合自己的实际仿效借鉴加以创新，比较突出的有广州白云区、云南盐津县、江苏无锡市等。我们这里以温岭市和天河区的做法为例介绍。

（一）个案 1：温岭市的参与式预算监督

温岭的参与式预算，是指通过人民群众以民主恳谈为主要形式参与政府年度预算方案协商讨论，人大代表审议政府全口径预算并决定预算的修正和调整，进而实现实质性参与的预算审查监督。它是温岭市人大将最早发源于当地的民主恳谈引入预算审查监督的一种创新，也是协商民主与代议制民主的有机结合。从 2005 年开始探索，历经"由点到面、由下而上、由表及里、由柔变刚"的十年实践，深入推进预算全口径、监督全过程、参与全方位，取得较大进展和突破。温岭参与式预算的基本做法有以下三点。

1. 人代会前围绕政府及部门预算草案进行初审和民主协商

一是开展部门预算民主恳谈，一般在人代会两个月前举行。从 2008 年至 2016 年，已在交通、教育、城市新区等 9 个单位举行了 29 场预算民主恳谈会，参加恳谈的人大代表和民众近 3000 人次。在每场恳谈中，与会人员先集中听取市发改委、财政及恳谈部门（如交通局）有关情况的汇报，然后采取分组与集中相结合的方式，就部门预算进行深入恳谈讨论，相关部门积极回应并回答询问，市政府分管副市长作表态发言。会后，市人大汇总整理公众意见并反馈给财政及相关部门研究处理，主任会议专门听取有关情况汇报，督促抓好落实。如 2016 年参加恳谈的社会各界代表共提出意见 149 条，促使 7 个部门调整预算项目 60 项，涉及预算资金 21784 万元。

二是开展代表工作站（代表联络站）预算征询恳谈。将部门预算送交各代表工作站进行征询恳谈，广泛征求工作站辖区内选民意见，为人代会审查部门预算打好基础。恳谈活动由工作站负责人主持，辖区内不少于 50 名选民参加。相关部门和财政部门介绍预算编制情况，回答人大代表和选民询问，并就有关事项作表态承诺。2016 年在 32 个代表工作站分别召开了 32 个部门预算征询恳谈会，总共超过 1500 名选民参加恳谈，提出有价值的意见建议

250 条。

三是常委会会议初审票决部门预算草案。围绕市委市政府重点工作部署，每年选几个部门，比如 2016 年选择了市农办、民政局、国土资源局、海洋与渔业局等 4 个部门预算草案，由常委会会议初审并票决后，再提交人代会审查批准。

四是开展政府重大投资项目审查。在人代会前，常委会会议逐个审查当年拟新增的 3000 万元以上政府性重大投资项目和重大前期项目，并选择部分重大项目举行初审听证，对有争议的项目进行表决。2010 年至 2016 年，共对 145 个拟新增重大项目和 84 个重大前期项目进行审查，促使政府重新论证或调整项目 25 个、取消 5 个（涉及资金 23.7 亿元）。

五是对政府性债务进行审查。从 2009 年开始，专门组建市人大常委会政府性债务跟踪监督小组，在每年人代会前审查当年度政府性债务收支计划，年中听取政府债务管理情况报告，督促政府防范和化解债务风险。

2. 人代会围绕预算进行深入审查

逐年推进全口径预算审查，2016 年实现了公共财政预算、政府性基金预算、社保基金预算、国有资本经营预算等四本预算单独编制并全部提交人代会审查，并在审查中形成了四个"专"的做法。一是专题报告。从 2010 年起恢复口头报告预算制度。2016 年在财政局局长作预算报告之后，还专门安排 4 个票决单位的主要负责人向全体代表作部门预算报告。二是专题审议。2010 年以来每年人代会均安排半天以上时间，分代表团对部门预算草案开展专题审议。2016 年 12 个代表团对 24 个部门预算进行"一对二"专题审议，提出建议意见 208 条，促使部门对 59 个项目进行调整，涉及资金 2270.49 万元。三是专题票决。即人代会票决部门预算。自 2015 年首次对市科技局、农林局预算进行票决后，2016 年将票决的部门预算延伸至整条科技"资金链"，由全体代表对经信、科技、农林、科协等 4 个部门预算进行票决。为了做好票决工作，12 个代表团共花半天时间，对 4 个部门预算进行专题审议，提出意见 121 条，市政府及相关部门认真研究，共调整优化 23 个预算项目，调整资金总额达 483.9 万元。四是专题决议。全体代表表决通过批准预算的决议。

3. 人代会后围绕预算执行进行深入监督

一是推动预决算公开。每年就预决算公开的内容、程序、范围、时间、载体等向政府提出明确要求，促进预决算公开不断取得突破。如 2008 年全文公开审计工作报告，2009 年网上公开 8 个部门预算，2010 年报纸上整版刊登建设规划局预算，2011 年网上公开 5 个部门"三公"经费，2013 年实现部门预算及"三公"经费公开全覆盖、35 个部门决算公开，2016 年全面公开市镇两级及部门预决算和"三公"经费预决算，不留任何死角。同时预决算已实现在温岭人大网、参与式预算网、阳光工程网、市政府门户网站、各部门网站等"五网"联动公开，以及报纸上常态化公开。专题询问预算执行审计问题。结合审议审计工作报告开展专题询问，督促相关部门对预算执行中存在的问题整改落实，促使政府部门重视加强预算管理。如教育系统 94 所公办中小学纳入集中核算，整合利用结余资金 9000 万元；全市社保基金五年期存款从零增加到 16.8 亿元，全年净增收益近 1 亿元。二是注重预算绩效监督。每年听取财政部门对预算绩效评价项目抽查情况的汇报。2016 年，首次探索对 3 个政府重大预算项目进行绩效评估，开启人大预算绩效评估新征程。我们对温岭参与式预算取得的效果和收获不再赘述。

温岭市人大参与式预算实践的实质，正如最早参与这项实践的国务院原系统研究人员赵树凯（曾为中央政治局集体学习讲课）所说：温岭经验的核心是基层民众对政府活动参与的不断扩大。他说，二十年前，对乡村治理研究者而言，温岭经验可谓无人不知。如果用一句话来概括，温岭经验的核心故事是，让村民代表参与讨论决定乡镇政府的财政预算。关于温岭经验有不同的表述，但创新经验的核心是一致的，即基层民众对政府活动参与的不断扩大、公众对政府行为问责程度的不断提高。应该说，这位过来人和知情者的说法是很实在的。

这里补充一个来自温岭人大的最新材料：参与式预算起源于温岭市的"民主恳谈"，旨在通过广泛的公众参与，增强政府决策的透明度和民主性。从 2005 年起，民主恳谈融入预算审查监督之中，正式开启了参与式预算的实践。这一创新举措，使公民、代表和社会各界能够直接参与政府年度预算方案的讨论，从而实现了对预算的实质性审查监督。在参与式预算的具体实施过程中，温岭市人大首创了"预算三审制"，即在预算初审和审查前增加预审环节，通过多种形式邀请人大代表、选民、专家和社会各界参与预算编制协商讨论。据统计，自 2008 年以来，市级层面已有 5775 人参与了 63 场次的预算民主恳谈，提出意见 1628 条，其中 463 条被采纳，有效提高了政府预算编制和管理的科学性、合理性。2014 年，温岭市人代会审查预算多方听取选民和社会各界意见的实践成果被写入新修改的预算法。党的十八大以来，温岭市人大在参与式预算的基础上，进一步探索以财政绩效结果为导向的预算监督新路径。通过创新人大交办审计和审计查出问题专题询问制度、人大交办绩效评价和预算绩效监督制度、政府债务和国有资产管理情况向人大常委会报告制度、政府重大投资项目审查监督制度等一系列举措，不断深化预算、国资、债务、审计一体化监督，推动参与式预算向纵深发展。值得一提的是，温岭市人大 2010 年 8 月首创的"审计查出问题专题询问"模式，已成为当地人大每年的"必修课"。通过人大代表的专题询问和政府部门的整改回复，实现了对审计查出问题的有效监督和整改落实。为了解决传统参与式预算中存在的全面审查难、全员参与难、全程监督难等问题，温岭市人大将参与式预算与数字化改革深度融合，2022 年探索开发了"参与式预算数智在线"。该应用功能通过"一点切入、二级联动、三个端口、五大场景"的架构设计，实现了对部门预算的线上线下融合监督。在 2024 年的部门预算编制过程中，温岭市人大利用"数智在线"全面实施部门预算进基层单元，将全市 77 个一级预算部门全部分解到基层单元，由市人大代表联络总站和镇（街道、开发区）人大代表联络中心站进行分站审查、实时监督。同时，通过参与式预算数智在线，组织代表对上一年度部门预算执行情况开展绩效评价，从而形成监督闭环。通过数字赋能，既克服了传统监督的不足，也有效形成了全过程人民民主背景下的"审查全覆盖、监督全链条、参与全方位、一键全通达"的监督机制。"参与式预算数智在线"已成功入选浙江人大数字化改革优秀应用案例。近年来，温岭市人大不断深化参与式预算实践，形成了全方位、多层次的民主实践体系。2024 年 8 月，温岭市人大组织开展了"代表活动月"，全市 77 个部门（单位）负责人分赴基层单元，向人大代表通报半年度预算执行情况，并接受代表监督。温岭的参与式预算，从蹒跚学步到步履稳健，是一个不断拓宽民主渠道的过程，不断发展基层治理方式的过程，不断丰富全过程人民民主实践的过程，经过近20年的探索与实践，它已成为温岭的一张"金名片"，更是中国基层公共预算改革的重大突破，基层协商民主的典范。[2]

（二）个案2：广州市天河区人大代表全过程参与预算监督

党的十八大以来，广州市天河区人大常委会探索开展参与式预算审查监督，组织全区人大代表提前介入审查政府预算草案和部门预算草案，对部门预算执行进行全过程跟踪监督，充分发挥了人大代表的积极性主动性，保持了强大的民主监督活力，2020年获评"第二届广东省县乡人大工作创新案例"。

1.天河样本的做法和效果

首先是实现了预算监督从"走过场"到参与式。2013年以前，区人大审查区政府预算，内容和形式都比较简单，主要集中在每年的人代会上，组织人大代表进行预算审查；由于大会会期有限，会议议程较多，监督常常流于"走过场"，无法做到对预算的深入审查。党的十八大以后，区人大常委会探索开展参与式预算审查监督工作，主要是把预算监督关口前移，组织代表对预算进行初审评议。自2013年开始，区人大常委会提前介入审查政府预算草案和部门预算草案，每年组织3—4个代表团集中审查1个部门的预算，第一年21个代表团提前介入审查6个部门的预算，经过8年不间断的参与式预算审查，共提前介入审查了66个预算部门中58个项目预算的编制情况，初步形成了闭环监督。

其次是运用信息技术拓展代表参与，践行全过程人民民主。2017年5月，整合了政府财政、国税、地税、发改、审计与人大财经工委的信息网和平台，天河人大预算联网监督正式上线运行。历经三年多实践表明，区人大常委会运用预算联网监督平台形成的强有力监督手段，让财政预算公开真正成

〔2〕 此具体制度例证主要材料来源：其一，浙江省温岭市人大常委会《温岭市参与式预算的做法与成效》(中国人民代表大会制度理论研究会交流材料，2016年6月3日)。其二，赵树凯：《参与式预算与基层治理创新——从温岭经验谈起》，载《治理研究》2023年第4期。其三，温岭人大微信公众号2024年9月26日推文。

为现实。预算联网监督系统中设置参与式预算审查监督模块，可以直观了解代表参与审查过程中提出了哪些意见建议，有哪些被采纳。信息化的应用丰富拓展了代表参与渠道。同时，在天河人大公众号增加预算监督模块功能，代表可随时随地通过手机了解预算情况，提出意见建议。例如，对于民生实事办理，每位人大代表都可以在手机上查询天河人大公众号，看到每一个项目财政拨款使用进度的情况，同时可以提建议，可以进行检查、跟踪、督促。

再次是政府相关部门和单位接受预算监督从被动逐渐转向主动。开展参与式预算审查监督以来，区政府财政部门和相关职能部门，从被动配合监督，逐步转变到接受人大监督，并且吸收采纳人大代表和专家学者的意见建议，积极改进预算编制工作。2019 年，根据代表建议，科信局将"小巨人"企业奖励由 3.5 亿元调减为 2 亿元；区人大组织专家对区安监局创建全国平安社区和国际安全社区经费评审后，最终确定预算安排 400 万元，比评审前压减 470 万元，压减幅度达 54%。预算管理信息不对称情况很大程度上得到改善，其民主性、透明性和科学性得到提高，人民当家作主在财政资金分配、使用上亦得到了体现。

2. 天河样本的核心特点是全区人大代表的广泛参与

对于这一点，我们转述深圳市人大常委会代工委副主任杨云彪的相关评论。他指出，对于没有预算民主制历史的国家而言，开展参与式预算监督面临着诸多难题：第一，在政府主导型的治理模式下，如何平衡预算的国家意志与民主管理之间的关系；第二，在兼职代表和短期会议制度下如何平衡预算的专业性与审查主体的非专业性之间的关系；第三，如何构建一套合理的制度以化解上述两个关系中的观念与制度纠葛。天河样本的回应是：用以人大代表为主体的参与式预算破解这些难题。他接着指出，我国现行框架下的财政预算制度，在范围上实现了全口径预算审查，在审查主体上包括了人民代表大会及其常委会，且具有严格的审查批准程序，为支持政府的高效运转作出了贡献，但是其缺陷也非常明显。一是人大对预算编制的参与度不够，二是预算审查的过程实质监督不足，三是审查主体的动议权难以在程序上予以保证。他最后提到，在此情况下，在不涉及制度合法性的前提下，天河样本打开了另一个维度。首先，天河样本不需要对法律文本作出调整，一切都在法律框架内进行，这保证了创新的合法性，并获颁全国人大常委会"国字号"预算工作基层联系点称号。其次，天河样本的主要创新点在于预先审查，从而避开了短期会议制度以及会议修正制度的难题。相反，由于预先审查的积极效果，填补了会议审查的流程性缺陷。再次，天河样本中参与预算审查的主要是人大代表和专家，通过代表、专家和政府部门之间的商谈，实现了偏好与技术的互补，解决了专业性和非专业性在公共选择上可能存在的互相排斥问题。他最后将天河样本与温岭样本做比较认为，浙江温岭之所以能够实现公民参与和民主恳谈，有其多方面的因素在起作用，普遍推开有一定难度。在此情况下，让本应在会议期间行使决定权却无法充分施展的人大代表，在会前充分参与预先审查，本质上是一种民主模式的转换，即将决策民主在特定空间置换为协商民主，从而丰富了全过程人民民主的内涵。它使得全过程人民民主得到了一种动态转换的意义诠释，降低了会上决策民主的成本，提升了会前协商民主的效能。因此，相比公民参与式预算，人大代表参与式预算似乎更易于推广。以上评论，给我们带来很多有益的启示与思考。就大多数地区来说，先从人大代表的参与式预算开端，再向公民的参与式预算演进，可能是一条探索前行的进路。[3]

综上所述，参与式预算监督，作为人大预算监督形式的一种具体工作制度，无论是温岭模式，还是天河样本，都具有其重要价值和参考意义。

三、民生实事项目人大代表票决制度（以浙江省宁波市宁海县的实践为例）

早在 2003 年上海市南汇区惠南镇（现为浦东新区惠南新镇）就出现了被称为"代表点菜"的模式，即民生实事项目不再由政府为民做主，而由政府提出若干项目，由人大代表用选择性投票决定。这应该是民生实事项目代表

---

〔3〕 此具体制度主要材料领域来源：其一，全国人大微信公众号 2021 年 8 月 24 日推文《广州天河：人大代表"全过程"参与预算监督》（作者：林志云、《中国人大》全媒体记者：冯添）。其二，林志云编著《基层人大创新案例：全过程人民民主推动"参与式预算"》，中国民主法制出版社 2024 年版。其三，杨云彪：《范式转换：天河样本的创新逻辑》，载《人大研究》2024 年第 9 期。

票决制的端倪。此后的 2008 年，浙江省宁波市宁海县在两个镇试行的民生实事项目代表票决制取得了巨大成功，产生了广泛影响。现在，民生实事项目代表票决制已经从宁海县走向宁波市、走向浙江省、进而走向全国各地；宁海县的经验"群众题、代表定、政府办、人大评"已经成为风靡全国的生动实践。

2004 年，浙江发文提出建立健全为民办实事长效机制。如何做到让人民群众参与、让人民群众做主、让人民群众受益、让人民群众满意？宁海县力洋镇和大佳何镇开创了以人代会票决确定民生实事项目的先河。记者来到浙江宁波宁海县，在力洋镇见到了当年参与客运站改建投票的力洋镇第十五届人大代表叶继堂。谈起十几年前的往事，70 岁的老叶记忆犹新。"那时候可不像现在家家户户都有小轿车。力洋镇以及周边好多村的群众，去宁波、到宁海、去象山，都得从力洋客运站走。可当时这个站又小又破，晴天一路土、雨天全是泥，车到站了都不愿开进来。"对客运站改造计划大家没有异议，可却在征地时遇到了麻烦。"建完新的客运站后，这里就要变成黄金地段了！"有几个土地承包户不愿接受征地，项目一时进行不下去。力洋镇人代会决定投票推选民生实事项目，看民意如何，结果客运站改造得票第一。"人大代表投票，体现的是广大群众的意志，一旦表决通过，代表的可是全镇人的心声。"看到承包户对征地态度的转变，叶继堂真切感受到"人大代表"四个字的分量。在人大代表和村干部们动员下，力洋镇两个月完成征迁签约工作。在参与过多次票决的叶继堂眼里，"群众提、代表定、政府办、公众评"的票决制有着更具象化的表达："其实就是代表'点菜'、政府'炒菜'、群众'品菜'嘛，最后干得好不好，还得听群众意见。"如今 15 年过去，当年的客运站和参与投票的人们脸上都增添了岁月的痕迹，可票决制却在这片土地上落地生根，不断焕发出新生机。2023 年 8 月，宁波市人大常委会表决通过《关于深化"四大机制"完善民生实事项目人大代表票决制的决定》。从 2008 年探索实施，到《决定》为票决制提供制度保障，宁波的票决制实践进入崭新阶段。

2008 年，浙江省宁波市宁海县人大在力洋、大佳何两个镇探索试行乡镇民生实事项目人大代表票决制。经过努力，试点工作取得了圆满成功，不但很好地促进了乡镇民生实事项目建设的顺利进行，而且有力推进了基层民主政治建设，受到《人民日报》《浙江日报》《人民代表报》等几十家国家、省、市主流媒体的广泛关注。根据试点成效，宁海县从 2009 年起在全县 14 个乡镇推行这项工作。2013 年初，宁波市人大常委会出台指导意见，决定在全市乡镇推行票决制；2017 年 3 月起在浙江的市县乡全面推行。2017 年，中共浙江省委办公厅印发了《关于实施民生实事项目人大代表票决制工作的意见（试行）》（浙委办发〔2017〕63 号）。该《意见》指出，民生实事项目人大代表票决制，是浙江省基层民主政治建设的一项实践创新，已经成为浙江省充分发挥人大代表作用、各级人大依法讨论决定重大事项的有效举措。2018 年 8 月，浙江省人大常委会通报表彰了"浙江人大工作与时俱进奖"入选项目，"宁海县人大常委会推进民生实事项目人大代表票决制"获得特别奖。2022 年 9 月，浙江省人大常委会通过《浙江省民生实事项目人大代表票决制规定》，此为民生实事票决制的第一个地方性法规。[4]

民生实事项目代表票决制，其核心就是把原来由政府为民做主的事情变成了由民做主；其基本做法就是在党的领导下精心组织人民有序参与，保证在各个环节充分听取人民群众意见、反映人民群众诉求。可以说，作为制度创新性典型事例的民生实事项目代表票决制，就是坚持完善人民代表大会制度、践行全过程人民民主的一种工作制度。现在，这个制度已经以地方立法形式为民生实事项目由政府为民做主转变为由民做主提供了制度保证。

四、人大代表联络站制度（以浙江省宁波市和北京市大兴区代表联络站的实践为例）

应该说，在基层建立代表之家、代表联络站、代表联系点、代表工作室等代表履职的实体性平台，其起步已经有二十几年的历史了。有信息介绍，早在 2002 年就已经出现了代表联络站的雏形；有材料表明，广州市荔湾区金花街道早在 1999 年就设立了代表联络站；以后几年在一些地方陆续出现

---

〔4〕 此具体制度例证主要材料来源：其一，《光明日报》2023 年 11 月 6 日《善采众意惠民生——浙江宁波民生实事项目人大代表票决制的生动实践》。其二，新华网 2017 年 3 月 10 日《浙江：民生项目上不上　人大代表"票决"说了算》。其三，新华网 2021 年 7 月 19 日《以生动实践丰富全过程人民民主时代内涵——浙江民生实事项目人大代表票决制的启示》。

了不同名称的代表履职平台。我们这里将要介绍的浙江省宁波市海曙区、北京市大兴区的代表联络机构都是从 2005 年开始设立的。但是，在各地基层人大纷纷建家立站设点并且得到中央和全国人大的鼎力支持后，且有的地方人大已经为其制定地方性法规成为制度，却是近些年的事情。家站的设置方式：一般是在街道、乡镇一级建立代表之家（或者叫代表联络总站、代表联络中心），在选区或者相邻社区、村庄建立代表联络站，有的还下延到各种居民点，叫作代表联络点。许多省市县级党政主要领导以代表身份进家进站听取群众意见，成为时尚。家站的设置标准：各地在建家立站的过程中普遍制定了相关标准。比如，有场所、有标识、有设施、有制度、有资料、有台账、有领导、有工作人员等。家站的职能作用：其承担的职能任务包括学习宣传交流、接待选民群众、听取群众意见、做好民呼我应、监督基层政府、组织代表述职等。家站的工作方式：对于群众诉求，可以当面答复；可以直接交街道或政府部门办理；也可以形成代表建议；重大事项可以向人大常委会报告等。这些具体交办督办工作由人大街道工作机构或乡镇人大工作人员负责。目前，广东省、江苏省、浙江省人大制定的街道人大工作条例已经包含了建家立站这样的内容；浙江省于 2019 年出台了《关于深化全省人大代表联络站工作和建设的指导意见》；衢州市更是于 2022 年出台了《衢州市人大代表联络站工作条例》，为全国第一部规范代表联络站工作的地方性法规。

（一）个案 1：宁波市人大代表联络站综述

如何让人大代表与人民群众的联系更密切？遍布宁波城乡的人大代表联络站，用许许多多集民智、解民忧的鲜活故事回答了这个问题。

其一，沟通代表与群众的"连心桥"：建起标准化代表联络站 173 个，标准化率超 86%。以前，有人大代表在闭会期间作用发挥不到位等情况，群众有事想找代表，也不知道去哪里找。2005 年，宁波率先在全省开展人大代表联络站建设试点，在海曙区白云街道建立全省首个人大代表联络站；以此作为开端持续推进代表联络站建设，组织代表经常性进站接待群众，为代表与群众架起沟通交流的桥梁。2018 年，市人大在总结 10 余年探索实践基础上，提出在全市深入推进代表联络站硬件标准化、制度规范化、活动常态化和联络信息化建设；历经一年时间研究、立项、起草、专家评审、报批等法定程序，正式发布全国首个代表联络站工作的地方标准——《人大代表联络站基本规范》，打造了人大代表联络站 2.0 版。标准的制定为全市各地推进代表联络站工作提供了"操作指南"，也为全市各级人大代表走进联络站联系接待群众提供了"服务手册"。——场所更加标准化。标准明确 1 个乡镇（街道）应设 1 个以上代表联络站，并统一了代表联络站标识、名称和必要的场所面积。——制度更加规范化。标准建立健全了代表联络站的接待内容、活动安排、意见处理、代表履职登记等制度，并明确了工作制度"四上墙"和活动信息"三公开"的要求。——队伍更加专业化。每个标准化代表联络站配备站长、副站长、联络员各一名。海曙等 5 个区（县）还在乡镇（街道）增配一名党政办副职，从事乡镇（街道）人大办公室和代表联络站建设工作。2019 年 10 月，全市人大代表联络站建设和工作推进会召开，进一步谋划推进这项工作。2019 年 11 月，全市已经建立标准化代表联络站 173 个，联络站标准化率超过 86%。各地涌现出一批各具特色的工作品牌。

其二，汇聚社情民意的"直通车"：两年多来收集梳理逾 2.2 万条群众意见。"有问题就找代表反映，代表能替我们说话。"一些村民的想法，说出了许多百姓的心声。代表联络站成为代表和群众交流的"直通车"。群众所思所想所忧所盼，化为一条条朴实的意见，原汁原味汇聚到这里。代表们及时把群众呼声向人大、政府传递，上下联动共同推动解决问题。2017 年以来，全市各级人大代表在联络站接待群众 1.9 万人次，收集意见 2.2 万条，通过梳理社情民意提出代表建议 2244 件。接地气、摸实情、听民声、察民意……市人大连续多年组织市级领导干部中的人大代表就《宁波市大气污染防治条例》《宁波市居家养老服务条例》《宁波市生活垃圾分类管理条例》等进入代表联络站，"零距离"听取基层代表和群众意见，"面对面"收集民意，凝聚民智。2018 年起，市人大还每年在全市范围内组织一次"代表活动月"，并把赴联络站开展主题接待活动作为"活动月"的重要内容。随着民生实事项目人大代表票决制的深入实施，各地代表联络站普遍在每年的第四季度组织开展专题接待活动，向群众广泛征求民生实事候选项目的意见和建议。两年来，近9600 人次代表参加主题接待活动。为掌握广泛真实的民情民意，除主题接待活动外，各地联络站还开展了不预设主题的接待活动，将接待功能延伸至社区、广场，提供"送上门"的服务。

其三，改善民生的"助推器"：两年多来解决超过 1.5 万个群众关切问题。紧盯选民的"关键小事"，助力解决"民生大事"……随着许多群众关切但过去往往"没人管""无法管""声音小"的难题迎刃而解，代表联络站的效应不断显现。各地按照分类分层级处理的原则，大力探索群众意见建议处理解决的制度机制。镇海区采取代表当场回复，或交区、镇（街道）相关部门研究处理，以及转化为闭会期间代表建议等多种方式，有效推动问题解决。对需交由区政府及其所属部门办理的，要求承办单位一个月以内将办理情况书面反馈给相关中心组。北仑区、余姚市等地代表联络站还把热心群众发动起来，组织民情联络员队伍；北仑区、海曙区等地建立政府工作咨询员队伍，协助代表现场解疑释惑。这种代表 + "双员"接待群众做法在各地纷纷建立，推动代表联系群众质量不断提高。2019 年 11 月，北仑全区代表联络站（点）全面实施"双员制"接待，选聘民情联络员 654 名、政情咨询员 224 名，为广泛收集社情民意、有效解决选民群众意见建议奠定了扎实基础。各地代表联络站的建设大胆探索、锐意创新，实践经验不断丰富。海曙区、余姚市、象山县等地实现网上代表联络站全覆盖。海曙区在政府网站首页开通"代表直通车"，建立信息化快捷反映和处理机制，代表在网络上反映群众问题，由政府部门负责人及时回应协调解决。江北区依托代表联络站开展"代表夜聊"，将选民反映的民生问题及时交给政府相关部门并予以监督办理，形成了"民生小事"代表督办制度。象山县在全市率先建立首个由县级人大组织的人大代表网络联络站，并与综治工作、市场监管、综合执法、便民服务四个基层治理平台进行对接，探索形成了有效解决民生诉求的"代表督事"制度。鄞州区塘溪镇探索"实体 + 线上 + 移动"三位一体模式联络站建设，切实解决了群众普遍关心的华山村违规畜牧养殖、废旧物资回收等问题。据统计，2017 年以来，全市代表联络站共解决群众关切的问题超过 1.5 万个，占联络站收集问题和意见建议总数的 68%。[5]

---

〔5〕 此具体制度主要材料来源：《宁波日报》2019 年 11 月 11 日《人大代表联络站：探索基层治理新路径》。

（二）个案 2：北京大兴区兴丰街道黄村西里代表联络站

该联络站的前身叫"人大工作站"，成立于 2005 年，距今已有十九年历史。十九年来，站里一直"常驻"着一位"灵魂人物"——她就是大兴区人大代表、黄村西里社区党支部书记、居委会主任、代表联络站站长王黎。

其一，十九年的积淀——大兴区探索代表联系选民的"缩影"。谈到现今代表联络站的工作，就不得不提多年来大兴区对代表联系选民的实践探索。王黎是 2003 年底当选大兴区第二届人大代表的。2005 年 8 月，大兴区人大常委会制定了关于建立代表联系网络的实施意见，对建立联系选民网络作了细致规定。黄村西里人大工作站也于同年正式成立。工作站的成立，构筑了大兴区"区人大常委会—人大街工委—代表—选民"的四级联系网络。为了使代表工作在选区内全覆盖，当时黄村西里人大工作站由包括王黎在内的两名区人大代表、分布在各社区的多名联络员以及 90 名信息员组成"代表网络渠道"，人大街道工委为工作站配备了公示牌，设立了代表联系信箱。结合社区工作的特点，工作站形成了"一加五"工作模式，并延续至今。"一"是每月设定一个选民接待日，"五"是平时采取五种形式方便群众反映诉求：一是与选区的居委会主任沟通情况，了解群众的热点问题；二是参与社区会议听取群众建议；三是定期走访群众了解群众诉求；四是向选民代表公布自己的办公电话，听取群众反映；五是凡收到群众初步反映，都通过个别交谈或小型座谈会等形式，进行调查研究，弄清事情的来龙去脉，有针对性地进行处理。

其二，十九年的延续与创新——做好规定动作、用好自选动作，不断完善代表联络站建设。王黎说，十多年来代表联络站的工作有延续、有传承，也有不断的探索创新。依托黄村西里社区平台，她不断完善代表联络站建设，做到有专人负责日常组织管理、有规范工作制度、有档案归纳存放、有固定经费保证、有年度计划和年终总结。在做好"规定动作"的同时，下功夫用好"自选动作"。在原来"一加五"模式基础上，进一步建立了"三固定、三结合"机制，即固定每月一次选民接待日、固定每个社区有联络员和信息员（黄村西里代表联络站负责联系四个社区，每个社区一名联络员和 15 名信息员）、固定"人代会前听民声"（人代会前召开选区居民代表会，征集选民意见）；"三结合"即"结合街道中心任务、结合社区实际情况、结合属地管理原则"开展工作。近年来，围绕着"新大兴、新国门"建设，联络站找准小区内社会治理与社区管理的结合点，参与解决社区内的管理难题。围绕着大兴区创城创卫工作，联络站组织代表征求意见建议、参与社区楼门整治活动、与居民商议小广告和电动车治理的方式方法，让群众切实感受到人大工作看得见、摸得着，"代表就在身边"成为社区居民的共识。针对辖区内 20 世纪 70、80 年代的老社区环境差、安全隐患多、人口居住复杂等特点，站内代表发挥作用、积极奔走，推动实现了富强南里投入千余万元改善人居环境、富强西里整合资源开展大整治等多个"大手笔"工程，改变了这些地方"老破旧"的局面。结合属地管理原则，联络站代表还深入辖区单位进行视察，对社区内的驻区单位行使监督权。联络站内代表信息公开，选民可以随时约见代表，也可以跟代表"预约"反映问题，代表还可以列席社区居民代表大会。近些年，兴丰街道在开展"零诉求社区创建"，联络站结合黄村西里社区推行的"网格民情工作法""拉家常"协商议事机制，组织人大代表定期走入社区和选民中间，听取居民的诉求、了解选区难题，并对问题深入调研、推动群众诉求办理。[6]

现在，代表联络站已经成为遍布全国县乡基层的人大代表密切联系群众、广泛听取民声的代表履职平台。而且在各种实体平台之外还发展出了网络性联络站，包括选民群众随时随地可以找到代表的二维码、代表可以随时随地反映群众问题的微信群、随手拍，给实体性平台插上了进一步拉近代表与群众时空距离的翅膀。而且，按照时下的要求，所有驻街道乡镇的五级人大代表统统都要列编进站，间接选举的代表也要参与基层代表的进家进站活动。同时，近些年还出现了站点融合的趋势，代表联络站与立法联系点、预算联系点、社会观测点、司法观测点等的功能性交叉兼顾，一点多用，大大扩展了联络站发挥作用的空间。但这还不是我们要说的重点，我们想说的是代表联络站的实质是什么？应该说，其实质是为人大代表履职搭建的一种制

---

〔6〕 张雪松：《十八年的"联络站" 二十年的"老"代表——大兴区兴丰街道黄村西里代表联络站纪实》，载《北京人大》2023 年第 4 期。

式平台，而这种平台的核心作用，就是代表密切联系群众，随时随地可以倾听人民群众的呼声意见建议，解决群众急难愁盼的各种问题；而人民群众也可以随时随地反映自己的诉求，表达自己的愿望，通过联络站直接或间接参与自己想要参与的各种经济文化事业和社会管理活动。人大代表联络站制度，细致一点也可以说是人大代表联络站建设运行制度，不过考虑到制度命名应以准确简洁为宜，也可以称为人大代表联络站制度。

五、街道层面的民主议事制度（以街道议事代表会议、街道选民代表会议的实践为例）

街道一级在我国并不是正式的政权机构，而是县级政权设立的派出机构，包括党委派出的街道党工委、政府派出的街道办事处等。由于街道不是正式的政权组织，所以没有自己的人民代表大会系统，也就没有街道系统自身的民主议事平台；而且，一部分由原乡镇在城市化过程中转化而来的街道，就越发感觉到没有民主议事平台所带来的缺憾。这两方面的因素叠加在一起，在街道尝试建立基层民主议事机构，就成为顺理成章的事情了。目前在街道层面设立的民主议事机构大体有两种类型：一是议事代表会议制度；二是选民代表会议制度。让广大群众有序参与到基层事务管理中来，解决街道层面民主的最后一公里问题，把全过程人民民主的理念落到实处，就是街道民主议事制度建立发展起来的初衷与目的。

（一）个案 1：街道议事代表会议制度

比较早地建立这种议事制度的是浙江省绍兴市的柯桥区和江苏省苏州市的相城区。

柯桥区人大为了解决街道层面人大代表和人民群众参与街道事务管理问题，创造了一种民主模式，即在区人大支持下，由街道党工委出台意见，建立"代表联民议事制度"，明确由街道辖区内的 25 名代表担负议事主责。在议事前，做好相关准备工作；在议事中，积极建言献策；在议事后，进行督查。同时，各个社区（企业、单位）的居民（职工）选举代表，作为议事会成员，分类分批轮流参加议事活动。议事办法由人大街工委制定并组织实施。参与议事的群众代表由人大街工委根据议题和街道、社区、相关企业意见，协商确定，一般每次 90 人左右。议题的范围，包括全区中心工作在本街道落实情况、党工委的重点工作、街道预算的编制和民生实事项目的票决和实施等。具体议题有群众反映的，有代表提出的，也有党工委点题的。年度议事内容，由人大街工委组织代表按照社区、企业、其他行业三条线征求意见，再由人大街工委征询党工委、办事处意见，确定年度议题计划后报党工委审定。其中发展城市经济和加强城市管理是每年必议的内容。年度议事计划以文件形式告知代表和社区、企业及驻街单位。每次议事会议安排 1—2 个议题。每次议事之前，代表和议事参与人员分头走访、征求选民意见，并借助于实体和网络的代表联络站，全天候、常态化接待群众。议事分为分散预议和集中合议两个阶段。在合议过程中，先由办事处分管领导报告相关工作，议事人员提出意见建议，并且填写议事意见建议表，人大街工委负责整理汇总。议事会产生的意见由办事处办理，代表督办。3 年里，组织议事活动 26 次，议事 26 项，共提出意见 518 条，被采纳 427 条，占 82.8%。

2015 年，相城区人大面对撤镇设街的四个街道和三个新建街道，由于代表数量少不好开展监督等问题设计推广议政代表议事会制度。此事由区人大制定相关规则，在街道党工委领导下，由人大街工委进行具体运作。首先是按照政治倾向、能力水平、是否热心民事等标准，并且向基层群众、妇女和非中共人士倾斜的要求，先由各方面推举，再由人大街工委和街道组织部门审议、最后街道党工委批准的程序，每个街道按 30—50 名代表名额产生议政代表。7 个街道共产生 330 名议政代表。这些议政代表采取与人大代表同走、同看、同议的方式，接待或走访居民征集群众意见交由办事处办理并进行答复，听取办事处工作通报并进行满意度测评，进行专题视察提出视察意见等形式履行职责。对议政代表的履职情况按照积分制进行管理，分人分类分段记分，每个季度公布一次，鼓励争先创优。现在，柯桥区和相城区的经验都已在所在城市全面推广。

（二）个案 2：街道选民代表会议制度

比较早地设立选民代表会议的地区有浙江省台州市的温岭市和椒江区、广东省深圳市的龙岗区、安徽省合肥市的蜀山区、山东省滨州市的沾化区等。我们介绍三个例子。

1.温岭市的做法

2012 年，温岭市开始探索乡镇改为街道以后基层民主的实现形式问题。他们在辖区 5 个街道试行了街道选民议政会、选民代表会议和民情联络员等几种形式，最后他们把街道民主形式定格在选民代表会议这种模式上。2014年 2 月，该市城东街道出台了《选民代表会议暂行办法》，对选民代表会议的做法进行规范。按照这个办法，选民代表会议体制上是在街道党工委领导下由人大街工委负责组织实施。出席选民代表会议的代表通过推选产生，每届任期 5 年，与乡镇人大同步换届。选民代表会议一般一年举行两次。选民代表会议由三部分人员组成，包括驻街各级人大代表、人大街工委组成人员和选民代表。该街道的选民代表会议从 2015 年 9 月开始实施。在第一届选民代表会议成员中，这三部分人员分别为 22、7、75 名，共计 104 名。选民代表会议的主要议程，包括听取和讨论人大街工委工作报告、街道办事处工作报告、财政预算收支情况报告、关于群众切身利益和普遍关注重大问题的报告等。选民代表会议还组织开展了相关活动，包括专题询问、参与式预算、对办事处工作进行满意度测评等。2019 年选民代表会议的议程是：听取和讨论街道办事处重点工作报告、听取和讨论人大街工委工作报告、听取和讨论街道财政预决算情况报告、听取和讨论辖区环境状况和环境保护目标完成情况报告，并且开展了参与式预算、专题议政、票选民生实事项目等活动。

2.龙岗区的做法

2019 年 3 月，南湾街道举行首场选民代表会议，50 名选民代表齐聚一堂，听取讨论街道办事处工作报告、财政预算报告、街工委工作报告，差额票决 2019 年民生实事项目。这个做法解决了街道自身没有人民代表大会体系，民主"最后一公里"没有打通的问题，找到了实现基层社会的民主选举、民主协商、民主决策、民主管理、民主监督的有效实现形式，是全过程人民民主的生动实践。这项工作由县级人大常委会指导，在街道党工委领导下由人大街道工作委员会组织实施，是基层民主制度的一个创造。

3.蜀山区的做法

蜀山区于 2019 年 11 月在荷叶地街道召开首次选民代表会议。他们的做法是：从制度设计上说，街道选民代表会议是街道党工委领导下的群众性民主参政议政组织，主要由各社区及选区推选的选民代表和辖区内各级人大代表组成。在他们看来，经由选民代表会议这个民主协商参政议政平台，可以逐渐形成基层党组织领导的基层社会治理新格局。从产生原因上说，一是创新完善基层民主的内在要求。城市街道不是一级政府，不能用人民代表大会的形式推动街道层面群众民主诉求的实现。这样，街道就缺少一级像乡镇人大一样的民意代表机关，选民代表会议的出现很好地填补了这一空白。二是顺应社会治理新情况新要求的必然选择。党的十九届四中全会提出"构建基层社会治理新格局，完善群众参与基层社会治理的制度化渠道"，荷叶地街道顺应了这一需求。该街道辖区内有 15 万人口、6 万多选民，但仅有 19 名区级人大代表，很难保证代表联系群众的广泛性和普遍性，很难做到民意的有效汇集和及时反映，而街道工作中的大事难事也很难得到民意的理解和支撑，这些都使得基层社会治理水平难以提高。选民代表会议的产生可谓应运而生恰逢其时。从运行机制上说，选民代表会议在街道党工委领导下，由人大街道工委负责组织实施。选民代表会议成员由三部分组成：辖区内的各级人大代表、街道党政干部、街属选民代表。大会每年召开一次，代表每届任期 5 年。会议主要职责是：听取和讨论街道办事处工作通报和人大街工委年度工作报告，对街道民生实事项目进行会商、票选、监督，通报选民代表会议提交的意见建议办理情况。代表按照居住小区分配工作，每位代表联系300—500 户居民，实现全覆盖。发挥社区代表工作站作用，将 19 名人大代表全部编入代表工作站，每位人大代表联系 5—6 名选民代表，实现对选民代表联系的全覆盖。从工作机制上说包括以下两种。民生实事票决机制：在广泛征求民意的基础上由人大街工委提出民生实事候选项目，然后由选民代表进行差额票选，经党工委确认后，交由办事处组织实施，接受选民代表的监督。意见建议办理机制：代表在会议期间以书面形式提交的意见建议，在闭会后由人大街工委进行梳理分类，属于本办事处层面办理的两周内交办，两个月内完成办理并书面答复建议人；属于区级层面办理的，由驻街人大代表按照闭会期间代表建议的规格提交区人大常委会交办；建议办理情况由人大街工委跟踪监督，下一次大会进行书面通报并进行满意度测评。从主要成效上说，坚持和巩固了党的全面领导，扩大了选民群众的有序参与，充实丰富了人大街工委的工作。三是体现了以人民为中心的思想。作为选民代表会议，其制度主体是人民，设计初衷是为了人民，受益者也是人民。由此密切了人大代表与选民群众的联系。实现了人大代表联系选民代表、选民代表联系选民群众的全覆盖，畅通了代表与群众联系的毛细血管。同时，实现了选举民主和协商民主的有机结合。[7]

不论是议事代表会议制度还是选民代表会议制度，其名称虽然有所不同，但其实质内容上是一致的。那就是，这项制度是由驻街各级人大代表为骨干、选民居民群众代表（包括各社区和驻街各单位产生的代表占大多数）和少量街道党政干部（有限额）组成的街道层面的民主议事制度，是打通街道层面民主"最后一公里"瓶颈的重要创新，是用民主的方式解决街道层面的民主选举、民主协商、民主决策、民主管理、民主监督等问题的重大举措。尽管各地区在街道层面建立的民主议事制度名称不很一致，运营细节也略有差异，但考虑到它们通过各自呈现出来的领导方式、组织架构、作用功能等方面实质上的一致性，统一称之为街道民主议事制度应该是适宜的。

六、对具体工作制度创新的几点认识

（一）这些具体工作制度的创新与全过程人民民主的实践密切相关

这些具体工作制度表明，习近平总书记所说的"在党的领导下，不断扩大人民有序政治参与"，[8]是在人民代表大会制度实践中完善和发展全过程人民民主的重要路径。在这些人大具体工作制度中，不论是立法工作中的基层立法联系点制度，还是监督工作中的参与式预算监督制度；也不论是决定工作中的民生实事项目代表票决制度，还是代表工作中的代表联络站制度，或者说是人大街道工作中的民主议事会议制度等均表明，它们有一个共同的指向，那就是它们都是在践行全过程人民民主，都是在落实人民当家作主，其所采取的主要路径，就是习近平总书记所说的"在党的领导下，不断扩大人

---

〔7〕 此具体制度例证主要材料来源，参见席文启：《人民代表大会工作问答》，中国民主法制出版社 2023 年版，第 295–297 页。

〔8〕 习近平 2021 年 10 月 13 日《在中央人大工作会议上的讲话》，载《中国人大》2021 年第 23 期。

民有序政治参与"。事实证明，在党的领导下不断扩大人民有序政治参与，既是发展全过程人民民主的重要路径，也是人大具体工作制度创新的重要路径。人大制度实践中的具体工作制度创新，既是坚持和完善发展全过程人民民主的需要，也是坚持好完善好运行好人大制度保障人民当家作主的需要。全过程人民民主推动着人大具体工作制度的创新，人大具体工作制度创新也推动着全过程人民民主的发展。全过程人民民主与人大具体工作制度创新密切相关、密不可分。这些人大具体工作制度的创新过程，既是不断扩大人民有序政治参与这个民主主体的过程，也是不断扩大民主参与客体的过程；既是扩大民主参与主体和客体的过程，也是不断完善保障人民当家作主制度体系的过程。[9]

在人大制度体系内部由人大重要制度派生出来的这些下一层的人大具体制度或曰具体工作制度，在与全过程人民民主具有天生缘分的基础上，具有多方面的重要功能，发挥着多方面的重要作用。比如，在党的领导下，可以在坚持和完善人民代表大会制度、加强和改进人大工作各个方面各个环节上发挥重要作用；可以在推动持续实现与不断完善全过程人民民主方面发挥作用；可以在形成和完善现代治理体系、增强和提升治理能力方面发挥重要作用等。以代表联络站制度而论，它既可以在加强改进人大代表工作、服务保障代表履职方面发挥极大作用；也可以在集中民意民智、开展基层民主协商等落实和完善全过程人民民主方面发挥极大作用；还可以在参与社区治理、化解社会矛盾、开展立法建议征询等方面发挥极大作用等。正如有地方代表联络站总结的那样，代表联络站功能多样，可以一站变多站；它既是听取民意汇集民智接受选民监督的代表工作站，也是进行民主协商协调民事纠纷办理民生实事的群众工作站，还是征集立法建议普及法律知识的法治工作站。可以说，这种具有多种功能的人大具体工作制度，既是坚持和完善人民当家作主制度的重要做法，也是促进全过程人民民主落到实处的重要抓手。

---

〔9〕 更为详细的论证，可以参考本人在《在党的领导下不断扩大人民有序政治参与》文章中的论述。原文载《新视野》2024 年第 3 期，后被《新华文摘》2024 年第 16 期、人大复印资料《中国共产党》2024 年第 9 期转载。

（二）这些具体工作制度的创新与党的领导、人民当家作主和依法治国三者有机统一密切相关

对在党的领导下不断扩大人民有序政治参与的实践分析还表明，在这个重要路径中，有三个关键性的要素。第一，党的领导。这是实现和发展全过程人民民主的根本保障，没有这一条，人民民主不可能得到扩大，更不可能有序扩大。因此，在全过程人民民主的完善和发展过程中，党的领导是必须坚持的头一条。第二，依法有序。全过程人民民主是法治保障下的民主，也必须按照法律规定的民主程序依法进行，因为依法才能有序。法是人民民主的根本保证，序是按照法律规定在法的范围内制定的具体程序和规则机制。这就如同在人民代表大会各个民主环节中，都有民主规则一样，选举有选举程序，议事有议事规则，监督有监督办法，履职有履职纪律，所有的参与主体都必须一体遵守，没有例外。第三，扩大人民参与，也即更好实现人民当家作主。这是目标。这个目标也只有在前面两个要素的前提下才能实现，这一点毋庸多说。这个目标的实现与发展，是一个不断渐进的过程，需要我们进行不懈的努力。这个目标的实现与发展，也就是全过程人民民主的持续实现与不断发展，也就是人民当家作主的持续实现与不断发展。总之，我们把党的领导和依法有序把握住了，也就可以不断扩大人民有序政治参与，不断发展全过程人民民主，不断发展保障人民当家作主的制度体系，不断实现人民对美好生活的向往。〔10〕这就表明，推动发展全过程人民民主同样是一个实现党的领导、人民当家作主和依法治国三者有机统一的过程。这些人大具体工作制度的创新及其展开运行，哪一样也离不开党的领导，哪一样也离不开坚持和完善人民当家作主这个人大制度的核心功能，哪一样也离不开依法治国方略的保驾护航。

应该说，进一步推动和发展全过程人民民主，进一步保障和发展人民当家作主的具体工作制度，是在"三者有机统一"中进行的，也只能在"三者有机统一"中才能行稳致远。这一点正如中共中央政策研究室原副主任施芝

---

〔10〕 更为详细的论证，可以参考本人在《在党的领导下不断扩大人民有序政治参与》文章中的论述。原文载《新视野》2024年第3期，后被《新华文摘》2024年第16期、人大复印资料《中国共产党》2024年第9期转载。

鸿所说，中国特色社会主义制度作为一个全面系统、缜密严谨的科学制度体系，是包括了各个方面、诸多领域的制度在内的，但其中具有顶层决定性、全域覆盖性、全局统领性作用的，是党的领导制度体系、人民当家作主制度体系和中国特色社会主义法治体系的联动机制。[11] 在坚持和完善人民代表大会制度、不断创新发展人大具体工作制度、不断发展全过程人民民主具体制度的进程中，"三者有机统一"就是党领导人民坚持中国特色社会主义政治发展道路的伟大法宝。

（三）这些具体工作制度与落实坚持制度建设主线、推动人大重要制度和具体制度创新的关系

应该说，党的十八大以来，在人民代表大会制度实践创新中所形成的具体工作制度的创新还有许多。比如，仅在人大监督制度方面，就有了代表约见国家工作人员制度、人大代表旁听庭审评议制度、人大选举任命人员任后监督制度等，这些都属于这种具体制度层面的创新，都应该予以总结提炼。我们这里所介绍的仅仅是人民代表大会制度实践创新所形成的具体工作制度中的一小部分，而远非这些具体工作制度创新的全貌。但是，管中可以窥豹。从我们所介绍的这些具体工作制度创新中已经可以看到，在习近平总书记关于坚持和完善人民代表大会制度的重要思想指引下，千百万人民群众在人民代表大会制度实践中所焕发出来的勃勃生机与创新力量。

党的二十届三中全会指出："坚持以制度建设为主线，加强顶层设计、总体谋划、破立并举、先立后破，筑牢根本制度、完善基本制度、创新重要制度"。这个论述从国家制度体系的总体层面，提出了各个领域制度建设为主线的重大任务，明确了我们国家各大领域的制度分层，也给我们提供了在各领域进行制度分层的方法论指导。值得注意的是，上述各项具体制度创新与如何落实制度建设主线、抓好制度创新关联非常密切，至少是为我们提供了经验借鉴和宝贵启示。

我们国家的制度体系分为根本制度、基本制度、重要制度三个层次。党

---

〔11〕 参见新华社客户端 2019 年 11 月 21 日施之鸿文章：《三大统领性制度，贯穿四中全会〈决定〉的"金钥匙"》。

的十九届四中全会决定指出："坚持和完善支撑中国特色社会主义制度的根本制度、基本制度、重要制度，着力固根基、扬优势、补短板、强弱项，构建系统完备、科学规范、运行有效的制度体系。"在政治制度领域里，我们有作为国家根本政治制度的人民代表大会制度，有作为国家基本政治制度的中国共产党领导的多党合作和政治协商制度、民族区域自治制度、基层群众自治制度，还有最广泛的爱国统一战线（似也可以考虑称之为另一项基本政治制度），以及在这些根本政治制度、基本政治制度之下各自包含的若干重要制度。

现在我们尝试着把国家层面政治领域的这种制度分层方式运用于人民代表大会制度自身体系内部，为其做一个具体的制度分层，以便明确这些具体制度的层次位置。人民代表大会制度作为国家根本政治制度，其自身也是一个由若干重要层面构成的制度体系。第一层，毫无疑问应该是作为国家根本政治制度的人民代表大会制度本身。第二层，可以考虑称之为人民代表大会制度之下的重要制度（由于国家层面政治制度体系中的基本制度，是专属于中国共产党领导下的政治协商制度、民族区域自治制度和基层群众自治制度的，故此在人民代表大会制度体系内部不宜再设基本制度这一层次）。在人大重要制度层面，应该包括选举制度、代表制度、组织制度、会议制度、立法制度、监督制度、决定制度、（国家机关工作人员）选举任免制度、代表工作制度、人大自身建设制度等。[12]第三层，可以考虑称之为各重要制度之

---

〔12〕 李鸿忠：《健全全过程人民民主制度体系》，载《中国人大》2024 年第 16 期。其中有这样一段话："我国重要政治制度主要包括选举制度、特别行政区制度、立法制度、国家机构组织制度等，这些制度由根本政治制度和基本政治制度派生而来，在国家政治生活的重要领域、重点环节中发挥重要作用。"这段话清楚地表明这样几层意思：其一，重要政治制度是由根本政治制度和基本政治制度派生而来的，是在根本政治制度和基本政治制度之下的制度层次。其二，在人大制度这个根本政治制度之下派生出来的重要政治制度，包括选举制度、国家机构组织制度、立法制度等。这里只是举例，不可能尽举，实际上这种层次的制度还有很多，包括党组制度、选举制度、代表制度、组织制度、会议制度、立法制度、决定制度、选举任免制度、监督制度、自身建设制度等。其三，以此类推，在这些重要政治制度层次之下派生出来的可以称之为具体制度或具体工作制度，其主要内容应该是各个方面的具体工作制度，这些制度在国家政治生活领域、重点环节中发挥重要作用。其中包括我们日常称之为机制、规则、办法类型的一些做法。

下的具体制度。这一层具体制度，大多属于人大具体工作层面的制度，也可以称之为具体工作制度。我们过去称之为工作机制、工作规则、工作规程、工作办法一类的规范性做法，基本上可以划入具体工作制度的范围。在我看来，这个称谓具有重要意义，它可以使人大制度体系内部的层次划分更加郑重、更加准确、更加统一、更加清晰。

对这一层的具体制度，不宜再做数量规划或数量限制，应该是从工作实际出发，需要建立某一种新的具体制度就可以在实践经验业已成熟的基础上去建立某一种具体制度。我们上面所说的人民代表大会制度在实践创新中产生出来的具体制度，都应该是属于这个层面的。比如，基层立法联系点制度是隶属于立法工作之下的具体工作制度；参与式预算监督制度是隶属于监督工作之下的具体工作制度；民生实事项目代表票决制度是隶属于讨论决定重大事项制度之下的具体工作制度；代表联络站制度是隶属于代表工作制度之下的具体工作制度；街道层面的民主议事制度是隶属于人大机构工作制度之下的具体工作制度。

应该说，我们在人民代表大会制度本身更加稳定、更加成熟的背景下，人民代表大会制度的理论创新与实践创新，人民代表大会制度的进一步完善发展之重点也主要是聚焦在这些具体工作制度层面；这些具体工作制度层面的创新，也是对在其之上的人大重要制度本身的丰富和完善，进一步说也是一种重要制度层面的创新。而且，这种具体工作制度层面的创新，正是推动人民代表大会制度理论和实践与时俱进的重要抓手、重要源头、重要基础，是一种人民代表大会制度和理论创新的重要生长点。

我们还应该知道，在人大重要制度层面之下的具体工作制度，其本身也是可以区分为诸多更为细致的层次的，比如在参与式预算监督制度之下，可以有公众参与式预算监督，也可以有代表参与式预算监督，还可以是代表和公众共同参与式的预算监督等。就是说，在这些具体制度之下，可以有更为具体更为细密的工作制度，即具体工作制度的层次也是可以继续向下延伸的；而且，用更下一层的具体工作制度贯彻落实其上一层的工作制度，是我们经常运用的工作方法。具体制度的创新首先是直接贡献于运行好人民代表大会制度的，运行好人民代表大会制度离不开人大具体制度的不断创新；同时，这种具体指导创新，也是重要制度创新的经验基础和实践动力，还是坚持好完善好运行好人民代表大会制度的经验基础和实践动力。

我们对人民代表大会制度体系内部做这样一种制度分层的尝试，既可以帮助我们对人民代表大会制度体系内部的制度结构建立起一个比较明确的层次认知，也可以帮助我们把人民代表大会制度与时俱进的着力点进一步聚焦在这些具体工作制度方面；同时，也是我们坚持制度建设主线、推动制度创新实践的经验借鉴，其意义和价值是显而易见的。

充分发挥人大制度在全过程人民民主发展中的重要制度载体作用

韩　旭

习近平总书记在庆祝全国人民代表大会成立 70 周年大会上的讲话中指出，"我们要围绕发展全过程人民民主，坚持好、完善好、运行好人民代表大会制度，为实现新时代新征程党和人民的奋斗目标提供坚实制度保障"。全过程人民民主这一重大理念的提出，体现了党对于民主政治及其发展规律的认识更为深化，也是党领导中国人民为实现人民当家作主而不断奋斗的百年探索实践的理论总结。习近平总书记在中央首次举行的人大工作会议上指出，我国的全过程人民民主已经有完整的制度程序和完整的参与实践。但同时他也进一步强调，要继续推进全过程人民民主建设，把人民当家作主具体地、现实地体现到党治国理政的政策措施上来，具体地、现实地体现到党和国家机关各个方面各个层级工作上来，具体地、现实地体现到实现人民对美好生活向往的工作上来。[1]因此，新征程上，在继续推进国家治理现代化的进程中，需要进一步加强全过程人民民主制度化建设，不断改革和发展相关体制机制，以确保全过程人民民主更加具体、更加现实地实现。习近平总书记在上述重要讲话中首次强调指出，人民代表大会制度是实现全过程人民民主的重要制度载体。因此，推进全过程人民民主制度化建设，首先就意味着充分发挥人大制度的根本政治制度作用。

---

[1] 习近平：《在中央人大工作会议上的讲话》，载《求是》2022 年第 5 期。

一、加强全过程人民民主制度化建设

人民当家作主作为全人类的共同价值，是近代以来中国人民坚持追求的重要目标之一，也是党的百年奋斗进程自始确立的重要理念和目标，是党的初心和使命的具体化。改革开放以来在不断推进经济体制改革的同时，更是进一步强调在政治上发扬民主的重要性。[2]同时，改革开放以来推进民主政治建设的一个突出特点，就是非常重视并不断强调民主政治的制度化建设。关于这一点，改革开放伊始对此就已有比较清楚的认识，这也是总结新中国成立以来正反两方面的经验，特别是"文革"的历史教训而形成的共识。对此邓小平同志深刻指出："我们过去发生的各种错误，固然与某些领导人的思想、作风有关，但是组织制度、工作制度方面的问题更重要。这些方面的制度好可以使坏人无法任意横行，制度不好可以使好人无法充分做好事，甚至走向反面……"[3]总之，"领导制度、组织制度带有根本性、全局性、稳定性和长期性"[4]。加强制度建设不仅是改革自始就提出的重要任务，也成为40多年来改革进程中的一项重要内容，而且也是改革开放以来的一条重要经验。

相应地，在当前发展全过程人民民主的进程中，同样需要高度重视全过程人民民主的制度化建设问题，需要尽快将全过程人民民主这一重大理念转化为继续推进制度化建设的具体步骤，需要推进相应的制度安排以及体制机制的改革、完善和发展，将全过程人民民主这一重大理念落到实处。当前，推进全过程人民民主制度化建设，与新中国成立之初的局面全然不同，其情势和意涵也大大区别于改革开放启动之时。经过70余载的建设和探索，特别是40多年的改革开放，我国在经济建设方面取得举世瞩目的成就的同时，在政治建设方面实际上也获得了重大进展，其中非常重要的一点，就是已经基本形成了一整套适合基本国情、符合经济社会发展要求的政治制度体系[5]，其中包括人民当家作主的制度体系，一如习近平总书记在中央人大工作会议上

---

〔2〕《邓小平文选》第三卷，人民出版社1993年版，第116页。

〔3〕《邓小平文选》第二卷，人民出版社1994年版，第333页。

〔4〕《邓小平文选》第二卷，人民出版社1994年版，第333页。

〔5〕 韩旭：《国家治理现代化视野中的根本政治制度——改革开放40年来人民代表大会制度的发展逻辑》，载《政治学研究》2018年第6期。

的讲话中指出的那样，全过程人民民主已经有完整的制度程序，也就是以人民代表大会制度为根本政治制度，以中国共产党领导的多党合作和政治协商制度、民族区域自治制度、基层群众自治制度为基本政治制度，体现了党的领导、人民当家作主和依法治国有机统一的政治制度体系的基本框架，为进一步的政治发展和改革，为全过程人民民主的进一步发展，奠定了重要的制度和法制基础。

因此，当前，推进全过程人民民主制度化建设，一方面意味着需要顺应经济社会发展和社会主义现代化建设的内在要求，需要按照我国发展进入新时代，特别是踏上新征程，进入新发展阶段之后的客观实际，不断改革和发展上述已经形成的政治制度体系；另一方面，或许就当前的实际状况而言更为重要的是，通过不断的实践创新、理论创新、体制机制创新，使上述已经形成的制度体系更好地运转起来，使其中蕴含的作用和制度优势更充分地发挥出来，更多地转化为治理效能。习近平总书记在 2021 年底关于建设中国特色社会主义法治体系的中央政治局第三十五次集体学习中曾指出一个重要问题：推进法治体系建设，重点和难点在于推进法律正确实施，把"纸上的法律"变为"行动中的法律"。[6] 在当前的制度建设进程中存在着同样的问题，需要将"文件中的制度"转变为"行动中的制度"，将已经形成的制度体系——其中大部分主要内容也就是以宪法和法律形式表现出来的——一系列规范要求，在管理国家和社会公共事务的行动中加以执行和落实。

多年来，如上所述，加强制度建设不仅是改革的一项重要内容，也是改革的一条重要经验。伴随着加强制度建设的实践的发展，关于制度建设这一重要命题的表达话语，也在不断发展和丰富，从最初提出加强民主政治制度化、规范化、法律化，到之后增加了对于"程序化"的强调，在很多场合还进一步提出了制度建设"法制化"甚至"法治化"的主张，并非简单的词语罗列，而是反映出制度建设实践发展的内在逻辑。所谓制度化，强调的是管理国家和社会公共事务的行动需要更加显现出"规则性"、稳定性和连续性，而不能朝令夕改甚至恣意而为，以便使得人们能够对于国家和社会公共事务

---

〔6〕 习近平：《坚持走中国特色社会主义法治道路　更好推进中国特色社会主义法治体系建设》，载《求是》2022 年第 4 期。

管理过程中公权力的运行，形成稳定的预期。所谓规范化，则是进一步要求作为制度体系构成要素的规则，需要其内部形成更加严谨的逻辑结构，从而使得规则所要表达的内容和要求更加清晰、明确，减少歧义，特别是要尽量避免运用规则的公权力因规则的语意模糊而实际上获得了过大的自由裁量权。所谓法律化，是强调制度体系的主要内容，特别是事关治国理政的政治制度，应以宪法和法律形式固定下来，这也是现代化的一般性规律；而以法律形式表达也会进一步增强制度建设的内容的规范性。所谓程序化，不仅是指管理国家和社会公共事务的公权力运行过程及其各个步骤更加规范化，而且强调国家和社会公共事务管理过程中的任何权力主体均须遵循这些程序性的规定，不得享有在这些流程之外行使权力的特权。所谓法制化，则是进一步强调无论是关于实体性问题还是程序性问题均已经形成一系列规则，而且这些规则已经织成了一整套相互关联且逻辑自洽的规则体系，也就是说制度体系内部原则上或者至少从理论上讲是不存在规则冲突问题的，或者已经建立起规则间冲突的协调机制。换言之，当谈论制度建设法制化的时候，应当是意味着已经形成了无论是从外在表现形式还是从内容上说都比较完整的成型的制度体系。所谓法治化，则是强调这一整套制度体系，特别是作为其中重要组成部分的一系列宪法和法律规范，在整个社会的规则体系中具有最强的严肃性和最高的权威性，任何社会成员，包括组织和个人，均不得享有凌驾于宪法和法律之上的特权。

当前，在进一步推进国家治理体系和治理能力现代化进程中，不仅是要形成一整套由各领域体制机制和法律安排所构成的紧密相连、相互协调的治国理政的制度，并且适应时代变迁和社会发展，通过一方面"固根基，扬优势"，另一方面"补短板，强弱项"，不断改革与实践发展要求不相适应的体制机制和法律法规，不断构建新的体制机制和法律法规，使各方面制度更加完善；而且——或许也是更为重要的是，要不断强调增强按制度办事、依法办事的意识，不断提升善于运用这一整套制度以及法律体系管理国家和社会公共事务的能力，特别是提高各级党组织科学执政、民主执政、依法执政的水平，从而将各方面制度优势转化为治理效能。党的十八大以来，中央将依法治国方略进一步提升为"四个全面"战略布局的有机组成部分，强调全面推进依法治国，正是与推进国家治理现代化，特别是推进治理能力现代化的要求相契合。可以说，全面依法治国与治理能力现代化，其实是从不同的两个方面，针对的是同一个问题，强调的是同一个重点，也就是将已经形成的制度体系及其法律规则不断地从"纸面上"转化到"行动中"，而这首先就是要求管理国家和社会公共事务的所有权力主体，均须依法办事，依制度要求行使权力。这是制度建设发展到现阶段的一个重点问题，也是一个难点问题。

二、夯实全过程人民民主的制度基础

如上所述，我国已经形成了一整套比较完整的成型的政治制度体系，即以人民代表大会制度为根本政治制度，以中国共产党领导的多党合作和政治协商制度、民族区域自治制度、基层群众自治制度等为基本政治制度，以及相应的一系列体制机制及其宪法和法律规则。这是新中国成立以来，特别是改革开放以来我国在现代化发展和建设进程中取得的一项非常重要的政治发展成果，其重大的实践意义和理论价值还远未受到与其重要性相匹配的重视。其中，人民代表大会制度之所以被称为"根本政治制度"，区别于其他各项"基本政治制度"，表明人民代表大会制度在政治制度体系乃至整个国家制度体系当中具有非常重要而且独特的地位和作用。这种重要而又独特的地位和作用体现在两个方面。

其一，人民代表大会制度是当代中国的政体。这一点在人大制度的实务界以及相关的理论和学术研究工作者当中早已是共识和"常识"，但值得注意的是在更广泛的社会生活各方面还没有形成普遍的认知。学术界关于政体的理论内涵还有一些争论，通说认为，所谓政体即一国的政权组织形式，可以形象地说，就是一个国家在政治上的外观和相貌。也就是该国关于管理国家和社会公共事务的权力运行的基本规则，从内容上看应该涉及该国所有管理国家和社会公共事务的权力主体在政治生活和社会生活中的地位、职责权限以及相互关系等问题。顺便指出一点，从上述意义上可以看出，一国的政权组织形式其实从逻辑上说应该包含了该国的国家结构形式，也就是国家治理的纵向结构中各个层级的相互关系。由此可见，目前在相关的学术研究中常常将政权组织形式和国家结构形式作为不同的两方面问题来看待，恐怕不

妥。值得注意的是，我国人大制度的实务界以及相关理论界，一直强调人民代表大会制度从内容上说包括中央和地方的国家机构职权的划分以及在少数民族聚居的地方实行区域自治等方面的规定。[7] 就是说，作为我国政体的人大制度包含了关于我国中央和地方关系的一般性规则以及民族区域自治制度的基本规定。由此可见，人大制度作为我国的政体实际上意味着为整个国家的社会公共事务管理提供了基本的制度框架；所有管理国家和社会公共事务的权力主体均须在此制度框架内行使权力。而所谓基本政治制度，都只是针对国家和社会公共事务管理的某个方面或者某些主体如何行使权力，提供相应的规则和制度安排。这是人大制度作为根本政治制度的重要的含义。由此也可以看出，前文所讨论的制度建设问题，无论是强调民主政治的制度化，还是强调管理国家和社会公共事务的权力运行的制度化，首先就意味着要充分发挥人大制度的根本政治制度作用。

其二，人民代表大会制度是中国人民当家作主的最高实现形式和根本途径。这是当谈论人大制度是我国的根本政治制度的时候应当着重强调的另外一重含义。在我国，强调人民当家作主首先是要通过人民代表大会制度来实现，这一点不仅已经在宪法中明确肯定下来[8]，而且也是党经过百年奋斗历程逐步形成的一项重要的政治主张。[9] 人大制度作为我国社会主义民主的最高实现形式的重大意义，虽已无须多言，但在理论上尚需进一步明确，正是由于这一点，使得人大制度在整个政治制度和国家治理体系中具有其他各项制度所无可比拟的重要地位和作用，是人大制度作为我国的根本政治制度的题中应有之义。新中国是社会主义国家，这一点同样也已经在宪法中有明确的规定[10]，而人民民主是社会主义的生命，没有民主就没有社会主义，就没有

---

〔7〕阚珂：《人民代表大会制度的内涵究竟是什么？》，载中国人大网 2022 年 5 月 10 日，http://www.npc.gov.cn/npc/c220/201404/84affdc5b7e443b39bba12dbe2e7916b.shtml。瞭望新闻周刊：《人大知识面对面》，载中国人大网 2014 年 9 月 15 日，http://www.npc.gov.cn/zgrdw/npc/zt/qt/jndbdhcllszn/2014-09/17/content_1878871.htm。

〔8〕《宪法》第 2 条以及第 3 条第 2 款的规定。

〔9〕《求是》杂志编辑部：《加强和改进新时代人大工作的根本遵循》，载《求是》2022年第 5 期。

〔10〕《宪法》第 1 条。

社会主义的现代化，就没有中华民族伟大复兴。[11] 由此可见，作为中国人民当家作主的根本途径和最高实现形式，人大制度在整个政治制度和国家治理体系中所具有的极为重要的地位和作用，而强调人大制度是我国的根本政治制度，除了通常认为这是我国的政体这一含义之外，应当而且必然包含人大制度作为我国民主政治的最高实现形式和根本途径这一重含义。

当前，我国发展已经进入新时代，在踏上新征程，特别是已处在新发展阶段上，中央高度重视进一步发展人民民主的重要性，不仅强调民主作为全人类的共同价值，也是中国共产党和中国人民始终不渝坚持的重要理念，而且明确提出了全过程人民民主这一重大理念。并且高度重视新时代人大制度以及人大工作的进一步完善，强调人大制度是发展全过程人民民主的重要制度载体。[12] 目前理论界和学术界围绕全过程人民民主从理论上已经进行了大量的梳理和阐释，但对于全过程人民民主在制度建设上以及人们实际的社会政治行为方面的重要意涵和价值还需要给予更多的关注和研究。全过程人民民主之所谓"全"，不能理解为国家治理的方方面面、上上下下都要按照民主的原则来行使权力，不能理解为各方面的事业发展和各项工作都要按照民主的标准来衡量和要求。例如，行政权力的行使，依然应当强调"效率优先"，强调首长负责制，强调执行力，依然需要按照"命令—服从"关系结构和模式运行。又如，司法权的行使，依然应当强调司法机关和办案人员本身的判断能力和责任，而恰恰是要避免出现"大众审判"的状况。所谓全过程人民民主，强调的是民主也即人民当家作主的价值和理念贯穿于公权力运行的整个过程，贯穿于管理国家和社会公共事务的全过程，正如党的十九届四中全会上重申并进一步指出的那样，中国特色社会主义民主包括民主选举、民主协商、民主决策、民主管理、民主监督等一系列环节，以便能够使各方面的制度安排和治理活动都能够更好体现人民意志、保障人民权益、激发人民创造力，从而确保"权为民所用"，确保人民当家作主的真正实现。

在这里"全过程"之所谓"全"，强调的是将民主的价值和理念贯穿于权

---

〔11〕 习近平：《在中央人大工作会议上的讲话》，载《求是》2022 年第 5 期。

〔12〕 习近平：《在中央人大工作会议上的讲话》，载《求是》2022 年第 5 期。

力运行的全过程,从选举到决策,再到日常的管理和执行,以及监督和反馈等权力运行的各个阶段,都相应地建立了体现民主价值和理念的适当的制度或机制;强调的是国家治理体系从整体上通过适当的制度安排能够更好地体现人民意志,国家治理体系整体运行的结果能够确保人民当家作主的实现。

也正因此,发展全过程人民民主,需要以"系统的观点"来看待中国特色社会主义政治制度和国家治理体系各个方面、各个环节上体制机制的改革、完善和发展问题,需要以"统筹的思维"推进中国特色社会主义政治制度的完善发展和国家治理现代化进程。而国家治理现代化不仅是要建构起一系列各方面各领域的制度安排、体制机制以及相应的法律法规——如上所述,我国截至目前已经形成了这样的一系列制度安排,而且是强调这些制度安排以及体制机制等要形成一整套相对成型的治国理政的"制度体系"。所谓制度体系,强调国家治理过程中的各项活动需要基于职能分工来开展,而相应的制度安排以及体制机制等作为整个体系的组成部分,因其承担国家治理过程中的不同职能,而相应地在整个体系中具有不同的地位和作用,采用不同的组织形式和结构,遵从不同的规则,并按照不同的程序和方式行使权力。现代化发展的总体特征和基本内容,就是经济结构和社会结构由于社会分工的深入发展而不断分化,而结构性的国家治理体系的形成,不过是现代化进程在政治发展方面的集中表现而已。也正是从这个意义上,可以进一步看清人大制度作为根本政治制度的重大意义,包括人大制度在推进全过程人民民主进一步发展方面的重大意义和作用。

人大制度是发展全过程人民民主的重要制度载体,这是人大制度作为我国的根本政治制度的题中应有之义和必然结论。强调人大制度是我国的根本政治制度,并不意味着否认其他各方面制度包括各项基本政治制度的重要性;同样地,强调人大制度是发展全过程人民民主的重要制度载体,也不意味着否认其他各方面制度包括各项基本政治制度在推进全过程人民民主的发展进程中所具有的重要地位和作用。如上所述,当前推进国家治理现代化进程中的一个主要议题,就是要在已经形成的一系列制度安排以及体制机制的基础上,构建更加成型的、更加具有系统性的"制度体系";在这样的"制度体系"中,不同的制度安排以及体制机制承担起不同的功能,以应对源自社会生活的不同诉求和需要。形成这样的"制度体系"才能更好地适应经济社会发展的内在要求，才能更好地实现国家治理现代化的目标，也才能为发展全过程人民民主奠定更加坚实的制度基础。

在构建这样的"制度体系"的过程中，重点——也是难点问题——就在于要更充分地发挥不同的制度安排以及体制机制各自内涵的不同作用和潜能，这些具有不同作用的制度安排以及体制机制也因其承担着不同功能而在"制度体系"中具有不同的地位，不可混同。例如，近一段时间，有一些相关方面的实际工作者以及一些理论界和学术界的研究者提出"两会制"甚至"两会制度"的命题，并认为这是中国特色的一种政治制度安排。这样的观点就需要慎重看待！每年的两会，包括全国两会和地方两会，都是我国政治生活中的一件大事；各地方两会也是当地政治生活中的大事。各级党政领导以及各部门都非常重视，提前布置相关工作，以确保两会的顺利举行。每年两会上，很多人大代表和政协委员，通过多种方式和渠道，包括人大代表提出议案、建议等，政协委员提出提案等，以及在审议立法机关、行政机关、司法机关等的工作报告、财政预算以及国民经济和社会发展计划的过程中积极发言，人大代表将自己所代表的选区中的民意，政协委员将他所联系的那一部分群众的意愿和要求，带到会上，带入事关国家和社会公共事务管理的重大事项的决策过程。可见，每年的两会，也是全过程人民民主实现机制中很重要的一环。但同时需要强调的是，在我国，人民代表大会制度是支撑国家治理体系和治理能力现代化的根本政治制度，是我国的政体，各级人大都是国家权力机关，全国人大是最高国家权力机关；中国共产党领导的多党合作和政治协商制度是我国的一项基本政治制度，而人民政协是爱国统一战线组织，是中国共产党领导的多党合作和政治协商的重要机构，是社会主义协商民主的重要渠道和专门协商机构，也是国家治理体系的重要组成部分。无论是人民代表大会制度，还是中国共产党领导的多党合作和政治协商制度，总体上看已经是成型的制度安排，其性质和作用都已明确，不可混淆。从实践做法上看，每年"两会"即人民代表大会的会议和政协委员会的会议同期举行，具体日期错开一到两天；两会期间，人民代表大会的会议和政协委员会的会议在日程上会安排一些"交集"，即人民代表大会的某些全体会议议程会安排政协委员列席，这一系列实践做法是在新中国的发展史上逐渐形成的，是一种工作机制，只是基于工作上的便利所作出的安排，便于在比较短的时间内，同时在更广泛的范围内，对国家和社会公共事务管理中的一系列重大问题开展讨论和协商，凝聚更广泛的共识，从而形成更强劲的推动发展的合力。两会同时举行这种实践做法，绝不意味着在我国的国家治理体系中，在人民代表大会制度以及中国共产党领导的多党合作和政治协商制度之外，又形成了某种制度安排，这是必须清楚认识到的一点。

因此，在推进全过程人民民主的发展进程中，尽管不能否认，而且应当非常重视其他各方面制度包括各项基本政治制度在发展全过程人民民主当中的重要作用，但首先还是要强调人大制度作为全过程人民民主重要制度载体的重大意义和作用，还是要进一步强调各级人大作为国家权力机关的地位和作用，更充分地发挥人大制度作为根本政治制度的作用。

三、健全全过程人民民主的实现机制

如前文所述，目前理论界和学术界围绕全过程人民民主的讨论大多集中于理念层面的进一步阐释，尚较少讨论如何在制度建设上将这一重大理念进一步转化为某些制度安排以及体制机制，进而通过人们按照这些制度安排以及体制机制的规范要求，从事相应的管理国家和社会公共事务的实际活动而使全过程人民民主更加具体性、现实地在政治生活和社会生活中得以实现。尽管如上所述，我国已经形成一系列从整体框架上看比较完整的政治制度，这是新中国在政治建设和政治发展方面的一项重大成就，因而也为全过程人民民主的发展提供了完整的制度程序，同时也为广大人民群众在全过程人民民主发展过程中能够开展完整的参与实践提供了良好的制度条件和基础，特别是人大制度具有发展全过程人民民主重要制度载体的作用，但在人大制度以及其他各方面制度的整体性制度框架下，如何通过更具体的体制机制使得全过程人民民主能够在实际的政治生活和社会生活中得以实现，还需要在理论上和实践中进一步探讨。

在这个问题上，北京市为在全市推行垃圾分类的完善等项工作而开展的"万名代表下基层"活动，为诠释通过人民代表大会制度发展全过程人民民主

提供了一个非常好的实践样板。首先由北京市人大常委会动员、组织全市全部市、区、乡镇三级一万余名人大代表下基层，进社区，通过人大代表之家和人大代表联络站组织一系列座谈会、讨论会，一方面向广大群众宣讲垃圾分类工作的重大意义，另一方面广泛听取居民代表、基层干部、物业管理企业以及相关单位等各方面的意见和建议，为《北京市生活垃圾管理条例》的修订奠定了坚实的民意基础。其次在新修订的《北京市生活垃圾管理条例》开始实施之后，北京市人大常委会再度组织开展了"万名代表再下基层"活动，通过人大代表对"三边"（身边、周边、路边）条例执行情况的监督检查，及时发现问题并再度广泛听取各方面的反馈意见，从而及时推进相关工作的落实、整改和完善。此外，北京市在制定物业管理条例、文明行为促进条例、接诉即办工作条例以及相关工作的推进过程中，反复采取了上述方式[13]，围绕充分发挥人大代表的主体作用，进一步加强人大常委会同人大代表的联系以及人大代表同人民群众的联系，将民主协商的方式贯穿于从决策到实施再到监督和反馈各个环节以及整个工作过程，已初步形成了在实践中更加具体地、现实地落实全过程人民民主的实施机制。

北京市人大常委会组织开展的上述"万名代表下基层"活动的一个突出特点，就是注重发挥人大代表的主体作用。注重发挥作为各级人大主体的人大代表的积极作用，将民主协商的方式贯穿于决策、管理、监督等各个环节，不仅显现出全过程人民民主已经具备坚实的制度基础，而且显示出人大制度所蕴含的强大的治理效能和独特的"制度魅力"。而各级人大代表都是经直接选举或间接选举产生的。因此，可以说，民主选举的价值和意涵已经内含在通过这样的方式推进全过程人民民主的实践进程中。

实际上"全过程人民民主"是对建党百年来建设社会主义民主的探索实践，特别是改革开放以来中国特色社会主义民主政治建设实践的一项重要的概括和总结。而这一概念的提出，也就是对于全过程人民民主的实践，形成比较清楚的理论认识和阐述，则是与进入新时代之后我国发展的内在要求直

---

〔13〕 有关北京市"万名代表下基层"活动的详细情况，可参见王萍、张雪松（报道）：《用人民底色绘制全过程人民民主画卷——北京市人大常委会探索"万名代表下基层"机制纪实》，载《中国人大》2021 年第 20 期。

接相关。在人民群众对美好生活的向往不再限于物质文化生活水平的提高，对民主、法治、公平、正义等方面的追求也日益增强的情况下，对社会政治参与的需求及其广度和深度也必然不断发展。但与此同时，社会政治参与赖以实现和发展的社会基础和基本条件还相当薄弱，难以支撑扩大公民有序参与的社会发展进程。例如，一些研究者已经注意到，公民的组织化程度不够是导致公民无法有效参与的主要瓶颈。[14]而这些基础性的社会条件短时间内还难以补足。因此，在当前以及今后的一段时期里，充分利用现有的制度资源，激活并发挥既有的各项制度的作用，恐怕依然是满足人民群众对于知情权、表达权、参与权以及监督权的现实需求，同时尽量保持不断扩大的政治参与有序化，减少非制度化参与行为的一种更为可行的思路。在这个问题上，我国的人民代表大会制度应当并且能够发挥重要的作用。人大制度不仅是我国的根本政治制度，从其制度设计上看，具有强大而有效的民意表达、采集与整合功能，不同的利益诉求和意见表达群体可以通过来自各行各业、不同地区以及部门的代表，在体制和法治的框架内展开讨论和协商，与政府及各部门在决策以及治理过程中形成互动。人民代表大会制度重大作用的发挥，则有赖于人大代表作用的发挥。人大代表来自人民、服务人民，与人民群众有着天然的、紧密的联系。充分调动人大代表的积极性和主动性，充分发挥人大代表的作用，从功能上有助于弥补扩大公民有序参与的条件之不足，从而实现逐步的、有序的社会政治参与的扩大和发展，回应并满足经济社会发展对于参与和稳定的共时性需求。

四、关于"全过程人民民主"与"协商民主"

如前文所述，全过程人民民主这一重大理念，实际上是对建党百年来建设社会主义民主的探索实践，特别是改革开放以来中国特色社会主义民主政治建设实践的一次重要的理论概括和总结，也体现了党对于民主政治发展规律的更进一步深入的认识。在党的百年奋斗进程中，无论是对于社会主义民主建设还是其他各方面事业的建设，在实践上、认识上以及理论上，都经历

---

〔14〕 王锡锌：《公众参与与中国法治变革的动力模式》，载《法学家》2008 年第 6 期。

了在不同的历史时期、针对不同的情况和条件，不断探索、调整、深化、创新的发展过程。21 世纪以来，在政治建设方面逐渐形成的"选举民主"和"协商民主"都是我国社会主义民主重要实现形式的理论认识。进入新时代之后则进一步强调协商民主是我国社会主义民主政治的特有形式和独特优势。如今又提出了"全过程人民民主"这一重大理念，理论界和学术界相应地也有一些研究者尝试对"全过程人民民主"与"协商民主"的关系进行了辨析和阐释。实际上，在提出和不断强调协商民主在我国社会主义民主政治建设和发展中的重要性之后，也一直存在着如何将协商民主的理念融入制度建设，并进而在管理国家和社会公共事务的实际活动中更具体地、更现实地加以落实的问题。而今放在制度建设的实践进程中，则可以更清楚地看出这两个相继提出的重大理念各自的意涵及其相互间的联系。

实际上，长期以来将人大制度简单化地等同于"选举民主"是一个很大的理论误区。[15] 如前文所述，"全过程人民民主"实际上就是强调通过民主选举、民主协商、民主决策、民主管理、民主监督等一系列环节，将民主的理念、要求以及相应的制度安排贯穿于公权力运行的整个过程。我国的人大制度则为这样一种体现民主价值和要求的权力运行过程的实现，提供了广阔的制度空间。例如，北京市开展的"万名代表下基层"活动，就是通过人民代表大会制度的运行，特别是注重发挥作为各级人大主体的人大代表的积极作用，将民主协商的方式贯穿于决策、管理、监督等各个环节，从而为全过程人民民主的实现提供了一个非常生动的同时也是非常重要的实践样本。

民主从来都不是一种抽象的"好东西"，任何国家的民主政治也都不可能是在"社会真空"中运行的。一如前文所述民主选举，任何民主权利的实现都需要建基于经济社会发展及其所形成的社会条件，否则无法实现"高质量的民主"。因此，对于实现人民当家作主而言，经济社会发展同样是"硬道理"。环顾当前全球经济形势，"发展议题"并非广大发展中国家面临的问题，如今同样也是欧美发达国家需要认真应对的挑战。已经广泛蔓延开来甚至有

---

〔15〕 韩旭：《全新政治制度的世界政治文明意义》，载《人民论坛》2022 年第 2 期。

愈演愈烈之势的民粹主义浪潮对欧美传统政体的冲击，显然是 2008 年席卷全球的金融危机对各国经济和社会发展造成的破坏以及经济全球化多年积累下来的沉疴，在社会政治层面上的反映。而面对现代化必然导致的社会结构日益复杂化、多样化甚至一定程度上的碎片化的状况和趋势，"发展议题"的解决就非常需要在国家治理体系中形成某种形式的集中统一领导，以便凝聚更广泛的社会共识，从而在全社会范围内形成"发展合力"。在这个问题上，人民代表大会制度同样已经展现出独特的制度优势和巨大的治理效能，正因如此，习近平总书记 2021 年在中央人大工作会议上的重要讲话中指出，从 1954 年全国人大一次会议成功举行以来的 60 多年时间里，特别是改革开放 40 多年来，人民代表大会制度为党领导人民创造经济快速发展奇迹和社会长期稳定奇迹提供了重要制度保障。

强调以集中统一的方式凝聚"发展合力"，更有力地应对经济社会发展中的重大挑战以及随着现代化进程的深入发展而不可避免地产生的各种风险，并非意味着仅仅是建立起某种简单化的自上而下的命令—服从关系，而是需要为决策奠定更为坚实的民意基础。通过广泛听取多方面意见和建议，一方面可以汇聚"民智"，不断提升决策科学化水平；另一方面能够凝聚"民心"，促成更广泛的共识，并且进一步巩固决策的权威性，从而使得各项政策措施能够得到更加顺畅而有力的贯彻执行。在这个问题上，人大制度同样能够发挥出非常重要的作用，正如前文所述北京市的"万名代表下基层"活动所展现的状况，通过充分发挥人大代表作用，以"众人的事情由众人商量"的原则和方式，广泛汇聚民意、民智并将其带入决策、执行和日常管理、监督和反馈等各个环节，从而能够达到凝聚民心、形成合力的局面，更有效地推动各项工作的开展和实施。由此可见，通过人大代表的积极作用，通过加强人大代表与广大人民群众的联系，实际上可以起到开展广泛协商并进而达成共识的治理效果。也就是说，人大制度同样为通过协商凝聚共识提供了重要的制度化渠道和平台。而同时需要进一步强调的是，通过人大代表开展的协商，通过各级人大建立健全的吸纳民意、汇集民智的工作机制，是国家权力机关运行的一种方式，是国家权力行使的一种方式，因而具有直接的法律含义和效果。因此，在人大制度框架下开展的协商民主，在我国协商民主的发展进程中具有重要且非常特殊的地位和价值。

五、全过程人民民主视域下的人大监督

如上所述，在强调全过程人民民主这一理念的重大意义，并且肯定全过程人民民主已经具有完整的制度程序和参与实践的基础上，就需要进一步探讨全过程人民民主在既有制度框架下的实现机制问题。同时，鉴于人大制度作为我国的根本政治制度，也就必然成为全过程人民民主的重要制度载体，因此，就应当在人大制度框架下探讨全过程人民民主如何更具体、更现实地实现的问题。而上述北京市开展的"万名代表下基层"活动的实践案例，已经表明人大制度不仅为全过程人民民主的实现提供了坚实的制度和法制基础，而且提供了非常重要的实现机制，就是通过更充分地发挥人大代表的主体作用，将民主协商的方式贯穿于决策、管理、监督等各个环节，从而将民主的价值、理念、要求贯穿于管理社会公共事务的整个过程。

北京市开展的"万名代表下基层"活动，不仅是为全过程人民民主的实现提供了又一新的实践样本，而且，更为重要的是，为全过程人民民主的实现和发展提供了更开阔的思路和更进一步的经验。目前，围绕全过程人民民主实现机制的讨论大多以基层立法联系点的运转和工作情况为实践样板。全过程人民民主这一理念最初是习近平总书记在视察设在上海虹桥街道的基层立法联系点时提出的，实际上当时就已经突出了人大制度作为实现全过程人民民主的主要制度载体的意义。但基层立法联系点的实践，尚不足以解决前文谈到的公民有效参与的基础性生活条件缺乏的问题。而北京市人大常委会组织开展的上述"万名代表下基层"活动的一个突出特点，就是注重发挥人大代表的主体作用。在我国，人大代表这一群体具有比较独特的特点，一方面他们是国家权力机关的组成人员，另一方面因其非职业化（兼职代表）的特点而使得我国的人大制度与其他国家的代议制在运行方式以及能够发挥的作用等方面有所不同。作为兼职的"民意代表"，各级人大代表通常也都是在各自的工作岗位上有比较突出的优异表现或者从事着比较重要的工作，因而天然地与广大人民群众之间具有非常密切的联系。多年来，各级人大及其常委会采取多种方式，注重发挥人大代表来自人民、植根人民的特点和优

势，积极倾听群众的意愿和呼声，并将其及时地反映到党和政府的决策过程中来；同时，又及时地将党和国家的决策部署有关信息和精神传递到人民群众中去，从而在党和政府与人民群众之间发挥了重要的桥梁纽带作用，形成了良性互动机制。北京市开展的"万名代表下基层"活动的实践表明，通过发挥人大代表这一特殊群体的独特作用，可以比较有效地弥补在当前条件下公民参与不足的问题，并提供了一条更有权威性的扩大有序政治参与的制度化渠道。同时，也正是通过人大代表的这种特殊作用，将"协商"作为一种价值和方法，贯穿于民主选举、民主决策、民主管理甚至民主监督等各个方面，成为"全过程人民民主"的一种重要的实现方式。

而正是通过充分发挥人大代表的作用，扩宽了民意进入公共决策和治理过程的制度化渠道，从而在客观上起到了增强人大监督的"分量"和"力量"的作用；而在根本政治制度框架内监督功能的强化，对于健全权力制约和监督体系具有非常重要的意义和价值。改革开放以来，随着经济社会发展和现代化进程的深入推进，加强和完善权力运行制约和监督体系这一议题受到越来越高的重视，党的十八大以来在实践中更是获得了长足进展。加强权力监督实际上可以从两个层面来看待。从狭义上或者通常意义上来说，监督是指某些机关行使的一项专门的职权。例如，依照宪法和相关法律，国家监察机关行使监察权。又如，各级人大及其常委会依法享有的监督权。习近平总书记在中央人大工作会议上的重要讲话中特别强调了加强人大监督的重要性。而从广义上可以将监督理解为这样一种状态，即在国家治理体系中权力按照制度体系的内在逻辑和要求而更加规范地运行。人民代表大会制度为这个意义上的权力监督的实现，同样也提供了广阔的制度空间。例如，浙江省的乐清市已经坚持十余年开展"人民听证"制度建设，每年由市人大常委会主持召开专题性的"人民听证"会议，就政府正在推进的某些对当地经济社会发展具有重要影响的工作，或者群众反映强烈的问题，由市人大常委会组织人大代表在会前开展的一系列调研的基础上，与市政府主要领导及有关部门进行面对面的讨论和协商。通过这样的方式，在当地党委政府与人民群众之间搭建起一个有效互动的平台，增进了彼此的沟通和理解，从而推动当地经济社会发展中一些难题的解决。[16] 乐清市这项实践创新不仅是从加强人大监督入手，而且其中的一个关键点也正是发挥人大代表的主体作用，正是通过人大代表的积极参与，增强了人大常委会履行职权的权威性，从而客观上促进了政府决策和治理过程的透明度和规范性的加强，事实上达到了对政府从决策到执行及日常管理活动中行使职权的监督。而北京市开展的"万名代表下基层"活动也内在地蕴含着大致相同的基本思路，从活动中可以看到，不仅在垃圾分类等项工作的实施过程中而且在立法过程中，都有通过人大代表实现的广泛参与，实际上使得从决策到执行的整个过程都受到了有效的监督。

相比较于当代围绕如何理解和在实践中发展民主这个议题，权力监督是一个更加古老的话题。而人民当家作主的真正实现以及经济社会实现持续健康发展，在很大程度上都有赖于权力运行受到足够有效的监督和制约。民主政治就其实质而言可以理解为寻求权力与权利的均衡关系。不断强化"将权力关进制度笼子"的各方面措施，实际上也就是为人民群众实现知情权、表达权、参与权和监督权提供了更宽广的制度空间。从人类的政治文明演进史来看，选举虽然是现代代议制民主的逻辑起点，但并非民主的历史起点；就民主的历史发展进程而言实际上是始于不断加强对权力的监督和制约。[17] 从这个意义上看，依托人大代表作用的充分发挥，不仅可以建立健全更加有效的全过程人民民主实现机制，而且也能够为全过程人民民主的进一步发展奠定非常重要而又坚实的基础。

六、结语以及进一步的思考

我国发展已经进入新时代，在新征程上之所以需要高度重视并且在实践中积极推进社会主义民主的发展，不仅是因为民主作为全人类的共同价值，也是中国共产党和中国人民始终不渝坚持的重要理念，而且也是新时代发展的内在要求。新时代的基本特点之一就在于，人民群众对于美好生活的向往和追求不仅越来越强烈，而且越来越多样化，不再只是满足于物质文化生活

〔16〕 韩旭：《使人大运转起来——乐清"人民听证"的实践及启示》，载《新视野》2017年第1期。

〔17〕 韩旭：《全新政治制度的世界政治文明意义》，载《人民论坛》2022年第2期。

水平的提升，而且对于民主、法治、公平、正义等精神文明和政治文明层面的要求也在不断增强。因此，如何持续推进中国特色社会主义民主政治的建构和发展，这是我国当前和今后相当长一段时期在理论和实践上面临的一个重大课题。

任何社会一旦进入到民众诉求日益多样化的发展阶段，总难免充满各种矛盾，对民众来说，总有许多意见要表达。因此，应当高度重视人民代表大会这一联系群众最广泛最有效的制度化渠道，使得人大本应具有的反映民意等功能更充分地发挥出来。通过人大推进政治参与的扩大，在当前是可行性和操作性最强的一条途径，而且有助于社会保持在相对稳定的发展道路上。

习近平总书记指出，我们要围绕发展全过程人民民主，坚持好、完善好、运行好人民代表大会制度，为实现新时代新征程党和人民的奋斗目标提供坚实制度保障。其中总书记特别强调了一点，就是充分发挥人大在密切同人民群众联系中的带头作用。那么，如何发挥好这种带头作用呢？习近平总书记同时指出，一方面，人大代表肩负人民赋予的光荣职责，要站稳政治立场，忠实代表人民利益和意志，依法参加行使国家权力，当好党和国家联系人民群众的桥梁；另一方面，各国家机关要支持和保障人大代表依法履职，健全联系代表的制度机制，丰富人大代表联系人民群众的内容和形式。[18] 近些年来，一些地方尝试就加强"两个联系"常态化机制建设开展的实践探索和创新，就为落实"人大在密切同人民群众联系中的带头作用"提供了很多有益的思路和启发。

总之，在中国式现代化发展的新征程上，需要继续积极发展全过程人民民主，努力建设社会主义政治文明，需要在制度建设上和政治建设实践中探索，如何通过人大制度进一步推进全过程人民民主深入发展，如何更充分地将人民代表大会制度显著的制度优势转化为治理效能，这也是一个值得深入研究的理论议题，也是新征程上国家治理现代化进程中一个具有重要现实意义的课题。

---

〔18〕习近平：《在庆祝全国人民代表大会成立70周年大会上的讲话》，载《人民日报》2024年9月15日，第2版。

人大制度七十年探索的三条历史经验

——以国外代议民主困境为切入点

严行健

摘要： 人民代表大会制度是一项兼具代议民主普遍性制度特征与无产阶级权力机关特殊性的制度安排。这一特殊性避免了当代各国代议民主制度面临的代表性困境、选举困境和民主性困境，为总结人大制度七十年发展历史经验提供了一个新的视角。据此，本文总结以下三条历史经验：第一，强调公意对于多重众意的优先地位，并在此基础上积极发展多重众意的表达和回应渠道，以此凝聚共识，避免地方主义和局部利益的干扰；第二，在坚持和完善选举制度的同时探索建立对代表权实质性不平等问题的救济机制，并以此发挥选举活动中蕴含的政治动员和社会吸纳等国家建构价值；第三，在保证制度人民性的前提下探索提升制度效能，以此避免代议机构内部专业化和结构复杂化导致代议政治寡头化。比较研究凸显了党领导人大各项工作以及发展全过程人民民主对于人大制度的关键意义，也凸显了弥补制度短板，将制度"优势"转化为制度"胜势"，更好支撑中国式现代化建设的迫切性。

关键词： 人民代表大会　代议民主　民主困境　比较研究

人民代表大会制度历经七十年探索发展，已成为一项兼具代议民主普遍性制度特征与无产阶级权力机关特殊性的制度安排。其普遍性在于，它具有现代代议民主制度的一系列基本特征——代表经民主选举产生并对选民负责；由人大代表组成的人民代表大会行使立法、监督和重大事项决定等各国代议机关普遍拥有的权力。其特殊性在于，它是继承了马克思和列宁等无产阶级理论家对资产阶级议会民主虚假性的批判，并结合中国国情发展出的一套具有中国特色的无产阶级代议机构制度原则。这套原则强调代议机构的阶级属性，认为资产阶级代议民主在过程平等的外衣下隐藏了因阶级差异导致的代表权实质不平等。而无产阶级代议民主制则是一种以无产阶级代表为主体，由无产阶级掌握权力机关，并以作为先锋队的无产阶级政党对其领导的阶级代表制。[1]

这种普遍性与特殊性相结合的制度特征贯穿人大制度七十年发展中的各个阶段，甚至早在土地革命时期就已经为中国共产党人所构想，并通过制定《中华苏维埃共和国中央苏维埃组织法》等规则加以实践。从学理的角度来说，该特征为采用比较研究的思路研究人大制度提供了可行性。比较研究避免了仅围绕人大制度本身进行描述性研究导致结论成为官方话语再阐释的问题，并展现了人大制度在代表行为模式、组织结构优化等方面所取得的巨大进步和潜在不足。然而，由于比较政治学相关理论，尤其是比较政党、比较议会和代表理论主要是基于国外代议机构制度设定和运行模式的基础上发展而来的，在理论层面上开展比较，容易引发以前者作为"普遍性"比照后者"特殊性"的问题，导致话语和概念上的冲突。

基于这一认识，本文尝试跳出以普遍性理论观照人大制度形态的思路，而是回到制度的实际功能层面，以当代代议民主制度在欧美及第三世界国家遭遇的功能困境为参照，反观人大制度中那些区别于代议民主普遍特征的特殊制度安排，呈现他们在应对上述困境时发挥的独特功能，并以此切入，总结人大制度七十年发展道路的历史经验。

一、当代代议民主的三重困境

从历史的视角看，代议民主制度的发展经历了一个"两步走"的过程。代议民主制中的"代议"部分强调由代理人代表特定群体的利益行事，其历史可以追溯到欧洲中世纪的议会制度萌芽及国王与土地贵族之间的斗争与妥

---

〔1〕 杨光斌、尹冬华：《我国人民代表大会制度的民主理论基础》，载《中国人民大学学报》2008 年第 6 期；《列宁选集》（第三卷），人民出版社 2012 年版，第 150、152 页。

协。这是一种贵族阶层及自治城镇与国王进行权力制衡的模式。[2]而其"民主"部分的发展则晚至西方的第一次工业革命时期。工业革命带来的深刻经济和社会结构变迁打破了少数人和阶层的政治垄断。在这一时期中，中产阶级和工人阶级先后登场，积极要求与其经济地位和社会影响力相称的政治权力。他们继承了"代议"的制度内核并对其进行改造，扩大了选举权的范围。这一变化又导致大众政党的兴起，并最终将代议制形塑为一种公众选举代表组成代议机构并由其行使立法、预算监督、政府问责等功能的现代代议民主制。[3]

综上可知，代议民主制度的形态及其运行状态与社会形态密切相关。代议民主的基本内核是代表者与被代表者之间构成"委托—代理"关系。这一内核看似简单，但社会形态的高度复杂性也意味着代议民主制度在实际运行过程中面临更为复杂的情况。后者必须面对社会变迁的冲击并做出持续调适。而当社会变迁的幅度超过了制度调适的能力范围，就可能导致代议民主的运行陷入困境。本文认为，当今代议民主制度在欧美及其他发展中国家面临的一系列困境根源于代议民主制度在当今社会快速变迁下遭遇调适困难。它表现为如下三个方面。

一是利益诉求多元化和政策偏好分化加剧造成代议民主的代表性困境。代议民主制中的"代议"一词原初含义为"再次呈现"，与"民主"的概念结合之后，意味着需要在代议机构中对民意进行"再次呈现"。然而，民意的构成极为复杂。人群间的行业和阶层等社会属性差异以及性别和年龄等自然属性差异都会导致利益诉求和政策偏好分化。代议民主制的一般性解决策略是寻找并代表主流民意，并由此催生出了以整合民意为目的的竞争性政党制度——不同政党推出差异化的政纲和政策路线供选民选择。代表大多数民意的政党获得最大比例议席，并以此获得在议会中的主导地位。

而这一模式在实际运行中暴露出四方面问题。首先，其往往忽略处于少

---

〔2〕［美〕托马斯·埃特曼：《利维坦的诞生：中世纪及现代早期欧洲的国家与政权建设》，郭台辉译，上海人民出版社 2010 年版，第 26-28 页。

〔3〕 Hobsbaum E, *Industry and Empire: From 1750 to the Present Day*, The New Press, 1999, pp. 103-105.

数的民意，尤其是弱势群体的诉求和偏好。一些政策诉因不属于主流诉求而无法获得有效回应，只能在代议民主制度体系之外寻找代表方式。这种现象体现在一些国家和地区出现的超越选举制度之外的代表现象。这些代表关系超越了选区的边界，且不以选举基础上的"委托—代理"关系为纽带。[4] 其次，在简单多数制等选举制度设计下，出现政党得票和实际民意之间的扭曲，此时获得多数议席的政党不一定代表多数民意。再次，由于选民选择政党的范围有限，这种所谓的多数民意实际上主要是由几个主导性政党整合出来的。尤其是受到选举制度等因素的影响，选民通常仅能在两个或少数几个主要政党之间进行选择。最后，"多数民意"也可以利用控制传媒等手段加以塑造和控制。

针对上述问题，各国采取了一些普遍性的应对策略。其中，最常见的是保证少数利益和诉求得到代表，如通过选举配额制保证议会中有一定比例的女性及少数族裔代表，以及通过设置各区域议席相等的第二院保证人口偏少地区的利益。一些更激进的策略如通过全民公决的方式，绕过政党和代议机关直接探测民意。然而，这些策略往往难以解决代表性困境，反而可能酿成诸如英国脱欧等更大的困境。这种风险在政党制度本身不成熟或缺乏制度性僵局解决机制的一些国家中更为明显。同时，即使能够通过某种代表制度实现对多数民意的代表，但多数民意却并不等同于最优解。偏颇的主流民意通过代议民主制产生影响，可能导致国家宏观政策偏向激进，甚至出现发展战略选择出现失误。这样的教训在阿根廷等国家中已有不少案例。

二是意识形态分裂加剧造成代议民主的选举困境。长期以来，在政治民主化的理论与实践中，选举制度的价值被不断放大，甚至成为西方语境下检验民主质量的绝对标准之一。选举的价值源自一个观念预设——选民在下次选举中选择其他候选人的权利将保证代表履行职责，从而确立二者间的"委托—代理"关系。[5] 然而，从实际情况来看，选举并不一定保证代表履职。

〔4〕 钟本章、何俊志：《非选举型代表的兴起与政治代表概念的转向》，载《北京行政学院学报》2020 年第 5 期，第 64-72 页。

〔5〕 佟德志：《单过程选民民主——美式民主的结构特征与实践困境》，载《政治学研究》2024 年第 2 期，第 40-50 页。

甚至有研究发现，代表不但可以被动地回应选民，还可以通过与选民的交流主动塑造选民的意识形态和政策偏好。[6]

但竞争性选举制度最被诟病之处还在于其加剧政治极化。选举中的竞争本质上是社会中不同诉求和偏好的竞争。选举制度的初衷是将竞争控制在制度范围内，然而它本身并不能弥合竞争，甚至可能放大竞争。该问题在当今全球普遍出现的逆全球化和意识形态分裂趋势中表现得越发显著：一些国家的选举制度无力阻止极右翼政党借助煽动民粹情绪等方式扩大影响；亦有政党出于赢得选举的目的一味迎合民意，导致政策纲领和实际政策越发激进。目前，一些国家针对上述问题开展的调整议席和重划选区等改革不足以解决这一问题。诸如改革单选区制为比例代表制，甚至引入抽签机制等改革的步子迈得较大，它们要么阻力重重，要么尚在小范围实验阶段。在本就缺乏共识且意识形态分裂的国家中，竞争性选举加深社会群体裂痕的问题可能进一步诱发政治僵局，甚至引发动乱和军事政变等更为严重的后果。[7]

三是政治精英化和寡头化造成代议民主的民主性困境。代议民主制作为大众政治的运行方式，其基本功能是实践人民主权，保证政治权力的行使受到民众的控制和监督。然而在现实中，代议民主制度在运行过程中往往带有精英化甚至寡头化的倾向。其典型表现是代议机构中的政党政治逐渐侵蚀代议政治，党团对议员院内行为操控力度加大，议会党团领导人在决定各项议会事务的议程乃至各议会组织成员人选方面获得专断性权力，议员们在选举中越发依赖所在政党的支持[8]，以及议会制国家中的首相总统化等趋势。[9]

上述趋势因行政组织的固有运行规律产生，具有普遍性。[10]而代议机

---

〔6〕 Matsubayashi T, *Do Politicians Shape Public Opinion?* 43 British Journal of Political Science 451，451–478（2013）.

〔7〕 Salehyan I. and Linebarger C, *Elections and Social Conflict in Africa，1990–2009*，50 Studies in Comparative International Development 23，23–49（2015）.

〔8〕 Cox G. and Maccubbins M, *Legislative Leviathan*：*Party Government in the House*，Cambridge University Press，2007.

〔9〕 Karvonen L, *The Personalisation of Politics*：*A Study of Parliamentary Democracies*，ECPR Press，2010.

〔10〕 ［德］罗伯特·米歇尔斯：《寡头统治铁律：现代民主制度中的政党社会学》，任军锋等译，天津人民出版社 2003 年版，第 326–327 页。

构中精英化和寡头化还有一个特殊表现，即议会委员会的数量和权限不断提升而全院会议权限日益萎缩。[11] 近几十年中，全球议会几乎都将加强委员会作为内部组织改革的重点。委员会制度可以在一个细分的政策议题领域中积聚更专业的人力资源，获取更加丰富全面的参考信息，并进行更为全面的审议。一些国家甚至赋予议会委员会某些高于全院会议的权力，如美国国会中委员会作为法案提出后的第一道"否决者"角色。[12]

然而，议会委员会也是一个高度精英化的组织，上述变化意味着各项议会事务被分解并分别由十余人组成的小型组织所控制，并由此导致三方面后果。首先，委员会获得更高的议程把控能力，但也意味着原本平面的组织结构中多出了一个层级。这一层级并不由选民通过委托—代理关系加以控制，却广泛行使着修改、搁置甚至否决权。在享有这些权力的同时，委员会的运行往往高度独立于全院会议。如在欧美国家中，组织听证会以及遴选证人等工作通常属于委员会自身的权限范围。其次，委员会仍然是院内政党政治的延续。在实际运作中，委员会成员人选由各党派自主确定，且主要被党团领袖控制。同时，为防止委员会和全院会议间形成僵局，委员会成员党派结构比例一般参照全院会议的结构比例确定。它一方面意味着委员会难以真正行使监督职能，另一方面也使委员会成为院内党争的重要手段。最后，委员会成员人数少，极大降低了游说集团影响公共政策的难度，并相应弱化了民众对政治议程的控制能力。

造成以上三方面困境的原因既有竞争性政党制度中蕴含的固有问题，也有近年来社会的快速变迁带来的新情况新问题，特别是精英阶层和民众之间的矛盾日益加大以及地区性冲突加剧引发的难民和族群冲突等。此外，大型跨国资本势力加强，甚至在他国获得操控政治的能力。信息通信技术的飞快发展一方面便利了议员与选民的交流，却也带来信息茧房效应等新问题，导致公众的政策偏好更加极化。自 2008 年全球范围内的金融危机以来，上述问

〔11〕 Lees D. and Shaw M，*Committees in legislatures：a comparative analysis*，Duke University Press，1979.

〔12〕 Tsebelis G，*Veto Players and Law Production in Parliamentary Democracies：An Empirical Analysis*，93 American Political Science Review 591，591–608（1999）.

题出现加速扩散之势，导致诸如极右翼政党影响力扩大、议会频繁更迭和政治僵局等一系列代议民主制度困境。

上述困境为总结人大制度七十年发展的历史经验提供了一个比较视角。对应三方面困境，人大制度的历史经验可以通过以下三部分分别予以总结。

二、从多重众意到公意

代议民主理论及其在欧美国家的实践中，解决前述代表性困境的一贯思路是扩大代议机关对不同利益和政策诉求的代表。该思路的观念基础是认为社会中存在因意识形态差异和社会身份差异而形成的多样性民意。面对这种多样性，以卢梭为代表的启蒙思想家认为存在一个体现个别意志总和的"众意"。而欧美代议民主制的观念基础则强调不同利益和政策诉求间存在零和性和不可调和性，以至于难以产生一个一致的众意。因此，欧美国家的代议民主实践退而求其次，既要让占多数的利益和政策诉求获得主导政策和立法的地位，又试图保证其他多种利益诉求获得保障，形成代表"多重众意"的代议制。反之，自土地革命时期以来，中国共产党在长期的权力机关制度建构探索中形成了一种基于集体主义的公意优先观念。它将公意作为优先代表的对象，并在公意优先的基础上探索对多重众意的整合。

卢梭在区别公意和众意的概念时认为，公意指的是一种共同的意志，它超越个人和局部的利益，代表全体人民的公共利益和诉求。[13] 基于无产阶级民主观，中国的政治话语承认存在这种带有全体性和公共性的意志，[14] 而西方学界则一般将人民的意志看作一个抽象的概念。如民主理论家达尔所说，民主制度之下实际上是"多重少数人"的统治。[15] 在实践中，通过代表全体人民共同意志的执政党的转化，公意被阐释为一套诸如民族伟大复兴和国家现代化等远景目标，并在实践层面被具象化为集体主义和整体利益诉求先于个人和地方利益诉求等原则。王绍光等学者将这种代表理念及其实践模式称

---

〔13〕［法］卢梭：《社会契约论》，何兆武译，商务印书馆2003年版，第31-32页。

〔14〕景跃进：《代表理论与中国政治——一个比较视野下的考察》，载《社会科学研究》2007年第3期，第16-21页。

〔15〕Robert Dahl, *Polyarchy: Participation and Opposition*, Yale University Press, 1972.

为一种与代议制相对应的代表制。其中，代议制强调授权、问责，强调过程和程序正义；代表制则强调实质正义，关注社会公正等公意是否能够在代议机关的活动中加以实现。[16]

经过长时间的探索，公意优先的原则渗透到人大制度从组织架构到工作方式的各个方面，形成了一套全方位体系。在宏观制度安排上，人大没有设立代表地区利益或各行业利益的第二院，并拥有庞大的代表人数。尤其在全国人大层面，这样的数量虽导致代表在人代会期间无法如欧美议会那样围绕不同利益和诉求展开交锋式辩论，却可以让代表来源覆盖各地区、民族和行业。这些具有不同社会身份的代表在人代会中以公意为首要目的开展各项工作，特别是为完善立法和政策制定提供信息。大量自下而上的决策信息传递现象也启发了学界通过"信息传递"职能解释人大制度在改革开放以来获得的巨大制度生长空间。[17]

代表观念的中外差异也反映在制度安排的各个细节中。一个最典型的例子是人大代表通过表决器等手段进行无记名表决。它与大多数欧美国家议会中表决结果完全透明的做法相反。人大制度使用无记名表决制的基本逻辑是相信代表以公意优先为原则进行表决，因此需要充分尊重各位代表对政策和立法持保留和反对态度的权利。反之，国外议会议员则必须向其所代表的某一众意，尤其是其选区选民及其所属政党表明其在投票中如实表达了其政策偏好。

在公意优先的基础上，人大制度在这一领域中的另一条历史线索是探索建立众意的表达、整合与回应机制。通过这些探索，人大逐步建立起一套具有自身特色的众意吸纳方式——重视并积极回应各类群体的诉求，并以完善立法和政策以增进国家和群体根本利益为初衷吸纳这些政策，避免多重众意的"零和思维"。此方面的进展在近十余年中尤为显著，涌现出浙江温岭的参

---

〔16〕 王绍光：《代表型民主与代议型民主》，载《开放时代》2014 年第 2 期，第 152–174 页。陈明明：《马克思主义政府原理的中国逻辑》，上海人民出版社 2021 年版，第 30–35 页。

〔17〕 Xia Ming, *Informational Efficiency, Organisational Development and the Institutional Linkages of the Provincial People's Congresses in China*, 3 The Journal of Legislative Studies 10, 10–38 （1997）.

与式预算等一些典型案例。诸如民生实事票决制、法律草案公开征询公众意见以及基层立法联系点等制度形式更是得到全国层面上的广泛推广并被写入规范性文件中。这一特色也体现在代表履职方式的中外差异上。如全球多数国家议会中对女性、少数民族和其他一些群体设立了代表数量调节机制。他国设立该制度的初衷主要是遵循一种"描述性代表"理念——弱势群体进入代议机关，可以更好地捍卫该群体利益。我国《选举法》及代表选举工作中同样有类似的制度设定，但如一项针对女性全国人大代表建议文本的分析的结论所示，女性代表更关注家庭和教育方面的政策议题。不过这些建议的初衷都是完善相关政策和立法，并不是为该群体直接争取某种利益。[18]

公意优先的代表原则成功避免了代议民主制度在一些国家面临的代表性危机。在立法和政策制定这种对国家发展产生重大深远影响的工作上，它避免了地方主义和局部利益的干扰，凝聚了共识。它也成为我国集体主义政治特色及其优越性的具体体现和重要制度担当。历史经验表明，在社会主义建设和大发展的过程中往往会遇到需要牺牲局部以维护整体利益的情况。此时以公意为基础的代表原则保证了有关立法或重大事项得以顺利推进。在当今日益重视民意的时代，这一做法的价值更加显著。

三、超越竞争性选举

围绕选举政治的一个普遍的共识是，选举并不能产生最优解。然而，选举之所以成为西方代议民主制度的核心特征，缘于其被认为能够建立责任政治并提升代表对选民的回应性。而责任政治是建立代表者与被代表之间委托代理关系的内在纽带，是整个代议机构合法性的来源。这一逻辑链条得以自洽的关键是相信选民可以在下一次选举中以另选他人的方式"惩罚"履职不力的现任议员。然而在实践中，受政党政治和选民行为模式高度复杂性等因素的影响，理想中的责任政治难以单纯依靠竞争性选举有效建立，且可能导致社会分裂加剧等一系列问题。综上，针对代议民主制中的选举制度之问可以归结为两个方面：一方面，责任政治和回应性在多大程度上可以依赖选举

---

〔18〕 Chen C. and Jiang X, *Gender Differences in Policy Preferences of Legislators：Evidence from China's National Legislature*，20 Politics & Gender 137，137–161（2023）.

制加以保证？另一方面，是否有别的途径增加代表的回应性？对此，中国人大制度七十年历程给出了三方面答案。

第一，坚持和完善选举制度，同时挖掘选举制度在国家建构方面的潜在价值。党领导下的人民代表大会制度发展实践中，从未否认或弱化选举在遴选代表方面的核心作用，而是在不断地对其加以调整和完善。《选举法》自1979年制定以来，至今已进行七次修正。在此过程中，实现了城乡选民同权、县级人大直选和差额选举等显著的进步。同时，选举组织工作更加规范，对贿选等破坏选举工作行为的监督和制裁力度不断加大。[19] 此外，与大多数欧美国家议会选举制度相比，中国是极少数规定选民能够在下次选举之前通过联名方式罢免代表的国家。

与此同时，党一直在探索通过完善代表选举机制，使选举能够发挥出政治吸纳和社会动员的强大能力。这与选举在部分国家导致社会分裂和加剧政治极化具有根本性的区别。将选举作为社会动员手段的做法最早可以追溯到土地革命时期我党通过权力机关代表选举对农民阶级进行的有效动员。[20] 发挥全国人民积极性，动员人民为现代化共同奋斗也是毛泽东等党中央领导人决定尽快开展普选并召开人民代表大会的一个重要考量。[21] 在中华人民共和国成立后的历次人大代表选举中，社会动员的对象则从农民扩大至妇女等更为广泛的群体。[22] 将选举作为政治吸纳的方式也可追溯至陕甘宁边区参议会选举中的"三三制"原则。人民代表大会制度建立后，通过《选举法》的修正以及对选举工作安排的调整，经人大代表选举而被吸纳入政治体系的群体范围不断扩大。

第二，在保证各民族、职业、性别和地区间选举权和被选举权一律平等

---

〔19〕 刘松山：《选举法七十年回顾与展望》，载《中国法律评论》2023年第4期，第149–169页。

〔20〕 王建华：《阶级民主的工具效用——土地革命战争时期中央苏区的选举动员》，载《江苏社会科学》2013年第5期，第147–153页。

〔21〕 全国人大常委会办公厅、中共中央文献研究室：《人民代表大会制度重要文献选编（一）》，中国民主法制出版社2015年版，第128–132页。

〔22〕 张致森：《第一次全国普选运动中的妇女发动》，载《当代中国史研究》2017年第2期，第16–26页。

的基础上，解决不同群体因掌握社会和经济资源不同而造成的实质性不平等问题。当今世界范围内，经济不平等更加隐蔽，不同阶层间在社会资源、政治权力、话语权等方面的差异依然存在。在缺乏对实质不平等进行有效救济的选举制度中，拥有更多经济和社会资本的群体能够通过竞选捐款、媒体宣传等方式影响选举结果。该问题是近年来发展中国家乃至一些欧美国家出现选举乱象以及民众政治不信任感加剧的重要原因。人大制度应对这一问题的核心机制是保障人大作为无产阶级国家权力机关的根本属性。它具体包含如下三个机制。

首先，在候选人提名机制上实践党的领导与人民当家作主的结合。其中，党组织在候选人提名过程中发挥关键作用，同时也引入了其他党派人民团体推荐和选民联名推荐等其他方式，兼顾了各阶层、各民族、各社会分工领域的代表性，确保了候选人的广泛性和代表性。其次，在候选人介绍程序上，由选举委员会统一组织，通过电视、广播、网络等媒介向选民介绍候选人的基本情况和履职设想等内容，防止候选人利用自身资源优势操纵舆论，影响选举结果。最后，尝试降低官员代表在人大代表中的比例，并重点提升乡镇人大代表中非党员和非干部代表比例，进一步强化人民群众在选举中的主体地位。当然不可否认的是，对于实质公平性的追求和防止选举工作冲击政治稳定的考虑也在一定程度上抑制了部分群众的政治参与积极性。如何平衡二者关系仍是未来需加以探索的问题。

第三，人大代表选举制度中降低了代表个体层面上的竞争性，尤其是不以代表的竞选承诺决定选举结果，但发展了包括制度安排和活动方式在内的一套机制，试图在承诺机制之外保证代表有效回应选民诉求。这些机制成为全过程人民民主理论体系的重要来源，并在该理论体系的指引下获得了进一步发展。这套逻辑与欧美国家截然不同。出于对竞争性选举本身能够建立责任政治的观念预设，欧美国家很少对议员的竞选和日常履职行为和方式做出约束，其代价是激烈的竞争性选举及其对意识形态和共识的分裂。

中国代议政治中的这套人大代表与选民常态化联系机制不以选举为前提，而与我党与群众建立密切联系的传统一脉相承。甚至可以说，人大制度也属于党领导下建立与群众间密切联系的制度抓手之一，也是党的群众路线的一个重要组成部分。在实践中，保证这套体系得以运行的一个最为基础但却常被忽略的制度安排是人代会的短会期及代表的非专职制。这一制度安排源自马克思对资产阶级议会"清谈馆"批判的实践，希望以此防止人大代表脱离生产生活实际，并通过与人民群众的共同生产生活密切接触群众和社会实际，以充分反映人民群众的意愿和诉求。〔23〕这样一套制度安排所产生的一个潜在结果是，人大代表及部分人大常委会委员在一年中的绝大多数时间中所具有的身份是代表者而非立法者。这在根本上保证了代表能够将履职工作的主要精力放在调研和回应原选区选民或原选举单位诉求上，解决了西方议会中议员在二重角色中撕扯并往往难以兼顾的问题。

在通过非专职制保证代表与原选区选民或原选举单位保持密切接触这一基础上，十余年来各级地方人大探索了各类制度创新，丰富了代表小组的组织形式和活动内容，进一步完善了视察和专题调研等传统形式，并通过实体和网络两个渠道共同推进了各类代表与群众的联系平台。此外，一些地方还建立了诸如代表述职评议等选民考评代表履职绩效的制度形式。〔24〕此类制度的一个共同特点是充分开放群众参与，并丰富代表与选民间接触和互动的形式。

四、以人民性为前提探索增强制度效能

代议民主的原初之意是公众通过代议制度参与并影响现实政治。但在当今欧美国家的代议民主实践中，公众作为参与主体呈现显著异化的趋势：在议会内部，出现了院内政治精英化和议员政客化现象；在院外，利益集团获得对议会事务的过大影响力。在议会研究主流话语中，议员的精英化和政客化往往被表述为议员专业化和诸如"议员受教育程度"等中性指标，但此种表述掩盖了精英化和政客化对议员行为模式的一个关键影响——在院内工作中涉及决策和政策偏好时，议员更少关注所代表选民的偏好，却更加服从所

〔23〕 严行健：《代表回应性的制度实现机制：比较视野与中国模式探析》，载《教学与研究》2022年第3期，第88–98页。

〔24〕 周长鲜：《国家取向代表观：基于人大代表联系群众工作的理论建构》，载《北京行政学院学报》2022年第3期，第40–52页。

在党团领袖的意志并依赖外部的数据和信息。这导致各项议会事务更容易受到外部组织，特别是游说集团的影响。后者除了直接向议员提供经济支持外，影响公共政策的主要手段就是提供数据。[25] 在这样的条件下，代议机构虽然表面上拥有较大的立法权和监督权，但这些权力的行使却逐步脱离了选民的控制。

反观中国人大制度七十年的发展道路，其中一条核心线索是从制度建立伊始贯穿至今的制度人民性原则——人大的一切决策都体现人民意志，而非代表个人或代表群体的意志，更不是利益集团的意志。刘少奇在《关于中华人民共和国宪法草案的报告》中指出，"人大制度应便利人民行使自己的权力，便利人民群众经常通过这样的政治组织参加国家的管理"。[26] 同时，在保证人大制度人民性的前提下，人大又引入了一系列提高制度效能的改革。这条道路从根本上防止了代议民主制中参与主体的异化。其实现主要依赖以下三个机制。

第一，也是最根本的一点在于党作为全体人民共同利益的代表对人大工作实施领导。在实践中，党通过建立党组等形式实施领导，并确立了人大作为政治机关的角色定位。党组织加强和改进人大工作的探索贯穿于人大制度发展实践的各个阶段中。尤其是在改革开放至今的四十余年中，党调整了对人大工作的领导方式，在把握大方向的同时，减少了对具体事务性工作的干预，并加强了对人大各项工作的支持，以此提升制度效能。

党通过以下三个方面支持人大加强各方面工作。一是在诸如十八届三中全会通过的《中共中央关于全面深化改革若干重大问题的决定》以及二十大报告等党的文件中对人大发展路径作出指引；二是主导程序性法律的立法和修正，为加强人大各项工作拓宽制度空间；三是探索和完善同级党委书记兼任人大常委会主任制度等具体的制度安排。人大七十年发展历程表明，党对人大各项工作的领导，绝不是弱化人大制度，而是在保证人民性的同时提

---

〔25〕 Ellis C. and Groll T, *Strategic Legislative Subsidies*：*Informational Lobbying and the Cost of Policy*，114 American Political Science Review 179，179–205（2020）.

〔26〕 中共中央文献编辑委员会：《刘少奇选集（下卷）》，人民出版社 1985 年版，第 155–156 页。

升了制度效能。

值得注意的是，这种执政党全面支持代议机构制度发展的现象在欧美议会政治中几无可能出现。欧美国家中，常见的场景是政党利用甚至修改议会规则达到自己的目的。其后果只能是损害代议民主制度的效能和公众对代议制度的评价。一个典型的例子是英国保守党在 2010 年组成悬浮议会后，为防止其他政党利用提前大选机制挑战其执政地位，于 2011 年制定《固定任期议会法》（*Fixed Term Parliament Act*）。该法动摇了英国长期以来形成的宪法惯例，引发了严重的程序问题，并最终在 2022 年被废除。

第二，院内组织层面上，人大制度同样以大力发展委员会制度实现院内组织的细化和专业化，但通过一系列制度安排避免了寡头化的风险。

人大发展委员会制度的一个特点是不断发掘和认识人大常委会的独特作用。事实上，虽然国外议会中也有"常委会"（standing committee）这一制度形式，但其仍是一种特定议题性的委员会，而非中国这样在闭会期间与人代会形成一种具有二次委托关系的全权性委员会。对于常委会的独特政治形态和功能，彭真同志指出其"人数少，可以经常开会，进行繁重的立法工作和其他经常性工作。所以适当扩大常委会的职权是加强人大制度的有效办法"。[27] 设立并不断加强常委会，意味着人大工作的常态化和实体化。因此，1979 年地方人大开始设立常委会可以看作地方人大在提升制度效能方面的关键一跃。

在常委会之外，全国人大和各级地方人大也逐步完善了专委会和常委会工作委员会的组织结构和运作模式。1986 年《地方组织法》修改后，省级、市级人大可以设立专门委员会，常委会可以设立工作委员会。同时，在上述两级人大常委会中开始陆续建立起办公厅和研究室等机构。2015 年，中共中央转发《中共全国人大常委会党组关于加强县乡人大工作和建设的若干意见》，对强化县级人大组织机构建设，尤其是县级人大的常委会和专委会组织建设提出要求，包括避免"一人委"等明显的组织虚化现象，并强调乡级

---

〔27〕 全国人大常委会办公厅研究室：《中华人民共和国人民代表大会文献资料汇编（1949—1990）》，中国民主法制出版社 1990 年版，第 118 页。

人大主席团的作用。这些努力意味着地方人大正在真正转变为一个全天候运作的工作机关，也成为地方人大加强预算监督等工作的突破口。

如前文所指出，委员会制度的发展可能带来寡头化的风险，并使代议机构的工作更容易受到外来影响。保证委员会的人民性是加强委员会组织的前提。人大制度得以避免这些问题的根本保证是党通过党组等形式对人大各组织的领导。这一领导确保了委员会在立法和监督等各项工作中首先以实践和落实党的纲领和政策路线为工作目标，而后者又是对人民利益的体现。

此外，还有一系列制度保证了委员会各项工作中人民性的优先。首先，建立和强化由专业实务工作者而非代表为主体的工作委员会，并赋予其在立法和监督等方面的重要职责。在国外议会中，具有类似人员构成特征的是议会的专业辅助性机构，其在议会各项职能中的作用不可与人大常委会的工作委员会相提并论。其次，建立来源广泛且难以为特定利益团体所垄断的信息来源渠道。例如，法工委组织的立法听证会通常包含了与立法直接相关方的代表，律师、相关社会组织代表以及涉及技术领域方面的学者。这一结构较美国国会委员会等组织的听证会更加完整。再次，不断完善委员会的制度规则。如《地方组织法》历次修正中的重点之一就是完善地方人大专委会和常委会工作机构的设置，充实和细化常委会主任会议和专门委员会的职责。

第三，在代表层面上，人大代表不具有欧美国家竞争性政党制度下议员的"政务官"属性，成为抑制院内寡头化倾向的基础。[28]在这一前提下，人大通过代表以集体方式履职的制度安排加强了对代表履职行为的规范，并以此提升制度效能。

---

[28] "政务官"和"事务官"分别是西方行政机关的重要组织形态。其中，前者指不涉及党派政策路线和利益的专业技术雇员，后者则是实践党派政策路线并与执政党共进退的行政机关领导。这组概念通常用来描述行政组织，但学界通常忽略的一个重要事实是，欧美国家的议员也具有"政务官"的核心属性——强烈的政党性、职务的获取（赢得本选区选举）依赖政党支持，并且以该职业作为重要的政治晋升通道。议员政务官属性会促使其积极参与院内党争，甚至成为院内党团和政党领袖的"私兵"，从而加剧院内政治寡头化。

集体履职的特征贯穿于人大会议和闭会期间的各项制度安排中。[29]会议期间，要求代表以代表团或多人联名的方式作为议案提出的主体。代表提出质询案等一些大会程序中也包含了关于联署门槛的要求。此外，大会各项审议程序中的审议意见通过综合代表发言的形式形成，同样带有明显的集体议决制色彩。闭会期间，根据《代表法》（2025）第26条的规定，"代表在闭会期间的活动以集体活动为主，以代表小组活动为基本形式。代表可以通过多种方式听取、反映原选区选民或者原选举单位的意见和要求"。这一规定下，包括代表视察和接待选民来访等工作都以组织化的形式展开。代表在闭会期间的履职范围也受到一定限制，如要求代表在视察中不直接处理具体问题。[30]

这样的制度安排下，尽管仍存在诸如企业家代表为行业诉求代言等个案，但总体来说没有出现代表被利益集团围猎的现象，也没有出现欧美"媒体明星"式代表。然而客观地说，以集体履职方式保证代表人民性的内在逻辑是以限制代表个人活动空间和影响各项事务能力的方式防止出现院内寡头化，它在一定程度上限制了制度效能。因此在实践中，如何在这一制度框架限定下加强人大代表履职能力也成为制度发展实践中的一个重要部分。

增强代表履职能力的改革集中体现于通过加强常委会推动加强代表工作能力建设。尤其是近年来，加强人大代表工作能力建设的提法甚至出现在党的二十大报告这样的顶层设计中。该工作的核心是人大及其常委会围绕联系代表和联系群众，对作为人大主体的人大代表依法履职予以支持、规范和进行组织，提供条件、服务和保障。[31]为此，全国人大常委会于2023年设立代表工作委员会。在全国范围内，目前已经建立起了20多万个代表之家、代表联络站。围绕这些组织所开展的代表履职工作在形式和成效上获得提升。在常委会之外，《代表法》等制度规则对代表履职的保障也在不断提升。其中，《代表法》自1992年出台，补足和落实了《地方组织法》在代表履职方

---

〔29〕 孙莹：《中国人大议事规则：原理与制度》，法律出版社2020年版，第399页。

〔30〕 全国人大常委会办公厅、中共中央文献研究室：《人民代表大会制度重要文献选编（四）》，中国民主法制出版社2015年版，第1363–1373页。

〔31〕 李伯钧：《新时代人大代表履职手册》，中国民主法制出版社2021年版，第25页。

面的相关规定。其后的三次修改又针对代表建议的反馈和立法草案单项表决等内容作出了进一步完善。2025 年第十四届全国人民代表大会第三次会议对《代表法》作出了最新修正。此次修正集中体现了通过加强各级人大常委会提升代表履职能力的思路。其中新增的制度安排如县级以上各级人大常委会制定年度代表工作计划以及设立代表工作委员会等，甚至包含了"常委会运用现代信息技术建立代表履职网络平台"等创新的内容。

结论

通过基于代议民主制度三方面困境的比较研究，本文得出如下结论：人大制度一方面具有代表与选民间的"委托—代理"关系以及代表选任制等代议民主制的一般性特征，一方面又发展出了一套具有无产阶级代议机关特殊性的制度安排，包括承认存在代表整体性利益的公意并将其重要性置于多重众意之上，发挥选举制度的社会动员等国家建构方面功能，以及强调代议制度的人民性，防止在提升制度效能的过程中出现精英化甚至寡头化的倾向。这些特征使人民代表大会制度作为一个代议民主普遍性与特殊性的混合体，在其七十年历程中探索出了一条不同的制度建设路径。

基于上述归纳不难发现，实现上述特殊性的根本保障是中国共产党对人大各项工作的领导。例如，若缺少作为无产阶级先锋队且代表中国人民根本利益的中国共产党的领导，则人大对公意的代表就根本无从谈起。正因如此，基于代议民主制度困境的比较视角提供了一个审视人大制度发展历程的外部视角，它呈现了人大发展全过程人民民主的必要性和紧迫性，以及人大制度七十年发展中所形成的诸如短会期和代表非专职制等若干基本制度形态的合理性。

此外，人大制度的上述特殊性落实于一系列中观层面上的制度安排。它们发挥了防止竞争性选举加剧社会分裂，防止利益集团操控代议政治等独特作用。这些制度安排可以为应对一些国家中的代议民主制度困境提供"中国方案"。

当然，如习近平总书记所指出，"制度自信不是自视清高、自我满足，更不是裹足不前、固步自封，而是要把坚定制度自信和不断改革创新统一起来，在坚持根本政治制度、基本政治制度的基础上，不断推进制度体系完善和发展"〔32〕。客观来说，当前人大制度在公意优先的前提下，对众意的吸纳和回应机制还有待加强，对代表选举中的一些制度安排还有探索空间，对代表履职方式方法还可以做出一些更灵活的安排。未来，人大制度还需要在这些方面进一步探索发展，切实将制度优势转化为制度"胜势"，为中国式现代化建设发挥更大的作用。

---

〔32〕 习近平：《在庆祝全国人民代表大会成立六十周年大会上的讲话》，载《求是》2019年第 18 期。

人民代表大会制度知识谱系在宪法学教材中的传承与变迁

孙　莹

摘要：人民代表大会制度是我国的根本政治制度，它既是宪法学知识谱系中不可缺少的板块，也是构建我国宪法学自主知识体系的重要组成。本文通过梳理分析宪法学教材中有关人大制度的内容，提出高等院校的宪法学教育需要吸收新时代以来关于坚持和完善人民代表大会制度的概念和理论，并且结合新时代人大制度创新的最新实践，从而使我国宪法学自主知识体系的构建更具前沿性和完整性。

关键词：人民代表大会制度　宪法学　知识谱系

导论

我国的人民代表大会制度是与我国的宪法制度相伴而生的。1954年宪法是在第一届全国人民代表大会第一次会议上通过的；1954年宪法奠定了人民代表大会制度的宪制基础。人大制度的知识谱系是宪法学教学和研究中不可缺少的板块，也是构建我国宪法学自主知识体系的重要组成。如何坚持好、完善好、运行好人大制度，是法学、政治学理论界和实务界共同的使命和课题。宪法学的发展引导着人大制度的发展完善，并且，人大制度在不同历史阶段的演进也反映到宪法学教材中。本文选取改革开放以来有代表性的50余部宪法学教材作为观察样本，通过整理和回顾宪法学教材中关于人民代表大会制度的内容，分析了人大制度相关知识在宪法学教材中的传承和变迁，并且为如何完善宪法学教材中关于人民代表大会制度知识谱系提出了建议。

一、宪法学教材中关于人大制度的知识图景

（一）宪法学教材中人大制度相关知识的主题分布

改革开放以来的宪法学教材主要采取了集中式和分散式两种模式。集中式是在某一章节集中地介绍人大制度，较早的宪法学教材较多采用了集中式的编排模式。例如，20世纪80年代初肖蔚云等编著的《宪法学概论》在其第五章"国家的政权组织形式"设置一节介绍"我国的人民代表大会制"。[1] 何华辉编写的《治国安邦的总章程》第四讲"我国的政权组织形式"集中介绍人大制度。[2] 80年代中后期宪法学教材和读本关于人大制度的体例模式开始过渡到分散式。分散式是在不同的章节分别介绍人大制度的某个层面。例如，董成美编著的《宪法基本知识》第五讲是"我国的人民代表大会制度"，此外，其第九讲"我国的国家机构"中分节提到"最高国家权力机关""地方各级人民代表大会和地方各级人民政府"。[3] 张光博所著的《宪法论》分别在第四章"政体"第四节"我国的人民代表大会制"、第十四章"立法机关和最高国家权力机关"第四节"我国的全国人民代表大会"和第十七章"地方国家机关"第四节"我国的地方国家机关"主题介绍人大制度相关知识。[4] 分散式逐渐取代了集中式。

关于人大制度知识主题的分散式体例成为宪法学教材的通例。例如，魏定仁主编的《宪法学》分别在第四章"国家形式"、第六章"中央国家机关"、第七章"地方制度"这三章的各节专题性介绍人大制度。[5] 许崇德主编的《宪法学（中国部分）》在第八章"人民代表大会制度"、第十七章"中央国家机

---

〔1〕 肖蔚云、魏定仁、宝音胡日雅克琪编著：《宪法学概论》，北京大学出版社1982年版，第220–252页。

〔2〕 何华辉、邓波：《治国安邦的总章程——新宪法讲话》，武汉大学出版社1983年版，第51–64页。

〔3〕 董成美编著：《宪法基本知识》，上海人民出版社1983年版，第55–65页、第172–190页、第204–216页。

〔4〕 张光博：《宪法论》，吉林人民出版社1984年版，第103–112页、第350–365页、第405–419页。

〔5〕 魏定仁主编：全国高等教育自学考试指定教材《宪法学》（第二版），北京大学出版社1994年版，第133–148页、第228–248页、第281–290页。

关"和第十八章"地方国家机关"三章中分别介绍人民代表大会制度、全国人民代表大会、县级以上地方各级人大及其常委会和乡镇人民代表大会。[6] 胡锦光、韩大元所著的《中国宪法》在第十九章"中央国家机关"和第二十章"地方国家机关"中介绍全国人民代表大会、全国人民代表大会常务委员会、县级以上地方各级人大及其常委会和乡镇人民代表大会等相关内容。[7] 周叶中主编的《宪法》在第十二章"国家形式"和第十七章"国家机构"中分别介绍人民代表大会制度和人民代表大会。[8] 2021 年 11 月，教育部办公厅印发的《普通高等学校宪法学教学重点指南》中，对于教学重点内容的提纲挈领，也是在"国家制度"和"国家机构"两部分中提到人大制度。

教材对于人大制度理论知识的编写从集中式向分散式的转变，体现了学界对人大制度的认识由浅入深，使人大制度的理论知识不断丰富、深化、体系化。同时，也是因为人大制度实践本身的不断发展，推动了宪法学相关领域的进展。

（二）宪法学教材中人大制度相关知识的历史发展

人大制度知识谱系的发展与人大制度实践的发展密不可分。关于改革开放以来人大制度的发展，学者们见仁见智，对于人大制度历史发展阶段有不同的依据和观点，也有一些共识。学者们普遍认为，80 年代是人大制度的恢复重建阶段，90 年代之后是人大制度的发展完善时期。[9] 1979 年前后，党的十一届三中全会召开、"七八宪法"修改设立地方人大常委会、《选举法》重新修订、《地方组织法》制定通过，这些里程碑式的事件，标志着社会主义民主法制和人民代表大会制度的恢复建设时期的开始。1990 年，党中央明确提

---

〔6〕 许崇德主编：高等学校法学教材《宪法学（中国部分）》，高等教育出版社 2000 年版，第 213–237 页、第 420–439 页、第 457–464 页。

〔7〕 胡锦光、韩大元：普通高等教育"十一五"国家级规划教材、教育部普通高等教育精品教材《中国宪法》（第五版），法律出版社 2024 年版，第 317–336 页、第 346–355 页。

〔8〕 周叶中主编：普通高等教育"十一五"国家级规划教材、面向 21 世纪课程教材《宪法》（第五版），高等教育出版社 2020 年版，第 205–211 页、第 291–299 页。

〔9〕 参见王维国、谢蒲定：《改革开放以来我国人民代表大会制度的发展历程与基本经验》，载《政治学研究》2008 年第 6 期；何俊志：《新中国人大制度演进的三个阶段》，载《探索与争鸣》2010 年第 12 期；韩旭：《国家治理视野中的根本政治制度——改革开放 40 年来人民代表大会制度的发展逻辑》，载《政治学研究》2018 年第 6 期。

出"坚持和完善人民代表大会制度",这成为人大制度建设的主基调并延续至今。[10]与时代的主题相呼应,宪法学教材中的人大制度理论知识随着人大制度实践的不断丰富发展而不断型塑。

80年代宪法学教材是对人民代表大会制度的初步探索。首先是基本理论层面,揭示人民代表大会制度的性质和地位,回顾人民代表大会制度的产生和发展,列举人民代表大会制度的优越性,指出其组织原则是民主集中制。其次是制度规范层面,包括全国人民代表大会的性质、地位、组成、任期和职权,全国人民代表大会的会议方式和工作程序,全国人民代表大会常务委员会的性质、地位、组成、任期和职权,全国人民代表大会常务委员会的会议方式和工作程序,全国人大专门委员会的性质和种类,全国人大专门委员会的组成、任期和工作任务,全国人大常委会各工作委员会的组成和工作任务,地方人民代表大会的性质、地位、组成、任期和职权,地方人民代表大会常务委员会的性质、地位、组成、任期和职权,各级人大代表的权利义务。可以说,这一时期教材搭建起了人大制度知识谱系的雏形,提供了基本的知识体系框架。但是有一些知识板块的欠缺,如乡镇人大的相关主题等。

此后的宪法学教材大体延续了上述知识框架。并且,教材中关于人大制度知识谱系的建构呈现出三个发展趋势。

首先,教材中开始对人民代表大会的运行提出具体的制度完善建议。例如,吴家麟主编的《宪法学》中提到"进一步完善我国的人民代表大会制度";[11]俞子清主编的《宪法学》提到"坚持和完善人民代表大会制度";[12]许崇德主编的《宪法》提到"加强和完善人民代表大会制度"[13]。这些教材提出的制度完善建议涵盖了如何理顺党与人大的关系,加强人大及其常委会的自身建设,提高人大代表和人大常委会委员的素质,强化人大及其常委会的监督权的

---

[10] 1990年,江泽民在七届全国人大三次会议上的讲话中提出"坚持和完善人民代表大会制度"。《求是》杂志2024年第4期发表习近平的重要文章《坚持和完善人民代表大会制度保障人民当家作主》,收录习近平在2012年12月至2023年6月期间的有关重要论述。

[11] 吴家麟主编:《宪法学》,中央广播电视大学出版社1991年版,第135-137页。

[12] 俞子清主编:高等政法院校法学主干课程教材《宪法学》,中国政法大学出版社1999年版,第114-119页。

[13] 许崇德主编:21世纪法学系列教材《宪法》,中国人民大学出版社1999年版,第113-118页。

行使，加强各专门委员会和工作机构建设，完善各项工作制度和议事规则等。

其次，教材开始引用实例和数据，也就是在理论层面、制度层面之外开始关注实践层面，以人大制度的实际运行辅之呈现人大制度的全貌。[14]例如，吴家麟主编的《宪法学》举例说明第七届全国人大代表的组成；[15]许崇德主编的《宪法学（中国部分）》比较了乡镇人大代表的人数和县、市、省、全国四级人大代表的人数，以说明乡镇人大在国家权力机构体系中的基础基层的地位。[16]刘茂林主编的《中国宪法》提出自 1959 年以来"两会"同时召开的惯例的形成。[17]

再次，教材关于人大制度的知识内容随着相关法律和实践的发展而更新：

1.《选举法》《代表法》的制定和修改，使宪法学教材中关于选举制度和代表制度的知识板块随之更新

（1）焦洪昌主编的《宪法学》详细梳理了 1979 年《选举法》的制定和历次修改[18]，马工程《宪法学》也回顾了 1953 年《选举法》制定以来的制度演变。[19]特别是《选举法》在 2010 年的修改，贯彻了同票同权的原则，规定城乡按相同人口比例选举人大代表及分配代表名额，很多宪法学教材对此重点讲解。

（2）1992 年颁布的《代表法》系统规定了人大代表在会议期间的工作、代表在闭会期间的活动和代表执行职务的保障。魏定仁主编的《宪法学》根据《代表法》的内容分析了代表的人民性、代表的权利和义务。[20]许崇德主编的《宪法》参照《代表法》的体例，介绍了全国人大代表的会议期间的工

---

〔14〕 80 年代的教材中，目前收集的资料里，肖蔚云、魏定仁、宝音胡日雅克琪编著的 1982 年版《宪法学概论》中有几处是援引实例，可以说开了先河，但不是当时教材的普遍现象。

〔15〕 吴家麟主编：《宪法学》，中央广播电视大学出版社 1991 年版，第 131 页。

〔16〕 许崇德主编：高等学校法学教材《宪法学（中国部分）》，高等教育出版社 2000 年版，第 468 页。

〔17〕 刘茂林主编：全国高等法律职业教育系列教材《中国宪法》，中国政法大学出版社 2001 年版，第 226 页。

〔18〕 焦洪昌主编：普通高等教育"十一五"国家级规划教材《宪法学》（第六版），北京大学出版社 2020 年版，第 261–267 页。

〔19〕《宪法学》编写组编写：马克思主义理论研究和建设工程重点教材《宪法学》（第二版），高等教育出版社、人民出版社 2020 年版，第 150–151 页。

〔20〕 魏定仁主编：全国高等教育自学考试指定教材《宪法学》（第二版），北京大学出版社 1994 年版，第 246–248 页。

作、闭会期间的活动和执行代表职务的保障等内容。[21]秦前红主编的《新宪法学》列举了关于代表履职的言论保障、人身保障、时间保障、经济保障、社会保障和组织保障等内容。[22]2010年《代表法》修改，进一步细化了代表履职规范的相关规定，朱应平主编的《宪法学基础》专门介绍了此内容。[23]

2.随着《地方组织法》的修改，宪法学教材相应增加了乡镇人大工作机制的内容

《地方组织法》的历次修改推进了乡镇人大在会议期间和闭会期间的组织机构和工作机制的制度建设。宪法学教材随即对于乡镇人大的实践发展和制度完善的内容进行了补充。例如，殷啸虎主编的《宪法学教程》指出1986年《地方组织法》修改加强了乡镇人大主席团的职能，以及这种改革对于发展基层社会主义民主的意义。[24]蒋碧昆主编的《宪法学》介绍了1995年《地方组织法》修改，对于乡镇人大主席、副主席的性质、地位和职责的规定。[25]

3.随着《全国人大常委会议事规则》《全国人大议事规则》的制定，宪法学教材相应增加了人大议事规则的内容

1987年《全国人民代表大会常务委员会议事规则》颁布实施，1989年《全国人民代表大会议事规则》颁布实施。90年代以来宪法学教材开始普遍围绕议事规则介绍各级人大及其常委会的会议制度。例如，魏定仁主编的《宪法学》，董和平、韩大元、李树忠所著的《宪法学》等宪法学教材根据全国人大议事规则、全国人大常委会议事规则、全国人大组织法的有关规定分析了全国人大及其常委会的会议制度和工作程序。[26]

---

[21] 许崇德主编：21世纪法学系列教材《宪法》，中国人民大学出版社1999年版，第224–229页。

[22] 秦前红主编：高等学校法学教材《新宪法学》，武汉大学出版社2005年版，第173页。

[23] 朱应平主编：《宪法学基础》（第二版），北京大学出版社2021年版，第232页。

[24] 殷啸虎主编：新世纪法学教材《宪法学教程》上海人民出版社2005年版，第403–404页。

[25] 蒋碧昆主编：高等政法院校规划教材《宪法学》，中国政法大学出版社1997年版，第335页。

[26] 魏定仁主编：全国高等教育自学考试指定教材《宪法学》（第二版），北京大学出版社1994年版，第233–235页、第242–243页。董和平、韩大元、李树忠："九五"规划高等学校法学教材《宪法学》，法律出版社1999年版，第467–469页、第477–478页。

4.《立法法》《监督法》制定以及有关实践的开展，使教材相应更新补充了人大职权行使机制的知识板块

（1）随着立法体制机制的逐步完善，宪法学教材吸收了相关内容。例如，2000年《立法法》引入了对列入常委会会议议程的法律案，一般应当经三次常委会会议审议后再交付表决的规定，上官丕亮等所著《宪法原理》据此分析了法律案三次审议的具体程序和例外情况。[27]再如，《立法法》专章规定了备案审查制度，一些宪法学教材将此制度作为我国宪法监督制度、合宪性审查制度的重要组成部分。[28]再如，2015年《立法法》修改赋予"设区的市"地方立法权。宪法学教材随即吸收这项修改。[29]

（2）《监督法》制定后，其内容在宪法学教材中也有所反映。有的教材根据《监督法》的内容对人大常委会监督权的行使方式进行了类型化的分析。[30]有的教材重点分析《监督法》中的某种规定，如关于司法解释的备案审查。[31]

发展至今，宪法学教材对人大制度基本形成了比较全面系统的介绍，体例与内容均达到相对稳定的状态。通过分析宪法学教材中与人大制度相关的主题词出现频率，可以更好地了解人大制度知识体系的图景。本文分别统计宪法学教材中有关人大制度的高频词（如图1）和教材中人大制度章节的高频词（如图2），分析结果如下：

---

[27] 上官丕亮、陆永胜、朱中一：《宪法原理》，苏州大学出版社2013年版，第232页。

[28] 胡锦光、韩大元：普通高等教育"十一五"国家级规划教材、教育部普通高等教育精品教材《中国宪法》（第四版），法律出版社2018年版，第142-143页。《宪法学》编写组编写：马克思主义理论研究和建设工程重点教材《宪法学》（第二版），高等教育出版社、人民出版社2020年版，第339页。

[29] 周叶中主编：普通高等教育"十一五"国家级规划教材、面向21世纪课程教材《宪法》（第五版），法律出版社2020年版，第297页。

[30] 许崇德、胡锦光主编：普通高等教育"十一五"国家级规划教材《宪法》（第六版），中国人民大学出版社2018年版，第314页、第334页。《宪法学》编写组编写：马克思主义理论研究和建设工程重点教材《宪法学》（第二版），高等教育出版社、人民出版社2020年版，第248页。

[31] 焦洪昌主编：普通高等教育"十一五"国家级规划教材《宪法学》（第六版），北京大学出版社2020年版，第96页。朱应平主编：《宪法学基础》（第二版），北京大学出版社2021年版，第225-226页。

在宪法学教材的整体内容中，主要高频词为国家权力机关、宪法解释、宪法监督、宪法修改、人民民主专政、政权组织形式、议案、任期、立法权、人事任免、常委会组成人员、决定重大事项、监督权等。

图 1　宪法学教材中关于人大制度的高频词

在宪法学教材以人大制度为主题的章节中，主要高频词为国家权力机关、人民民主专政、政权组织形式、人事任免、议案、决定重大事项、立法权、任期、监督权、民主集中制等。

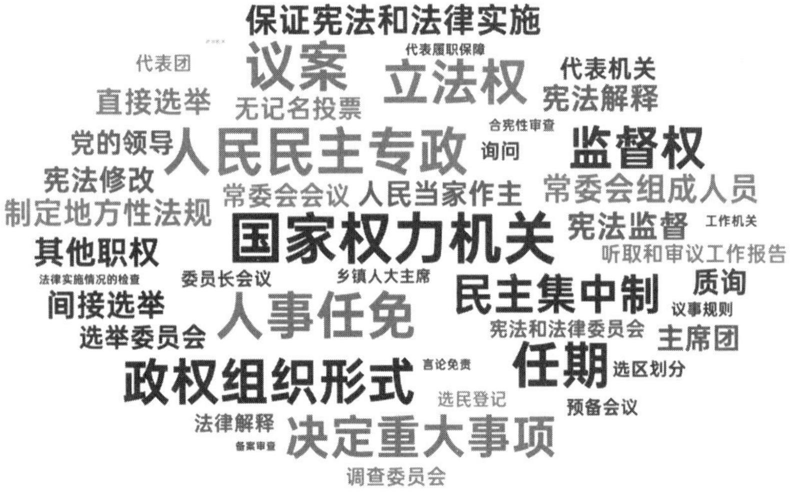

图 2　宪法学教材人大制度主题章节中的高频词

以宪法学通用教材马工程宪法学为例，其中介绍人大制度的主题章节有三处，分布于第四章"国家性质和国家形式"、第五章"国家基本制度"、第七章"国家机构"。[32]马工程教材除了具有这个时期教材的上述共同特征之外，与其他版本教材较大的不同是将选举制度作为人大制度的内容。其他版本教材大多将选举制度作为与人大制度并行的上位概念，单列一个章节。笔者认为，选举制度归入人大制度是合乎人大制度运行逻辑的。根据其体例和内容，马工程教材关于人大制度的知识谱系如下所示。

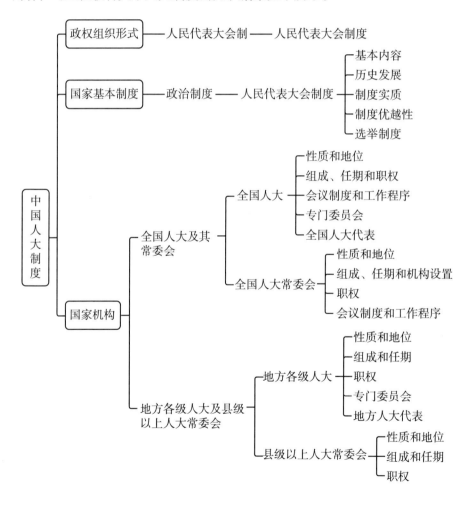

---

〔32〕《宪法学》编写组编写：马克思主义理论研究和建设工程重点教材《宪法学》（第二版），高等教育出版社、人民出版社 2020 年版，第 116–122 页、第 143–154 页、第 239–248 页。

（三）宪法学教材中关于人大制度的知识内容仍需进一步完善

综上，经过多年的积累，目前的教材已经形成了较为系统和全面的人大制度知识谱系。但是，由于人大制度是一个鲜活的、实践中不断发展的政治制度，宪法学教材中的人大理论知识也需要更新。例如，大部分教材都会提到我国人大制度的优越性。教材对于人大制度优越性一般是从"历史国情论""选举民主论""权力关系论"这三个视角来阐释的。[33] 实践中，人大制度的优越性经受了历史的检验，受到高度的认可。新时代以来党中央关于坚持和完善人大制度的新思想和新论断，学术界关于人大制度优越性的新理论，未被吸收到宪法学教材中。例如，2021 年 10 月，习近平在中央人大工作会议上发表重要讲话，讲话中蕴含了人大制度理论和实践创新的许多研究课题。[34] 再如，一些学者从"国家治理论"的角度探讨人大制度在新时代国家治理体系现代化建设中的作用，提出人大制度有助于坚持党的领导、有益于国家生活法治化、有利于国家治理统一高效；人大制度推进国家治理民主化、规范化、法治化、协同化，进而驱动国家治理现代化；人大制度为全面深化改革提供了重要的制度基础，并且蕴含着现代国家治理所必需的重要功能，不断增强治理体系的回应性。[35] 也有学者从"结构—功能"的视角总结人大制度特征及优越性。[36] 与时俱进地完善人大制度知识谱系，这些理论创新是需要被吸收到宪法学教学中去的。

此外，《地方组织法》《立法法》《监督法》《代表法》分别于 2022 年、2023 年、2024 年、2025 年经历了新的修改，进一步完善了人民代表大会制

---

〔33〕 参见孙莹：《我国人民代表大会的制度特征及职权发展逻辑》，载《复旦学报（社会科学版）》2022 年第 5 期，第 177—178 页。

〔34〕 习近平：《在中央人大工作会议上的讲话》，载《求是》2022 年第 5 期。

〔35〕 参见黄小钫：《论人大制度的优势及其治理效能的转化与提升》，载《教学与研究》2021 年第 3 期；江必新、蒋清华：《习近平法治思想中的人大制度优势理论》，载《思想理论教育导刊》2021 年第 8 期；秦前红、张演锋：《新时代人民代表大会制度发展的演进逻辑》，载《甘肃行政学院学报》2021 年第 3 期；韩旭：《国家治理视野中的根本政治制度——改革开放 40 年来人民代表大会制度的发展逻辑》，载《政治学研究》2018 年第 6 期。

〔36〕 孙莹、陈家刚：《我国人民代表大会制度优越性的结构功能视角解读》，载《深圳社会科学》2023 年第 5 期，第 14 页。

度规范体系。宪法学教材中人大制度知识板块的更新须延续其回应立法实践的发展路径，及时吸收相关法律最新修改的内容，持续推动人民代表大会制度知识谱系的动态更新，使教材内容充分反映人大制度理论和实践的前沿成果。

二、传承与完善人大制度知识谱系——新时代人民代表大会制度的理论创新

党的十八大以来，以习近平同志为核心的党中央高度重视人大制度和人大工作，就坚持和完善人民代表大会制度、发展社会主义民主政治提出了一系列新思想新论断新要求，深刻阐述了人民代表大会制度的性质、地位、特征和作用，确立了其新时代的定位，并赋予了其新时代的功效。[37] 这蕴含了对新时代党领导人民坚持和完善人民代表大会制度伟大实践的深刻理解，标志着党对人民代表大会制度的规律认识和运用落实达到了一个新的高度，同时也为新的历史条件下长期坚持、全面贯彻、不断发展人民代表大会制度提供了科学理论指导和行动指南。

（一）人民代表大会制度是实现我国全过程人民民主的重要制度载体

在 2021 年 10 月召开的中央人大工作会议上，习近平明确了"全过程人民民主"的理念内涵，同时强调"人民代表大会制度是实现我国全过程人民民主的重要制度载体"。[38] 目前，学界关于全过程人民民主的研究成果丰硕，涵盖了其理论内涵和逻辑、实现路径和保障等方面。然而，关于"人民代表大会制度是实现我国全过程人民民主的重要制度载体"这一重要论述，需要理论、实证和系统的分析。

学者们多从人大制度运行来解释这一理论命题。例如，包心鉴分析，人民代表大会制度的有效运行，本身就是发展全过程人民民主的生动实践。一

---

〔37〕 参见孙莹：《习近平关于坚持和完善人民代表大会制度的重要思想之理论体系初探》，载《人大研究》2021 年第 7 期。

〔38〕 习近平：《论坚持和完善人民代表大会制度》，中央文献出版社 2025 年版，第 60–173 页。

方面，民主选举是人民代表大会实现和推进全过程人民民主的根本制度安排和有效实现形式，另一方面，全国人大及其常委会以及拥有立法权的地方人大及其常委会通过制定有关法律、地方性法规等，也实际地保障和引领全过程人民民主的有效实现。[39]孙莹以"四个机关"的结构—功能视角，将二者关系总结为，人民主权的实现是全过程人民民主的逻辑起点，这与人大及其常委会作为国家权力机关的性质相吻合；人大各项职权的行使是全过程人民民主的实践平台，这与人大及其常委会作为工作机关的功能相呼应；民情民意的表达是全过程人民民主的中心目标，这与人大及其常委会作为代表机关的定位相一致；党的全面领导是全过程人民民主的政治保障，这与人大及其常委会作为政治机关的地位相契合。[40]

（二）加强各级人大及其常委会"四个机关"的建设

习近平法治思想中关于坚持和完善人民代表大会制度的重要论述为理论研究提供了丰富的命题。例如，关于"四个机关"的定位，即各级人大及其常委会应当成为"自觉坚持中国共产党领导的政治机关、保证人民当家作主的国家权力机关、全面担负宪法法律赋予的各项职责的工作机关、始终同人民群众保持密切联系的代表机关"[41]。学界对此已经展开一些探讨。学者们从不同视角论证了人大的"四个机关"属性。

刘练军认为"四个机关"是有机统一的整体，其中政治机关是统帅，国家权力机关是目的，工作机关是内容，代表机关是手段。[42]王理万阐释了全国人大作为"四个机关"的底层逻辑及其内在统一。[43]刘志鑫认为国家权力机关即宪法确立的"人民行使国家权力的机关"，其承担着区分权力与职权，

---

〔39〕 包心鉴：《论实现全过程人民民主的重要制度载体》，载《政治学研究》2023 年第 1 期，第 15 页。

〔40〕 孙莹：《人民代表大会制度是实现全过程人民民主的重要制度载体——基于结构—功能视角的阐释》，载《江苏社会科学》2023 年第 3 期，第 55–59 页。

〔41〕 习近平：《在中央人大工作会议上的讲话》，载《求是》2022 年第 5 期。

〔42〕 刘练军：《人民代表大会定位的新发展》，载《甘肃政法大学学报》2023 年第 1 期，第 28 页。

〔43〕 王理万：《论全国人大作为"四个机关"》，载《政治与法律》2022 年第 11 期，第 2–16 页。

以及将权力转化为职权的功能。[44]林彦认为人民代表大会承载民主代议的功能，人大常委会更侧重于有效决策。[45]汪卫东、牛小侠提出政治机关、国家权力机关、工作机关和代表机关的定位分别体现了人大的政治、民主、法治和人民属性。[46]孙莹基于人大制度运行实践，提出"四个机关"功能是由人大及其常委会"一元二体"的组织结构来支撑的，并且人大及其常委会在职权行使方面的探索创新使得"四个机关"的功能含义更加丰富。[47]这些思想观点进一步加强了对人大及其常委会"四个机关"定位的解读，更全面展现了人民代表大会的制度特征。

（三）坚持好、完善好、运行好人民代表大会制度

2024 年 9 月 14 日，习近平在庆祝全国人民代表大会成立 70 周年大会上发表了重要讲话，指出"我们要围绕发展全过程人民民主，坚持好、完善好、运行好人民代表大会制度，为实现新时代新征程党和人民的奋斗目标提供坚实制度保障"[48]。党的二十届三中全会通过的《中共中央关于进一步全面深化改革、推进中国式现代化的决定》将"坚持好、完善好、运行好人民代表大会制度"上升为全面深化改革的重大方针政策。学者们围绕"坚持和完善人民代表大会制度"和"坚持好、完善好、运行好人民代表大会制度"展开丰富的理论研究。例如，林泰、林伯海探讨了坚持和完善人民代表大会制度的思路和路径。[49]燕继荣从中观视角考察了人民代表大会和人民的关系、人民代表大会与"一府一委两院"的关系、中国共产党同人民代表大会的关系这

〔44〕刘志鑫：《为什么人民代表大会是国家权力机关？》，载《环球法律评论》2021 年第 2 期，第 5 页。

〔45〕林彦：《维护全国人民代表大会的民主功能———兼评〈全国人大组织法〉（修正草案）》，载《法学评论》2020 年第 6 期，第 16 页。

〔46〕汪卫东、牛小侠：《习近平关于人民代表大会制度重要论述的独特贡献》，载《学术界》2022 年第 12 期，第 115–116 页。

〔47〕孙莹：《我国人民代表大会的制度特征及职权发展逻辑》，载《复旦学报（社会科学版）》2022 年第 5 期，第 180–181 页。

〔48〕习近平：《在庆祝全国人民代表大会成立 70 周年大会上的讲话》，载《人民日报》2024 年 9 月 15 日，第 2 版。

〔49〕林泰、林伯海：《坚持和完善人民代表大会制度探析》，载《清华大学学报（哲学社会科学版）》2002 年第 5 期，第 35–39 页。

三种关系的实现机制。[50]有人大工作者从人大工作实际的角度分析了坚持好、完善好、运行好人大制度的内涵机理。[51]

综上，"人民代表大会制度是实现我国全过程人民民主的重要制度载体""四个机关""坚持好、完善好、运行好人民代表大会制度"等关于我国社会主义民主政治建设的重大理念是新时代新征程人民代表大会制度的新使命，彰显了人民代表大会制度运行实践、制度建设和理论研究进入了新阶段，相关理论和制度创新应当被吸收进宪法学教材，不断丰富人民代表大会制度研究的实践特点和时代特色。[52]

三、传承与完善人大制度知识谱系——新时代人民代表大会制度的实践创新

近些年来，全国和地方各级人大在开拓人大工作方式，落实人大职权行使方面继续开展创新实践，有许多工作亮点。一方面，宪法学需要吸收制度实践的新发展，[53]另一方面，人大蓬勃发展的工作机制创新实践，也需要理论的回应和总结。

（一）立法工作机制的创新

1.基层立法联系点工作机制的创立

基层立法联系点是为了加强公众参与立法工作的一项制度创新。建立基层立法联系点有利于扩大立法工作中的公共参与，提高立法的民主性和科学性，进而提高立法质量。2014年党的十八届四中全会通过的《中共中央关于全面推进依法治国若干重大问题的决定》要求"加强人大对立法工作的组织协调，健全立法起草、论证、协调、审议机制，健全向下级人大征询立法意

---

〔50〕 燕继荣、柏艾辰：《让制度运转起来：人民代表大会制度的运行机制分析》，载《北京行政学院学报》2023年第2期，第31-39页。

〔51〕 包义成、肖群：《坚持好、完善好、运行好人民代表大会制度内涵机理的几点思考》，载《人大研究》2024年第9期，第9-18页。

〔52〕 党的十八大以来，以习近平同志为核心的党中央创造性地提出的重大理念，有一些已经被《新时代中国宪法理论》教材（高等教育出版社2024年版）所吸收。

〔53〕 教育部《普通高等学校宪法学教学重点指南》提出，"准确阐释宪法文本和实践……充分体现宪法实践"。

见机制，建立基层立法联系点制度，推进立法精细化"。[54] 2015 年 7 月，全国人大常委会在江西景德镇、湖北襄阳、甘肃临洮和上海长宁设立了全国首批基层立法联系点，国家最高立法机关通过这个渠道来直接吸收基层民意。党的二十大报告提出，"加强人大代表工作能力建设，密切人大代表同人民群众的联系。健全吸纳民意、汇集民智工作机制，建设好基层立法联系点"。基层立法联系点是民主立法的新发展。推进公众参与立法、民主立法有利于解决立法过程中的利益表达、利益冲突与协调问题。地方人大在建设基层立法联系点方面也积极推进。2015 年，广东省人大常委会公布在全省设立 21 个立法联系点。

2. 区域协同立法工作机制的创新

区域协调发展的理念在我国的"十一五"规划中首次提出，党的十八大报告提出"促进区域协调发展"。党的十九大报告进一步提出"实施区域协调发展战略，建立更加有效的区域协调发展新机制"。《中共中央、国务院关于建立更加有效的区域协调发展新机制的意见》提出"到 2035 年，建立与基本实现现代化相适应的区域协调发展新机制……区域协调发展新机制在显著缩小区域发展差距和实现基本公共服务均等化、基础设施通达程度比较均衡、人民基本生活保障水平大体相当中发挥重要作用"。中央持续部署布局，地方积极响应，京津冀协同发展、长三角一体化发展、珠三角经济一体化发展和粤港澳大湾区建设稳步推进。区域发展，法治先行，区域协调发展需要制度基础，需要法治的引领和保障，区域协同立法应运而生。区域协同立法是近些年地方人大及其常委会推进人民代表大会制度理论和实践创新的新成果，被最新修改的《地方组织法》《立法法》确认吸收，成为正式的立法制度。

3.《立法法》历次修改对地方立法工作体制机制的影响

《立法法》分别在 2015 年和 2023 年经历了两次修改。《立法法》修改在立法的指导思想和原则、立法决策与改革决策相衔接统一的制度机制、立法

---

〔54〕《中共中央关于全面推进依法治国若干重大问题的决定》，载《人民日报》2014 年 10 月 29 日，第 1 版。

权限划分、立法程序和工作机制等方面进行完善，对于促进良法善治，推动地方立法高质量发展提供了更为明确的制度规范。

首先，《立法法》的修改根据新时代的发展完善了立法的指导思想。其次，《立法法》的修改与时俱进地完善了立法的原则。再次，《立法法》的修改完善了我国立法体制。立法体制是关于立法权、立法权运行和立法权载体诸方面的体系和制度所构成的有机整体，其核心是有关立法权限的体系和制度。[55]两次修法对于"设区的市"立法权限作出较大改动。2015年《立法法》规定设区的市可以对城乡建设与管理、环境保护、历史文化保护等方面的事项制定地方性法规。2023年《立法法》修改在此基础上规定设区的市可以对城乡建设与管理、生态文明建设、历史文化保护、基层治理等方面的事项制定地方性法规。修改《立法法》时考虑到地方创新治理的实际需要，规定设区的市可以对"基层治理"事项制定地方性法规，有利于在法治轨道上推动健全党组织领导的自治、法治、德治相结合的基层治理体系，不断完善中国特色基层治理制度，推进基层治理体系和治理能力现代化。《立法法》的修改还完善了地方立法的工作机制，包括建立区域协同立法工作机制、健全备案审查制度机制、明确法律法规清理制度等。总体而言，《立法法》修改对于加强党对立法工作的全面领导、在立法工作中坚持和发展全过程人民民主、全面推进依法治国具有重要意义。

（二）监督工作机制的创新

1. 司法监督工作机制的创新

近年来，各地的地方人大推进监督方式的创新，包括丰富对两院的监督形式，以期获得较好的监督实效。这些工作机制的创新有三个特点或趋势。一是制度化，如有的省人大常委会建立法官、检察官履职档案记录制度，将法官、检察官执法办案和考评考核情况、人民群众投诉情况记录于人大机关的网络平台，实现常态化的工作监督。有的地方人大常委会将对法官、检察官的任前监督和任后监督相结合，形成全链条的监督模式，体现全过程人民

---

〔55〕 参见孙莹：《立法法修改必将推动地方立法高质量发展》，载《人民之声》2023年第4期，第61页。

民主。二是公开化，如有的市人大常委会将法官、检察官评议（"两官评议"）的被评议对象名单在人大网站向公众公示，请社会各界人士提意见建议。在实施"两官评议"期间，部分地方人大常委会组建了履职评议调研组，广泛走访检察官、法官、人大代表、律师及案件当事人等群体，广泛征集意见，形成了多元化的参与格局。三是联动化，地方人大的联动监督机制呈现出全方位、立体化的特点，通常由省市县乡四级人大动员五级人大代表，针对各领域的工作展开法律监督与工作监督。人大对司法机关的监督旨在确保宪法、法律及行政法规在本行政区域得到切实遵守与执行。[56] 人大的司法监督要在发挥人大监督的权威和功能，与尊重司法权运行的独立性、职业性和终极性之间寻找最为妥帖的平衡点。

2. 互联网预算监督工作机制的创新

人大预算监督，是指人大及其常委会依据宪法和其他法律，运用审议、调查、质询、听证等各种手段，对本级政府及各部门预决算进行立法规范、审查批准、跟踪问效等一系列活动。人大的财政权，既包括人大审批财政预算的权力，也包括审批之后的追踪和问责。这样才能牢牢掌握政府的"钱袋子"，保证其对人民负责，财政收入取之于民、用之于民。预算联网监督系统巧妙地将传统的人大监督职能与现代科技相融合，彰显了信息化、智能化、大数据时代下人大工作的创新与发展。历经多年的实践探索，各地方人大既积累了一定的经验，也揭示出了一些存在的问题。例如，在各区镇层面，基础数据的标准化管理尚未成型以支持预算联网；区级系统的预警机制尚待健全；政府文件的公开界限还需进一步界定；目前，预算联网监督系统主要供专业工作委员会及人大常委会的驻会委员使用，尚未全面向代表开放，若未来扩大开放范围，相应的保密措施如何有效实施等问题均需考虑，等等。[57] 在这个领域，广东人大率先实现了省市县人大预算联网监督全覆盖。截至2017年8月底，广东全省121个县（市、区）已全部实现本级

---

〔56〕 参见孙莹：《地方人大应不断提升司法监督成效》，载《人民之声》2022年第11期，第60页。

〔57〕 参见孙莹：《进一步推进人大预算联网监督工作》，载《人民之声》2019年第8期，第50页。

人大与财政联网。其中 13 个地级以上市、17 个县区实现了人大与社保部门联网。

3. 民生实事项目票决制的创新

民生实事项目票决制在 2018 年由浙江省各级地方人大试点，随后其他省的各级人大也开展各自的探索。作为一项制度创新，民生实事项目票决制在人民、政府和人大代表之间搭建了平台，"办民生实事前先倾听民声"，"从为民做主到由民做主"。民生实事项目票决制，从根本上来说是地方人大及其常委会在行使对重大事项的决定权，同时在实施过程中融入了地方人大的监督职能，包括听取并审议相关工作报告、进行专题询问、开展视察检查等一系列手段。[58] 从各地实践来看，一般来说，民生实事项目票决制的工作步骤包括：（1）候选项目的征集，是这一机制的基础组成部分，标志着民生实事项目票决制机制的正式启动，同时也扮演着广泛动员民众参与的角色；（2）项目的确定和票决，构成了民生实事项目票决制的核心环节与决定性步骤，这一过程通常在人民代表大会全体会议上展开，彰显了人大代表作为人大制度执行主体的角色；（3）项目的落实和监督，这是人大常委会和人大代表推动民生实事项目顺利实施并取得实效的重要环节；（4）项目执行情况的评估与反馈；等等。

（三）人大代表履职平台的制度创新

1. 数字化平台的工作机制创新

党的十八大以来，中央就网络和信息化建设提出了一系列新理念新思想新战略，对于我国各个行业和领域的信息化发展工作具有重大指导意义。贯彻落实中央的部署，作为国家治理方式与治理体系深刻变革的一个关键方面，"数字人大"的建设与"数字政府"的发展是齐头并进。普遍认为，浙江省人大系统在 2021 年率先启动了"数字人大"的建设，即通过网络平台和应用来重构和优化人大行使职权的途径与方式。这种针对人大工作方式进行的数字化转型模式，其实已有相当长的历史，早期被称为人大机关的信息化建

---

〔58〕 参见孙莹：《民生实事项目票决制应不断完善》，载《人民之声》2020 年第 9 期，第 61 页。

设。最初的人大机构信息化构建主要集中在构建人大机构的官方网站、内部局域网、数据库体系、智能化及无纸化办公等信息交互平台的搭建和发展方面。最近提出的理念是"智慧人大"，它意味着代表们履行职责的方式已从实体环境扩展到虚拟平台，通过充分利用网络资源来强化人大权力的行使。人大预算的网络化监督系统、代表议案与建议的处理系统、备案审查系统以及大数据的应用等，均可视为"智慧人大"框架下的重要组成部分。代表履职的信息化平台在各地实践中也有不同的名称和形式，例如，"福建人大代表履职平台""宁波市人大代表履职服务平台""无锡市人大代表履职信息平台""株洲市人大代表履职管理信息系统""丰台区人大工作服务平台""白云区智慧人大代表履职系统"等。"数字人大"可被视为信息化建设与"智慧人大"建设的进阶版本，其是在"数字中国"战略与"数字经济、数字社会、数字政府"协同推进，大数据、人工智能、区块链等新兴数字技术迅猛发展的时代背景下应运而生的产物，代表着新时代对人民代表大会制度坚持与完善的新形态。[59]

2. 家站化平台的工作机制创新

地方人大积极探索代表履职阵地建设，包括代表之家、代表联络站、代表议事会、社区立法联系点等等。例如，广州市全市成立了604个代表联络站，编号编码，共有7200名代表进站。群众可以进站反映问题，也可以通过扫码找代表反映。与之同时推进的是代表履职积分指标量化体系和代表履职监督管理制度的建立。全国人大常委会代表工作委员会的工作职责之一就是负责全国人大代表履职的监督管理。许多地方人大常委会制定了代表履职积分制的相关规定，结合代表"家站点"，对代表进站履职活动进行积分统计，以鼓励代表积极履职。[60]

此外，代表履职保障的工作制度机制包括代表小组工作制度机制、代表联动履职工作制度机制、代表议案建议办理工作制度机制、代表履职评价

---

〔59〕 参见孙莹：《把握时代变革 推进我省数字人大建设》，载《人民之声》2022年第6期，第61页。

〔60〕 参见孙莹：《加强代表工作平台建设 提升代表依法履职能力》，载《人民之声》2023年第10期，第61页。

工作制度机制等。上述工作制度机制在各地地方人大都有创新，一些创新忽略对人大制度原理和宪法法律的遵循。例如，有的县级人大常委会编写出版《人大工作标准化管理手册》，宣传并推广其工作经验，代表履职由同级人大常委会党组管理并打分，这种实践是否符合人大制度运行原理、是否符合宪法法律的规定，理论上是需要探讨的。

四、结论

本文通过梳理宪法学教材中的人民代表大会制度概貌，总结宪法学教材中人大制度知识谱系的变迁。改革开放以来，宪法学教材对人大制度介绍的体例逐渐从集中式过渡到分散式，并在 20 世纪 80 年代的教材中确立了人大制度知识谱系的基本框架。宪法学教材中的人大制度知识在发展过程中开始对人大制度运行提出具体完善建议；对人大制度的介绍从基本理论到制度规范，再到实践运行机制；并随着人大制度理论和实践的发展而更新。

宪法学教材中的人大制度知识谱系，需要与时俱进吸收中央关于人大制度的最新精神，如"人民代表大会制度是实现我国全过程人民民主的重要制度载体"、"四个机关"的定位、"坚持好、完善好、运行好人民代表大会制度"；同时也需要及时回应人大制度运行实践的最新发展，如各级人大及其常委会开展的立法工作机制、监督工作机制和人大代表履职中的实践创新。宪法学教学对于人大制度知识谱系的完善，一方面可以对宪法学教材内容进行更新，另一方面也可以在研究生教学中不断完善，不断提升宪法学教学质量，推动构建中国宪法学自主学知识体系。

人民代表大会制度研究的
议题、方法与趋势[*]

陈 玥 孙 莹

摘要： 本文对人大制度建立 70 年以来的文献进行全面回顾。不同阶段人大制度研究主要集中于人大制度的性质及其优越性、民主与法制、党的领导、全过程人民民主、国家治理等议题，研究方法不断演变。各阶段核心议题的变化与党和国家的方针政策紧密相关，侧重于对人大工作实践的分析。从发展趋势来看，人大制度研究将围绕如何实现党的领导、全过程人民民主和国家治理能力现代化，具体化人大制度实践运行机制，不断创新完善相关理论。

关键词： 人大制度研究 发展阶段 研究议题 发展趋势

人民代表大会制度作为我国的政权组织形式和根本政治制度，是发展全过程人民民主、保证人民当家作主、保障国家治理体系和治理能力现代化的重要途径和实现形式。为充分发挥人民代表大会制度优势并将其转化为治理效能，本文将基于定量分析，总结人大制度建立 70 年以来各个阶段人大制度研究的核心议题与研究方法，分析人大制度研究发展规律和未来研究趋势，为人大制度的深入研究提供参考。

一、人大制度研究的文献概览

本文通过检索中国知网数据库（CNKI）中有关人大制度研究的文

---

* 国家社会科学基金后期资助项目"地方人大议事规则研究"（项目编号：24FFXB038）。

献[1]，对 1954 年人民代表大会制度建立至今人大制度研究的热度趋势、学科分布、主要发表期刊等方面情况做总体梳理与分析。

（一）人大制度研究的文献数量规律

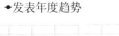
总体趋势分析

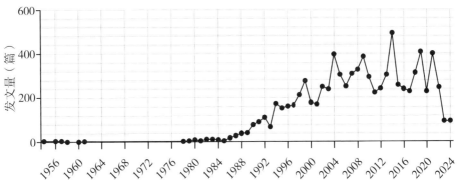

图 1-1 　1954—2024 年人大制度研究热度

　　知网收录的有关人大制度研究的论文最早发表于 1954 年。1954—1961 年，几乎每年均有 1 篇以上以人大制度为主题的期刊文章发表。1962—1977 年的 15 年间，未有人大制度相关的期刊论文发表。自 1978 年起，几乎每年均有人大制度相关研究发表，并在相当长的时间内呈持续上升趋势，1985 年以后进入快速上升阶段，于 2014 年达到目前为止的年发表量顶峰 491 篇。自 1992 年起至 2023 年 30 年间，我国关于人大制度研究的期刊年发表量基本在 100 篇以上，其中在 1999—2022 年期间，年发表量基本均处于 200 篇以上，并分别于 1994 年、1999 年、2004 年、2009 年、2014 年、2019 年、2021 年达到阶段性小高峰。

---

　　〔1〕 检索方式为，分别以"人大制度"、"人民代表大会制度"、"人大制度研究"和"人民代表大会制度研究"为"关键词"搜索统计知网所载主题相符的学术期刊文章，检索时间为 2024 年 8 月 13 日，期刊总量为 7139 篇。其中，核心期刊来源包括 CSSCI、北大核心及 AMI。AMI 期刊基本源于《人大研究》，考虑到《人大研究》在人大制度研究领域的特殊地位，本文认为将该期刊计入核心期刊发文数据中，所得统计结果更加全面准确。

人大制度的文献数量变化呈现以下规律。

第一，人大制度研究热度与国家政策呈强正相关，党关于人民代表大会制度重大政策的颁布，直接决定着人大制度文献数量的上升趋势。其一，1954 年第一届全国人民代表大会第一次会议的召开标志着人民代表大会制度在全国范围内正式创建，于是 1954 年起逐渐出现了关于人民代表大会制度的期刊发表。其二，1978 年党的十三届三中全会重新确立了"社会主义民主法制"的基本方针，人民代表大会制度逐步恢复；自该年起，以人民代表大会制度为主题的期刊文章陆续发表，尤其是 1982 年宪法制定后，有关人大制度研究的期刊年发表量呈现持续、迅猛增长趋势。其三，1997 年党的十五大提出"依法治国"重大方针，并着重强调了人民代表大会制度的重要地位；自该年起，我国关于人民代表大会制度的研究处于蓬勃发展阶段，1998 年至今的 20 余年间，我国关于人大制度研究的期刊年发表量均在 100 篇以上。

第二，人大制度创立的重大纪念年份也会影响人大制度研究的热度。例如，1994 年、1999 年、2004 年、2009 年、2014 年、2019 年因恰逢全国人民代表大会制度创建 40 周年、45 周年、50 周年、55 周年、60 周年、65 周年而分别达到了阶段性的人大制度研究小高峰。[2]此外，2014 年更是中华人民共和国成立以来的人大制度年发表量最高峰，这一发表高峰可能是政策因素与纪念日因素共同作用的结果。

第三，人民代表大会制度专门政策文件的发布也会引发人大制度研究的热潮。2021 年党中央印发了《坚持和完善人民代表大会制度、加强和改进人大工作的意见》等政策文件，并历史性地召开了中央人大工作会议。此后，2021 年人大制度研究也达到近 400 篇的年发表量。[3]

---

〔2〕 1994 年发表量 172 篇，1999 年发表量 273 篇，2004 年发表量 396 篇，2009 年发表量 386 篇，2014 年发表量 491 篇，2019 年发表量 409 篇。

〔3〕 2021 年发表量 398 篇。

（二）人大制度研究的作者分布[4]

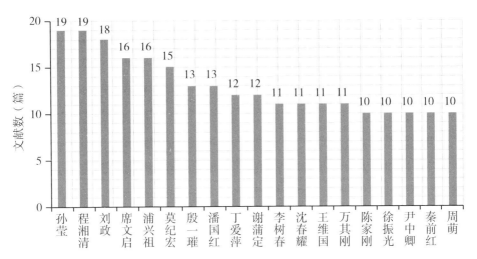

图 1-2　人大制度研究期刊的作者分布（1954—2024 年）

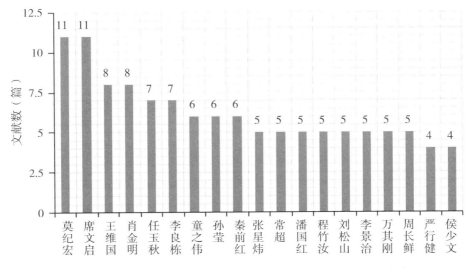

图 1-3　人大制度研究核心期刊的作者分布（1954—2024 年）

　　人大制度研究总期刊发表量前 5 名作者分别是程湘清（19）、孙莹（19）、刘政（18）、席文启（16）、浦兴祖（16）。人大制度核心期刊发表量前 5 名分别为：席文启（11）、莫纪宏（11）、王维国（8）、肖金明（8）、任玉秋（7）、

　　[4]　图 1-2，1-3 由知网可视化分析功能自动生成。

李良栋（7）。[5] 图 1–2 上榜作者在人大制度领域具有较高的总发文量，图 1–3 中的作者在人大制度领域具有较高的高质量发文量。同时出现的两图中的作者有：席文启、莫纪宏、王维国、孙莹、秦前红、潘国红、万其刚，此 7 人均为常见耕作于人大制度研究的学者。仅出现在图 1–2 中的作者大多属于人大机关的实务工作者；仅出现在图 1–3 中的作者大多属于学者。

（三）人大制度研究的学科分布

人大制度研究的总发文量与核心期刊发文量所分布的学科类型都大致相同，主要来自"中国政治与国际政治""宪法""中国共产党""法理、法史""中等教育"等学科；但各学科的总发文量与核心期刊发文量的占比及顺序略有不同。现有人大制度研究的学科占比前两名均为"中国政治与国际政治"和"宪法"。"中国政治与国际政治"学科在非核心期刊的发文量占比远高于其在核心期刊中的发文量占比，其在总发文量中占比近四分之三，而在核心期刊的发文量中占比约二分之一；与之相对，"宪法""法理、法史"等学科的人大制度研究发表核心期刊的比例高于其在总发文量中的占比。

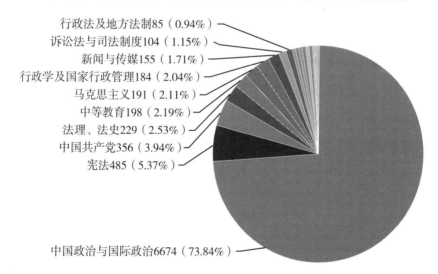

行政法及地方法制85（0.94%）
诉讼法与司法制度104（1.15%）
新闻与传媒155（1.71%）
行政学及国家行政管理184（2.04%）
马克思主义191（2.11%）
中等教育198（2.19%）
法理、法史229（2.53%）
中国共产党356（3.94%）
宪法485（5.37%）

中国政治与国际政治6674（73.84%）

图 1–4　人大制度研究的学科分布（1954—2024 年）

〔5〕 李良栋、任玉秋核心期刊发表量并列第 5 名。

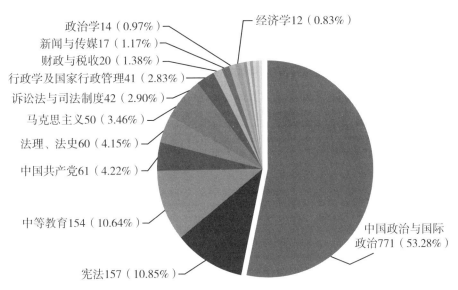

图 1-5　人大制度研究核心期刊的学科分布（1954—2024 年）

二、人大制度研究的主要议题

人民代表大会制度是中国共产党在领导人民长期革命战争中，将马列主义代议制与中国实践相结合而创造出的适合中国国情的新的政权组织形式。早在 1928 年，毛泽东在《井冈山的斗争》中就将"工农兵代表会组织"视为最能发动群众和最利于斗争的群众组织形式。[6] 1940 年，毛泽东在《新民主主义论》中明确提出了"人民代表大会"的概念。自 1954 年第一届全国人民代表大会第一次会议召开至今，人大制度 70 年的发展可划分为不同阶段。首先，1954 年至改革开放前，是人大制度的起步与曲折发展阶段。[7] 其次，改革开放后，人民代表大会制度进入恢复和快速发展阶段。1978 年 12 月党的十一届三中全会以后，人大制度的恢复与重建走上了快车道，从那时起人大制度有了长足的进步和发展。[8] 有学者将党的十一届三中全会之后确定为人

---

〔6〕 毛泽东：《毛泽东选集》第 1 卷，人民出版社 1991 年版，第 71-72 页。

〔7〕 宋锐：《人民代表大会制度的发展历程》，载中国人大网，http://www.npc.gov.cn/npc/c2/c30834/202411/t20241113_441053.html，2024 年 11 月 16 日访问。

〔8〕 席文启：《人民代表大会制度 60 年：历史经验与未来发展》，载《新视野》2014 年第 4 期，第 16 页。

民代表大会制度的恢复和全面发展阶段。[9]还有学者认为，从 1978 年第五届全国人大第一次会议开始，人大制度逐步恢复。[10]再次，党的十八大以来，我国发展进入新时代，随着人大制度作为"支撑中国国家治理体系和治理能力的根本政治制度"的地位得到进一步明确，人大制度的建设进入新的发展阶段。[11]也有学者认为新时代以来，人民代表大会制度日益凸显其在国家治理体系中的重要理论方位。[12]参考学者对人大制度发展的阶段性划分，并结合人大制度研究的分布特征，以下分别从 1954—1977 年、1978—2012 年和 2013 年至今三个阶段具体考察人大制度研究情况。

（一）人民代表大会制度起步与曲折发展阶段的研究（1954—1977 年）

文献时间跨度为 1954—1977 年，检索时间为 2024 年 8 月 13 日，共检索到期刊文献 10 篇，且均发表于 1954—1961 年期间。

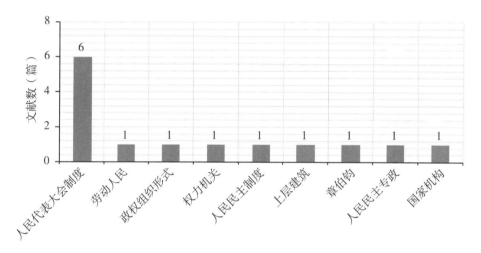

图 2-1　人大制度研究的主要主题（1954—1977 年）

---

〔9〕 尹世洪主编：《人民代表大会制度发展史》，江西人民出版社 2002 年版，第 195 页。

〔10〕 申坤：《中国人民代表大会制度的历史变迁研究》，中共中央党校 2013 年博士学位论文，第 55 页。

〔11〕 韩旭：《国家治理视野中的根本政治制度——改革开放 40 年来人民代表大会制度的发展逻辑》，载《政治学研究》2018 年第 6 期，第 100 页。

〔12〕 张震、杨柳：《"五四宪法"中人民代表大会制度及其实施的国家治理逻辑》，载《法治现代化研究》2024 年第 3 期，第 58 页。

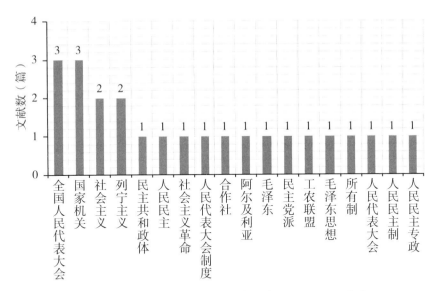

图 2-2　人大制度研究的次要主题（1954—1977 年）

　　随着第一届全国人民代表大会第一次会议召开，人民代表大会制度正式建立，人大制度研究也随之开始。1954 年共发表人大制度相关文献两篇，分别是杨化南、孙国华、徐大同等发表于《教学与研究》的《普遍的人民代表大会制度是我们国家的基本制度》、周方发表于《法学研究》的《人民代表大会制度是我们国家的基本制度》。1956—1961 年发表的期刊文献如下：《读有关我国国家机构的几本书》[13]《贯彻守法原则，健全人民代表大会制度》[14]《试论我国过渡时期的基础与上层建筑》[15]《评资产阶级的议会制》[16]《关于人民代表大会制度与民主》[17]《驳资产阶级民主》[18]《人民代表大会制度是我国人民民主专政的最好的政权组织形式》[19]《我们的几点意见（摘要）》[20]。

〔13〕　吴杰：《读有关我国国家机构的几本书》，载《读书月报》1956 年第 12 期。

〔14〕　廖开铨、程辑雍：《贯彻守法原则，健全人民代表大会制度》，载《法学》1957 年第 1 期。

〔15〕　吴承禧、屈万山：《试论我国过渡时期的基础与上层建筑》，载《学术月刊》1957 年第 2 期。

〔16〕　李光灿：《评资产阶级的议会制》，载《哲学研究》1957 年第 5 期。

〔17〕　丁方：《关于人民代表大会制度与民主》，载《世界知识》1957 年第 19 期。

〔18〕　蒋捷夫、朱作云：《驳资产阶级民主》，载《文史哲》1958 年第 5 期。

〔19〕　于群力、王家福：《人民代表大会制度是我国人民民主专政的最好的政权组织形式》，载《法学研究》1960 年第 Z1 期。

〔20〕　树梧：《我们的几点意见（摘要）》，载《法学研究》1961 年第 2 期。

从此阶段的文献主题和观点来看，在 1954–1961 年这一期间，人民代表大会制度的内涵（包括性质与地位）、原则及其优越性等基本问题还未被明确与充分论证。因此，此阶段人大制度的研究切合时代需要，主要围绕人大制度的性质及其制度优越性等基本理论问题展开。

1. 人民代表大会制度的性质

《普遍的人民代表大会制度是我们国家的基本制度》一文提出："人民代表大会制度本身就是实现人民民主专政的国家政权机关，因此，只有它才最明确、最完善地反映出人民民主专政的本质和各民主阶级在国家政权中的地位。""人民代表大会不仅是最有权力的组织，而且是人民意志的全权代表者。""只有它才能代表我国人民政治生活的全面，才能表示我们政治力量的源泉。"[21]《人民代表大会制度是我们国家的基本制度》一文，主张"人民代表大会制度是便利于人民行使自己权力的制度"，能够有效实现"一切权力属于人民"的特点。[22]

2. 人民代表大会制度的优越性

《普遍的人民代表大会制度是我们国家的基本制度》一文通过与"资产阶级国家的议会制度"进行对比，主张人民代表大会制度具备以下优越性："我们的人民代表大会是代表全体人民的，它是真正的人民代表机关。""我们的人民代表大会是各民族人民的代表机关，它是建立在民族平等原则的基础上的。""我们的人民代表大会是根据民主集中制原则建立的人民代表机关。""我们的人民代表大会是人民代表机关，同时也是工作机关。""我们的人民代表大会是对人民负责的代表机关，我们的选民对于不满意的代表，可以随时把他撤换。""我们的人民代表大会是在中国共产党领导下的人民代表机关。"并指出我们的人民代表大会制度具备无与伦比优越性的根本原因在于："我们的政权是人民民主专政的政权，是劳动人民的政权；而资产阶级国家的政权则是资产阶级专政的政权，是少数剥削者统治并剥削被压迫的绝大多数劳动人民的政权。"[23]《人民代表大会制度是我们国家的基本制度》一

---

〔21〕 杨化南、孙国华、徐大同等：《普遍的人民代表大会制度是我们国家的基本制度》，载《教学与研究》1954 年第 2 期，第 21–22 页。

〔22〕 周方：《人民代表大会制度是我们国家的基本制度》，载《法学研究》1954 年第 2 期，第 35 页。

〔23〕 杨化南、孙国华、徐大同等：《普遍的人民代表大会制度是我们国家的基本制度》，载《教学与研究》1954 年第 2 期，第 22–25 页。

文提出人民代表大会制度具备以下优势："是人民行使自己权力的制度""是最有力的专政的工具""在反映各民族的团结方面，人民代表大会制度具有同样巨大的功效""是工人阶级领导的最广泛的群众组成""人民代表大会制度的基本原则就是民主集中制的原则""是使人民的权力得到统一的制度，是实现立法权与行政权统一的制度"。[24]

（二）人民代表大会制度恢复与发展阶段的研究（1978—2012 年）

文献时间跨度为 1978—2012 年，检索时间为 2024 年 8 月 13 日，共检索到期刊文献 5192 篇，核心期刊共 772 篇。1978—2012 年间，除人大制度建立特定周年引起的阶段性顶峰外，人大制度研究的年发文量呈持续上升趋势。其中，1978 年至 20 世纪 90 年代初期呈缓慢增长趋势，20 世纪 90 年代中期至2012 年呈高速增长趋势，其人大制度研究主题的可视化分析如图 2-3、图 2-4。

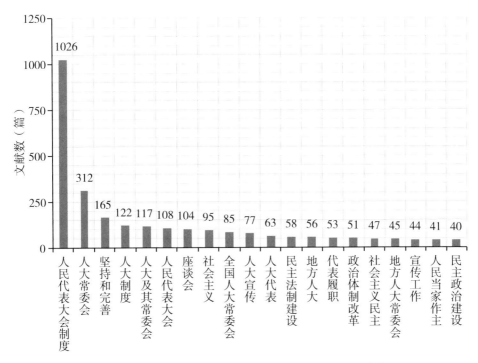

图 2-3　人大制度研究的主要主题（1978—2012 年）

---

〔24〕周方：《人民代表大会制度是我们国家的基本制度》，载《法学研究》1954 年第 2 期，第 36-38 页。

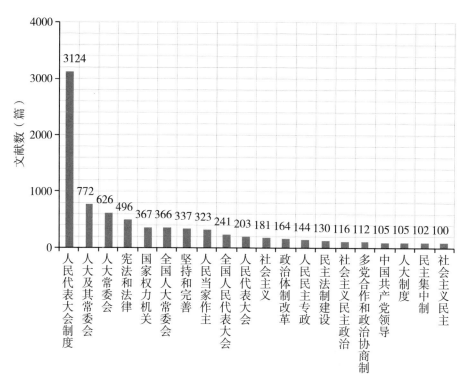

图 2-4　人大制度研究的次要主题（1978—2012 年）

图 2-3、图 2-4 是 1978—2012 年间以人大制度为主题检索到的已发表期刊论文的主要主题与次要主题统计。除去"人大制度"及其同义近义词（如人民代表大会制度）本身外，其他主题词即可反映这一时期人大制度研究的关注重点。整合上述主要主题词与次要主题词，可得出该时期人大制度研究的高频主题词是"民主"与"法制"。民主与法制的发展是这一时期党和国家的基本方针和工作重点。党的十一届三中全会提出"为实现四个现代化，必须发扬社会主义民主和加强社会主义法制"，此后，邓小平同志又于 1979 年、1980 年、1985 年、1987 年等多次强调发展社会主义民主和健全社会主义法制的重要性。[25]

---

〔25〕《邓小平对社会主义民主法制建设的探索和贡献》，载云南人大网，https：//www.ynrd. gov. cn/html/2024/gongzuoyanjiu_0625/4028431.html，2024 年 8 月 13 日访问。

1. 人大制度研究与"民主"

1978—2012 年，学者们主要从民主的视角考察中国人大制度的基本理论与制度建设问题。一方面，基本理论方面主题词包括，人民代表大会制度与社会主义民主、人民当家作主、国家权力机关、人民民主专政、社会主义民主政治、多党合作与政治协商制度、民主集中制、政治文明等。另一方面，制度建设方面的主题词包括人民代表大会制度与民主法制建设、民主政治建设，以及人大工作实践方面的座谈会、人大代表履职、人大宣传等。根据嵌入理论，经济活动由于存在于具体的社会、政治、文化和制度架构中，通常受到政治、法律等非经济因素的影响。1978—2012 年是我国改革开放后经济飞速发展的时期，急需通过完善人民代表大会制度，加强民主与法制建设，因此，1979—1982 年的人大制度改革与中国经济改革几乎同时开始。这一时期的研究者主要致力于从民主化角度来考察中国人大制度的变化所体现出的民主意蕴。[26]学术界关于人民代表大会制度与民主的探讨主要围绕"人大制度与政治文明""人大制度是否具备民主性""人大制度如何实现民主性"三个议题。

第一，人大制度与政治文明。人民代表大会制度是我国的根本政治制度，在推进社会主义政治文明建设中发挥着不可替代的作用。[27]21 世纪初的学者着重于论证人大制度是我国政治文明的制度创新、在政治文明建设中具有制度优越性等命题，如谢鹏主张人民代表大会制度是实现人民民主的有效途径，能够多层次多角度保障人民民主的实现；并且体现出社会主义国家的根本特征，即广大工人与农民也能充分享有基本的民主政治权利。[28]袁金祥认为人大制度是社会主义政治文明的核心内容、是社会主义政

〔26〕 何俊志：《中国人大制度研究的理论演进》，载《经济社会体制比较》2011 年第 4 期，第 188 页。

〔27〕 都淦、郭丹：《人大制度：中国特色政治文明的制度创新》，载《社会科学研究》2005 年第 3 期，第 23 页。

〔28〕 谢鹏：《政治文明与人大制度辩证关系》，载《人民论坛》2011 年第 35 期，第 66 页。

治文明建设的主要平台、是社会主义政治文明社会阶层的广泛体现。[29] 还有学者从建设政治文明与完善人民代表大会制度的角度，提出人大制度现有问题及改进思路，如存在人大代表荣誉感与责任感不强，人大机关的现实地位与宪法规定不符，现实中只做到了党对人大的领导而没有发挥人大对党的监督作用；[30] 以及选举制度尚不健全、人大制度的权威尚未完全建立等问题。[31]

第二，人大制度的民主性论证。张明军从人民代表大会的至上性体现了人民主权的民主源头、人民代表大会的产生体现了选举民主、人民代表大会的运作过程体现了协商民主三方面，论证人大制度是适合中国国情的最有效代议制民主政体。[32] 孔凡义认为在中国的民主化与法治化进程中，人民代表大会制度在最广泛的范围内将人民组织到国家政权中，进而使人民从形式到内容都成为国家的主人，实现了人民当家作主的目标。[33] 刘建军从人大制度与有序民主的关联视角，提出人大制度的完善是中国有序民主得以展开的制度体现，人大制度为国家治理提供了有效的价值资源、合法性资源、制度资源和法治资源。[34]

第三，人大制度民主性的实现路径。袁金祥提出人大制度作用在法律文本与政治现实上不对称，需要通过优化人大工作环境、完善根本政治制度、扩大公民政治参与途径等方式，充分发挥人大制度功能，以实现社会主义政

---

〔29〕 袁金祥：《人大制度在政治文明建设中的作用》，载《人大研究》2005 年第 8 期，第 17-18 页。

〔30〕 金太军：《建设政治文明与完善人民代表大会制度》，载《理论探讨》2004 年第 4 期，第 8 页。

〔31〕 谢鹏：《政治文明与人大制度辩证关系》，载《人民论坛》2011 年第 35 期，第 67 页。

〔32〕 张明军：《中国为什么必须坚持人民代表大会制度而不能搞"三权分立"》，载《思想理论教育》2010 年第 1 期，第 44-49 页。

〔33〕 孔凡义：《民主和效能：人民代表大会制度改革的双重取向》，载《甘肃行政学院学报》2008 年第 2 期，第 68-72 页。

〔34〕 刘建军：《人大制度与有序民主：对中国民主化进程的一种思考》，载《毛泽东邓小平理论研究》2009 年第 9 期，第 22-29 页。

治文明建设与社会主义民主。[35] 李宾华从人民代表大会制度与社会主义民主化进程的关系出发，提出人大制度的完善应当契合社会生产水平，脱离社会主义生产力发展的民主，对人民代表大会制度的健全和完善是不利的。[36] 蒋德海以发展基层民主为目标，认为地方人大制度建设最重要的是创造一种"不得不、必须向人民负责"的机制，一是应当提高地方人大的信访制度的地位、提高地方人大在国家机构体系中的地位；二是从人大代表职业化、增加人大代表实质性功能、人大代表资格制度合理化方面提高人大代表的政治质量；三是建议将直接选举的范围扩大至基层单位负责人、在直接选举中引进竞争机制，以扩大基层民主的范围和效果等。[37]

2. 人大制度研究与"法制"

这一时期人大制度研究与制度变迁的特征，还体现为法制化。人民代表大会制度法制化，是指人大制度正常运作及履职的各个方面逐步以法律的形式确定。理论研究方面，法制化的主题词包括"宪法与法律""民主法制建设"等。郝志远就加强人大制度建设提出以下建议：一是改进代表选举方法，确保代表质量；二是将人大代表联系选民制度化、法律化；三是各级人大及其常委会的工作机构、人员构成、工作方法要与其任务相适应；四是必须确保人大及其常委会行使宪法和法律赋予的各项职权。[38]

此外，人大制度变迁的法制化体现为以下方面。1978—1982 年，人大制度相关法律逐步出台，如 1979 年制定了《选举法》以及《地方组织法》《人民法院组织法》等组织法律、1980 年出台了《关于县级直接选举问题的决

---

〔35〕 袁金祥：《试论人大制度作用在法律文本与政治现实上的不对称》，载《南京师大学报（社会科学版）》2005 年第 4 期，第 63 页。

〔36〕 李宾华：《人民代表大会制度与社会主义民主化进程》，载《云南大学学报（法学版）》2011 年第 6 期，第 20 页。

〔37〕 蒋德海：《推进我国地方人大制度中的基层民主》，载《华东师范大学学报（哲学社会科学版）》2000 年第 2 期，第 112—118 页。

〔38〕 郝志远：《加强人民代表大会制度建设》，载《山西大学学报（哲学社会科学版）》1987 年第 2 期，第 18-20 页。

议》、1982 年出台了《全国人大组织法》《国务院组织法》等法律。1983 年至 20 世纪 90 年代末，则主要是人大制度的补充修改阶段，如 1994 年《预算法》的出台。[39]此外，20 世纪 90 年代末至 2012 年，人大制度呈现从法制化到法治化的发展趋势，基于人大制度法制化的发展基础，人大制度研究开始追求人大制度建设与实施的法治化。

（三）人民代表大会制度新时代全面发展阶段的研究（2013 年至今）

文献时间跨度为 2013—2024 年，检索时间为 2024 年 8 月 13 日，共检索到期刊文献 3244 篇，核心期刊共 1342 篇。2013 至 2024 年间，除人大制度建立特定周年引起的阶段性顶峰外，人大制度研究的年发文量呈缓慢下降趋势，这一阶段人大制度研究的可视化分析如图 2-5 所示。

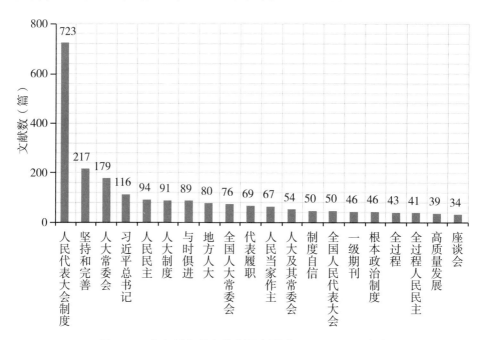

图 2-5　人大制度研究的主要主题（2013—2024 年）

---

〔39〕何俊志：《新中国人大制度演进的三个阶段》，载《探索与争鸣》2010 年第 12 期，第 29 页。

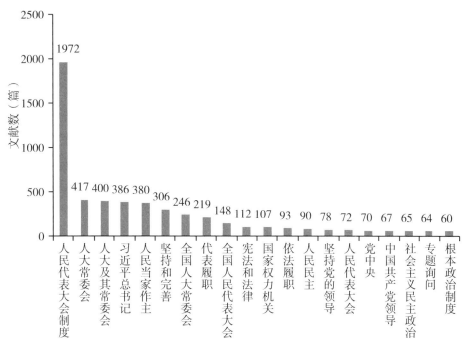

图 2-6　人大制度研究的次要主题（2013—2024 年）

根据图 2-5、2-6 关于 2013—2024 年近十年间以"人大制度"为主题检索到的已发表期刊论文的主要主题与次要主题的统计，该时期人大制度研究核心主题词是"党的领导""全过程人民民主"与"国家治理"等。

1. 人大制度研究与"党的领导"

习近平总书记在中央人大工作会议上强调，各级人大及其常委会要"成为自觉坚持中国共产党领导的政治机关"。[40]在此之前，全国人大常委会工作报告中已反复明确人大及其常委会是重要的政治机关。[41]

人大制度研究在"党的领导"方面的主题词，包括"坚持党的领导""党

---

〔40〕习近平：《在中央人大工作会议上的讲话》，载《求是》2022 年第 5 期。

〔41〕吴邦国：《坚持中国特色社会主义政治发展道路，努力把人大工作提高到一个新水平（2008 年 3 月 19 日）》，载《吴邦国论人大工作（下）》，人民出版社 2017 年版，第 428 页；吴邦国：《全国人民代表大会常务委员会工作报告——2009 年 3 月 9 日在第十一届全国人民代表大会第二次会议上》，载《人民日报》2009 年 3 月 17 日；吴邦国：《全国人民代表大会常务委员会工作报告——2012 年 3 月 9 日在第十一届全国人民代表大会第五次会议上》，载《人民日报》2012 年 3 月 19 日。

中央""中国共产党""根本政治制度"等。有学者论证了党的领导对于实现
人大制度效能及其优越性方面的重大保障作用，如刘九勇提出全过程人民民
主运作的系统化、统一化，需要一种能够代表以"人民"为主体的整体价值
观的力量，这种力量在现代中国就是中国共产党。[42]党领导人大工作是为了
支持和保证人民当家作主，具有历史规律性与价值合理性。[43]人民代表大会
制度是坚持党的领导、人民当家作主和依法治国有机统一的根本制度安排，
中国共产党领导是人民代表大会制度的本质特征和政治优势的集中体现。[44]
也有学者提出"'党的领导'并不意味着执政党要代替人民行使国家权力，而
是要领导和保证人民行使国家权力"。同时，"执政党不得轻易越过各级人大
直接行使权力，而应充分利用该项根本政治制度中既有的资源和途径，实现
党对国家和社会的有效领导"。[45]

2. 人大制度研究与"全过程人民民主"

"人民代表大会制度是实现我国全过程人民民主的重要制度载体。"[46]全
过程人民民主的制度建设是党的二十大提出的中国式现代化的重要制度保
障。对此有学者提出未来人大制度研究的拓展空间包括从民主主题研究到全
过程人民民主研究。[47]人大制度研究在"全过程人民民主"方面的主题词，
既包括基础理论方面的"全过程人民民主""全过程""人民民主"；也包括
制度建设方面的"代表履职""座谈会""依法履职"等。关于"人民代表大
会制度是实现全过程人民民主的重要载体"这一重要表述，虽然成果颇丰，
但缺乏理论、实证和系统的分析。孙莹基于对人大制度"一元二体"的组织

---

〔42〕 刘九勇：《全过程人民民主的传统思想渊源》，载《政治学研究》2021 年第 4 期，
第 24 页。

〔43〕 上官酒瑞、程竹汝：《坚持党对人大工作全面领导的价值论探析》，载《学术界》
2023 年第 9 期，第 189 页。

〔44〕 丁俊萍：《党的领导与人民代表大会制度的逻辑关联》，载《党内法规研究》2023
年第 2 期，第 3 页。

〔45〕 秦前红、刘怡达：《中国现行宪法中的"党的领导"规范》，载《法学研究》2019
年第 6 期，第 27 页。

〔46〕 习近平：《在中央人大工作会议上的讲话》，载《求是》2022 年第 5 期。

〔47〕 陈家刚、王百雁：《研究热点、发展脉络与未来空间：基于可视化分析的人民代表
大会制度研究综述》，载《岭南学刊》2023 年第 5 期，第 67 页。

结构与"四个机关"的功能定位的分析，发现正是人大制度的上述结构功能特征，使得人大制度得以成为实现全过程人民民主的制度载体。具体来说，"人民主权的实现是全过程人民民主的逻辑起点，这与人大及其常委会作为国家权力机关的性质相吻合；人大各项职权的行使是全过程人民民主的实践平台，这与人大及其常委会作为工作机关的功能相呼应；民情民意的表达是全过程人民民主的中心目标，这与人大及其常委会作为代表机关的定位相一致；党的全面领导是全过程人民民主的政治保障，这与人大及其常委会作为政治机关的地位相契合"[48]。

3. 人大制度研究与"国家治理"

人民代表大会制度是实现国家治理体系与治理能力现代化的根本政治制度。人大制度研究在"国家治理"方面的主题词，包括"与时俱进""坚持与完善""制度自信""高质量发展""社会主义民主政治""地方人大""人民当家作主""根本政治制度"等。习近平总书记指出："人民代表大会制度是中国特色社会主义制度的重要组成部分，也是国家治理体系的重要组成部分。要坚持和完善人民当家作主制度体系，不断推进社会主义民主政治制度化、规范化、程序化，更好把制度优势转化为治理效能。"[49]人大制度作为我国的根本政治制度，有利于保证国家治理体系制度化、民主化、法治化、效率化、协调化等现代化目标的实现，从而实现国家治理体系现代化。[50]

有学者从理论角度分析论证人大制度优越性及对国家治理的效能，如黄小钫从国家治理过程、结构及程序三个方面，论证了人大制度在促进国家治理方面的显著优势，在国家治理过程中，兼具民主性与集中性；在国家治理结构中，兼具监督性与合作性；在国家治理程序中，兼具合法性与合理性，它们为各级人大发挥自身作为国家权力机关、工作机关和代表机关的职能作

---

〔48〕 孙莹：《人民代表大会制度是实现全过程人民民主的重要制度载体——基于结构—功能视角的阐释》，载《江苏社会科学》2023 年第 3 期，第 50 页。

〔49〕 习近平：《在中央人大工作会议上的讲话》，载《求是》2022 年第 5 期。

〔50〕 伊士国、蔡玉龙：《论人大制度在国家治理体系现代化中的地位和作用》，载《河北法学》2014 年第 11 期，第 121–126 页。

用奠定了基础。[51]江必新、蒋清华提出："人大制度有利于国家治理统一高效。……是发挥民主集中制强大治理功效的优良装置。"[52]

也有学者从制度建设的角度，探索人大制度转化为基层治理效能的有效路径，如何永红归纳了"人民—执政党—人民代表大会制度""人民—政府—人民代表大会制度""人民—人大—人民代表大会制度""人民—政协—人民代表大会制度""人民—社会组织—人民代表大会制度"等多条人大制度与基层协商民主互动衔接的逻辑链条，提出应当以此为基础构建两者衔接的法治机制。[53]还有学者认为非制度化的网络政治参与和技术—制度迟滞问题使得地方人大数据化建设迫在眉睫。[54]

三、人大制度研究的方法演变

第一，1954—1977年处于人大制度的起步与曲折发展阶段，这一阶段的主要任务是厘清人大制度的性质、原则及其优越性等基本理论问题，研究方法主要以规范分析和比较研究等定性分析方法为主。

首先，这一时期的研究开始注重引用国家领导人的讲话论证文章观点的正确性，为今后人大制度研究提供了范例。例如《人民代表大会制度是我国人民民主专政的最好的政权组织形式》中就多次通过引用毛泽东同志的讲话"共产党领导的人民民主专政的政府，对于人民内部来说，不是专政或独裁的，而是民主的……"来论证人民代表大会制度对敌专政、对内民主的作用。[55]

其次，这一时期比较研究法也较为普遍，主要用以批判西方资本主义国

〔51〕 黄小钫：《论人大制度的优势及其治理效能的转化与提升》，载《教学与研究》2021年第3期，第5页。

〔52〕 江必新、蒋清华：《习近平法治思想中的人大制度优势理论》，载《思想理论教育导刊》2021年第8期，第29页。

〔53〕 何永红：《人民代表大会制度与基层协商民主衔接的法治路径》，载《学术界》2022年第12期，第120页。

〔54〕 郎友兴、吕鸿强：《政治制度的技术嵌入："互联网+"地方人大制度——基于浙江人大代表履职服务平台的实践创新》，载《华中师范大学学报（人文社会科学版）》2018年第4期，第35页。

〔55〕 于群力、王家福：《人民代表大会制度是我国人民民主专政的最好的政权组织形式》，载《法学研究》1960年第Z1期，第45页。

家的民主形态与议会制度、论证我国人大制度优越性。例如，杨化南、孙国华、徐大同将我国人民代表大会制度与资本主义国家的选举制度相比，我国选民具备在任期内罢免令其不满意的代表的权利，即"我们的人民代表大会是对人民负责的代表机关……我们的选民对于不满意的代表，可以随时把他撤换"。[56] 丁方通过对比人民代表大会制度与西方资本主义国家实行的议会民主、两院制、海德公园式的民主、绝对民主等民主形式，讨论我国人民代表大会制度与民主的关系。[57]

再次，这一时期对人大制度的研究紧密结合 1954 年宪法的规定，以论证人民代表大会制度是我国基本政治制度、人大制度与人民民主专政的关系的情况，但对规范本身的说理分析不够充分。例如，《人民代表大会制度是我们国家的基本制度》中通过宪法草案规定的"中华人民共和国是工人阶级领导的、以工农联盟为基础的人民民主国家""中华人民共和国的一切权利属于人民"论证国家机关的性质；通过列举宪法草案规定的"人民行使权力的机关是全国人民代表大会和地方各级人民代表大会"说明了国家政权组织形式是人民代表大会制度。[58]

此外，个别针对人大制度建设、人大制度实务问题的论文，采用了案例分析法、田野调查法等社会学研究方法。例如，《贯彻守法原则，健全人民代表大会制度》列举了松江县民乐乡代表"伸腿不干，干了劲头也不大"的例子，说明人民代表大会中存在部分代表不称职、不能充分发挥代表作用的问题；列举原松江县泗潭区选区的例子以论证在成立合作社的政策背景下，人大代表存在因行政区划的合并改变而不便于联系群众的问题。[59]

第二，1978—2012 年处于人大制度的恢复与发展阶段，人大制度研究的

---

〔56〕 杨化南、孙国华、徐大同等：《普遍的人民代表大会制度是我们国家的基本制度》，载《教学与研究》1954 年第 2 期，第 22–25 页。

〔57〕 丁方：《关于人民代表大会制度与民主》，载《世界知识》1957 年第 19 期，第 14–15 页。

〔58〕 周方：《人民代表大会制度是我们国家的基本制度》，载《法学研究》1954 年第 2 期，第 35 页。

〔59〕 廖开铨、程辑雍：《贯彻守法原则，健全人民代表大会制度》，载《法学》1957 年第 1 期，第 54 页。

方法类型从单一的定性分析转向定性定量同步进行。由于党中央对人大制度建设的重视和强调，这一时期的人大制度法制化建设初具成效，人大制度逐渐正常运作。在此基础上，国内学者关于人大制度研究的重点逐渐从基本理论向具体制度与工作的完善转变，具体来说，主要从人大制度创建初期对人大制度的内涵、性质、运作原理及优越性等基本理论的研究，转向对人大工作实践具体问题的解决与人大制度的完善，从重视理论纷争转向注重实际作用。随着研究主题与研究内容的转变，人大制度的研究方法逐渐多样化。历史分析法成为人大制度研究领域普遍适用的研究方法。学者们通过回顾制度的发展历程以明确制度发展方向、总结历史经验、提出完善建议。例如，张希坡按照时间顺序梳理了第一次国内革命战争时期、革命根据地时期、新中国成立等各阶段人民民主专政及人民代表大会制度形态，厘清我国人民民主专政及人民代表大会制度的形成与发展过程。[60] 张芳秋回顾了 1949—1999 年 50 年间我国人民代表大会制度建设的历史过程，并从中总结了改革开放后我国人大建设在党与人大的关系、人大与一府两院的关系、人大自身监督等方面取得的成就经验。[61] 孙彬梳理回顾了人大代表选举制度的产生与发展，对比分析了各个阶段选举制度的规范和运行实践，最后就如何进一步坚持和完善人民代表大会制度提出建议。[62]

第三，2013 年至今，基于互联网 +、大数据、ChatGPT 等数字技术带来的工具优势，催生了数据分析等可视化的法学实证主义研究方法。例如，陈家刚、王百雁通过运用 CiteSpace 软件，对"CNKI"数据库中收录的南大核心期刊文献进行统计计量分析和文献资料内容分析，以图表的方式可视化直观地呈现了人大制度研究的关键词、不同阶段的热点议题及发展脉络。[63] 虞

---

〔60〕 张希坡：《我国人民民主专政和人民代表大会制度之演进》，载《法学家》1998 年第 5 期，第 13–18 页。

〔61〕 张芳秋：《中国民主政治建设——我国人民代表大会制度建设的历史回顾及主要经验》，载《理论界》1999 年第 5 期，第 11–12 页。

〔62〕 孙彬：《中国人大代表选举制度历史回溯》，载《中共党史研究》2001 年第 2 期，第 67–71 页。

〔63〕 陈家刚、王百雁：《研究热点、发展脉络与未来空间：基于可视化分析的人民代表大会制度研究综述》，载《岭南学刊》2023 年第 5 期，第 61–68 页。

崇胜、温潇俊基于 CiteSpace 软件和 CSSCI 数据库对人大研究的相关文献进行图谱可视化分析，对 1998—2015 年期间人大制度研究从发文量、高产作者、高产机构、关键词等方面进行全方面、多层次的宏观、定量分析。[64] 但目前有关人大制度定量研究的文献总量较少，基于技术工具的定量分析方法有待进一步挖掘。

四、人大制度研究的特征与趋势

（一）人大制度研究的发展特征

第一，党和国家的方针政策是人大制度研究议题及观点的重要影响因素。以人大制度优越性的研究为例，邓小平强调"我们实行的就是全国人民代表大会一院制，这最符合中国实际"[65]。"我们要坚持实行人民代表大会的制度，而不是美国式的'三权鼎立'制度。"[66] 自 1986 年起至 2012 年前后，人大制度优越性的论证大都围绕与国外"三权鼎立"制度的对比展开，主要观点为人民代表大会制度是我国政权建设历史经验的总结，是最符合中国国情的政权组织形式；[67] 是"能够体现中国社会主义国家性质、能够保证中国人民当家作主的根本政治制度"[68]。党的重要政策文件和部署将为今后人大制度研究提供重要议题。例如，对议事规则的研究，党的二十届三中全会通过的《中共中央关于进一步全面深化改革、推进中国式现代化的决定》在关于"加强人民当家作主制度建设"的一部分中，提出了健全人大议事规则的要求。我国人大议事规则奠定了人大会议运行和代表履职的制度框架，但由于

---

〔64〕 虞崇胜、温潇俊：《人大研究的现状与发展态势（1998–2015）——基于 CiteSpace Ⅲ 软件的图谱可视化分析》，载《人大研究》2016 年第 6 期，第 20–26 页。

〔65〕 《邓小平文选（第三卷）》，人民出版社 1993 年版，第 220 页。

〔66〕 《邓小平文选（第三卷）》，人民出版社 1993 年版，第 307 页。

〔67〕 尹双平：《论我国人民代表大会制度的优越性》，载《法学研究》1989 年第 5 期；李龙、潘传表：《论人民代表大会制度在中国的必然性与优越性》，载《湘潭大学学报（哲学社会科学版）》2008 年第 1 期；任严：《论我国人民代表大会制度的优越性——兼评"三权鼎立"制度》，载《中国法学》1990 年第 2 期；等等。

〔68〕 秦宣：《为什么要坚持人民代表大会制度而不能搞"三权分立"》，载《前线》2009年第 3 期，第 23 页。

相关规定不够细致，人大及其常委会的一些职权未充分行使，需要完善议事规则。[69]因此，为贯彻落实党中央的决策部署，今后对人大议事规则的研究将有所重视。

第二，现有人大制度研究呈现出较强的实践性特征。一方面，人大制度研究力量中，实务工作者及实务机构占比较高。高发文量作者主要为实务工作者，期刊的主力发文机构主要为省级以上人大常委会等实务机构；仅当将期刊限制为学术性更强的核心期刊时，发文量位于前列的作者才回归为学者，发文机构回归为高校机构。一方面，人大制度研究的内容侧重于对人大工作实践的分析。目前的研究成果侧重于制度分析与对策研究，特点是操作性强、具有现实意义，但缺乏理论性与系统性。有学者分析研究现状认为"倾向于从人大的设计原理和相关法律条文出发，或是对人大制度产生及发展进行全面的描述和解读，或是对人大制度的某一具体制度的运行和完善系统分析提出建议，或是对实际中的人大工作进行大量的案例积累和文献汇编"[70]，对于理论框架的提炼和创新有待进一步深化。

（二）对人大制度的实践研究不断具体化

人民代表大会制度的实践运行是人大制度研究的重要内容，进入新时代以来，随着人大制度实践日臻完善，对人大制度实践运行的研究有待进一步具体化。

第一，关于党领导人大的制度机制的研究不断具体化。改革开放以后，彭真指出："各级人大常委会在政治上当然要受党的领导。"[71]2021年党中央首次召开人大工作会议，为新时代如何坚持和完善人民代表大会制度指出方向，并建立定期听取全国人大常委会党组工作汇报、人大工作重大问题的协调工作机制。[72]党领导人大制度体系包括全面领导制度、党委制、党组

---

〔69〕 孙莹：《中国人大议事规则：原理与制度》，法律出版社2020年版，第9页。

〔70〕 孙英：《简评中外人大研究现状》，载《人大研究》2009年第3期，第10—11页。

〔71〕 彭真：《在全国省、自治区、直辖市人大常委会负责同志座谈会上的讲话纪要》（1981年3月7日），载全国人大常委会办公厅、中共中央文献研究室编：《人民代表大会重要制度文献选编（二）》，中国民主法制出版社、中央文献出版社2015年版，第502页。

〔72〕 汪洋：《在改革中推动人大制度与时俱进》，载《中国人大》2024年第11期，第1页。

制、党管干部制度、党委人大工作会议制度和请示报告制等内容。[73]坚持党对人大工作的全面领导是为了支持和保证人民当家作主，坚持党对人大工作的全面领导，需要考虑到党建设新社会新国家的初心使命、党创立并实行人大制度的根本追求、党实现领导与执政耦合的核心要义等方面的丰富价值内涵。[74]在人民代表大会制度的发展过程中，始终坚持党对人大工作的领导，党领导人大工作的相关研究逐步体系化、具体化。例如，就党对人大立法工作的领导，有学者关注党应当用何种方式领导立法工作，党委领导立法与人大及其常委会主导立法的关系等具体问题。[75]还有学者注重梳理总结党领导立法的制度与机制创新。[76]

第二，对全过程人民民主的研究，更加关注基层立法联系点等制度实践。作为代表机关，人民代表大会要在各项工作中贯彻"以人民为中心"的理念。[77]一是，设立基层立法联系点并不断规范完善，为基层群众行使知情权、参与权、表达权和监督权搭建平台。2015 年 7 月、2020 年 7 月、2021 年 7 月、2022 年 8 月，全国人大常委会法工委分四批共设立了 31 个基层立法联系点和 1 个立法联系点。这些联系点分布区域覆盖全国各省（自治区、直辖市），辐射带动全国各地设立 509 个省级联系点和近 5000 个设区的市级联系点，形成了各层次、多元化的联系网络。[78]二是，向社会公布法律草案征求意见机制逐渐成形并不断完善：2013 年十二届全国人大领导作出重要指示，要求二审后的法律草案也要向社会公布征求意见；2016 年法工委印发的

---

〔73〕 陈家刚：《党领导人大制度空间的理论建构与实践演进研究》，载《人大研究》2024 年第 4 期，第 8 页。

〔74〕 上官酒瑞、程竹汝：《坚持党对人大工作全面领导的价值论探析》，载《学术界》2023 年第 9 期，第 189 页。

〔75〕 刘松山：《党领导立法工作需要研究解决的几个重要问题》，载《法学》2017 年第 5 期。

〔76〕 封丽霞：《中国共产党领导立法的历史进程与基本经验——十八大以来党领导立法的制度创新》，载《中国法律评论》2021 年第 3 期。

〔77〕 刘练军：《人民代表大会定位的新发展》，载《甘肃政法大学学报》2023 年第 1 期。

〔78〕《基层立法联系点践行全过程人民民主的理论逻辑、实践探索和运行机制》，载中国人大网，http://www.npc.gov.cn/c2597/zgrmdbdhzdllyjh/zgrmdbdhzdllyjh002/202312/t20231206_433295.html，2024 年 8 月 15 日访问。

《向社会公布法律草案征求意见工作规程》细化有关工作程序和要求；2021年修改后的全国人大议事规则明确规定准备提请大会审议的法律草案，应当向社会公布，广泛征求意见。十三届全国人大常委会以来，人民群众参与热情较之前有大幅度提高，共有 128 件次法律草案向社会公布征求意见，参与人次近 98 万，提出意见 296 万多条，参与人数是之前十年之和的近两倍。[79]有学者着眼于人大制度在实现全过程人民民主方面效能的实现，"从直接支撑制度逻辑的'中观制度'出发，考察人民代表大会同人民关系的实现机制、人民代表大会同'一府一委两院'关系的实现机制，以及中国共产党同人民代表大会关系的实现机制，指出现有机制存在对代表的监督考核不足、信息公开的实际效果有待增强、人大及其常委会对'一府一委两院'的实质性监督较弱等问题。"[80]

第三，注重将人大制度优势转换为国家治理效能的研究。通过进一步提炼人民代表大会制度的制度优势，拓展人民代表大会制度的理论体系，为完善我国人民代表大会制度提供具体的建议；通过优化人大制度自身的具体制度及其运行机制，为完善人大工作提供决策参考，推动人大工作提质增效，推进国家治理现代化进程。人民代表大会制度为我国国家治理现代化提供重要制度支撑，它确保了党对国家政权机关的有效领导与组织，构建了人民依法参与国家社会管理的框架，实现了人民民主的全程覆盖，并为党引领下的经济快速发展与社会长期稳定提供了坚实的制度保障。[81]浦兴祖认为可以从继续健全人大组织制度、选举制度、监督制度、代表联络制度，继续坚持党的领导、自觉联系群众、认真执行制度、重视制度间关系等方面将人大制度转化为国家治理效能。[82]黄小钫从国家治理过程、国家治理结构、国家治理

---

〔79〕《在法律草案向社会公布征求意见中深入践行全过程人民民主》，载中国人大网，http://www.npc.gov.cn/npc///c2/kgfb/202204/t20220412_317395.html，2024 年 8 月 15 日访问。

〔80〕燕继荣、柏艾辰：《让制度运转起来：人民代表大会制度的运行机制分析》，载《北京行政学院学报》2023 年第 2 期，第 31 页。

〔81〕《论人民代表大会制度的优势及其治理效能的转化与提升》，载中国人大网，http://www.npc.gov.cn/c2597/zgrmdbdhzdllyjh/zgrmdbdhzdllyjh002/202312/t20231204_433248.html，2024 年 8 月 15 日访问。

〔82〕参见浦兴祖：《人大制度优势与国家治理效能》，载《探索与争鸣》2019 年第 12 期，第 11-13 页。

程序三方面分析人大制度的制度优势并建议优化人大自身制度及运行机制、理顺人大制度与国家治理体系中其他政治制度的内在逻辑，以推动人大制度优势更有效地转化为治理效能。[83]

（三）对人大制度的理论研究不断创新

人大制度优越性研究是人大制度核心议题及观点的集中体现，可通过自1954年人大制度创建至今，人大制度优越性的研究视角及论点的发展变化，展示人大制度理论研究演变和创新的过程。现有关于人大制度优越性的分析视角包括选举民主论、历史国情论、权力关系论、国家治理论和结构—功能论五大类，[84]按照人大制度优越性议题和视角的变化，可将其分为三个阶段。

第一，1954年人大制度初创阶段，人大制度优越性的论证视角主要为选举民主论，强调人民代表大会制度是人民行使自己权力、实现人民民主专政的制度工具。例如，发表于1954年的《普遍的人民代表大会制度是我们国家的基本制度》将我国人民代表大会制度具备无与伦比优越性的根本原因归纳为，"我们的政权是人民民主专政的政权，是劳动人民的政权；而资产阶级国家的政权则是资产阶级专政的政权，是少数剥削者统治并剥削被压迫的绝大多数劳动人民的政权。"[85]类似地，《人民代表大会制度是我们国家的基本制度》认为人大制度的优越性体现在，是工人阶级领导的最广泛的群众组成的、人民行使自己权力的制度，是最有力的专政的工具。[86]部分观点已较少提及，如1954年杨化南、周方等学者提出"我们的人民代表大会是各民族人民的代表机关，它是建立在民族平等原则的基础上的"[87]"在反映各民族的团

---

〔83〕 参见黄小钫：《论人大制度的优势及其治理效能的转化与提升》，载《教学与研究》2021年第3期，第5页。

〔84〕 参见孙莹、陈家刚：《我国人民代表大会制度优越性的结构功能视角解读》，载《深圳社会科学》2023年第5期，第12-14页。

〔85〕 杨化南、孙国华、徐大同等：《普遍的人民代表大会制度是我们国家的基本制度》，载《教学与研究》1954年第2期，第22-25页。

〔86〕 周方：《人民代表大会制度是我们国家的基本制度》，载《法学研究》1954年第2期，第36-38页。

〔87〕 杨化南、孙国华、徐大同等：《普遍的人民代表大会制度是我们国家的基本制度》，载《教学与研究》1954年第2期，第22-25页。

结方面，人民代表大会制度具有同样巨大的功效"，[88]因目前民族平等与团结已成为社会共识，不再是社会和学界关注的重点，现较少专门从民族团结和平等方面论证人大制度优越性。

第二，1978—2012年，主要增加了历史国情论和权力关系论两类研究视角，前者强调人民代表大会制度是在中国历史实践中总结形成的、适合于中国国情的政权组织形式和基本政治制度；后者强调人民代表大会制度在国家机关之间、中央与地方之间、民主与集中之间的有效平衡和积极作用，如人民代表大会制度具有议行合一、议行一致的优越性，它能保证人民的意志在整个国家机关活动中得到切实的贯彻执行；人民代表大会制度具有实行民主集中制原则的优越性，它能保证在民主分工基础上实现国家权力的高度集中统一；人民代表大会是真正由人大代表组成并掌握其权力，它适合于我国国体的性质。[89]

第三，2013年至今是人大制度进一步完善阶段，人大制度优越性的论证主要增加了"国家治理"和"结构—功能"的视角，强调人大制度能够有效促进国家治理体系和治理能力现代化。许安标通过梳理人大制度的组织原则过程和实践发展，提出"人民代表大会制度是国家治理体系的支撑，也是提升国家治理能力的重要依托"。[90]江必新、蒋清华从人大制度有助于坚持党的领导、有益于国家生活法治化、有利于国家治理统一高效三个方面论证了人大制度优势，并提出应当在讨论决定重大事项、处理好监督与支持关系方面推进国家治理现代化。[91]黄小钫认为人大制度是国家治理体系的正常运转的基础，"在国家治理过程中，兼具民主性与集中性；在国家治理结构中，

---

〔88〕 周方：《人民代表大会制度是我们国家的基本制度》，载《法学研究》1954年第2期，第36—38页。

〔89〕 赵宝云：《试论我国人民代表大会制度的优越性》，载《中国高等教育（社会科学理论版）》1988年第3期，第18—20页。

〔90〕 许安标：《人民代表大会制度是支撑国家治理体系和治理能力的根本政治制度》，载《行政管理改革》2019年第11期，第12页。

〔91〕 江必新、蒋清华：《习近平法治思想中的人大制度优势理论》，载《思想理论教育导刊》2021年第8期，第29页。

兼具监督性与合作性；在国家治理程序中，兼具合法性与合理性"[92]。此外，孙莹提出结构—功能分析框架，试图从人大制度内部结构与功能等内部因素及其之间关系入手，回答人大制度优越性是什么与为什么的问题，弥补现有研究中人大系统内部分析视角的缺失。[93]

结语

人民代表大会制度建立 70 年来，人民代表大会制度研究不断推进，形成了议题丰富、方法多元的人大制度研究体系。人大制度研究对于坚持和完善人民代表大会制度具有重要意义。人大制度研究的热点议题紧密结合党和国家的方针政策，呈现出明显的时代特征，同时充分回应人大制度的实践创新，并随之不断演进、层层深化。在人大制度的不同发展阶段，党的领导、全过程人民民主和国家治理现代化等核心议题的形成与发展，为后续的研究提供了指引。

未来人大制度研究的基本方向将继续围绕坚持党的领导、贯彻全过程人民民主和推进国家治理现代化等时代任务，在积极回应人大制度运行实践中的具体问题的同时，不断创新人大制度相关理论框架，形成人大制度领域的自主话语体系，为坚持和完善人民代表大会制度提供理论支撑和实践指导。

---

〔92〕 黄小钫：《论人大制度的优势及其治理效能的转化与提升》，载《教学与研究》2021 年第 3 期，第 5 页。

〔93〕 孙莹、陈家刚：《我国人民代表大会制度优越性的结构功能视角解读》，载《深圳社会科学》2023 年第 5 期，第 12—14 页。

二、 代表履职：机制创新

人大代表闭会期间履职机制的发展：
宪制意义与制度完善

焦洪昌　丁凌枫

摘要： 人大代表闭会期间履职机制是充分发挥代表作用、彰显全过程人民民主优势的重要举措，在内容上包含代表联系群众、代表监督、对代表履职的保障、对代表履职的监督四个部分，具有深厚的法理和规范基础。近年来人大代表闭会期间履职机制不断发展创新，深化了全过程人民民主的实践，具有重大宪制意义，但依旧存在制度化法律化不足、相关机制不健全不完善等问题。必须以宪法法律为依据，以全过程人民民主理念为指引，在履职机制中的各环节中扩大人民的民主参与，以制度化的形式不断完善人大代表闭会期间履职机制。

关键词： 人大代表　代表履职　全过程人民民主　民主监督

人民代表大会制度作为我国的根本政治制度，自实行以来有效地保证了我国始终沿着社会主义道路前进。近年来，作为实现全过程人民民主的重要制度载体，人民代表大会制度在理论与实践创新上取得重大成果，其中，有关人大代表闭会期间履职机制的创新发展充满亮点。人大代表一端根植与连接人民，一头嵌入与联动国家，是国家、社会和人民之间互证、互动的中介和桥梁。[1] "无代表，不民主"，只有确保人大代表充分履职才能确保人大代表充分发挥其桥梁作用，才能更好地运行和完善人民代表大会制度、彰显全

---

[1] 蔡文成：《代表·回应·责任：人大代表制度的政治逻辑》，载《兰州大学学报（社会科学版）》2017年第4期。

过程人民民主的显著优势。习近平总书记在庆祝全国人民代表大会成立 70 周年大会上的讲话中指出要充分发挥人大在密切同人民群众联系中的带头作用；人大代表要当好党和国家联系人民群众的桥梁；各国家机关要支持和保障人大代表依法履职，健全联系代表的制度机制，丰富人大代表联系人民群众的内容和形式。[2] 作为完善人民代表大会制度的重要一环，本文意图在对人大代表闭会期间履职机制的宪制基础及发展现状进行梳理分析的基础上，尝试对人大代表闭会期间履职机制发展的实践意义进行总结并做进一步展望，希冀为更好地发挥其制度功能提供指引。

一、人大代表闭会期间履职机制的宪制基础

（一）人大代表闭会期间履职机制的法理基础

代表是当代政治的核心概念，代表制是代议制民主的核心。[3] 代表理论预设的前提是，一个国家的组织和治理，必然需要通过一定的代表机关来实现。[4] 以古希腊公民大会为典型的、不存在公民代表的直接民主形式所呈现的是弥散式的民意，与集中统一的国家意志表达之间存在着张力。为了克服这一张力，西方社会在发展中形成了代议制民主，而建立在代议制民主基础之上的现代宪法，必然预设代表的存在。但与西方式的代表制理论不同，我国的人民代表大会制度构建基于"作为整体性的、不可分的人民是国家的主人"这一理解之上。换句话说，人民代表大会制度之下的代表制充分体现着人民的主体性。作为人民选举的民意代表，人大代表所代表的是整体层面的人民利益与意志。[5] 同时，采取人民代表大会制度由通过选举的代表组成国家权力机关并履行国家职能的做法也并不与"人民是国家的主人"相悖，刘少奇同志在作《关于中华人民共和国宪法草案的报告》时曾言，人民代表大会制度之所以适宜，就在于它能够便利人民行使自己的权力，能够便利人民

---

〔2〕 参见《习近平在庆祝全国人民代表大会成立 70 周年大会上的讲话（2024 年 9 月 14 日）》，载《人民日报》2024 年 9 月 15 日，第 2 版。

〔3〕 ［德］沃尔夫冈·曼托：《代表理论的沿革》，载应奇主编：《代表理论与代议民主》，吉林出版集团有限责任公司 2008 年版，第 2 页。

〔4〕 王旭：《宪法上代表理论的体系建构及逻辑展开》，载《法学研究》2024 年第 4 期。

〔5〕 王旭：《宪法上代表理论的体系建构及逻辑展开》，载《法学研究》2024 年第 4 期。

群众经常经过这样的政治组织参加国家的管理。[6]因此，保障人大代表依法履职就是保证人民当家作主。

人大代表是沟通党和国家与人民的桥梁，其在性质上具有双重身份，既是受人民委托行使国家权力的代表，又是国家权力机关的组成人员。[7]人大代表需要在履职的过程中及时准确地把握与整合选区选民的共同利益与意志，并将之有效传达到所在的人民代表大会予以充分体现。[8]人大代表的履职机制确保了人民代表大会能够充分体现人民的意志，确保了由事实上的绝大多数人共同享有的民主。《代表法》于第二章和第三章区分了代表在本级人大会议期间的工作和本级人大闭会期间的活动，由此可将人大代表履职机制分为人大代表会议期间履职机制和人大代表闭会期间的履职机制。人大代表通过参加人民代表大会会议履行代表职能是其最基本的履职方式，因为会议制度的常态化，法律对于人大代表会议期间履职机制的规定较为细致。而人大代表在闭会期间的履职机制在很长一段时间内显而不彰、趋于形式化，法律只以原则性规定为主，但其作为人大代表依法履职的重要途径，蕴含着不可替代的功能价值。发展人大代表闭会期间履职机制具有重大宪制意义。

综上，从人民代表大会制度和代表制理论出发，人大代表有义务充分发挥自身的桥梁作用，在履职过程中广泛联系所在选区的人民与所属的人民代表大会，其履职活动是发挥自身作用、忠实代表人民利益和意志的体现。人大代表履职机制包含了联系群众并发挥监督作用机制、履职保障机制、履职监督机制，以制度的形式保障了人民的主体地位，符合人民代表大会制度的要求。

---

〔6〕 刘少奇：《关于中华人民共和国宪法草案的报告》，载中共中央文献研究室编：《人民代表大会制度重要文献选编》（第一册），中国民主法制出版社 2015 年版，第 212 页。

〔7〕 庄泽林、秦前红：《对人大代表监督和监察衔接协调的法律制度建设研究》，载《江苏行政学院学报》2024 年第 4 期。

〔8〕 李晓波：《刍论我国人大代表履职制度的完善——以人大代表"个体履职制度"为视角》，载《理论导刊》2017 年第 3 期。

（二）人大代表闭会期间履职机制的规范基础

根据我国《宪法》第 27 条规定，一切国家机关和国家工作人员必须依靠人民的支持，经常保持同人民的密切联系，倾听人民的意见和建议，接受人民的监督，努力为人民服务。该条文第 3 款还规定了国家工作人员就职时的宪法宣誓制度，作为第 27 条第 2 款的制度保障。考虑到第 27 条第 1 款与第 2 款之间存在的紧密勾连关系，两个条文在对约束对象的描述上都明确表达为"国家工作人员"，由此推导出的一种理解是，第 2 款条文所约束的对象似乎只限于已经建立考核和培训制度的国家公务员群体。[9] 不过，倘若站在整个法秩序体系的视角进行体系解释，作为宪法实施法的《地方组织法》中第 43 条、《全国人民代表大会组织法》中第 44 条都直接要求人大代表应同原选举单位和选民保持密切联系，努力为人民服务，充分发挥在全过程民主中的作用。再有，《刑法》第 93 条也对国家工作人员的范围作出了规定，并将国家工作人员的范围扩展到依照法律从事公务的人员。虽然该条款并不涉及国家工作人员接受民主监督的内容，但仍然能够在一定程度上反映立法者对国家工作人员这一概念的理解。综合上述分析，由于在宪法解释的过程中不可忽视立法者在法律规范中所隐含的对宪法的理解和判断，因此从体系解释要求维护法秩序统一的原则出发，作为代表人民行使国家权力的人员，各级人大代表自然也受《宪法》第 27 条第 2 款约束，密切联系群众、为人民服务、接受人民的民主监督是人大代表履职活动的重要原则与价值指引。

无独有偶，履职不仅是人大代表个人的义务，确保人大代表充分履职还是代表机关的职责所在。《立法法》第 19 条规定了全国人大常委会在审议法律案及开展立法调研时需征求代表的意见、邀请代表参加；第 31 条规定邀请人大代表列席会议；第 39 条规定法律案遇专业性较强问题时需召开论证会、听证会并邀请人大代表参加。通过多种渠道和形式，立法机关有义务保障人大代表在立法过程中的充分参与，密切同人大代表的联系，发挥人大代表履职的功能价值。不止在立法过程，《代表法》第 48 条规定，各级人大常委会

---

[9] 参见蔡定剑：《宪法精解》，法律出版社 2006 年版，第 226 页。

的办事机构和工作机构是代表执行代表职务的集体服务机构，为代表执行代表职务提供服务保障。这也说明，无论是人大代表于会议举行期间还是闭会期间进行的履职活动，代表机关都有予以保障的义务，人大代表履职机制在规范中的重要性可见一斑。进一步而言，《选举法》还直接针对人大代表这一对象，于第十章专章规定了选民和原选举单位对人大代表的监督和罢免制度。《代表法》则分章节，就代表在人大会议期间的工作、闭会期间的活动、履职保障制度、履职监督制度等多个方面进行了细致规定。上述所列规范共同构成了人大代表履职机制在法律层面的规范群，是人大代表履职机制尤其是人大代表闭会期间履职机制不断发展的规范基础。

总结上述法理依据和规范依据，不论是人大代表在会议期间还是闭会期间，其履职机制都受宪法法律的保障。人大代表充分履行代表职责，密切联系群众，接受群众监督，符合我国宪法人民主权原则，符合全过程人民民主的要求，具有坚实的法理基础。人大代表在闭会期间履行监督职责，密切同群众联系，超越了西方"选举民主"的范式，将民主实现过程的各要素和各环节结合起来，真正保障和落实了人民当家作主。[10]

二、人大代表闭会期间履职机制发展的现状分析与宪制意义

围绕着现实中普遍出现的在闭会期间人大代表履职意愿不强、代表能力有待提高、同群众的联系不紧密以及对代表的监督机制欠缺等问题[11]，以贯彻全过程人民民主要求、提高人大代表闭会期间履职水平为目标指引，从中央到基层，从人民代表大会到其他国家机关先后出台了一系列举措办法，在人大代表于闭会期间密切联系群众、履行监督职能、保障代表履职、监督代表履职的机制上做了很多有益的探索与发展。

---

〔10〕 刘小妹：《全过程人民民主的理论特质初探》，载《西北大学学报（哲学社会科学版）》2022年第1期。

〔11〕 郎友兴、路曼：《人大代表工作站提升代表履职的有效性研究》，载《治理研究》2015年第5期。

（一）人大代表履职机制的现状分析

《代表法》对于人大代表在本级人民代表大会会议期间的工作作出了细致规定，但对于代表在闭会期间的活动，则规定得较为笼统。实际上，代表密切联系群众活动的主要发生场域正是在闭会期间，闭会期间的履职活动是代表有效完成会议期间工作的重要前提。从工作时间上看，人民代表大会闭会的时间占比远高于开会时间，只有在闭会期间及时了解群众意见，聚焦群众关心的问题，会议期间处理的问题才能真正有针对、有实效。《代表法》于第三章专章规定了代表在本级人大闭会期间的活动，这些法律规定的履职活动总结起来主要可分为联系群众工作与监督国家机关工作两大类。[12]其中，完善代表联系群众制度是近年来机制创新的重点，以联系群众的工作平台建设为抓手，不断创新人大代表联系群众履职的方式。2016年全国人大常委会办公厅颁布了《关于完善人大代表联系人民群众制度的实施意见》（以下简称《意见》），明确了代表联系群众的工作内容，要求建立健全联系群众的工作平台和网络平台、完善代表与人民群众联系的方式方法、建立健全代表反映人民群众意见和要求的处理反馈机制、加强代表联系人民群众工作的保障和指导。以此为契机，各级地方相继出台大量规范性文件，铺开了人大代表联系群众工作平台的建设。人大代表社区联络站、人大代表工作室、人大代表之家等接待选民、开展代表活动的平台载体如雨后春笋般成立。依托互联网信息化技术的优势，诸如浙江、江苏、山东、天津等地还建立了人大代表履职服务网络平台，兼顾议案建议处理、代表履职参阅、双联系服务等功能，实现了人大信息公开的常态化、代表履职服务的网络化、代表与群众交流的便利化，深刻提高代表学习、履职、服务群众的能力。除此之外，为了更好地发挥平台整合资源的功能，各地还积极创新平台的工作内容，发展了很多新的工作形式。在浙江宁波，区人大代表定期走进社区活动中心，并建立选民意见"接收——处理——反馈"的快捷处理机制，选民热情高涨；[13]甘肃

---

〔12〕 葛微：《城市基层人大代表闭会履职创新形式与作用发挥探讨——以深圳市为例》，载《人大研究》2019年第6期。

〔13〕 参见《把"民生小事"当成大事来办：江北区人大常委会创新推行"民生小事"代表督办制》，载中国宁波网，http://news.cnnb.com.cn/system/2018/04/15/008742859.shtml。

着力平台的队伍建设，在传统的按地域建立代表小组的基础上，探索依据专业性和行业性建立专业性代表小组，以此为基础设置专业化工作平台充分发挥代表专业优势。[14]

在我国人大制度下，人大对"一府一委两院"进行监督具有正当性和合宪性。依照《代表法》的规定，代表在闭会期间主要活动为对"一府一委两院"等国家机关的工作监督和法律监督，通过执法检查和提出批评建议，必要时提交常委会进行处理，能够充分确保人大监督不缺位。部分地方针对现实中存在的监督工作走过场的情况，在监督工作的安排上做文章。例如，在视察、调研等监督活动的组织上实行定期化，提前按年度安排活动计划和参与人员，并推行跟踪办理制度，确保监督行为不流于形式。在深圳，允许人大代表直接向市领导提出工作建议，由市领导直接召开代表座谈会，听取代表意见的做法，一改代表们往日依赖人大常委会安排的惯例，极大提高代表参与履职活动的主动性。

在对代表闭会期间的履职内容和履职方式进行探索的过程中，对代表履职的保障机制同样不可或缺。由于我国的人大代表大部分都是兼职代表，代表身份的复合性使得代表履职保障机制较为复杂，总结起来主要涉及法律保障、经济保障和时间保障等。其中经济保障对人大代表闭会期间的履职活动而言最为重要。对代表的经济保障主要包括活动经费保障机制、激励机制和补贴机制。在经费保障层面，依照《代表法》规定纳入的代表活动经费，统一纳入本级财政预算予以保障；就激励机制而言，主要以对代表进行宣传表彰的形式为主。为了解决仅采取宣传表彰的做法极易使得激励奖励流于形式化的问题，有学者指出可以通过将履职情况与干部提拔任用相挂钩以刺激履职积极性。[15]但从逻辑上看，这一举措的顺利推行同样只能解决部分属于党政机关序列的人大代表的履职积极性问题，在适用对象上具有局限性。激励给代表提供的主要是获得认可和成就感，真正想让代表感受到自己的履职活动有意义，就必须要提高办理代表议案建议的质量和效率。一些地方在激

励机制上采取综合激励的方式，一方面采取专刊宣传、学习会的形式加大宣传，另一方面提高议案建议的高质量办理，同时辅之以代表在职业晋升上的奖励，有效保障了代表履职热情的高涨。

人大代表在履职活动中，仅仅诉诸道德自律并不足以确保履职活动的实效，将外部监督尤其是来自人民群众的监督嵌入代表履职尤为必要。代表履职监督机制的亮点是对代表履职的考核评估制度。考核评估制度与代表向选民报告履职情况的制度紧密相连，人大代表向原选举单位或选民所作的述职报告是对其进行履职考核和评估的重要依据。在实践中，出于扩大群众参与、发展全过程人民民主的需要，地方扩大了适用报告制度的人大代表范围。例如，江苏省南京市就由市人大常委会牵头，有计划、有步骤地安排了市、区、镇人大代表开展述职评议活动，市人大代表计划向区人大常委会报告履职情况。[16] 在述职活动中，群众代表围绕述职报告对代表履职情况进行民主评议，履职报告的内容直接与对代表履职的考核评估工作挂钩，考核评估工作的推进必然要求对述职工作中的述职程序、述职报告内容和形式、述职报告评议程序进行规范，这些问题地方在探索中虽有创新，但还缺乏一般性的原则和规范的提炼。在考核方面，地方人大普遍采取建立代表履职考核登记制的方式，并辅之以"积分制""指标制"的统计方法，强化对代表履职的监督。需要注意的是，以数字形式体现的考核结果并不能完全反映代表履职工作的真实效果，也无法完全反映作为服务对象的人民群众对代表履职工作的满意度，所以在处理量化考核与民主评议的关系时，可将考核指标作为选民民主评议的一个重要参考，两个环节共同构成对代表履职工作的评估机制这一整体。[17]

使代表始终在人民的约束下依法履职，是全过程人民民主的应有之义。[18]

---

〔16〕 参见《南京市人大常委会调研"关于增强市人大代表闭会期间履职实效的若干意见"贯彻落实情况》，载中国人大网，http://www.npc.gov.cn/npc/c2/c190/c1167/c1278/201905/t20190521_200438.html。

〔17〕 王维国、陈雯雯：《"向人民承诺"嵌入人大代表监督机制的理论构建——基于发展全过程人民民主的分析》，载《北京行政学院学报》2022年第2期。

〔18〕 王维国、陈雯雯：《"向人民承诺"嵌入人大代表监督机制的理论构建——基于发展全过程人民民主的分析》，载《北京行政学院学报》2022年第2期。

现行《地方组织法》《代表法》对代表的罢免进行了程序规定，但在具体操作层面许多问题依旧留白。例如，罢免的理由和依据在法律上并没有被明确，实践中处理机关将具有较大的裁量权；罢免程序在操作性层面与现实脱节；选民和原选举单位对人大代表的监督罢免与监察机关对代表进行监察的衔接问题[19]；等等。罢免程序作为结果端的处理程序，保证了对代表履职的监督机制能够最终落到实处、行之有效。罢免程序更加符合现实需要，代表履职监督机制才能真正发挥实效，从而真正发挥人民群众的监督力量，真正体现全过程人民民主中人民的主体性地位。

（二）人大代表履职机制创新的宪制意义

基于上述现状分析不难发现，由于法律的原则性规定给制度创新提供了巨大空间，围绕发挥闭会期间人大代表作用的目标，各级地方采取"先试先行"的办法，就代表联系群众的工作平台、代表履行监督职能、对代表履职的经济保障、对代表履职的考核评估等几个重要领域做出了很多富有成效的探索，为履职机制的进一步完善和法律规范的更新提供了丰富的素材。

在人民代表大会制度的逻辑中，人大代表兼具多重身份，是代表性、回应性和责任性的统一体。[20]人大代表在闭会期间履职的活动中综合反映人民需要，彰显人大代表是人民的代言人和服务人的本质，回答了代表是什么的问题；人大代表在履职时主动与选民互动，真实反映民意，积极应答反馈，深刻体现对代表的政治要求，回答了代表为了谁的问题；人大代表在履职时积极向群众负责，接受群众评议，强化代表责任意识，完善履职监督机制，回答了代表如何负责的问题。人大代表履职机制在发展过程中始终接受代表性、回应性和责任性的价值指引，充分彰显我国国家治理的政治逻辑。

全过程人民民主属于中微观层面的制度设计和工作安排，是人民当家作主价值原则在操作层面的具体化运用。[21]人大代表闭会期间履职机制是人

---

〔19〕 有关选民和人大机关对人大代表进行监督管理和监察委员会对代表进行监察活动的冲突与衔接问题，可参见庄泽林、秦前红：《对人大代表监督和监察衔接协调的法律制度建设研究》，载《江苏行政学院学报》2024 年第 4 期。

〔20〕 蔡文成：《代表·回应·责任：人大代表制度的政治逻辑》，载《兰州大学学报（社会科学版）》2017 年第 4 期。

〔21〕 唐亚林：《"全过程民主"：运作形态与实现机制》，载《江淮论坛》2021 年第 1 期。

民代表大会制度的有机组成部分，既确保了人民群众在国家政治生活各环节的广泛参与，又深入基层社会治理，推动基层实现充分的自我管理。人大履职机制的发展强化了人民代表大会制度在全过程人民民主实践中的主渠道作用，为民主参与提供了充足的场域空间。

全过程人民民主塑造了我国人民当家作主的国家制度体系，架设了以人权原则为基础的基本权利体系，建构了以人民为中心的国家权力体系。[22]现行宪法搭建了与全过程人民民主内核一致的国家制度体系框架，而人大代表履职机制的创新不断朝着扩展人民民主的实践场域和活动空间迈进，保障人民主体地位；充分保障人民群众享有更加广泛、充分的民主权利，进一步塑造了以人权为基础的基本权利体系；有效发挥人大对"一府一委两院"的监督作用，保障有效分工合作的权力体系，发展了中国特色的宪法体制，深化了全过程人民民主的制度化实践，具有重大的宪制意义。

三、人大代表闭会期间履职机制的制度完善

在各地积极的探索下，通过常态化的代表工作平台的建设，人大代表在闭会期间履职不再成为例外。不可否认近年来各地人大常委会和相关国家机关出台的规范性文件极大扩展了人大代表闭会期间履职机制的制度内容，但"先试先行"做法的不足主要表现如下：大量涉及代表履职行为的规范以较低位阶的规范性文件或者内部文件的形式存在，法律位阶不高，稳定性不强，不利于保障履职机制建设的稳定性；履职机制的建设往往通过内部发文或人大常委会主导的形式推行，规范的制度缺乏人民群众的参与，有违全过程人民民主理念；一些涉及民主政治环节、保护公民民主权利的立法制定年代久远，已经不适应现实需要[23]，或在现实条件下缺乏操作性，立法的滞后已经在一定程度上成为人大代表闭会期间履职制度发展的瓶颈。

全过程人民民主秉持以人民为中心的价值理念，体现在人民依法实行民主选举、民主协商、民主决策、民主管理、民主监督的各方面各环节，要求

---

〔22〕 朱全宝：《全过程人民民主的宪法意涵》，载《政治与法律》2023年第6期。

〔23〕 参见李忠：《论全过程人民民主的制度化法律化》，载《西北大学学报（哲学社会科学版）》2022年第1期。

人民得以参与民主运行的全过程。全过程人民民主揭示了人民当家作主的政权本质，引导了以人权为核心的基本权利体系建构，新时代国家治理体系和治理能力的现代化建设，需将全过程人民民主全面纳入宪法体制。[24] 人大代表在闭会期间密切联系群众、监督国家机关，其履职活动是全过程人民民主的重要一环，代表履职机制是人大制度建设的有机组成部分，人大代表履职机制的完善必须以宪法法律为依据，以全过程人民民主理念为指引，加快民主政治立法，增加人大代表履职领域的规范供给。

（一）代表密切联系群众机制的完善

联系群众是人大代表在闭会期间履职的核心活动，只有建立在充分与群众联系、听取群众意见的基础上，人大代表在闭会期间的监督职能和会议期间反映人民意志的职能才能真正得以实现。我国的人大代表一般均为兼职代表，代表因为工作和生活需要，在闭会期间往往只选择性以代表小组成员的形式参与一定履职活动。新时代以来，代表工作站、代表联络点的建设为人大代表日常性与群众保持联系提供了合适的平台，应当在推广试点的基础上将其设立、运作予以制度化。《意见》仅就健全代表联系人民群众的工作平台予以原则性规定，有关平台设立和运作的微观制度有待规范完善。结合实践经验和与之相类似的基层立法联系点的制度建设，可以将平台制度建设主要分为组织制度和工作制度两个部分。

1. 联系人民群众工作平台的组织制度

平台作为代表联系群众的常设性实体，必然需要固定的办公场所和工作人员，设立和分工问题是最首要的问题，原则上应当以选区为标准建立工作平台，工作平台之间做好分工，各司其职。实践中，一些基层立法联系点在运行过程中主要以人大代表联络站、人大代表工作室等工作平台为依托，人大代表在其中主要担任立法信息联络员或信息采集员的工作。[25]《代表法》第26条规定了代表在闭会期间的活动以代表小组活动为基本形式。工作平

---

〔24〕 朱全宝：《全过程人民民主的宪法意涵》，载《政治与法律》2023年第6期。

〔25〕 姚聪聪：《基层立法联系点运行制度的完善——基于22个"国字号"基层立法联系点运行现状分析》，载《人大研究》2022年第12期。

台作为更广泛地联系广大群众、参与基层治理、协调解决社会问题的常设组织，可以将由数个对应选区的人大代表组成的代表小组确定为组织架构的核心，并将每位人大代表以联络员的形式，采用轮流值班的方式提高工作能力。此外，工作平台的组建目的并不排斥建立个人形式的人大代表工作室，如在浙江省温岭市，一些代表就以人大代表接待室为原型，拓展出兼具接待群众来访、宣传法律政策、组织代表监督功能的人大代表工作室，这同样可以满足日常性联系群众的需要。在人员构成上，《意见》规定县、乡两级人大代表按照就地就近原则参加平台活动，工作、生活在本行政区域的上级人大代表可根据协调安排开展群众活动。联系群众的工作平台应以所在选区的直选人大代表为主体建立，需要时可邀请上级人大代表（主要是非直选代表）作为非常驻人员共同参与，这有助于工作平台更好地解决来访问题。

2. 联系人民群众工作平台的工作制度

人大代表在闭会期间除了依靠《代表法》规定的代表履职方式外，可以充分运用平台的制度优势拓展自身的履职手段。对于工作平台的工作制度，《意见》没有作出规定。从平台建设的目的出发，平台不仅需要更好地接收群众的意见，还要更加积极主动地运用人大代表的职权，充分发挥反映问题、解决问题的功能。《意见》在第三点明确了代表联系人民群众的工作内容，主要包括宣传法律政策、听取意见要求、参加执法检查和立法调研等。平台可以依据上述工作内容，利用人大代表的询问与约见权，就普遍关注的民生问题，召集相关政府单位的工作人员与社区居民恳谈解决。[26] 在人大代表以集体或者个人的形式进行调研、视察、执法检查等履职活动时，工作平台可以提供服务支持，为人大代表在闭会期间履行提出建议、批评和意见等监督职能提供帮助。在平台工作运行的过程中，需要建立规范化的工作程序，确立活动纪律，建立签到记录等制度，确保各环节透明留痕、保证效率。对于群众意见，需要规范相应的处理和反馈机制，有效的反馈才能够促进群众参与的积极性。

---

〔26〕 这一做法的典型个例是深圳市人大代表发展出来的"社区议事会 + 联系函"模式，在这一模式下，人大代表可就社区群众关注的一件民生问题，把相关单位和群众聚在一起，当场磋商解决。

总之，依托工作平台的制度化建设，人大代表可以不囿于代表小组的集体活动形式，转向能动履职、灵活履职，通过与工作平台机制的结合，及时解决群众来访问题，发挥宣教作用，密切政府单位同群众的直接沟通，代表人民加强对政府部门和国家机关的监督，做好人大代表在闭会期间的履职活动。

（二）人大代表监督机制的完善

根据《代表法》第 29 条、第 30 条、第 33 条、第 36 条、第 37 条的规定，人大代表在闭会期间可通过视察、约见、专题调研、参加执法检查、参加专题询问、提出意见建议等方式行使监督职能，但规定在内容上较为笼统。我国宪法采取人民民主的体制，在民主环节着力塑造民主的"人民性"品格[27]，人大代表的监督本质上可被视为人民的监督，是《宪法》第 27 条第 2 款的深刻映照。人大代表监督机制与人大代表联系群众机制互为补充，将人大代表监督职能的行使予以规范化，促使人大代表对国家机关的工作监督不流于形式，人大代表的履职活动将更加符合发展全过程人民民主的新要求。

质询权作为一项刚性的监督权被规定在《宪法》第 73 条，但根据法律的规定，其仅得在人大会议举行期间可被行使。在闭会期间，人大代表只得依本级常委会安排进行视察和调研工作，这些活动在性质上都属于确保人大代表知情权的重要途径。而约见权和建议权体现的是人大代表在监督过程中的积极作为，规范约见权和建议权的行使能够增强人大代表的监督作用。约见权在《代表法》中没有明确行使的主体，但法律规定了被约见的国家机关负责人应当听取代表的建议、批评和意见。从条文内容出发不难发现，约见权的行使得在视察过程中触发，约见的过程中代表可以向机关负责人提出其必须听取的意见、建议，约见权和建议权是具有强约束力的监督权。不难看出，《代表法》对约见权行使的条件要求限制了代表主动履行监督职责的空间：根据《代表法》第 29 条规定，代表的视察活动仅得依本级人大常委会或主席团的安排进行，人大代表行使约见权的空间自然也受制于本级人大意志

〔27〕 朱全宝：《全过程人民民主的宪法意涵》，载《政治与法律》2023 年第 6 期。

的约束，缺乏主动性。结合地方实践的经验[28]，一种不突破现有法律规定的可行做法是，通过制定专门的约见制度，在约见权的启动上平衡人大机关意志和人大代表意志的分量：首先对视察或者约见的启动事由在规范中予以列举，但应采用语义较宽泛的概念；在程序的启动上，由于《代表法》已规定视察活动的启动须经人大常委会审核，为了保证代表在约见权的行使上具有一定主动性，可以要求代表在必要时通过书面形式请求约见。当申请启动约见的事由与规范里列明的事由具有高度关联性时，应采取弱审查标准。凡人大常委会驳回人大代表的约见申请的，应及时向该人大代表反馈意见并列明驳回申请的实质理由。上述制度涉及并不突破《代表法》现有的制度规定。另外，《代表法》中只规定相关国家机关应当听取代表的建议、批评和意见，并没有规定意见建议的强制约束力。至于接收意见建议的一方应如何听取建议，如何处理建议，结果如何反馈，因为缺乏规范依据，做法混乱。应当考虑在制定约束代表履行监督职责的规范里专章规定意见建议的反馈机制，明确建议、批评和意见的效力，确保约见权和建议权的行使真正有效。

（三）人大代表履职保障机制的完善

我国法律规定了代表执行职务的保障制度，《代表法》第9条要求国家和社会为代表执行代表职务提供必要的保障。人大代表履职积极性不高作为实践中的普遍现象，就与相关部门缺乏服务代表履职的措施有关。在代表履职保障机制中，经济保障制度处于核心地位，需要尽快形成具备操作性的经济保障制度规范，尤其是活动经费保障制度。依据《代表法》和《意见》的规定，代表在闭会期间联系群众、参与监督活动所需要的经费都应列入本级财政预算予以保障。对于何为"所需要"，相关规范并没有明确。基于我国地域之间财政收入水平差距较大的现实，仅仅依赖地方财政自筹经费容易导致地方因财政吃紧而不当压低"所需要"的解释标准，使得地方人大代表尤其是

---

[28] 一些地方在实践过程中专门就约见活动进行了有益探索，并将探索成果以《暂行办法》《办法》的形式固定下来，具有很强的现实启发意义。详细事例可见席文启：《关于代表约见国家机关工作人员》，载《人大研究》2020年第5期。

代表联系群众工作平台的经费保障不足，反过来将削弱代表的履职积极性。为此，允许中央设立专项人大代表履职活动经费基金作为较弱势地区财力不足的活动经费补充或许是一项可行做法。在地方财力支持不足的情况下，允许人大代表以提交相关材料的形式申请使用基金，经审核批准请求后由中央统一下拨补充的活动经费，确保资金流转可追溯，中央专项基金的设立和运营费用统一纳入中央财政预算予以保障。

各级人大常委会是法定的代表服务机构，在代表履职的各方面保障上应当发挥主导作用，尽快制定专门的代表履职保障办法等规范性文件，尽快实现对代表履职的各方面保障机制的规范化。各级人大常委会作为地方国家权力机关，有义务与由其产生的其他国家机关相互配合，共同处理好公共事务。应当充分发挥自身的统筹协调作用，在经济、时间、培训等方面给予代表履职保障的同时，在制度上健全有关国家机关与人大代表的沟通协调机制，切实保障人大代表所享有的言论免责权、人身特别保护等代表法定权利，适度吸纳社会力量参与到服务代表履职的工作中来。

（四）人大代表履职监督机制的完善

发展全过程人民民主所要解决的是"选举时漫天许诺、选举后无人过问"的现象。[29] 全过程人民民主要求将人民民主在选举过程、立法过程、监督过程等各个环节贯穿其中，强调人民群众对于人大代表监督履职工作的监督作用，在人大代表履职监督机制上要求扩大人民群众的民主参与，充分体现人民的主体地位。

对人大代表履职进行考核评估的机制为代表规范履职提供了指引，在对代表履职进行评价的过程中充分反映群众意见，突出民主评议的作用，充分保证了人民民主。对人大代表履职情况进行评价的主体只能是选民。[30] 选民对代表的评价需要依托代表向选民和选举单位的述职活动，现行制度对代表述职制度的规定不足，就述职对象、述职形式、述职内容等问题都需要制

---

〔29〕 中共中央文献研究室：《十八大以来重要文献选编：中册》，中央文献出版社 2016 年版，第 63 页。

〔30〕 侯建勋：《区县人大代表履职考核机制研究——以汉阳区等 20 个区县为样本》，载《人大研究》2021 年第 9 期。

定专门的规范予以明确。首先，《意见》仅规定代表密切联系群众的具体情况和成效应当作为报告内容的重要组成部分，这并无法完整涵盖代表工作的内容，且依旧过于原则化。依代表在会议期间和闭会期间所需履行的职责来看，述职报告还应当包括会议期间出席、审议报告决议、参加选举活动、提出议案的情况，以及闭会期间监督活动情况、提出的意见和建议、协助政府工作、协调有关部门解决群众问题等内容。其次，述职后的评议活动，需要确保选民代表的广泛性，选民代表的选择程序必须公开透明，在选择上应着重考虑选民代表的普遍性、行业性和适度专业性，以提高述职评议的质量。最后，述职活动在形式上应以书面发言为主，确保内容可视化。

积分考核制度已经成为我国各地区应用最为广泛的人大代表履职考核办法之一，积分考核制度需要细化考核内容并分类明确各考核项目的分值及占比，考核工作一般由代表所在的人大常委会或由其成立的专门工作机构组织。[31]积分考核制度以量化的方式衡量代表履职的情况，依照民主监督的原则，在制定考核标准的过程中需要吸纳群众意见，让广大群众参与考核制度的制定活动；应规范化考核结果的公开程序，定期将代表履职的情况和得分及时向代表所在选区的选民公告。为了充分保障选民在代表履职监督机制中的主体地位，代表履职的考核评估机制在考核方式上可以考虑积分考核制与述职评议制相结合的综合性结构，提高监督工作的公正性、科学性和民主性。

---

〔31〕 侯建勋：《区县人大代表履职考核机制研究——以汉阳区等 20 个区县为样本》，载《人大研究》2021 年第 9 期。

上下级人大之间关系的再思考

胡弘弘

在《宪法》中的"国家机构"这一部分，对人民政府、人民法院、人民检察院、监察委等都做了明确的条文表达，但是对于全国人大和地方人大之间的关系，却没有一个概括性的表述，教材上也没有特别明确的定论的阐述。在1954年《宪法》的起草过程中、在1979年《地方组织法》的制定过程中、在1982年《宪法》制定过程中，包括彭真委员长在地方人大常委会负责人座谈会上，都明确讲到这个不是领导关系。在相关的研究过程中，通常说人大具有这样的三大关系：第一个是法律监督关系，第二个是业务上的指导关系，第三个是工作联系关系。我觉得这种表述在现实中有非常强的针对性，确实可以概括人大工作的大部分范围。可是，发展到今天，地方的人大业务范围或者职权行使越来越细化，这时候，工作中就可能会存在一些困惑，比如某件事情法律上有没有依据？在某件事情上做到多大程度，多大范围？为了解答这些疑惑，工作中会产生上下级人大之间的联系。伴随着人大制度实践的发展，我们过去所总结出来的这种监督关系、指导关系和联系关系，难以回答一些新现象、新问题、新经验。所以，对于上下级人大之间的具体关系，我有以下一些思考。

一、上下级人大之间关系在规范层面的思考

上下级人大之间的关系在规范层面上梳理，大体上可以概括为五类。第一类是法律监督关系。我主要是从一些法条上面来对此进行解读。《地方组织法》第11条、第12条、第50条都明确地写道，地方人大要在本行政区域内保证宪法、法律、行政法规和上级人大及其常委会的决议的遵守和执行。地

方人大要在其行政区域保证执行，上级机关有权撤销下一级人民代表大会及其常委会不适当的决议。所以"我"的决议要遵守和执行，而且如果"你"有不适当的"我"有权撤销。这个在法律层面上应该说是一个非常明确的监督关系，即要求"你"去执行。

第二类是立法领域里的规范关系。《宪法》第 67 条明确规定，全国人大常委会有权撤销省级的权力机关制定的同宪法、法律和行政法规相抵触的地方性法规和决议。省级人大常委会有权撤销下一级权力机关制定的相关地方性法规和决议。省级人大有权制定地方性法规，但是要报备案，存在着两类，一类是报备案，一类是报批准。那么在报备案和报批准过程中，还有专委会的审议。比如说全国人大专门委员会审议省级、设区的市级所报备案的地方性法规、决定，地方政府的规章、命令、决定，还有民族区域自治地方的自治条例和单行条例。这也是一种立法上要求进一步规范的体现。《地方组织法》与《立法法》都对上下级人大之间在立法上的这种规范予以了规定。2023 年 12 月份出台的《全国人民代表大会常务委员会关于完善和加强备案审查制度的决定》实际上也是对立法工作的一种规范，上述两种情形一种属于事先的规范，一种属于事后的规范。

第三类是选举工作中的指导关系。《选举法》第 9 条明确规定，省、自治区、直辖市、设区的市、自治州的人大常委会，有权指导本行政区域内县级以下人民代表的选举工作。第 13 条提到具体的名额，包括每一级都报上一级人大常委会备案，如果依照前款重新确定名额的，还要继续报备案。所以在选举过程中，我认为存在着非常明确上下级的指导关系。

第四类是下级人大对上级人大代表的监督关系。中国的选举有直接选举和间接选举产生的五级人大代表，下一级的人民代表大会代表有权选举产生上一级的人民代表大会代表，那么在这样的间接选举里，上一级的人大代表应该是接受原选举单位监督的；在直接选举里，直选产生的人大代表要受到原选区选民的监督。这就存在着下一级人大代表对于上一级人大代表的监督。选民团体、代表大会等机关对于选举所产生的代表进行监督。对于选举产生的代表，选举单位和选民还有权根据法律所规定的程序罢免。代表辞职同样也是向选举他/她的人大常委会书面提出。这种监督关系还表现在，《代表法》《地方组织法》要求人大代表应当与原选区选民、原选举单位和人民群众保持密切联系。实践中，有的地方人大还规定代表向原选举单位报告履职情况，受原选举单位的监督。

第五类是上下级人大之间的委托合作关系。《代表法》第 25 条规定，县级以上的地方人大常委会受上一级人大常委会的委托，组织本级人民代表大会选举产生的上一级人大代表开展闭会期间的活动。地方人大受上级人大委托来组织由其选举产生的上一级人大代表在闭会期间的活动，这种受委托是一种什么关系？目前我称之为是委托合作关系，但是可能还要继续去探究它的法理依据。在法理上，《监督法》有类似情形，也设定了一个委托。《监督法》第 34 条规定，全国人大常委会和省级人大常委会根据需要，可以委托下一级人大常委会对有关法律法规在本行政区域内的实施情况进行监督，也就是说，执法检查还可以通过这种委托的方式来进行。

以上是关于上下级人大在规范层面上的五类关系，这种理论概括还有待进一步提炼。

二、上下级人大关系在实践层面的多重体现

首先，是定期邀请列席会议的机制。比如，省人大常委会开会期间邀请本省选举产生的全国人大代表、下级人大常委会的负责人，也邀请省内各级人大代表列席会议。列席会议人员可以提出问题，也可以提出意见，只是不参与表决。

其次，在具体工作上，上下级人大之间有非常多的请示和答复。实践中，地方人大在立法的时候，就某个条文是否可以这样做，会请求全国人大常委会法工委指导，这种请示和回复通常是通电话的方式，而不是提交书面材料和回复书面意见；省人大常委会审批设区的市人大的法规时，法规草案里面出现某些条款，省人大常委会觉得可能不太妥当，要进行修改，也是通过与下级人大进行工作上的协调来完成的，而不是命令性、强制性的。这种请示和答复，一般通过口头方式，或者是当面请教，或者是电话请教，很少通过文字、书面的方式，这种互动，在平时工作中，对下级叫工作协调，对上级叫请示。

最后，实践中有许多的经验交流和信息的分享会，例如，全国地方立法工作会议。很多时候叫作经验交流会，这种经验交流会上所达成的共识，在很大程度上具有指导意义。还有人大之间的信息分享、简报、公告，对于人大工作来说也具有指导意义。

以上是上下级人大之间在实践中关系的多重体现。上下级人大的关系有同质性，也有一些差异性，这种差异性可能是一种自主性的体现。同时，因为有上下级的指导关系，下级遵守上级的指引，所以又有同质化的体现。

三、上下级人大关系在学理层面的思考

第一个考虑是"统一领导"。《宪法》第3条规定，中央和地方的国家机构职权的划分，遵循在中央的统一领导下，充分发挥地方的主动性、积极性的原则。这种统一领导是对整个地方国家机关的统一领导，还是相对具体事务的领导，可能需要具体的判断。但是确实在《宪法》总纲中规定了"统一领导"，而且在《宪法》第1条第2款里也明确的规定，中国共产党领导是中国特色社会主义最本质的特征。中国共产党的领导也是通过我们的国家机关来实行，特别是党组来实行的。第二个考虑是何为"联系"？我们经常用这种联系关系，这种联系关系在权力的流向上面，还是令人觉得有点困惑。我们的人大代表是自下而上的选举产生，这是就代表本身，但是在上级人大所制定的集体性决议中，也可能会产生权力的授受关系，所以在领导指导关系上可能对"联系"会有根源上的考虑。第三个是自下而上的这种权力，是不是一种构成性的权力？地方人大在本行政区域内作为权力机关，因为人民选举获得人民的认同，是不是承担了一种构成性的权力？第四个是自主的发展，这是基于地方人大的履职创新，存在着大量的创新性活动。另外，就是中央人大工作会议上提出的"四个机关"：政治机关、国家权力机关、工作机关，还有代表机关。这"四个机关"，也是充满着监督关系、指导关系、联系关系，并且，在承担不同的机关角色时，会有不同关系的侧重。

上述是我对上下级人大之间关系的思考。以下是我对人大制度定位不断发展的过程，以及人大制度发挥根本政治制度作用途径的思考。

首先，人民代表大会制度的定位是一个不断发展的过程。1954年第一届

全国人民代表大会第一次全体会议召开以后，无论官方媒体还是教材，都非常明确地写道"人民代表大会制度是人民当家作主的最基本形式"，有的地方也会写"最广泛的实现形式"。早些年的教材未对根本制度和基本制度做区分，既有教材写"基本政治制度"，也有教材写"根本政治制度"。随着实践的发展，人们对人民代表大会根本政治制度的定位逐步形成，这一定位随着我们党对于坚持和完善人民代表大会制度的重要实践和理论阐释而更加巩固，并且在巩固的基础上也有新的发展。

2012年，在纪念现行宪法公布施行30周年大会上，习近平总书记提到要坚持中国特色社会主义政治发展道路，关键要"坚持党的领导、人民当家作主、依法治国有机统一"。2014年，习近平总书记在庆祝全国人民代表大会成立60周年的大会上明确提出"人民代表大会制度是坚持党的领导、人民当家作主、依法治国有机统一的根本制度安排"。这是首次提出人民代表大会制度是"三者有机统一"的根本制度安排。该讲话还指出，人民代表大会制度是"支撑中国国家治理体系和治理能力的根本政治制度"，赋予了人大制度一种新的价值。2021年中央人大工作会议上，中央对人民代表大会制度的定位和价值又做了全新的判断，即"人民代表大会制度是符合我国国情和实际、体现社会主义国家性质、保证人民当家作主、保障实现中华民族伟大复兴的好制度，是我们党领导人民在人类政治制度史上的伟大创造，是在我国政治发展史乃至世界政治发展史上具有重大意义的全新政治制度"。

其次，如何发挥人民代表大会制度作为根本政治制度的作用？对于人民代表大会制度更多的定位上的表述，表明对于人民代表大会制度作为根本政治制度的作用的发挥有了更多的期待。我认为可以从五个途径发挥人大制度作为根本政治制度的作用。

第一，通过根本政治制度的制度根源性地位，对以此根本制度为基础的其他政治制度发挥作用，即通过影响由人民代表大会制度产生的其他制度来产生其根本政治制度的作用。人们经常说，根本政治制度是政治制度之根、之本，那么我们的政治制度有哪些？党的十九届四中全会提到，基本政治制度包括政党制度、政协制度，爱国统一战线，基层群众自治制度，以及民族区域自治制度，那么我们的人大制度对于这些政治制度的作用是如何发挥的呢？对此，可能有的问题被研究得比较多，而有的研究还比较少，如人大制度是怎么影响政协制度的，作为"之根之本"的根本政治制度，它怎么影响基本政治制度？关于人大制度本身的具体制度，目前学界研究是比较多的。比如选举制度、监督制度、汇报工作负责制度等，此类人民代表大会制度本身的制度有比较多的研究。在人大制度发挥作用的基础之上，我们提到人民代表大会制度是人民当家作主的最广泛的实践形式，是坚持党的领导、人民当家作主、依法治国三者有机统一，关于坚持党的领导的研究颇多，依法治国的研究也比较多，但是人民当家作主的制度体系与全面依法治国的关联性的阐释上面，其实还有待加强。

除此之外，人民代表大会制度与其他人民当家作主的制度之间又是一种什么关系，我觉得这方面也是缺乏关注和研究的。例如，有的学者提出的践行全过程人民民主与选举民主之间是否存在张力的问题，确实还需要进一步研究；例如，直接民主和间接民主之间实际上是有一个统一性的问题；再例如，有地方人大提出要发挥人大代表在践行全过程人民民主中的主力军作用。我个人认为践行全过程人民民主主力军应该是人民。所以说，根本政治制度要发挥它的作用，对于建立在这个根本政治制度之上，以它为之根之本制度之上的其他制度，如何发挥更多的作用，我觉得还需要进行更多研究。

第二，通过由人民代表大会选举产生的国家机关的作用，来发挥人民代表大会制度根本政治制度的作用，这个研究侧重于权力的运行。人民代表大会制度是制度本身，而这个制度是由国家机关去运行的。但是人大机关跟人大制度毕竟是两个不同的研究范畴。近几年来我们对人大机关自身的权力运行研究得比较多，而且越来越细，并且对此问题还在不断加深研究，因为确实需要深耕。比如大家所熟知的人大的立法权、监督权、重大事项决定权、人事任免权；比如 2000 年《立法法》颁布，2006 年《监督法》颁布，2023 年《立法法》修改，2024 年《监督法》修改，2025 年《代表法》修改。目前重大事项的讨论决定权还没有形成全国性统一的规定和法律，相关的研究在进行中。还有全国人大常委会新成立代表工作委员会、全国人大常委会在对外关系上的权力等。关于人大机关自身的权力运行研究，强调人大作用的发挥。

人大的"四个机关"的定位也在不断发展。中华人民共和国成立初期，第一届全国人民代表大会第一次会议召开以后，人大的定位是政权机关，后面又发展为国家的权力机关，庆祝全国人民代表大会成立60周年大会上提出人大是工作机关也是代表机关，现在又增加了政治机关。那么"四个机关"怎么发挥作用？我们对于机关的认识是否停留在人大的常设机关即人大常委会，而不是人民代表大会？人大的"四个机关"，到底是比较侧重于人大还是人大常委会，还是两者都有？我觉得这些也是需要进一步研究的。

人大根本政治制度的作用还要通过人大与由它产生的其他机关之间的关系来发挥。过去我们是研究人大对政府的监督，对司法机关的监督，司法监督里面更加侧重于对人民法院的研究。2018年监察委员会全面设立以后，我们又对于监察委员会的监察监督有非常多的研究。关于监督体系、人大监督，我们会发现有很大的研究空间，比如人大监督与监察监督的关系，政府的督查，综治督导等，这些就是通过发挥由人大产生的国家机关的作用，来发挥人民代表大会制度根本政治制度的作用。

第三，通过人大代表的作用的发挥，促进和发挥人民代表大会制度根本政治制度的作用。人大代表有全国、省级、市级、区县级、乡镇级的人大代表，其作用发挥有类型上的特点，其中最重要的有两个分类。一类是相对专职的人大代表和大量兼职的人大代表，这两种类型的代表之间存在差异性；在兼职的代表里面，有职务的代表和没有职务的代表，在代表作用发挥上也有较大的差异性。现在各地人大普遍制定对人大代表进行考核评优的制度。这种对代表的考核制度的设计，需要考虑到这种差异。比如，有的代表做本职工作很优秀，但被认为作为代表不合格不优秀；有的代表来参加人大的会议并且提出议案，但是他的本职工作却没有做好；有的代表可能人代会缺席一次，但是他却在抗洪救灾的现场，这种情况怎么评价？所以，评价代表提出的优秀建议、议案是比较合适的，评价优秀代表则需要更全面客观的考量。另一类是区分直接选举产生的代表和间接选举产生的代表。直接选举产生的代表要对选民负责，要与选民有很多联系；而间接选举产生的代表要与选举他的选举团、选举单位保持联系，这种差异对于代表作用的发挥有什么影响，我觉得还是可以做非常多的研究，让理论研究进一步引导实践。

第四，通过人民积极广泛的参与来发挥人民代表大会制度根本政治制度的优势。人民参与人大制度运行的渠道包括对代表的选举，听取代表的述职，对代表的罢免，旁听一些人大会议，提出意见建议，监督权力运行的过程等。我国《宪法》第2条集中规定了人民对国家权力的参与。第2条第1款规定国家的一切权力属于人民；第2款规定间接民主，即"人民行使国家权力的机关是全国人民代表大会和地方各级人民代表大会"；第3款规定直接民主，"人民依照法律规定，通过各种途径和形式，管理国家事务，管理经济和文化事业，管理社会事务"。"以人民为中心"，就是不断地拓深制度和形式，使我们的全过程人民民主真正得到更加全面、更加广泛、更加充分的实现。

第五，通过治理效果、治理效能去发挥人民代表大会制度根本政治制度的作用。人民代表大会制度的制度优势体现在治理效果上面，那么，人大制度在政治、经济、文化、社会、生态领域，有什么样的治理效果？在全面依法治国的领域，对于立法、执法、司法，治理效果又是什么样的？我认为这些都是非常重要的能够发挥人大制度作为根本政治制度作用的面向，每一个面向都非常值得去做深入细致的研究。

人大代表是选民的代表，
还是人大的代表？

——苏州市姑苏区人大代表定期联系选民履职的创新经验与理论探讨

上官丕亮

摘要： 苏州市姑苏区人大代表参加"社情民意联系日"活动是人大代表联系选民的好形式，是人大代表听取和反映选民意见和要求的好渠道，是人大代表为开好人大会做好准备提交人大建议的好途径。为什么人大代表要联系选民？人大代表要联系选民的目的是什么，仅仅是为了听取和反映选民的意见和要求，帮助选民解决其问题吗？人大代表如何更好地联系选民？搞清楚这些问题，特别是弄清人大代表是选民的代表还是人大的代表，是关键。人大代表不仅是选民的代表，更是人大的代表，是国家权力机关的组成人员，人大代表不仅要有选区意识，更要有国家权力机关组成人员的意识。从长远来看，人大代表的专职化，应是保证人大代表履行好国家权力机关组成人员职责的关键所在。

关键词： 人大代表　社情民意联系日　联系选民　定期化　常态化

2022 年 10 月党的二十大报告提出："加强人大代表工作能力建设，密切人大代表同人民群众的联系。"2024 年 7 月党的二十届三中全会通过的《中共中央关于进一步全面深化改革、推进中国式现代化的决定》再次强调："丰富人大代表联系人民群众的内容和形式。"人大代表如何密切同人民群众的联系，或许苏州市姑苏区人大代表参加"社情民意联系日"活动的做法值得关注和总结。

一、苏州市姑苏区人大代表积极参加"社情民意联系日"活动联系选民履职的基本做法

自 2021 年 9 月起，苏州市姑苏区委决定在每月的第二个星期日常态化开展"社情民意联系日"活动，党员干部、人大代表、政协委员每月走进社区倾听民意、回应民需、化解矛盾。2022 年 7 月 6 日，苏州市姑苏区第三届人大常委会第五次会议专门通过了《苏州市姑苏区人民代表大会常务委员会关于践行全过程人民民主 开展好姑苏区"社情民意联系日"活动的决议》，决定将每月的第二个星期日定为姑苏区"社情民意联系日"，全面了解群众对各方面问题的意见建议，最大限度为居民群众排忧解难，满足群众对美好生活的向往，并要求区人民政府开展好"社情民意联系日"活动，区监察委员会、人民法院、人民检察院为"社情民意联系日"的深入推进营造更加良好的法治环境，区人大常委会要为"社情民意联系日"工作的落地落实提供有力保障，"要充分发挥人大代表主体作用，加强市、区两级代表的联动，组织在我区的代表参加'社情民意联系日'，更好接地气、察民情、聚民智、惠民生，真正做到民有所呼、我有所应"，而且强调全体人大代表"要展现人大代表为人民的担当作为，认真参加'社情民意联系日'活动，反映人民呼声，传递人民诉求，以高度的政治责任感当好党委政府联系人民群众的桥梁。要强化为民情怀和选区意识，尊崇并践行'人民选我当代表、我当代表为人民'的理念，加强对所反映问题解决处置情况的跟踪问效，推动解决人民群众最关心最直接最现实的利益问题。"[1]

基本做法是：

（一）时间与地点：在每月的第二个星期日常态化开展"社情民意联系日"活动——由区四套班子领导带领党员干部、人大代表、政协委员下沉至辖内 169 个社区，听民意、解民忧。具体到每个社区，是在每个月的第二个星期日上午 9:00—11:30，在每个社区居民委员会，开展"社情民意联系日"活动。

（二）参加人员：区政府下属行政机关负责人 1 人（3 个月为一轮周期，3 个月内固定在同一社区参加活动）、所在的街道办事处部门负责人 1—2 人、

---

〔1〕 详见《苏州市姑苏区人民代表大会常务委员会关于践行全过程人民民主 开展好姑苏区"社情民意联系日"活动的决议》。

所在社区选出的人大代表 1—2 人以及政协委员 1 人参加，由社区书记主持。区主要领导人往往轮流到各个社区参加"社情民意联系日"活动。例如，2024 年 4 月 14 日上午，苏州市委常委、姑苏区委书记方文浜来到本人所在的吴门桥街道南环第三社区与人大代表、政协委员等一起参加"社情民意联系日"活动，接待居民。

（三）活动内容：每次"社情民意联系日"活动开展之前，由社区公开征集居民的问题、意见和建议，汇总成表，到"社情民意联系日"活动开展之日，反映问题的居民到达活动现场，当面向区及街道的党政干部、人大代表及政协委员反映问题，当场能够解答的就当场解答，不能当场处理的问题记录在案，汇总上报。居民反映问题结束后，参加"社情民意联系日"活动的党政干部、人大代表和政协委员往往要到居民反映的问题现场实地查看调研一下。活动结束后，人大代表登录"姑苏人大"公众号上的"姑苏区人大代表履职平台"，将居民反映并需要有关部门处理的问题上传到"民情民意"专门平台中，有关部门将交办处理。

二、人大代表参加"社情民意联系日"活动定期联系选民履职的成功经验

（一）人大代表每月定期参加"社情民意联系日"活动是人大代表联系选民的好形式

我国《宪法》第 76 条第 2 款规定："全国人民代表大会代表应当同原选举单位和人民保持密切的联系，听取和反映人民的意见和要求，努力为人民服务。"《代表法》第 8 条规定："代表应当履行下列义务：……（六）与原选区选民或者原选举单位和人民群众保持密切联系，听取和反映他们的意见和要求，努力为人民服务"。可以说，与原选区选民联系是人大代表的法定义务。

但是，长期以来，关于人大代表与原选区选民如何联系，法律并无明确规定，在实践中人大代表与原选区选民实际联系很少。苏州市姑苏区的"社情民意联系日"活动则较好地解决了这一问题，它使人大代表与原选区选民的联系常态化、定期化，至少每个月联系一次。据统计，到 2024 年 9 月，苏

州市姑苏区已开展 37 期"社情民意联系日"活动，全区党员干部、人大代表、政协委员累计赴社区 23667 人次，接待居民群众 21749 人，收集问题诉求 9842 件，听取意见建议 11127 件，累计解决或答复 19549 件。[2]

（二）人大代表每月定期参加"社情民意联系日"活动是人大代表听取和反映选民意见和要求的好渠道

《代表法》规定人大代表应当听取和反映选民的意见和要求，努力为人民服务。苏州市姑苏区的"社情民意联系日"活动较好地做到了这一点。

例如，在"社情民意联系日"，苏州市姑苏区金阊街道阊门社区居民刘先生反映，他所在的梵门桥公共过道属于无物业老旧小区，同时也是周边数十户居民进出的必经之路，该过道因年久失修，存在瓦片掉落伤人的风险，但因为产权不明等原因，无法落实维修资金，给居民日常生活带来很大困扰。接待刘先生的区人大代表，第一时间把群众诉求传递给社区联动工作站，工作站启用民生小事专项经费，组织专业施工队对公共过道进行了修复。刘先生感慨道："我把问题反映给人大代表，没想到很快就解决了。"[3]在2022年，苏州市姑苏区人大常委会推进人大代表参加"社情民意联系日"活动，收到居民意见建议 400 余条，推动解决了老小区无安全监控设施、社区居民活动场所不足等近 150 件民生小事。[4]

又如，2024 年 8 月 11 日，第 36 期"社情民意联系日"，本人在苏州市姑苏区吴门桥街道南环第三社区接访时，居民张阿姨反映，社区内的忆桥弄桥头的露天垃圾投放点管理不到位，影响附近居民生活，希望加强管理。次日本人登录"姑苏人大"公众号上的"姑苏区人大代表履职平台"，将居民反映并需要有关部门处理的问题上传到"民情民意"专门平台中，有关部门迅速交办处理，将露天垃圾投放点改造为封闭式，上锁，每天分早晚两次开放，让居民定时投放垃圾。问题得到了较好的解决，居民较满意。

---

〔2〕 苏雁、吴秋阳：《"社情民意联系日"架起"连心桥"》，载《光明日报》2024 年 9 月 20 日，第 2 版。

〔3〕《苏州姑苏：老旧小区逆生长"社情民意联系日"的人民民主故事》，载"江苏人大发布"微信公众号，2023 年 2 月 3 日。

〔4〕 详见 2023 年 1 月 4 日《苏州市姑苏区人民代表大会常务委员会工作报告》。

（三）人大代表每月定期参加"社情民意联系日"活动是人大代表为开好人代会做好准备提交人大建议的好途径

《代表法》第 8 条规定："代表应当履行下列义务：……（二）按时出席本级人民代表大会会议，认真审议各项议案、报告和其他议题，发表意见，参加选举和表决，遵守会议纪律，做好会议期间的各项工作。"第 15 条规定："代表有权依照法律规定的程序向本级人民代表大会提出属于本级人民代表大会职权范围内的议案。"第 24 条规定："代表有权向本级人民代表大会提出对各方面工作的建议、批评和意见。"向人大积极提交议案和建议，是人大代表的法定义务。

而人大代表每月定期参加"社情民意联系日"活动是人大代表了解民意，撰写人大代表议案和建议的信息途径。2023 年，苏州市姑苏区人大常委会发动人大代表参加"社情民意联系日"活动 12 期，累计参与代表 2627 人次，收集群众意见建议 535 条，均提交有关部门处理解决，其中 11 件具有宏观性、普遍性的意见建议被作为代表建议在人代会上提出。[5]

近三年来，本人在苏州市姑苏区第三届人代会一、二、三次会议期间共撰写提交代表建议 4 份：（1）关于由区政府牵头专项整治姑苏古城养犬问题的建议（2022 年 1 月 8 日）；（2）关于进一步解决停车难问题服务市民提升古城环境的建议（2023 年 1 月 4 日）；（3）关于整治姑苏区内"烂尾楼"提升城市形象的建议（2024 年 1 月 9 日）；（4）关于优化基层综合执法体制机制，切实推进政府部门依法行政的建议（原先是提议案，2024 年 1 月 9 日改为提建议）。这些均是在参加南环第三社区的"社情民意联系日"活动时，积极收集民情民意，同时针对选民提出的问题，开展实地调研，进而形成的向人代会提交的代表建议和议案。

三、人大代表定期联系选民履职的理论思考

近三年来，本人每个月在苏州市姑苏区吴门桥街道南环第三社区参加"社情民意联系日"活动，对人大代表定期联系选民履职产生了如下困惑和思考。

---

〔5〕 详见 2024 年 1 月 10 日《苏州市姑苏区人民代表大会常务委员会工作报告》。

（一）为什么人大代表要联系选民？

我国现行《宪法》第 76 条第 2 款规定："全国人民代表大会代表应当同原选举单位和人民保持密切的联系，听取和反映人民的意见和要求，努力为人民服务。"《代表法》第 8 条规定："代表应当履行下列义务：……（六）与原选区选民或者原选举单位和人民群众保持密切联系，听取和反映他们的意见和要求，努力为人民服务"。应该说，与原选区选民联系是人大代表的法定义务。

（二）人大代表联系选民的目的是什么，仅仅是为了听取和反映选民的意见和要求，帮助选民解决其问题吗？

近三年来，本人在所在选区参加"社情民意联系日"活动，居民反映全是小区的小事，几乎没有一件是所在市辖区的大事。这让人不禁要问：人大代表是选民的代表，还是人大的代表？

《代表法》第 2 条规定："全国人民代表大会和地方各级人民代表大会代表依照法律规定选举产生。""全国人民代表大会代表是最高国家权力机关组成人员，地方各级人民代表大会代表是地方各级国家权力机关组成人员。"第 5 条规定："全国人民代表大会和地方各级人民代表大会代表应当坚持以人民为中心，践行全过程人民民主，始终同人民群众保持密切联系，忠实代表人民的利益和意志，自觉接受人民监督。"由此看来，人大代表不仅是选民的代表，更是人大的代表，是国家权力机关的组成人员。人大代表不能只代表所在选区选民的意志，更应代表所在行政区的人民意志。人大代表不能仅仅停留在帮助居民处理小事，还要考虑所在整个行政区的大事。人大代表不仅要有选区意识，更要有国家权力机关组成人员的意识。

（三）人大代表如何更好地联系选民？

在所在选区参加"社情民意联系日"活动，定期联系选民接待选民，这对于兼职代表来说，可能是当下的最好方式。但从长远来看，人大代表的专职化，并有自己的固定办公室，应该是保证人大代表履行好国家权力机关组成人员职责的关键所在。

关于完善选民登记程序的
调查分析与思考

摘要： 基于来自北京的统计资料和调查数据资料，本文对区县一级人大代表直接选举中选民登记程序的现状及其挑战进行了分析。研究发现，在户籍人口的选民登记率方面，从 1979 年起，至 1987 年连续三届逐届上升，在 1987 年达到创纪录的 99.1% 之后，呈现逐届下降趋势，在 2003 年换届选举中首次跌破 90%，为 84.7%，而在 2016 年首次跌破 80%，降至 78.4%；在单位登记选民比居住地登记者的到站投票率要高 10% 以上。但是，越来越多的选民表示愿意在居住地进行选民登记；人口大规模流动对传统的选民登记方式提出了新的挑战，当前关于非户籍人口的选民登记办法，主要从居住时间和选民资格转移手续两个方面细化了全国人大常委会的立法规定，然而，非户籍人口落地参选的比率均非常低，就全国而言，非户籍人口有序落地参选的工作还在初步的探索阶段。本文就如何进一步完善选民登记程序提出了有针对性的建议。

关键词： 选民登记　投票率　流动人口　选举争议

选民登记是指依据宪法、选举法和相关法律规定，确认选民资格，将合格者列入选民名单，进而对特定选区的选民数量进行统计并加以公布，从而为候选人提名、投票组织和选票计算等后续程序的推进做好准备工作。[1] 选民登记是选举制度得以有效运行的一项基础性制度安排，对于选

---

[1]　胡盛仪：《中外选举制度比较》，商务印书馆 2012 年版，第 169 页。

举组织机构而言，通过选民登记，保证了选民的条件和质量，掌握了合格选民的数量和选举规模与范围，为其确定选举的具体方式、有效安排选举提供了政治和组织基础。[2]对于社会公众而言，通过选民登记获得选民资格，是其行使选举权与被选举权、参与选举进程、对政治过程产生影响的重要环节。

随着我国社会主义民主法治的发展，县乡人大代表直接选举中的选民登记程序逐步完善，同时也面临诸多新的挑战。部分学者已经开始就我国的选民登记议题撰写专文或者专章进行探讨。刘智、史卫民等学者对 1953 年至 1998 年之间我国历次县乡人大直接选举的选民登记的有关统计指标进行了逐届分析和分省分析，他们发现，1953 年以来，我国直接选举中的选民登记率一直保持非常高的水平，没有选举权、无法行使选举权和停止行使选举权的人口所占比例非常低；流动人口的选民统计是选举统计中最困难的问题，建议有关部门进行专项统计，通过身份证投票、计算机联网、简化登记手续等，打破户籍制度对选民异地参选的限制。[3]周梅燕指出，我国人大代表选举的选民登记程序，存在三个显著问题："选民登记"与"登记选民"存在矛盾；选民名单公布范围有限，方式有待规范；以单位登记制为主、以居住地登记为辅的选区登记方式，影响了选民表达真实意愿。[4]谢蒲定认为，我国选民登记"错""漏""重"数量最大的人群是人户分离人员、流动人口和外来人员，建议严格执行法律规定，把好流动人口关、政策法律关、年龄关和病情关，扩大选民的积极参与和监督。[5]周其明建议，选民登记应该改变以户籍为标准进行登记的方法，以居住年限为标准具有一定的合理性；要求选民在选民登记制度中承担一定义务，平衡登记机关和选民双

〔2〕 李适时：《地方组织法、选举法、代表法导读与释义》，中国民主法制出版社 2015 年版，第 182 页；中国基层政权建设研究会：《中国农村村民委员会换届选举制度》，中国社会出版社 1994 年版，第 29 页。

〔3〕 史卫民、雷兢璇：《直接选举：制度与过程——县（区）级人大代表选举实证研究》，中国社会科学出版社 1999 年版；刘智、史卫民、周晓东、吴运浩：《数据选举——人大代表选举统计研究》，中国社会科学出版社 2001 年版。

〔4〕 周梅燕：《直接选举制度中的选民登记程序》，载《人大研究》2003 年第 11 期。

〔5〕 谢蒲定：《选民登记的问题与对策》，载《人大研究》2003 年第 7 期。

方的责任。[6] 袁达毅在《县级人大代表选举研究》一书中，以北京为案例，对选民登记程序的实际运作进行了仔细探讨，认为从总体上看，当前的选民登记程序比较严密，基本上符合我国现阶段的实际情况和民主法治建设发展的要求，但是关于一次登记长期有效的规定、关于参加投票选举的凭证和发放时间、关于参选地点的规定、以上门为主的登记方式、法律条文关于公民与选民的个别表述，均需要进一步改进；[7] 在后续研究中，袁达毅探讨了进一步完善选民登记制度的若干举措，这就是从"登记选民"到"选民登记"，增强选民参与的自愿性；将选民登记与户口登记结合起来，实行常年登记；通过立法规定流动人口"落地参选"，针对"错""漏""重"重点人群采取有针对性的措施。[8]

上述研究文献为选民登记制度研究的进一步开展提供了非常好的基础。本研究拟从如下两个方面进行努力：第一，将选民登记置于比较政治制度分析的视野中进行研究，从制度多样性的背景下认识我国人大代表直接选举程序的独特性和演化规律；第二，从选民参与的视角出发，在描述公众参与选民登记的态度与行为的基础上，分析选民登记制度实际运作的现状及面临的挑战。

一、选民登记的两种模式

从比较视野来看，选民登记大致可以分为自愿登记（voluntary registration）和自动登记（automatic registration）两种基本模式。所谓自愿登记，是指国家在法律中仅就选民资格设置一些基本条件，满足这些基本条件的公民是否登记为选民，完全取决于人们的自主决定。美国一些州长期采取自主登记的方式，根据有关学者研究，仅仅有 70% 的符合投票年龄人口注册投

---

〔6〕 周其明：《选举程序研究——中国选举制度存在的问题与前瞻》，中国政法大学出版社 2014 年版，第 166–168 页。

〔7〕 袁达毅：《县级人大代表选举研究》，中国社会出版社 2003 年版，第 153–156 页。

〔8〕 袁达毅等：《中国选举制度建设中的若干问题研究》，中国社会科学出版社 2016 年版，第 279–286 页。

票。[9] 所谓自动登记，是指凡是满足国家在选举法律和法规所规定基本资格的公民或者居民，即自动成为选民，自动获得参与选举投票的资格。英国、印度和亚洲一些英联邦国家多属于自动登记模式。

自愿登记和自动登记各有其优点。自愿登记的优势在于：（1）政府的管理负担比较轻，对于欠发达国家而言，如非洲部分国家，由于选民文化程度比较低，交通通信条件差，基层政府的能力有限，多采取自愿登记制；（2）自愿登记假定选民是负责任的公民，由这些负责任的公民决定领导人或者立法机关的代表人选，决策质量更高。而自动登记的优点在于：（1）选民的实际登记量与应登记量较为接近；（2）长期来看，自动登记不依赖于个人地址、姓名和年龄等方面的变化，可以形成更加精确的选民登记；（3）如登记官公正无私，不易出现选举舞弊和政党操纵选举的现象；（4）可以避免在选民登记阶段出现抵制选举的现象，使选举竞争更加集中在投票环节。[10]

自愿登记和自动登记这两种选民登记模式的区分，与人们关于选举权的理论认识密切相关。近代以来，学术界关于选举权的性质形成了固有权利论、取得权利论、社会职务论、国家机关权限论、兼容论五种基本观点。[11]这五种观点又大体可以区分为"权利论"和"职务论"两种代表性论述。主张权利论者，强调选举是个人的自由权利，参加投票旨在增加个人利益，因而，个人有投票的权利，也有放弃该项权利的自由，也可以委托他人代为投票。主张职务论者，强调选举人的一切行为都是国家机关的行为，不能有为自己的目的，或者追求个人的利益权能；由于选举含有职务性质，选举权不能转让或者委托他人行使，甚至在必要时可以禁止其任意抛弃，强制投票也因此而来。[12] 就理论渊源而言，"权利论"者更加强调选民资格应该自

———————————

[9]［美］罗杰·H. 戴维森、［美］沃尔特·J. 奥勒斯泽克、［美］弗朗西斯·E. 李、［美］埃里克·希克勒：《美国国会：代议政治与议员行为》，刁大明译，社会科学文献出版社 2016 年版。

[10] 彭宗超：《公民授权与代议民主——人民代表直接选举制比较研究》，河南人民出版社 2002 年版，第 134-135 页。

[11] 焦洪昌：《选举权的法律保障》，北京大学出版社 2005 年版，第 10-15 页。

[12]［日］森口繁治：《选举制度论》，刘光华译，中国政法大学出版社 2005 年版，第 54-55 页。

主登记，选民可以行使或者放弃该种权利；而"职务论"者更加强调选民资格应该自动登记，选举权不得转让或者委托行使。在实践中，权利论与职务论两种观点相互补充，成为论证选举权性质的居于统治地位的学说。

从时间维度而言，选民登记可以划分为定期登记与持续登记两种模式。在定期登记模式下，只有在每次选举的时候，才对选民进行登记，并张贴选民名单，这要求在非常短的时间内完成登记过程，客观上依赖行政部门及时提供有关信息；持续登记模式，选民登记的信息长期有效，只要在每次选举之前增加或者删除某些选民即可；选民主动登记模式下，选民有主动登记的义务，而选举机构只需要根据其他信息核实登记情况即可。[13] 到底采取定期登记还是持续登记，与各个国家的政体形式存在一定的关联。在实行总统制的典型国家，由于总统和国会的任期都比较固定，选民登记采取定期模式即可；而在实行议会内阁制的典型国家，往往只就一届议会规定最长任期，在任期之内，议会随时有可能解散，随时要组织选举，持续登记成为更加现实的模式。[14] 在选举政治发展的早期，由于获得选民资格的人比较少，并且是一个熟人社会，并没有规定严格的选民登记截止日期；随着选举权的普及，选民规模的扩大，各国一般都规定了明确的选民登记截止日期；近年来，有些国家为了提高投票率，开放了选举日登记，在选举日当天注册也可以投票，但是选举日当天注册投票，对选票的印制、选举秩序的维护都构成了较大的挑战。

从登记主体来看，我国人大代表直接选举中对户籍选民的登记接近于自动登记模式，然而，由于非户籍人口需要转移选民资格证明才能在居住地参选，当前我国县乡人大代表选举中的选民登记又带有自愿登记的某些特征。从登记周期来看，我国 1986 年修改选举法时，规定了一次登记、长期有效的登记方式，[15] 每次选举之前只要对以往的选民登记册进行"三增三减"（增加

---

〔13〕 参见何俊志：《选举政治学》，复旦大学出版社 2009 年版，第 142–143 页。

〔14〕 彭宗超：《公民授权与代议民主——人民代表直接选举制比较研究》，河南人民出版社 2002 年版，第 229 页。

〔15〕 李适时：《地方组织法、选举法、代表法导读与释义》，中国民主法制出版社 2015 年版，第 183 页。

前一次选民登记后新满 18 周岁的、被剥夺政治权利期满后重新恢复政治权利的、新迁入本选区的选民；减去死亡的、依法被剥夺政治权利的、被选举委员会确认不能行使选举权利的精神病患者），从正式制度上而言，比较接近于持续登记模式；然而，在实际运作过程中，由于人口流动频繁，采用三增三减的办法进行登记，花费的时间精力，与全面重新登记的差不多，很多地方实际上采用重新登记的方式，因而，我国的选民登记又具有定期登记的一些特征。

二、户籍人口的选民登记率及其变化

在历史上，很多国家和地区曾采用财产资格或者纳税资格、教育程度或者识字情况、宗教信仰等条件限制选举权。[16] 随着普选制度的发展，上述限制逐渐取消，各国主要从国籍、年龄和政治权利三个方面来设定选民资格的基本条件。在具体资格方面，各个国家的规定又存在一些差异。（1）关于国籍：在国家层次选举中，国籍仍然是各国取得选民资格的基本条件，但是随着全球化和地区一体化的发展，一些国家地方层次的选举中，外籍居民在完成选民登记以后也可以参加选举，例如，居住在英国的爱尔兰人、欧盟国家公民和英联邦国家公民也可以登记为选民参加英国地方议会的选举。[17]（2）关于年龄：各国均普遍规定，必须达到一定成熟年龄的人才能参与公共事务。有些国家规定，在满足一些特定条件后，年龄要求可以适当放宽，例如，印度尼西亚 1999 年《选举法》第 28 条规定，"选举之时年满 17 岁，或已经结婚的印度尼西亚公民，有权利投票"。（3）关于政治权利：很多国家选举法律均明确限制精神疾病患者行使选举权利；涉及选举犯罪而停止公权者，在一定年限内也会被取消选举资格；因重罪被法律判处刑罚超过一定期限者，也会丧失选民资格。有些国家基于政治与军务不能混同之考虑，也规定现役军人暂停行使选举权。[18]

---

〔16〕〔日〕森口繁治:《选举制度论》，刘光华译，中国政法大学出版社 2005 年版，第 61–63 页。

〔17〕参见 https: //www.gov.uk/register-to-vote，2020 年 12 月 10 日访问。

〔18〕〔日〕森口繁治:《选举制度论》，刘光华译，中国政法大学出版社 2005 年版，第 68–72 页。

我国《选举法》第 4 条规定："中华人民共和国年满十八周岁的公民，不分民族、种族、性别、职业、家庭出身、宗教信仰、教育程度、财产状况和居住期限，都有选举权和被选举权。依照法律被剥夺政治权利的人没有选举权和被选举权。"依此规定，我国实行普遍选举原则，在取得选民资格方面只需要具备国籍条件（中华人民共和国公民）、年龄（年满 18 周岁）和政治权利条件（依照法律被剥夺政治权利的人没有选举权和被选举权）三个基本条件。[19]《北京市区、乡、民族乡、镇人民代表大会代表选举实施细则》第 31 条规定："户口在外省市现居住在本市的人员，一般应当在户口所在地参加选举；不能回户口所在地参加选举的，由本人提供户口所在地出具的选民资格证明，也可以在现居住地进行登记。"据此，本地户口或者外省市开具的选民资格证明是选民登记的前置条件。本节主要讨论户籍人口的选民登记率及其影响因素。

在我国直接选举的组织过程中，人口总数是以各地户籍部门登记的户口数字为依据，即以公安部门的人口统计数字为准。[20]笔者收集了换届选举年份的户籍人口数据，并以人口统计资料为基础计算了 18 周岁以上人口数，以及北京市选举办公室在历次区县换届选举工作总结报告中公布的选民总数，测算了历次换届选举的选民登记率。参见表 1–1。

表 1–1　北京市区县级人大代表选举选民登记情况（1979—2016 年）

时间	户籍人口数（万）	18 周岁以上人口数（万）	占户籍人口比例（％）	选民登记数（万）	占 18 周岁以上人口比例（％）
1979—1981 年	885.7	625.3	70.6	602.9	96.4
1984 年	945.2	694.7	73.5	684.5	98.5
1987 年	988.0	737.0	74.6	730.0	99.1
1990 年	1032.2	785.5	76.1	770.4	98.1
1993 年	1051.2	817.8	77.8	791.0	96.7

---

〔19〕　袁达毅：《县级人大代表选举研究》，中国社会出版社 2003 年版，第 115 页。

〔20〕　刘智、史卫民、周晓东、吴运浩：《数据选举——人大代表选举统计研究》，中国社会科学出版社 2001 年版，第 80 页。

续表

时间	户籍人口数（万）	18周岁以上人口数（万）	占户籍人口比例（%）	选民登记数（万）	占18周岁以上人口比例（%）
1998 年	1091.5	878.7	80.5	801.0	91.2
2003 年	1148.8	960.4	83.6	813.2	84.7
2006 年	1197.6	1025.1	85.6	862.4	84.1
2011 年	1277.9	1124.6	88.0	937.5	83.4
2016 年	1362.9	1170.7	85.9	917.5	78.4

资料来源：笔者自制

在表 1-1 中，我们对北京区县人大代表选举中的选民登记率进行了专门探讨。此处用以测算选民登记率的基础数据来自三个方面：（1）户籍人口数据，主要来源于《北京统计年鉴 2020》表 3-8[21]，由于 1979 年《选举法》修改后北京第一次区县换届选举持续时间跨越了 1979—1981 年三个年份，1979 年主要是试点，大部分区县是在 1980 年进行换届选举的，本表对 1979—1981 年这次换届选举的选民登记率的测算，以 1980 年的户籍人口作为基准。（2）选民登记数，依据每次换届选举后选举委员会或者选举办公室向市人大常委会提交的换届选举工作总结报告整理；值得说明的是，1983 年以后，特别是 1998 年以后，区县级人大代表选举中有一定数量非户籍人口持选民资格证明登记成为选民，近年来关于选民登记的统计报表，也设置专门指标统计非户籍人口的参选情况，然而目前尚无权威资料发布这一数据，考虑到非户籍人口参选的数量非常少，对于估计户籍人口的选民登记率影响非常小；笔者在后面的篇幅中，也将专门对非户籍人口的选民登记情况进行探讨。（3）18 周岁以上人口在户籍人口中所占比例，其中，1979—2006 年之间八届的数据，系依据 1979 年的人口统计资料及 1982 年、1990 年、2000 年和 2010 年四次人口普查数据计算，2011 年和 2016 年数据则依据《北京统计年鉴 2012》及《北京统计年鉴 2017》提供的户籍人口年龄结构数据进行计算。

---

〔21〕 北京统计局、国家统计局北京调查总队编：《北京统计年鉴 2020》，中国统计出版社 2020 年版，第 69 页。

依据表 1-1 可以发现，总体而言，北京户籍人口的选民登记率非常高，在十次换届选举中，有六次选民登记率在 90% 以上，三次在 80%—90% 之间，只有一次在 80% 以下。从国内地区之间的比较来看，北京市的选民登记率和上海、湖南等地基本持平，例如，在 2011—2012 年的区县人大代表换届选举中，北京的选民登记率为 83.4%，而上海的登记率为 84.46%，湖南为 87.4%。[22] 从国际比较来看，北京户籍人口的选民登记率显著高于采取自主登记的国家和地区，多数届次接近于实行强制登记的国家和地区。例如美国，长期被认为是实行自主登记制度的典型国家，根据人口普查局对 2018 年 11 月中期选举的统计，登记率最高的哥伦比亚特区，选民登记率为 78.4%，低于北京区县人大代表选举的最高登记率（1987 年，99.1%）约 20 个百分点，而登记率最低的是夏威夷州，选民登记率仅为 53.9%，[23] 低于北京区县人大代表选举的最低登记率（2016 年，78.4%）约 25 个百分点；而澳大利亚，被认为是实行义务投票制的典型国家，选民登记和投票均是选民的义务，如果没有登记或者缺席投票，没有提前告知或者说明具体原因，将被处以罚款，[24] 在 2019 年澳大利亚联邦选举中，选民登记率达到了创纪录的 96.8%，[25] 而根据表 1-1 资料可知，北京区县人大代表换届选举中，1979 年至 1993 年五次换届选举，户籍人口的选民登记率均达到了 96% 以上。

数据显示，从纵向比较来看，北京区县人大代表换届选举的户籍人口的选民登记率，从 1979 年至 1987 年连续三届逐届上升，在 1987 年达到创纪录的 99.1% 之后，此后呈现逐届下降趋势，在 2003 年换届选举中首次跌破 90%，为 84.7%，而在 2016 年首次跌破 80%，降至 78.4%。参见图 1-1。

---

〔22〕 参见全国人大常委会办公厅联络局：《县乡两级人大选举工作资料选编》，中国民主法制出版社 2013 年版，第 69、155 页。

〔23〕 参见 "Voting and Registration in the Election of November 2018"，table04a，https：//www. census. gov/data/tables/time-series/demo/voting-and-registration/p20-583. html，访问日期：2021 年 3 月 16 日。

〔24〕 参见刘樊德：《澳大利亚和新西兰议会》，中国财政经济出版社 2005 年版，第 168 页。

〔25〕 参见 https：//www. aec. gov. au/media/media-releases/2019/06-13a. htm。

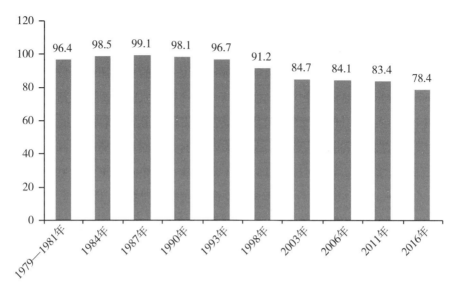

资料来源：笔者自制

图 1-1　北京区县人大代表选举选民登记率变化情况（%）

在具有北京户籍、年满 18 周岁而又未登记为选民的人口中，有一部分人是依据法律规定，无法行使选举权利、暂停行使选举权利或者被剥夺选举权利者。从选举法和选举制度的历史发展来看，我国 1953 年选举法关于选民资格的设定比较强调阶级成分和政治身份，当时曾明确规定，依法尚未改变成分的地主阶级分子、依法被剥夺政治权利的反革命分子不具有选举权。1953 年《中央选举委员会关于选民资格若干问题的解答》已经提及停止选举权利的情形，同时也规定地主阶级分子改变成分后可以获得选举权和被选举权，"地主阶级分子在土地改革完成后，完全服从政府法令，努力从事劳动生产，或作其他经营，没有任何反动行为，连续五年以上，经法定手续改变其地主成分后，应给与选举权和被选举权"[26]。然而，在当时阶级斗争话语的影响下，停止选举权和剥夺选举权有扩大化的趋势。在 1953—1954 年首次普选中，北京即暂停了 5469 人行使选举权利；[27] 在年满 18 周岁的 1751086 人中，共有 28058 人没有登记选民资格，未登记者占 1.6%；而同期福建省登记选

---

〔26〕　中央选举委员会：《关于选民资格若干问题的解答》，1953 年 4 月 3 日。

〔27〕　北京市地方志编撰委员会：《北京市人民代表大会志》，北京出版社 2003 年版，第 453 页。

民占 18 周岁以上人口的 97.68%，[28] 无选举权者占 18 周岁以上人口的 2.32%。此外，在其他一些地区的基层实践中，选民资格的审查存在"左"的倾向，有些地区"对选举权的剥夺面比较宽：如湖北黄冈专区有的乡剥夺面在 10% 左右，麻城县有一个乡就剥夺了 184 人。有的把残疾人甚至平日作风不好、爱说怪话的人都剥夺了选举权。江西某地竟有把对母亲态度不好的人也剥夺了选举权的"，这也凸显了公民话语与阶级话语的张力。[29]

1979 年选举法区分了没有选举权、不列入选民名单两种情况，依照法律被剥夺政治权利的人，没有选举权和被选举权（1979 年《选举法》第 3 条）；无法行使选举权和被选举权的精神病患者，不列入选民名单（1979 年《选举法》第 23 条）。而在法律法规层面正式规定暂定暂停选举权，则来自改革开放之后的地方立法实践，1980 年《北京市区、县人民代表大会代表选举试行细则》第 26 条规定："凡属下列人员，停止行使选举权利，不予登记：一、在押服刑的；二、监外执行和保外就医的；三、被逮捕尚未判决的；四、被刑事拘留的。" 1980 年《福建省县、社两级直接选举实施细则》第 17 条规定："虽经宣判，但不剥夺政治权利的已决犯，如获准保外就医、监外执行者，应停止其行使选举权利；一切在关押中（包括在监狱、劳改队、场及看守所等）未经判处附加政治权利的已决犯和关押中的未决犯（包括刑事拘留的），均应停止其行使选举权利。"[30] 1983 年全国人民代表大会常务委员会通过的《关于县级以下人民代表大会代表直接选举的若干规定》第 4 条规定："因反革命案或者其他严重刑事犯罪案被羁押，正在受侦查、起诉、审判的人，经人民检察院或者人民法院决定，在被羁押期间停止行使选举权利。"

笔者整理了北京市 1979—1998 年六次换届选举中，无法、暂停和依法被剥夺选举权利者的数量。参见表 1-2。

---

〔28〕 福建省选举委员会：《福建省基层选举工作总结》，1954 年 6 月 25 日。

〔29〕 参见闫小波：《公民话语与阶级话语的张力——1953 年普选运动中的选民资格审查》，载《开放时代》2017 年第 5 期。

〔30〕《福建省县、社两级直接选举实施细则》，1980 年 7 月 4 日福建省第五届人民代表大会常务委员会第四次会议通过。

表 1-2　无法、暂停和被剥夺选举权利者的数量及其变化（1979—1998 年）

换届选举时间	无法行使选举权利（单位：人）	暂停行使选举权利（单位：人）	被剥夺选举权利（单位：人）
1979—1981 年	16228	23917	496
1984 年	10151	2422	2460
1987 年	10506	1688	3747
1990 年	8956	1359	5735
1993 年	8188	2482	4089
1998 年	6480	690	1201

资料来源：依据北京市历届区县人大换届选举工作的总结报告提供资料整理

由表 1-2 可知，在 1979—1998 年北京六次区县级人大代表直接选举中，无法行使选举权利、暂停行使选举权利和被剥夺选举权利者分别为 40641 人、15033 人、15941 人、16050 人、14759 人和 8371 人，占选民人口的比例分别为 0.67%、0.219%、0.218%、0.208%、0.186% 和 0.104%，呈下降趋势；如果只计算被剥夺选举权利者所占比例，分别为 0.0082%、0.0359%、0.0512%、0.0743%、0.0516% 和 0.0150%，历次换届选举中，被依法剥夺选举权利者所占比例均在 0.1% 以下。由此可见，改革开放以后，随着阶级政治向公民政治的逐渐转换[31]，阶级成分不再成为剥夺选民资格的直接依据，在选民资格条件的设定方面基本上实现选民身份与公民身份的重合。全国情况也大致相似，各省历次县级人大代表换届选举中，无法行使选举权利、暂停行使选举权利和被剥夺选举权利者占 18 周岁以上人口的比例，绝大多数地区均在 1% 以下。[32]

三、居住地登记与单位登记的比较

现行选举法规定，选区可以按照居住状况划分，也可以按照生产单位、

---

〔31〕　参见景跃进：《从阶级政治到公民政治——城乡人口按照相同比例选举人大代表的意义》，载《公共行政评论》2008 年第 6 期。

〔32〕　刘智、史卫民、周晓东、吴运浩：《数据选举——人大代表选举统计研究》，中国社会科学出版社 2001 年版，第 97 页。

事业单位、工作单位划分。在实践中，"农村按居住状况划分选区的比较多；城市按工作单位划分选区的比较多。按工作单位划分选区有困难的，如属于退休居民、尚未就业、所属单位规模较小等，再按居住状况划分"[33]。在地方性法规中，关于选民登记的条款一般会明确要求选民前往工作单位而非居住地进行选民登记，如《北京市区、乡、民族乡、镇人民代表大会代表选举实施细则》第30条规定："在本市有正式户口的选民，按下列办法登记：（一）居民、村民在户口所在地登记，户口所在地与现居住地不一致的，经确认选民资格，可以在现居住地登记；（二）机关、团体、企业事业单位职工在本单位登记；（三）离休、退休人员一般在户口所在地登记，如本人要求，也可以回原工作单位登记；（四）在校学生在本校登记。"本节将以实证资料为基础，分析单位登记和居住地登记两种登记方式的实际运作情况，以及不同登记方式对选民参与态度和行为的影响。

表1-3　城乡户籍选民登记方式比较　　　　　单位：%

登记方式	2011 年		2016 年	
	非农业户口	农业户口	非农业户口	农业户口
单位登记	38.6	2.9	42.8	4.2
居住地登记	61.4	97.1	57.2	95.8
合计	100.0（N=1110）	100.0（N=207）	100.0（N=893）	100.0（N=190）
	X2=100.413，p<0.001		X2=101.125，p<0.001	

资料来源：2011年和2016年北京市区县人大代表换届选举参与追踪调查资料

依据表1-3调查资料可知，北京非农业户籍选民中，有40%左右（2011年为38.6%；2016年为42.8%）的选民在单位登记，另外60%左右（2011年为61.4%；2016年为57.2%）的选民在居住地登记；而在农业户籍选民中，95%以上（2011年为97.1%；2016年为95.8%）的选民均在居住地登记。非

〔33〕 李适时：《地方组织法、选举法、代表法导读与释义》，中国民主法制出版社2015年版，第179页。

农户籍和农业户籍选民登记的具体方式存在显著差异。

在非农户籍选民中，不同类型的单位，选民登记方式也存在显著差异。机关事业单位的选民主要在工作单位登记，2011年登记在单位的选民为66%，2016年为61.4%；2011年换届选举中，国有企业、民营企业和外资合资企业的员工选民资格登记在单位的分别为39.7%、44.5%和50.0%，而在2016年的换届选举中，登记在单位的比率均有所下降，分别为34.0%、39.5%和47.7%；个体工商户在单位登记选民的比率有所上升，2011年为3.2%，2016年为15.0%。参见表1-4。

表1-4　单位类型对选民登记方式的影响　　　　　　单位：%

	2011年			2016年		
	单位登记	居住地登记	合计	单位登记	居住地登记	合计
机关事业单位	66.0	34.0	100.0	61.4	38.6	100.0
国有集体企业	39.7	60.3	100.0	34.0	66.0	100.0
民营企业	44.5	55.5	100.0	39.5	60.5	100.0
外资合资企业	50.0	50.0	100.0	47.7	52.3	100.0
个体工商户	3.2	96.8	100.0	15.0	85.0	100.0
其他	10.0	90.0	100.0	20.0	80.0	100.0

资料来源：2011年度、2016年度北京市区县人大代表换届选举参与追踪调查资料，此表仅对非农户籍的选民登记情况进行分析

长期的单位制在中国城市形成了根深蒂固的单位意识[34]，而以单位为基础划分城市选区，又在一定程度上强化了这种单位意识。这种单位意识是否对选民选举区县人大代表的行为存在影响呢？在2003年之后的四次选后问卷调查中，我们专门设计了两道题目进行询问，第一道题目是，"如果您所在选区由多个单位组成，您单位推荐的候选人与其他单位的候选人存在竞争，您会如何选择？"参见表1-5。

---

〔34〕　参见李路路：《论"单位"研究》，载《社会学研究》2002年第5期。

表 1-5　选民是否优先选择本单位候选人　　　　单位：%

	2003 年	2006 年	2011 年	2016 年
肯定选本单位候选人	38.4	38.3	24.7	42.2
看谁更合适	44.7	42.1	45.7	49.4
无所谓，选谁都一样	17.0	19.6	29.6	8.4
合计	100.0（N=365）	100.0（N=726）	100.0（N=794）	100.0（N=772）

资料来源：2003 年、2006 年、2011 年、2016 年北京区县人大代表换届选举选后调查

　　2003 年来四次换届选举选后调查数据显示，在本单位候选人与其他单位候选人存在竞争时，超过四成的北京选民均表示会"看谁合适"，然而，也有相当比例的选民明确表示"肯定会选本单位候选人"，具有相对比较强的单位意识。在当前区县一级人大代表选举中，选区比较小，部分选民希望代表更多地反映本单位的意见和利益诉求，是社会结构分化的必然结果，然而，以工作单位而非居住地作为选区划分的基础，又无疑强化了这种单位意识。在随后的问卷中，我们问被访者，"本单位如果无候选人，是否会参加投票"，在 2003 年以来历次选举中曾经去投票的选民中，明确表示"即使本单位无候选人，也肯定会去投票"的比例，在 2003 年是 82.5%，2006 年为 54.1%，2011 年为 49.4%，而在 2016 年为 69.6%；明确表示肯定不会去的选民则逐届上升，在 2003 年仅为 2.2%，2006 年上升到 4.7%，2011 年上升到 5.8%，而2016 年上升到 6.6%。参见表 1-6。由此可见，向本单位候选人表示支持是一部分选民前往投票的重要动因。

表 1-6　本单位如果无候选人，是否参加投票　　　　单位：%

	2003 年	2006 年	2011 年	2016 年
肯定会去投票	82.5	54.1	49.4	69.6
可能会去	15.3	41.2	44.8	23.8
肯定不会去	2.2	4.7	5.8	6.6
合计	100.0（N=365）	100.0（N=726）	100.0（N=792）	100.0（N=770）

资料来源：2003 年、2006 年、2011 年、2016 年北京区县人大代表换届选举选后调查

以 2011 年和 2016 年的调查数据为基础，笔者对单位登记选民和居住地登记选民的投票率进行了进一步的分析。结果显示，在 2011 年，单位登记选民比居住地登记选民的投票率要高 12 个百分点，2016 年，单位登记选民比居住地登记选民的投票率要高 10.9 个百分点，在这两次换届选举中，单位登记选民的投票率均显著高于居住地登记选民。换言之，以单位为基础登记选民并组织投票，是当前北京区县一级人大代表选举提高投票率的有效方式，不管是在居住地参选还是在单位参选，选民参与都具有动员参与的特征，在选举组织成本、动员能力和动员效果方面，单位选区毫无疑问要优于居住地选区。

表 1-7　单位登记与居住地登记选民投票率比较　　　　单位：%

	2011 年		2016 年	
	单位登记	居住地登记	单位登记	居住地
投票	68.4	56.4	76.7	65.9
没有投票	31.6	43.6	23.3	34.1
合计	100.0（N=434）	100.0（N=883）	100.0（N=395）	100.0（N=701）
X2 检验	X2=17.614，p<0.001		X2=13.987，p<0.001	

资料来源：2011 年、2016 年北京区县人大代表换届选举选后调查

居住地登记和单位登记孰优孰劣，北京选民到底是如何评价呢？2016 年的选后调查结果表明，有 54.2% 的北京选民选择了"按居住地登记和投票"；28.3% 的北京选民选择了"按单位登记和投票"；17.5% 的北京选民表示"两者都可以"或者"说不清"。由此可见，大多数选民明确表示，在居住地进行选民登记是一种比较好的选择。进一步的分析表明，在单位选区登记参选的选民有 62.4% 的支持单位登记，有 19.0% 的支持居住地登记；而在居住地登记的选民有 75.0% 的认为在居住地登记更好一些，只有 9.4% 的人认为单位登记更好一些。

表 1-8　在单位投票和在居住地投票，哪种方式更好　　　单位：%

	单位登记选民	居住地登记选民	不知道	合计
在居住地投票更好	19.0	75.0	47.7	54.2
在单位投票更好	62.4	9.4	25.7	28.3
说不清	18.5	15.1	24.8	17.1
都一样	0	0.5	1.8	0.4
合计	100.0（N=394）	100.0（N=700）	100.0（N=109）	100.0（N=1203）

资料来源：2016 年北京区县人大代表换届选举追踪抽样调查

依据 2016 年调查数据，选民更多地希望在居住地登记和投票，直接原因在于居住地更加便利，有利于就近投票，而更重要的原因在于居住地与选民之间的利益关联越来越紧密，而选民与候选人之间的关系更加平等。在现有的制度框架下，区县乡镇人大主要作用在于监督和代言，主要对本行政区内的国民经济计划和社会发展计划、预算以及执行情况报告有审批权和批准权，决定本行政区内的公共事务，而这些公共事务本身又往往与居住地选民的个人生活息息相关。随着社会转型期居住模式的重组、利益多样化的出现和利益结构的分化，基层人大代表的代言功能逐渐引起选民的关注。在很大程度上，基层人大代表被选民认为是本选区选民的利益代言人，而与居住地选民日常生活的基本权益联系更加紧密。即使有些选区，所在单位也能满足居民利益需求，工作单位承担了社区的一部分功能，在多数情况下，单位利益与社区利益诉求往往是不一致的，而在居住地提名并当选的代表，更有可能代表选民的具体利益，并易于接受选民的直接监督。从代表来说，单位提名的候选人往往就是本单位领导，当"单位领导"和"选区代表"双重身份存在矛盾时，单位选民也很难行使法律赋予他自己的监督权和罢免权，因此，单位制登记的弊端是十分明显的，它只能"使选举成为纯粹意义上的组织行为，选民个人的自由选择度大大降低"[35]。而选民个人的自由选择度降低，直接导致了其对选举参与的消极态度。从这个角度看，在居住地选区当

---

〔35〕 蔡定剑：《中国选举状况的报告》，法律出版社 2002 年版，第 177 页。

选的基层人大代表更利于履行代表职能，平衡协调各单位和部门的利益纷争，同时也解决了单位普通选民提名候选人中选机会的不平等问题。

四、流动人口的选民登记

本节对北京非户籍人口选民登记的背景、制度框架及其实践运行情况进行探讨。

（一）北京非户籍人口的数量及其发展态势

改革开放以来，随着市场化改革、户籍制度改革和住房体制改革的推进，众多城市居民的户口登记地和实际居住地相互分离；而随着城镇化的加速，以及经济和产业的非均衡发展，人口跨区域流动的规模也日益扩大。依据统计资料，2000 年全国的人户分离人口为 1.44 亿，其中的流动人口为 1.21 亿，占全国总人口的 9.55%；2010 年，全国人户分离人口为 2.61 亿，其中流动人口为 2.21 亿，占全国总人口的 16.48%；在 2016 年，全国人户分离人口为 2.92 亿，其中流动人口为 2.45 亿，占全国总人口的 17.72%。[36] 在人口流动规模急剧增长、流动频率急剧加快的背景下，如何确保选民登记的准确性，如何保障流动人口的选举权利，已经成为选举组织工作的一个关键性的难点，也开始成为学术界广泛关注的一项重要课题。

超大规模的人口流动对人口流出地和人口流入地的选民登记和选举组织工作均形成了极大的挑战。在人口流出地，有相当比例的户籍人口常年在外经商务工，由于"流动人口原则上应在户口所在地参加选举"，保障外出流动人口的选举权和被选举权成了人口流出地选举组织工作的一个重点。以湖南省邵阳县为例，该县外出务工农民 38.5 万，占该县农村人口总数的 46.1%；该县乡镇"七站八所"分流自谋职业人员 0.3 万，占在职人数的 41.2%；倒闭企业、改制企业下岗外出务工人员 3 万，占当地工人总数的 79.3%；受农

---

〔36〕 参见国家统计局人口和就业统计司编：《中国人口和就业统计年鉴 2017》，中国统计出版社 2017 年版。统计部门解释，人户分离人口，是指居住地与户口登记地所在的乡镇街道不一致且离开户口登记地半年以上的人口；流动人口，是指人户分离人口中不包括市辖区内人户分离的人口；市辖区内人户分离的人口，是指一个直辖市或地级市所辖区内和区与区之间，居住地和户口登记地不在同一乡镇街道的人口。

转非、土地征用和买房进城等因素的影响而外出务工人员约 2.9 万，占全县人口总数的 3.1%。[37] 据估计，这些流动人口中 90% 以上是选民，要保证数量如此多而构成如此复杂的流动选民不重登、漏登、错登，难度极大。而在人口流入地，选民登记的主要工作是与规模庞大的市内人户分离人口进行联系确认，并进行选民资格审核。以北京市石景山区边府社区为例，社区登记的 3114 名户籍人口中，有 2500 名人户分离，有的户口在本区，但因工作或购房搬到其他区；有的则从一个街道搬到了另外一个街道；在五年之中，该社区还增加了 3000 多名拥有半年以上暂住记录的外来人口。[38] 由于本文主要考察北京的选民参与，本节侧重于对流动人口在现居住地参与选民登记的情况进行探讨。

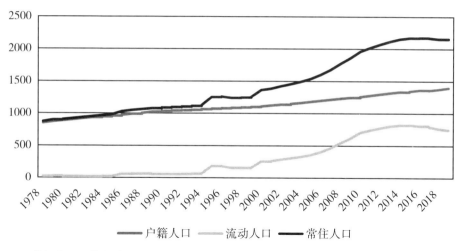

数据来源：依据《北京统计年鉴 2020》表 3–2 和表 3–8 相关数据制作

图 1–2 北京市户籍人口与流动人口数量变化（1978—2019 年）（单位：万）

改革开放四十多年来，北京市的人口规模和结构发生了非常显著的变化。依据统计，北京市的户籍人口由 1978 年的 849.7 万增加到 2019 年的 1397.4 万，增长速度比较平缓，2019 年户籍人口数是 1978 年的 1.64 倍；而

〔37〕 湖南省人大常委会选举任免联络工作委员会：《关于明年我省县乡人大同步换届选举调查情况的报告》，2006 年 10 月。

〔38〕 参见全国人大常委会办公厅联络局：《县乡两级人大选举工作资料选编》，中国民主法制出版社 2013 年版，第 305 页。

常住的非户籍人口由 1978 年的 21.8 万增加到 2019 年末的 745.6 万，2019 年非户籍常住人口的数量是 1978 年的 34.2 倍。[39] 从北京非户籍常住人口的增加趋势来看，1986 年首次超过 50 万；1995 年首次超过 100 万；2000 年首次超过 200 万；2008 年首次超过 500 万；2015 年达到 822.6 万；之后，随着北京疏解非首都功能工作的开展和京津冀一体化的发展，非户籍常住人口的数量有所下降，但是仍然稳定在 750 万左右。

（二）非户籍人口参与人大代表直接选举的法律法规依据

在 20 世纪 90 年代中期之前，由于人口流动的规模尚不是很大，各地均主要依据全国人大常委会 1983 年《关于县级以下人民代表大会代表直接选举的若干规定》第 9 条处理流动人口的参选问题。该条规定："选民在选举期间临时在外地劳动、工作或者居住，不能回原选区参加选举的，经原居住地的选举委员会认可，可以书面委托有选举权的亲属或者其他选民在原选区代为投票。选民实际上已经迁居外地但是没有转出户口的，在取得原选区选民资格的证明后，可以在现居住地的选区参加选举。"

关于非户籍人口在人大代表直接选举中的选民登记问题，北京市人大常委会在 1980 年 8 月通过的《北京市区、县人民代表大会代表选举试行细则》第 23 条中规定："正式户口不在北京，经组织调遣来京工作、学习的人员，不能回原地参加选举的，经本人申请，由现在的单位征得户口所在地或原工作单位同意，并提出选民资格证明，报请区、县选举委员会审查批准后，可由现在单位的选区进行选民登记，发给选民证。但选民证不能作为申报户口的依据。非经组织调遣来京的人员，不予登记。"

在 1984 年 2 月通过的《北京市区、县、乡、镇人民代表大会代表选举实施细则》第 26 条规定："正式户口不在北京，经组织调遣来京工作、学习的人员，不能回原地参加选举的，经本人申请，由现在的单位征得户口所在地或原工作单位同意，并提出选民资格证明，可以由现在单位的选区进行选民登记。选民实际上已经迁居外地，但是没有转出户口的，可以发给选民资格

---

〔39〕 参见北京统计局、国家统计局北京调查总队：《北京统计年鉴 2020》，表 3–2，表 3–8，中国统计出版社 2020 年版。

证明，在现居住地的选区参加选举。实际上已经在本市居住，但是没有正式户口，又不能回原居住地参加选举的，由本人取得原户口所在地的选民资格证明后，现居住地的选区可予以登记，发给选民证。选民证不能作为申报户口的根据。"

《北京市区、县、乡、镇人民代表大会代表选举实施细则》在1998年修订之时，就流动人口登记为选民的条件和程序修改为："户口在外省市、现居住在本市的人员，一般应当在户口所在地参加选举；不能回户口所在地参加选举的，由本人提供户口所在地出具的选民资格证明，也可以在现居住地进行登记。"（1998年细则第27条）从1998年至2016年，北京市的选举实施细则进行了多次修订，但是关于流动人口如何进行选民登记的这一规定没有修改。在北京市区、乡镇人大换届选举工作办公室《关于2016年区、乡镇人大代表换届选举选民登记工作的意见》中，就流动人口如何选民登记进行了进一步的说明。现将有关规定摘录如下：

四、非本市户口选民的登记办法

35. 户口在外省市，现在本市工作、生活的人员及其他外地临时来京人员，原则上应当回户口所在地参加选举；在本市现居住地居住一年以上，或者与现工作单位签有合法工作合同并已工作一年以上，如果本人要求参加选举，由本人提供户口所在地原选区选举机构或者县级人大常委会办事机构出具的选民资格证明，持本人身份证和本市暂住证，可以在现居住地登记，有工作单位的在单位登记。非本市户口的在校学生，经核对选民资格，在学校登记。

36. 已经取得本市工作居住证的非本市户口人员，可以由本人或者所在单位协助联系其户口所在地取得选民资格证明，在所在单位登记。

37. 已在本市参加过上一届选举的非本市户口人员，如果本人要求参加本次选举，经所在选区核对选民资格，可以在现居住地或者工作单位登记。

38. 在京工作或者居住的台湾同胞，选举期间本人提出要求参加选举的，可以持有关身份证明，在其原籍地、迁居前的居住地、现工作地或者其亲属所在地的选区登记。

39. 原籍在本市或者出国前在本市居住的旅居国外的中华人民共和国公

民，选举期间在本市的，如果本人提出要求参加选举，可以持有关证明（护照等），在其原籍地、出国前的居住地登记。[40]

依据相关法律法规的梳理可以发现，北京关于非户籍人口进行选民登记相关规范具有如下四个要点：（1）非北京市户口的选民原则上应该回户籍所在地进行选民登记；（2）在选民主动提出要求的条件下，可以在现居住地登记；（3）需要在本市现居住地居住一定年限，2016年是要求居住一年以上，2021年最新规定是半年以上；（4）取得户口所在地开具选民资格证明。

从地区之间的横向比较来看，北京市对非户籍选民的登记参选的条件要求比较高，程序也相对严格。事实上，在一些人口外出大省，例如河南省，已经初步放宽了选民资格的户籍条件，该省2016年修订的选举实施细则规定："在现居住地登记居住城镇一年以上务工、经商而户籍不在城镇的人员，可在现居住地进行登记，也可以在户籍所在地进行登记，在现居住地登记的，由现居住地的选举委员会告知其户籍所在地的选举委员会。在现居住地登记的，享有与现居住地选民同样的选举权和被选举权。"[41]在另外一些人口大规模流入地区，如深圳，则在简化选民资格证明方面进行了一些探索。2016年深圳市宝安区选举委员会办公室发布的《关于开展选民登记工作的通知》提出："在我市工作、居住的非深户籍人员，连续居住两年以上（可通过居住证、房产证、住房合同、房屋租赁合同、营业执照或社保证明进行关联认证，两年的时间以选举日截止计算），本人提出书面申请，并提交不在户籍地参选的承诺书以后，可以不用开选民资格证明，由经常居住地、工作单位所在地或者非深户籍人员选区进行登记。无法识别是否连续居住两年以上的，可以由居住地社区工作站或者居民委员会出具证明。"

北京、深圳等人口流入地关于非户籍人口的选民登记办法，主要从居住时间和选民资格转移手续两个方面细化了全国人大常委会的立法规定。北京对居住时间的要求相对比较短，但在选民资格转移方面的证明要求更严，而

---

[40] 北京市区、乡镇人大换届选举工作办公室：《关于2016年区、乡镇人大代表换届选举选民登记工作的意见》，载北京市区、乡镇人大换届选举工作办公室：《北京市2016年区、乡镇人大换届选举工作手册》，第192-199页，2016年8月。

[41] 参见《河南省实施选举法细则》，2016年9月30日修正。

深圳对连续居住时间要求更长，但是可以用承诺书的方式代替选民资格证明。

（三）非户籍选民在京登记参选的实践与案例

以平谷区为例，该区常住非京籍人口占常住人口总数的 11.8%[42]，在 2011 年区县代表选举时，非京籍选民只占该区登记选民的 0.58%；在东城区和平里街道非户籍人口有 2.3 万人，依据该街道工委书记提供的资料，全街道只有 6 位非户籍居民进行了选民登记[43]。在 2016 年和 2021 年的区级人大代表换届选举中，北京均开始投入使用选民登记管理系统，但是由于要求原籍出具选民资格证明，在推动非户籍人口的落地参选方面尚无显著效应。

在历次换届选举中，均有个别选民主动回户籍所在地开具选民资格证明。表 1-9 对两位非户籍选民落地参选的案例进行了比较。

表 1-9　非户籍选民落地参选的典型案例：X 先生与 C 先生的比较[44]

	X 先生	C 先生
现居住地	海淀区	昌平区
户籍所在地	湖北	安徽
出生年份	1970 年前后	1952 年
学历	大学	硕士
主要经历	热电厂工人、杂志社记者	政府公务员
当前职业	社会组织负责人	律师
来京工作居住时间	2002 年	2003 年
回户籍地开选民资格证明时间	2011 年	2006 年

资料来源：笔者自制

依据表 1-9 资料，这些主动回户籍所在地开选民资格转移证明者，学历比较高，法治意识比较强，工作时间相对比较自由，在北京居住时间也比较长。

---

〔42〕 参见《北京市 2010 年第六次全国人口普查主要数据资料》，第 12 页。

〔43〕 参见《北京区县乡镇人大代表换届选举流动人口登记率低》，载《新京报》2011 年 10 月 15 日。

〔44〕 关于 X 先生资料，根据媒体公开报道整理；C 先生资料，依据课题组 2012 年 2 月 11 日访谈记录整理。

五、选民资格争议及其解决

在我国县乡人大代表直接选举的参与研究中，如何解决选民资格争议是一个值得关注的重要课题。1953 年选举法即规定，对于公布的选民名单有不同意见的，可以向选举委员会提出申诉；申诉人如果对处理决定不服，可以向人民法院提起诉讼。依据《北京市人民代表大会志》记载，在 1953—1954 年基层普选中，北京市曾组织 13 个人民法庭到各区专门受理市民有关选民资格问题的诉讼，共受理诉讼 122 件，主要是地主阶级成分问题。[45]而根据当时北京市西单区的普选试点工作总结，在选民登记阶段，西单区选举委员会共受理了 62 件选民资格申诉案，其中关于地主问题的有 53 件；对选举委员会的处理决定不服，向人民法院提起诉讼的共有 11 件。[46]

1979 年选举法在处理选民资格争议的规定方面与 1953 年选举法基本保持一致；而民事诉讼法就选民资格案件所适用特别程序进行了专门规定。《民事诉讼法》（1991）第 164 条规定："公民不服选举委员会对选民资格的申诉所作的处理决定，可以在选举日的五日以前向选区所在地基层人民法院起诉。"第 165 条规定："人民法院受理选民资格案件后，必须在选举日前审结。审理时，起诉人、选举委员会的代表和有关公民必须参加。人民法院的判决书，应当在选举日前送达选举委员会和起诉人，并通知有关公民。"

随着社会主义市场经济的兴起和选民权利意识的增长，与选民资格和选举权实践有关的诉讼有增加趋势。王春利诉北京民族饭店案是其中一个非常典型的案例。1998 年北京市西城区人民代表大会选举过程中，王春利等 16 人诉北京民族饭店案曾引发学术界的广泛讨论。王春立等 16 人原系北京民族饭店员工，1998 年下半年北京市西城区人民代表大会代表换届选举开始后，北京民族饭店作为一个选举单位，所公布选民名单中确定了王春利等 16 名员工的选民资格；其后，因这 16 名员工与北京民族饭店的劳动合同届满，双方解除了劳动关系，这些员工离开了北京民族饭店。12 月 15 日的换届选举投

---

〔45〕 北京市地方志编撰委员会：《北京市人民代表大会志》，北京出版社 2003 年版，第 453 页。

〔46〕 吴继平：《新中国第一次普选运动研究——以北京市为个案》，河南人民出版社 2010 年版，第 145–148 页。

票中，北京民族饭店没有通知这些应在原单位选举的员工参加选举，也没有发给他们选民证，致使该 16 名员工未能参加选举。为此，王春立等 16 人向北京市西城区人民法院递交了起诉状，状告北京民族饭店侵犯其选举权，要求判令被告依法承担法律责任，并赔偿经济损失 200 万元。西城区人民法院 1999 年 1 月 21 日裁定对王春利等人的起诉不予受理；北京市第一中级人民法院也驳回了王春利等 15 人的上诉。[47] 通过诉讼来解决选民资格争议，已经成为选民参与基层选举进程的一种重要方式。

依据对中国裁判文书网的检索，2015 年以来北京市受理的与选民资格有关案件有 14 个，其中涉及区级人民代表大会代表直接选举的有 5 个，其他 9 个与村民委员会和居民委员会选举有关。参见表 1–10。

表 1–10　2015—2019 年北京市基层法院受理选民资格相关案件

起诉人	出生年份	选举类型	起诉时间	区县	诉讼请求	裁定结果
张小新	1950 年	人大代表选举	2016 年	西城	明确选民资格，补登选民榜，补发选民证	没提供选举委员会处理结果，不予受理
孙德安	1974 年	人大代表选举	2016 年	朝阳	撤销选委会答复，确认选民资格登记有效	在选民名单公布之前起诉，驳回起诉
张庆	1964 年	人大代表选举	2016 年	东城	判决候选人名单无效	不予立案
栾世全	1953 年	人大代表选举	2016 年	石景山	确定选民资格	驳回上诉
何乐然	1998 年	人大代表选举	2016 年	海淀	判决清华园街道选举分会不给其选票行为违法；选举委员会向其道歉	选委会非行政机关，不符合行政起诉条件

---

〔47〕　史卫民、雷兢璇：《直接选举：制度与过程——县（区）级人大代表选举实证研究》，中国社会科学出版社 1999 年版，第 377 页；焦洪昌：《从王春利案看选举权的司法救济》，载《法学》2005 年第 6 期。

续表

起诉人	出生年份	选举类型	起诉时间	区县	诉讼请求	裁定结果
程海	1952 年	居委会选举	2015 年	昌平	确认选民资格；撤销选举结果；赔偿经济损失	驳回全部诉讼请求
毕敏刚	1975 年	居委会选举	2016 年	房山	判决居民代表名单无效	驳回起诉
张常玲	1951 年	村委会选举	2016 年	延庆	确认选民资格	裁定起诉人获得选民资格
宋志新	1967 年	村委会选举	2019 年	海淀	确认选民资格	驳回申请
张振申	1967 年	村委会选举	2019 年	平谷	恢复候选人资格	不予受理
刘尚海	1954 年	村委会选举	2019 年	平谷	恢复村民代表资格	驳回起诉
刘尚利	1961 年	村委会选举	2019 年	平谷	恢复村民代表资格	驳回起诉
王家亮	1965 年	村委会选举	2019 年	昌平	恢复候选人资格	驳回起诉
张彩玲	1960 年	村委会选举	2019 年	昌平	恢复候选人资格	驳回起诉

资料来源：根据中国裁判文书网相关裁判文书整理

上表资料可以特别关注如下四个方面：

第一，从选举类型来看，只有 5 个案件涉及 2016 年北京市区县人大代表换届选举，另外 9 个案件中，7 个案件涉及郊区农村的村民委员会选举，2 个案件涉及社区居民委员会选举，基层法院参照选举法和民事诉讼法的有关程序加以审理。2016 年统计数据显示，北京市非农业人口只占北京市户籍人口的 16.9%，然而村委会选举选民资格案件却占 7 个，等于区级人大代表选举和居民委员会选举选民资格诉讼案的总和，其原因主要在于，北京郊区村民委员会选举与村集体经济分配等重大利益密切相关，选举竞争性更大，而且村委会选举的选区规模更小，个别选民资格的变化可能引起选举结果的改变，更加引起村民的广泛关注。

第二，从起诉人的年龄来看，在全部 14 个案例之中，有 11 位起诉人在起诉时已经年满 50 岁，另有一位起诉人 1998 年出生，2016 年换届选举时只有 18 岁，但是其诉讼过程主要由其父亲和姑姑代理，由此可知，提起选民资格诉讼者绝大多数均为 50 岁以上的年龄较长者，其主要原因在于，选民资格诉讼多为自诉案件，鲜有律师或者家属能够代理，刚刚开始职业生涯的年轻人或者在职业岗位担任工作骨干的中年人难以花费时间和精力处理此事。

第三，从诉讼请求来看，尽管均是依据选民资格诉讼程序立案，具体请求实际上包括三种类型：（1）请求确认选民资格；（2）请求确认候选人资格；（3）裁决选举委员会或者选举分会操作选举程序的某一个环节违法。

第四，从诉讼结果来看，法院裁决给予起诉人选民资格的只有一个案件，即延庆区人民法院裁定延庆镇石河营村张常玲获得村民委员会选举选民资格。2006 年张常玲与延庆镇石河营村村民于 ×× 登记结婚，2007 年 1 月 30 日，于 ×× 代表张常玲与延庆镇石河营村民委员会签订"入户协议书"，其中第 5 条约定："本村民离婚之后又再婚娶进农户伴侣者，不享受粮食补贴，同时不享受本村民应享受的任何村民待遇。"2016 年村委会换届选举时，村选举委员会认为，根据村"两委"、村民代表会议以及历届多年来选举的规定，空挂户、外来户，不进入村民委员会选举，由于张常玲曾经与村民委员会签订不享受任何村民待遇的协议，视同外来户，故张常玲在该村没有选民资格。法院裁决认为，虽然张常玲签有"不享受本村民应享受的任何村民待遇"的协议，但是选举权和被选举权是宪法赋予中华人民共和国公民的一项重要政治权利，起诉人张常玲并不因签有该协议而丧失选民资格，故此张常玲在延庆镇石河营村具有选民资格。[48] 另外 13 个案例中，起诉人诉讼请求被驳回的具体原因主要有：（1）起诉人不能提供选举委员会对选民资格申诉所作处理决定；（2）候选人资格和代表资格，不属于法院受理范围；（3）未能在规定时间内提起诉讼；（4）选举委员会不是行政诉讼的适格被告。

六、小结与讨论

依据上述各节分析可以发现，在区县人大代表换届选举中，选民登记环节的选民参与特别要注意如下三组辩证关系：

〔48〕 北京市延庆区人民法院民事判决书（2016）京 0119 民特 5 号，"张常玲与北京市延庆区延庆镇石河营村村民选举委员会申请确定选民资格一审民事判决书"，2016 年 5 月 30 日发布。

第一，登记选民与选民登记。当前我国各地县乡人大直接选举主要采取登记选民的模式，以选举组织机关为主，"不错登、不漏登、不重登"是选民登记工作的基本规则。这种登记模式在比较长的时间做到了"应登尽登"，户籍人口的选民登记率达到了非常高的水平，以北京为例，在 1984 年、1987 年和 1990 年三次区县人大代表换届选举中，选民登记率均在 98% 以上，实际登记量高度接近于应登记量。然而，随着社会主义市场经济的发展、居住模式的改变，这种以选举组织机关为主的选民登记模式受到了较大的挑战。从选举组织工作来看，由于"人户分离"，众多选民"户在人不在""人在户不在"，有些选区人户分离人口甚至超过 50%，这使选民登记的工作量极为繁重，在一些老城区，每次换届选举用于选民登记的工作量，约占整个选举组织工作的 30%，有些选区甚至达到 50%。而从选民登记效果来看，选民实际登记量占应登记量的比重在持续下降。笔者研究发现，户籍人口中实际登记选民占应登选民的比率，近几届均出现了大幅度下降，北京在 2003 年的区县人大代表换届选举中，实际登记率为 84.7%，而在 2011 年降为 83.4%；2016 年降至 78.4%。上海、湖南等地的情况也高度相似，在 2011—2012 年的区县人大代表换届选举中，上海的选民登记率为 84.46%，湖南为 87.4%。

第二，单位登记与居住地登记。以单位为基础划分选区并登记选民，可以大大降低选举组织的成本，并显著提高选民到站投票的比率。基于 2011 年和 2016 年的调查数据，笔者发现，在 2011 年，单位登记选民比居住地登记选民的到站投票率要高 12%；2016 年，单位登记选民比居住地登记选民的到站投票率要高 10.9%。由此可见，以单位为基础登记选民并组织投票，是当前县乡人大代表换届选举提高投票率的有效方式，不管是在居住地参选还是单位参选，选民参与都需要动员，在组织成本、动员能力和动员效果方面，单位选区毫无疑问要优于居住地选区。然而，以单位为基础划分选区并登记选民，也存在三方面问题：（1）单位登记和居住地登记同时进行，更加容易出现漏登和重登的情况；（2）单位之间相互竞争，影响候选人和选民的参与行为，笔者在北京进行的四次换届选举调查均显示，在本单位候选人与其他单位候选人存在竞争时，有较大比例的选民表示"肯定会选本单位候选人"（2003 年为 38.4%；2006 年为 38.3%；2011 年为 24.7%；2016 年为 42.2%），这需要选举组织者在候选人提名和选民教育等方面进行广泛而复杂的协调工作；（3）在市场经济条件下，由于工作单位频繁更换，以单位为基础登记选民，更加难以做到"一次登记、长期有效"，而选民与居住地的联系更加紧密，在进行选择时，越来越多的选民表示愿意在居住地进行选民登记。2016年抽样调查显示，有54.2%的北京选民认为"按居住地登记和投票"是相对较好的方式。

第三，非户籍人口的原籍参选与落地参选。依据统计资料，2000年全国的流动人口为1.21亿，占全国总人口的9.55%；2010年，全国流动人口为2.21亿，占全国总人口的16.48%；而2020年完成的第七次人口普查数据显示，当年流动人口规模达3.76亿，流动人口占总人口的比例高达26.64%，其中，跨省流动人口为1.25亿，省内流动人口为2.51亿。在流动人口规模巨大、流动频率加速的背景下，如何确保选民登记的准确性，如何保障流动人口的选举权利，已经成为选举组织工作的一个关键性挑战。当前，非户籍人口选民登记的主要法律依据主要是全国人民代表大会常务委员会1983年通过的《关于县级以下人民代表大会代表直接选举的若干规定》，该规定从立法上明确了选民在户籍地参选的基本原则，也为实际上已经迁居外地者在迁入地参选提供了依据。如何把握原籍参选与落地参选的条件，需要理论方面加强论证，也需要地方实践经验的探索与总结。而北京、深圳等人口流入地关于非户籍人口的选民登记办法，主要从居住时间和选民资格转移手续两个方面细化了全国人大常委会的立法规定。然而，非户籍人口落地参选的比率非常低，就全国而言，非户籍人口有序落地参选的工作还在初步的探索阶段。

为了进一步完善选民登记程序，笔者提出了几点初步的建议，供有关部门参考：

1. 建立登记选民与选民登记相结合的制度，逐步实现以选民为主进行登记。继续要求选举工作部门"应登尽登"，同时鼓励选民自主登记，可以在提高选民登记率的同时，减少基层的工作量。

2. 探讨将人口普查与选民登记相结合的途径。我国1953年的普选选民登记即与首次人口普查同时进行，取得了非常好的效果；世界各国的人口普查数据也是定期划分选区的基础。随着我国县乡人大换届选举统一改为五年，我国的人口普查和 1% 人口抽样调查周期与县乡人大换届选举的周期开始逐渐吻合。2020 年 11 月的人口普查即为之后开始的换届选举工作提供了人口资料基础，若能在制度层面将人口普查与选民登记结合起来，以人口普查数据为基础划分选区并进行选民登记，将极大地减少错登、漏登、重登的比率，也将极大减少基层组织的工作量。

3. 逐步减少单位选区数量，城市的选区划分和选民登记逐步改为按照居住地进行。随着我国城市社区治理能力的提升，以居住地为基础划分选区并进行选民登记的条件逐步成熟，当然，这涉及选举经费、选举日设定等诸多工作同步调整。

4. 鼓励各主要人口流入地适当降低并明确规定非户籍人口落地参选的条件，在连续居住时间要求和选民资格转移手续方面逐步统一起来；而主要的人口流出地也应当在选举日安排、委托投票手续等方面进行完善，为外出务工经商人员登记选民参加选举提供便利。

5. 积极推进选民登记信息化系统建设，进一步提高选民登记的便捷性和准确性，并在合适的时间节点全国联网，从技术手段上解决流动人口选民登记难的问题。

基层人大践行全过程人民民主的规范建构论*

张晓函　赵　谦

摘要： 基层人大践行全过程人民民主区分于一般人大于规范与实践领域初阶中观维度的践行样态。其作为进阶微观维度地方实然性民主更新的重要抓手，基层政权所涉结构组成、上下联通以及立法决策与监督问效机制的底层完善，是有效检视宪法和法律赋予基层人大职权行使的责任感与使命感之根本所在。在法释义学指引下围绕基层基础性权力主体践行全过程人民民主中所涉规范释义、设定状况的展开界定，系统化厘清相关规范的原则解构、空白缺陷、事项统筹与类型建构等问题。可尝试以实现人民当家作主作为践行的根本导向，分别通过基层人大系列履职活动所涉精干型组织架构维度、直通型立法决断维度、落实型审查监督维度这三个方面的规范要义与结构事项，来探寻全过程人民民主规范性民主范畴内基层人大"一点两面"之履职构造。即旨在类型化探究履职所涉基础逻辑起点、传统核心事项与新兴制度保障等重要内容提供阐释与建构意义的规范指引、规则建制与强化进路。

关键词： 基层人民代表大会　全过程人民民主　规范建构

一、问题的提出

全过程人民民主作为中国式现代化任务下民主政治制度体系成熟定型阶段的理论突破与实践结果，既是对民主政治实践特征的全新概括，也是对民

---

* 重庆市北碚区人大常委会 2022 年专题调研课题"基层人大对践行全过程人民民主认识的内涵研究"；"西南大学创新研究 2035 先导计划"资助（SWUPilotPlan033）。

主意志法治化的凝练表达。其将代议制民主、协商民主与基层民主等民主形式凝练成本土人民民主制度体系有机整体的新发展，"更加注重健全民主制度、丰富民主形式，从各层次各领域扩大公民有序政治参与"[1]，进而"实现了过程民主和成果民主、程序民主和实质民主、直接民主和间接民主、人民民主和国家意志相统一。"[2]。基层人大即主要围绕关于人民代表大会制度法律所规定的市、县乡级人大作为践行全过程人民民主的一级基础的权力主体，置于基层民主空间致力于"拓展民主渠道，丰富民主形式，支持和保证人民通过人民代表大会行使国家权力"[3]。

探究基层人大践行全过程人民民主的规范建构命题，既需立足于我国政权组织形式的鲜明特色进行学理回溯，也需在明晰我国"议行合一"、党与人大关系研究的原则与思路之基础上，对基层治理的拓展命题予以整全式概括与升华。为"克服单纯民主价值在制度实践中可能引发的治理价值失序"[4]的制度瓶颈，落实央地关系"在'宏观集权'的同时，落实'微观分权'"[5]的权力配置，有必要通过基层人大的依法履职依循"一整套系统建制、完整铺设、深入基层的中央集权治理体系网络"[6]，激活县乡级人大的履职效能。国家治理现代化体系下强调党的领导、依法治国与人民当家作主的有机统一。"执政党掌握和控制国家立法权并实现其制度化和规范化。"[7]传统"议行合一"模式下基层权力运作"对政府架构下的权力配置模式提出了定型化的时

---

〔1〕《中共中央关于全面深化改革若干重大问题的决定》，载《人民日报》2013年11月16日，第2版。

〔2〕习近平：《论坚持人民当家作主》，中央文献出版社2021年版，第336–337页。

〔3〕习近平：《高举中国特色社会主义伟大旗帜 为全面建设社会主义现代化国家而团结奋斗》，载《人民日报》2022年10月26日，第1版。

〔4〕莫纪宏：《依法治国与全过程人民民主》，载《中国司法》2021年第8期。

〔5〕胡萧力、王锡锌：《基础性权力与国家"纵向治理结构"的优化》，载《政治与法律》2016年第3期。

〔6〕王若磊：《地方治理的制度模式及其结构性逻辑研究》，载《河南社会科学》2020年第10期。

〔7〕封丽霞：《执政党与人大立法关系的定位——从"领导党"向"执政党"转变的立法学阐释》，载《法学家》2005年第5期。

代要求"〔8〕。理顺基层人大职能发挥、机构部门与基层党组织关系成为"推动人民当家作主制度更加健全、协商民主广泛多层制度化发展"〔9〕的实践变革的必经之路。

近年来，基层人大为深化立法决策系统与意见征询机制的精细改革，"在先行先试形成集成性制度创新、示范性改革效应后再全面铺开"〔10〕。旨在为基层公众利益表达与政治沟通的完善提供点面结合、多元开放的代表联系渠道。例如，"目前，广东共建成线下代表联络站 12621 个，辐射带动村（居）、特色行业、产业园区、省际边界、重点项目等人大代表联络站的立体网络体系"〔11〕。为全过程人民民主扎根基层治理，拓展民主形式涵盖"横向层面的社会自治、选举民主和协商民主，纵向层面的自上而下的参与式民主"〔12〕。基层人大作为民主末梢的治理资源，如何落地有声摆脱基层撂荒窘境、焕发基层活力成为基层人大践行全过程人民民主的价值目标。同时，理论制度研究业已蔚为大观。既有人大制度资源作为"实现全过程人民民主的制度密码"〔13〕，"以人民与国家权力的系统性连接为逻辑起点"〔14〕，建构性挖掘"承载着实现什么样的民主、实现民主的价值选择和价值判断。"〔15〕规范表达聚焦"立法的价值内涵"〔16〕、"宪法构建的完整人民民主规范体系"〔17〕、功能主

---

〔8〕 门中敬：《我国政府架构下的权力配置模式及其定型化》，载《中国法学》2021年第 6 期。

〔9〕 习近平：《中共中央关于进一步全面深化改革 推进中国式现代化的决定》，载《人民日报》2024 年 7 月 22 日，第 1 版。

〔10〕 张文显：《论中国式法治现代化新道路》，载《中国法学》2022 年第 1 期。

〔11〕 杨喜茵：《丰富全过程人民民主的广东实践——省人大常委会出台"六个一"举措工作方案》，载《人民之声》2024 年第 7 期。

〔12〕 杨光斌：《让民主归位》，中国人民大学出版社 2015 年版，第 273 页。

〔13〕 程竹汝：《论全过程人民民主的制度之基》，载《中共中央党校（国家行政学院）学报》2021 年第 6 期。

〔14〕 习近平：《习近平谈治国理政》（第三卷），外文出版社 2020 年版，第 28-29 页。

〔15〕 孔庚：《全过程人民民主：丰富内涵、价值追求与实践遵循》，载《马克思主义研究》2022 年第 11 期。

〔16〕 叶会成：《超越工具论：民主立法的内在价值》，载《法学家》2022 年第 2 期。

〔17〕 刘怡达：《论全过程人民民主的宪法基础》，载《比较法研究》2022 年第 2 期。

义法学范畴内"全过程人民民主制度化法律化的成绩"[18]等呈现民主制度的制度优势和治理效能。基层民主治理范畴研究以"协商民主与治理具有价值上的统一性和主体上的互动性"[19]为价值要义，"深入剖析全过程人民民主与社会治理两者之间的作用机理和深层关系"[20]，"从治理效能维度来审视全过程人民民主对于城市基层治理的实践价值及机制优化的成果"[21]。更不乏实证视角关注"人民代表大会制度与基层协商民主的衔接互动"[22]，完成适应治理体系现代化发展与增强回应型基层民主实践的历史性转变。

事实上现有研究却鲜少在基层人大这一基础性权力主体践行全过程人民民主中所涉规范释义、设定状况予以展开界定，特别是相关规范的原则解构、事项统筹、空白缺陷与类型建构等问题有待厘清。如何立足于基础性的权力定位统筹规划、集中资源和利益整合，通过基层人大的有效履职把握现实需求与问计民生，对探究践行全过程人民民主所涉规范系统建构、达致基层民主理论与实践、内容与形式之统一具有较强的理论与现实意义。基于此，探究基层人大践行全过程人民民主的规范建构，即需置于基层人大"隶属于国家权力体系之内的微观领域"[23]，结合全过程人民民主的一般理论意涵与"主体广泛性、生活全域性、过程持续性、流程闭合性"[24]之特殊实践要义，以此"寻求一种法律得以展开的逻辑基础和概念前提"[25]。通过基层人大

---

〔18〕 李忠：《论全过程人民民主的制度化法律化》，载《西北大学学报（哲学社会科学版）》2022 年第 1 期。

〔19〕 张锋：《乡村振兴背景下农村社区协商治理机制研究》，载《上海行政学院学报》2019 年第 6 期。

〔20〕 陈亦可：《全过程人民民主视域下基层党建嵌引社会治理的中国式道路构建》，载《四川行政学院学报》2023 年第 3 期。

〔21〕 房亚明、古慧琳：《全过程人民民主赋能城市基层治理的机制优化》，载《天津行政学院学报》2023 年第 1 期。

〔22〕 何永红：《人民代表大会制度与基层协商民主衔接的法治路径》，载《学术界》2022 年第 12 期。

〔23〕 苏海舟：《从"基层自治"到"民主管理"——关于社会主义民主在微观层面的实践及其主体结构》，载《理论与改革》2008 年第 5 期。

〔24〕《中国的民主》，载《人民日报》2021 年 12 月 5 日，第 5 版。

〔25〕 谢晖：《论规范分析方法》，载《中国法学》2009 年第 2 期。

践行全过程人民民主系列履职活动所涉"法律之概念—体系和现行有效法律的描述"[26]，围绕基层权力结构、利益整合、联动凝聚与法治监督等规范维度与体系构设，"在功能定位的视野下，将具有异质性的方法体系融合到一起，统合在法教义学的框架内"[27]。即"围绕现行有效法律而进行的概念的、逻辑的和体系化的工作"[28]，以此识别、厘清基层人大内部治理架构的权力下沉过程，实现保障基层群众参与需求与愿望的互动化、回应型民主治理模式规范结构与实践转化。"民主也必须与社会主义相向而行，形成合力"[29]应以实现人民当家作主为践行根本导向，分别从精干型组织架构维度、直通型立法决断维度、落实型审查监督三个维度，探寻全过程人民民主规范性民主范畴内基层人大"一点两面"之履职构造。即为类型化探究基层人大履职所涉基础逻辑起点、传统核心事项与新兴制度保障等事项提供规范指引、规则建制与强化进路。

二、精干型配置：基层人大践行全过程人民民主的组织架构规范

基层人大作为民主治理结构的基石，是全过程人民民主在立法决策与审查监督落地基层完成理论拓展与实践创新的逻辑起点。"政治结构需适应政治功能的需要"[30]，"国家职能的最优化实现同样构成权力配置方案的正当性基础"[31]，基层人大权力结构也同样服务于基层民主功能需要予以配置运转。基层人大功能化组织架构的精干型配置，既需保持"结构性维度划分""功能性维度划分"[32]的动态平衡；也需立足于"人大机关的功能职权具有'复合

---

〔26〕［德］罗伯特·阿列克西：《法律论证理论——作为法律证立理论的理性论辩理论》，舒国滢译，中国法制出版社2002年版，第311页。

〔27〕李忠夏：《功能取向的法教义学：传统与反思》，载《环球法律评论》2020年第5期。

〔28〕张翔：《宪法释义学：原理·技术·实践》，法律出版社2013年版，第2页。

〔29〕佟德志：《发挥全过程人民民主的合力效应》，载《探索与争鸣》2022年第4期。

〔30〕陈剩勇、钟冬生：《论阿尔蒙德的政治发展理论》，载《浙江大学学报（人文社会科学版）》2007年第5期。

〔31〕张翔：《国家权力配置的功能适当原则——以德国法为中心》，载《比较法研究》2018年第3期。

〔32〕陈国权、曹伟、谷志军：《论权力秩序与权力制约》，载《政治学研究》2013年第3期。

型'的特点"〔33〕与基层治理构架"快速下沉、有效联动、贯彻执行"〔34〕的精细特征。可围绕基层人大协商议事的民生性导向，找准基层人大职能传递行使的针对性定位，厘清权力运行在全过程人民民主视域内的精细化适配行使。

（一）民生实事导向：基层人大的组织功能规范

基层人大功能议事的民生性导向在职能传递与行使规范中的表达，旨在置于组织架构配置的动态运行维度完成直接民主与间接民主的适配统一。"一系列的元规则构成议事规则的基础，元规则发展形成基本规则，从中又衍生出具体规则。"〔35〕可围绕利益表达的权威开放型功能的规范表达明确与完善议事规则的结构系统。

基层人大议事协商的根本功能在于人民常态化的利益表达，即符合"民主制独有的特点，就是国家制度无论如何只是人民存在的环节"〔36〕。民主议事的程序化先行预设"权威必须是开放的和参与性的"〔37〕，也需依循"征询民主"的工作规程予以形式保障。该类利益表达往往围绕广泛共识性、公共性与实践性的民事议题生成，通过"审议、讨论、决定事项"等基础议事为发挥基层民众利益表达功能提供原则性指引。一方面，在程序民主的顶层设计中，旨在维护议事纪律与秩序、提升质量与效益的价值导向下对会议日程、联组和分组会议、线上出席形式、会议公开与数字化技术运用等予以规程化保障。另一方面，在实体民主的征询式建构中，以基层立法联系点、民主恳谈会、网络意见征询、专家论证会与立法听证、座谈会等为协商形式统筹一般利益表达的集合与特殊专业意见表达。基层人大组织构架的动态议事运行，

---

〔33〕 孙莹：《我国人民代表大会的制度特征及职权发展逻辑》，载《复旦学报（社会科学版）》2022 年第 5 期。

〔34〕 王若磊：《地方治理的制度模式及其结构性逻辑研究》，载《河南社会科学》2020年第 10 期。

〔35〕 [美]亨利·罗伯特：《罗伯特议事规则（第 11 版）》，袁天鹏、孙涤译，格致出版社 2015 年版，第 283 页。

〔36〕 中共中央马克思恩格斯列宁斯大林著作编译局：《马克思恩格斯全集（第一卷）》，人民出版社 1956 年版，第 281 页。

〔37〕 [美]P. 诺内特、P. 赛尔兹尼克：《转变中的法律与社会：迈向回应型法》，张志铭译，中国政法大学出版社 1994 年版，第 7 页。

区分于西方民主决议的"辩论式"过程，即"共同体的意志始终是通过对某一事项规则的正反双方自由辩论而创造的"〔38〕。我国基层"讨论式"决策过程的"征询式民主"往往囿于基层治理的超载负荷、议题生成的精细化把控不力等问题，常常拘泥于议事规则形式意义的程式化。权威性与共识性、程序与实体民主的矛盾对立表征为利益表达的汲取、整合与规范输出的效果失范。基于此，可从参与渠道的规范化建设、功能议事的绩优化、议事机制的有序衔接等完善协商议事的功能配置。

其一，基层协商式参与渠道的有序建构。应以"构建程序合理、环节完整的协商民主体系"〔39〕的开放型权威建构为预设目标，围绕"进一步加强协调沟通、调查研究、评估论证、民意反馈环节的程序设计"〔40〕，按照"议题生成、专题调研、形成建议、民主议事、公开反馈"的有效进路对参与主体、参与程序、协商途径、实效反馈等方面予以完善。

其二，引入绩优化议事的评价标准。"民主是用来解决问题的，绩效是评判民主形态优劣的重要标准。"〔41〕"法律目的的权威性和法律秩序的整合性来自更有效率的法律制度的设计。"〔42〕更应在协商过程的动态层面强调基层群众对教育、就业、环境、乡村振兴等民生性议题利益表达的广泛认可的结果导向。

其三，加强人大议事机制的协调衔接。"各级人大掌握本辖区内的全部国家权力，又亲自行使其中'议'的权力，而将'行'的权力分别委托给人大产生的其他国家机关。"〔43〕通过设定有效监督"一府两院"的制度形式，即

〔38〕［奥］凯尔森：《法与国家的一般理论》，沈宗灵译，商务印书馆2013年版，第319页。

〔39〕《中共中央关于全面深化改革若干重大问题的决定》，载《人民日报》2013年11月16日，第2版。

〔40〕 晓张：《激活人大及其常委会的法定职权——〈广东省各级人民代表大会常务委员会讨论决定重大事项规定〉修订通过》，载《人民之声》2017年第2期。

〔41〕 张明军：《全过程人民民主的价值、特征及实现逻辑》，载《思想理论教育》2021年第9期。

〔42〕［美］P. 诺内特、P. 赛尔兹尼克：《转变中的法律与社会：迈向回应型法》，张志铭译，中国政法大学出版社1994年版，第7页。

〔43〕 浦兴祖：《人大制度若干基础理论问题研究》，载《北京航空航天大学学报（社会科学版）》2017年第3期。

在同级党委领导下，以人大及其常委会为组织协调中心，设定人民听证机制完善多方参与、公开对话、直接质询、公开辩论等监督流程，体现基层人大与政府及其职能部门的议题沟通衔接，建立制度化、常态化的议案实施和实效反馈机制。

（二）针对性定位：基层人大的组织运行规范

基层人大作为国家治理体系和治理能力现代化的基础环节，是贯彻全过程人民民主实战环节最直接、最坚实的交流渠道与联结支撑。基层作为权力终端的基础细胞，管理体制与结构机制仍陷于自上而下强度递减的改革桎梏，且"基层政府撤并机构与条块管理冲突，效率提升与改革成本高并存"〔44〕。基层人大依法履职按照"国家权力的划分和配置具有'功能适当性'的考虑"〔45〕，是因地制宜、权责一致适应深化国家机构改革、权力自上而下传递的绳结纽带，所组成庞大民意全链条的阶段耦合结构系统。

依据《宪法》第3条所涉"民主集中制"与"中央与地方权限的划分"之原则性规定，未就地方乃至基层人大职权行使、组织架构之范围作出区分，更未就如何发挥地方基层主动性、积极性予以规范。"法治的重要问题之一就是在中央与地方之间合理地分配权力资源，使各级国家机关各司其职、各尽其责。"〔46〕基层人大机构对普通权力谱系的传递要求各基层人大"按照总结、继承、完善、提高的原则，保证县乡人大依法行使职权"〔47〕。如何实施和精干细化权力配置则成为基层人大省级组织架构与功能配置的基石要求。

基层人大处于基础的权力序列作为精干型的施展平台，需要"与上下层级模式作功能上的比较，然后将合作国家放到民主法治国家的宪法基本要求

〔44〕 周海南：《基层社会治理创新探索》，江苏人民出版社2020年版，第110页。

〔45〕 钱坤、张翔：《从议行合一到合理分工：我国国家权力配置原则的历史解释》，载《国家检察官学院学报》2018年第1期。

〔46〕 徐祖澜：《纵向国家权力体系下的区域法治建构》，载《中国政法大学学报》2016年第5期。

〔47〕《加强县乡人大工作和建设 充分发挥基层国家权力机关作用》，载《人民日报》2015年10月22日，第10版。

下加以检讨"〔48〕。由于上下级权力机关在权力衔接时，地方决断权难免存在无序外溢的境况，基层人大职能部门"一对多"的配置，基层人大立法、监督、任免职能在民主实践中往往存在并存、交叉关系，"在实践中体现为人大及其常委会同一职权行为的两种不同职权属性"〔49〕。此外，本级权力清单在制定主体、权责、执行与制定标准等往往不甚清晰。内部治理能力的缺位，掣肘清单的规范运行与机构职能的功能配置，进而成为基层人治色彩浓厚而权力机关法律地位削弱的弊因。基于此，为"促使各类国家机关提高能力和效率、增进协调和配合，切实防止出现相互掣肘、内耗严重的现象"〔50〕，有必要围绕职能结构的"全过程"正当性衔接、针对性地纾解"条条强、块块弱""权力与责任不对称"等基层矛盾问题，在"议行双层"框架之中实现权限分工与合作。〔51〕从全面贯彻落实民主集中制活动原则所涉的央地配置关系出发，发挥基层人大权力末端的优势特性与资源统筹。

其一，严格依循宪法第 3 条第 4 款所涉"央地条款"权力划分民主与集中二维统一的根本要义。要求在纵向权力的配置与传递中遵守国家法治统一原则，即各级人大在形式的民主基础上形成高度的向心力，在内容上围绕民生导向、经济发展鼓励进行集约或创新，力求在基层中实现人大职能的有的放矢。

其二，地方人大职能的行使需进行权力谱系的有序传递与精细化弹性把握。"中央和地方的组织机构设置和所享权力类型高度相似，因此有人称为'上下同构'或'上下一体'。"〔52〕省级人大作为基层权力传递的中间关键节点拥有一定的决断权，有利于解决地区性质关于产业政策、城乡区划定位发

---

〔48〕［德］施密特·阿斯曼：《秩序理念下的行政法体系建构》，林明锵等译，北京大学出版社 2012 年版，第 167 页。

〔49〕程竹汝：《全过程人民民主基于人大履职实践的研究》，上海人民出版社 2021 年版，第 155 页。

〔50〕中共中央文献研究室：《习近平关于社会主义政治建设论述摘编》，中央文献出版社 2017 年版，第 17 页。

〔51〕李忠夏：《全过程人民民主的理论逻辑与宪法实现》，载《当代法学》2023 年第 1 期。

〔52〕俞祺：《重复、细化还是创制：中国地方立法与上位法关系考察》，载《政治与法律》2017 年第 9 期。

展与土地审批等决断权引发溢出效应的问题。需要省级人大充分发挥在地方治理中的"节拍器"作用，通过主导地方立法、普法、监督等工作统一规范地方治理节奏，凝聚整合中央权力、政令畅通，促进区域资源的科学统筹调配。在立法职能范畴不与上级人大立法抵触的前提下，尝试增设基层人大常委会法制工作委员会的机构数量，设置专业化和独立性的基层人大"基层治理委员会"，保持职能机构运行的独立性配置以保障地方立法的专业化和精细化。

其三，地方横向权力配置视域下差异弥合与职责统筹。权力的传递不仅需要注重整体权力配置的一致性，更需在局部理解与执行的差异与矛盾、张力中寻找一定的平衡。即需在一个党组的领导下，"结合地方实际，创造性地做好立法、监督等工作"〔53〕，在地方事项统筹与资源调配事项完成释义层面的协调。此外，"如何平衡权力清单制定主体的资格缺失与能力不足"〔54〕则成为基层人大区分于政府职能部门，砥定自身能力建设的重要前提。人大职权清单的系统化建设可"采用参与式观察等研究手段，在权力所涉社会互动"〔55〕中实现履职过程的"职权—行为—责任"的有序架构。〔56〕

三、直通型交流：基层人大践行全过程人民民主的立法决策规范

立法决断维度的直通型交流是基层人大践行全过程人民民主的核心事项，旨在基于立法民意"直通前线"的载体机制，"整合治理力量、扩大事权主体、优化民主程序等方式"〔57〕，在立法"全链条"实现立法"单轨决断"到

---

〔53〕 栗战书：《在纪念地方人大设立常委会 40 周年座谈会上的讲话》，载《中国人大》2019 年第 16 期。

〔54〕 崔野：《权力清单制度的规范化运行研究：含义、困境与对策》，载《中州学刊》2018 年第 5 期。

〔55〕 李钧鹏：《何谓权力——从统治到互动》，载《华中科技大学学报（社会科学版）》2011 年第 3 期。

〔56〕 莫于川：《推行权力清单，不等于"依清单行政"》，载《中国司法》2014 年第 6 期。

〔57〕 赵明楷：《全过程人民民主贯穿基层治理：时代意蕴、理论创新及实践转化》，载《理论导刊》2023 年第 1 期。

"牵引联动"的实践突破。可围绕基层人大立法过程的开放性设计、履职平台的纽带性延伸等角度，采纳"立法参与者追求的某种确定的调整意图、价值、欲求以及对于事理的考量"[58]。在推动地方立法工作迭代创新、系统重塑的规范建构中"维护法制统一和推进法治建设之间实现中央与地方权力配置上的'张弛有度'和收放自如的动态平衡"[59]。

（一）开放性设计：基层人大的立法履职规范

基层人大立法履职过程的开放性设计作为地方立法供给侧结构性改革的重要一环，立足于人大立法决策协商赋予社会性协商以稳定性、有序性和权威性[60]的根本要义，在"基层语境和实践中人人参与、层层互动的治理"[61]中拓宽开放包容、高效协同的立法渠道。立法决策的统筹型联动是通过基层人大内部决策系统与公民外部参与系统形成二元立法决策体系，"健全向下级人大征询立法意见机制，建立基层立法联系点制度，推进立法精细化"[62]的统合决断来开展基层人大履职工作，实现"公共利益的公共因素与契约的私法因素糅合"[63]。

一方面，就立法主体维度之基层立法内部决策系统的开放权威支持而言，基层等立法决策的作出，"必须实现公众与政府、上级与下级的良好沟通"[64]。可围绕立法决策系统的统合型联动完善人大立法主导下的工作机制以实现基层立法工作体系的相互融通、有序构架与资源激活。

其一，人大各基层立法联系点的探索创新为民意直通权力机关找到新的

〔58〕［德］卡尔·拉伦茨：《法学方法论》，黄家镇译，商务印书馆 2020 年版，第 399 页。

〔59〕梁西圣：《地方立法权扩容的"张弛有度"——寻找中央与地方立法权的黄金分割点》，载《哈尔滨工业大学学报（社会科学版）》2018 年第 3 期。

〔60〕［美］塞缪尔·P. 亨廷顿：《变化社会中的政治秩序》，王冠华等译，上海人民出版社 2008 年版，第 67–68 页。

〔61〕彭海红：《基层群众自治制度建设》，北京时代华文书局 2020 年版，第 43 页。

〔62〕《中共中央关于全面推进依法治国若干重大问题的决定》，载《人民日报》2014 年10 月 29 日，第 1 版。

〔63〕［德］哈贝马斯：《公共领域的结构转型》，曹卫东、王晓珏、刘北城、宋伟杰译，学林出版社 1999 年版，第 179 页。

〔64〕陈振明主编：《政策科学——公共政策分析导论》，中国人民大学出版社 2003 年版，第 214–217 页。

结合点，形成了差异化的组织架构与运行模式，在立法各环节实现"单向程序"到"牵引联动"。基层立法联系点的工作范围不断拓展，实践中形成适应立法联系工作的"1+1+1"模式，"即一个专家顾问团，一支基础保障队伍（办公室、职能部门、人大代表），一批居民采集点，形成广泛的信息采集点"[65]。地方立法精细化组织层面的制度化构建的特点在于，"实施性制度供给是设区的市地方立法治理制度供给的主流"[66]。回溯到立法民意的筛选导向上，不仅要契合于地方立法规划与议题，更需围绕基层治理的问题性与实效性问题，提出民意征集的工作水平与工作效率。需增强实体性、可操作性强的牵引型规范设置，"形成地方立法与地方'地情''民情'的紧密联通与有序互动"[67]。

其二，基层立法决策的联动型统筹纵向上体现为多元立法主体的上下联通。民意的纵向"下沉"，即上自市、县、乡三级联动设立联系单位进行专业能力的"内部聚焦"，下至通过畅通上下关系"垂直贯穿"满足街道办事处的立法现实需求。可在基层人大的牵头作用下创新乡镇街道（社区）层级的起草专班工作模式，形成多元合力以统合并丰富所在辖区的法律资源存量，确保高质量推进基层社会治理改革法制化进程。

其三，横向上的立法决策协同平衡在于处理好与基层部门立法的关系。"基层治理"领域的权限扩容往往易为地方政府恣意妄为提供温床，对地方立法的不法行为进行合法包装。而如何立足于"基层"的标准多元，则需充分利用基层立法联系点"扁平发散"的广延辐射，考虑到行业、领域与类型的分布标准，发挥全覆盖与专业化复合功能的联络布局。

另一方面，基层立法相对人维度即立法决策系统的全过程民主要义在于在基层群众的外部参与支持。《中华人民共和国立法法》第6条对于立法的民主化规定呈"总—分"结构的规范要义拆分。"人民意志的体现""立法公

---

〔65〕《人民日报关注基层立法联系点！七宝镇人大让立法更"接地气"》，载上海人大网，http://www.shrd.gov.cn/n8347/n8401/u1ai234664.html，2024年6月24日访问。

〔66〕 刘晓东、杨小龙：《发挥地方人大立法职能 为基层社会治理提供有效制度供给》，载《山东人大工作》2022年第8期。

〔67〕 封丽霞：《地方立法的形式主义困境与出路》，载《地方立法研究》2021年第6期。

开""多种途径的参与"作为民主化的三分，是递进意义由原则阐释到具体措施，逐层推进的论证逻辑。可在参与制度空间内通过个体化参与的鼓励性举措引领基层人大开门立法。

其一，多元化扩充基层人大主体影响力。"参与主体影响力的不平等会导致议程由更有发言权的主体主导。"[68]基层立法联系点作为区分普通立法座谈会、听证会之立法民意"直通前线"的载体和机制，找准"责任落实"与"民生导向"的风向标，升级组织工作的开放性，充分利用互联网及时开展对意见征集范围、数量、质量与采纳情况的优化评估。

其二，民意反馈与参与能力的稳步提升。基层意见反馈方面仍应规范依循全国人大常委会的立法透明度建设，在草案征求意见结束后"还对参与人数、意见数量等关键信息予以公开"[69]。立法决策的意见征询还应聚焦权利保障、组织建设、教育发展等重要领域。应围绕"体现和遵循立法原理的认识论、立法目的的价值论、立法设计的本体论的研究进路"[70]，完善基层民主立法工作机制，建立意见建议收集台账，明确反馈主体与人大反馈工作指标体系。

其三，发挥信息员的关键枢纽作用。基层立法联系点的立法信息员纵贯乡镇街道、学校社区与企事业单位，兼具个体参与、意见征询与建议代表的多元功能。须立足于民主立法的最后节点形成"点、面、片联动的工作格局，'网格化＋铁脚板'实现立法意见征询工作全覆盖"[71]。

（二）纽带性延伸：基层人大代表的履职联络规范

基层人大代表履职平台的纽带性延伸，在民意反馈过程中发挥基层权力

---

〔68〕 佟德志、林锦涛：《基层立法联系点的全过程人民民主分析——以上海市为例》，载《江淮论坛》2023年第2期。

〔69〕 刘雁鹏：《中国立法透明度指数报告（2021年）——基于人大常委会网站的考察》，载《人大研究》2022年第3期。

〔70〕 李福林：《从价值理念到法律规范：民间规范融入地方立法研究》，法律出版社2021年版，第22页。

〔71〕 全国人大常委会法制工作委员会：《基层立法联系点是新时代中国发展全过程人民民主的生动实践》，载《求是》2022年第5期。

系统"上下沟通、连接决策机关和人民群众的桥梁纽带作用"[72]。实际上，"单纯依赖党政机构、依靠彼此孤立的单位组织开展工作的传统模式已经无法满足基层治理发展的需要"[73]。可通过厘清基层人大代表履职工作的闭环化服务建设"发挥代表在立法工作中的作用"[74]，以在地方基层经验与实践中检视基层人大组织代表参与立法的实效考量与基层领域民主权利意识觉醒的深度。

基层人大代表区分于一般人大代表的参与深度与广度，结合基层实际按照就近、便利的原则输送基层立法民意，利用基层代表工作的网格化工作布局与判断基层人口的分布密度进行立法联络参与。相关规范往往围绕"完善代表参与立法工作机制"[75]，积极改进代表议案建议工作、完善代表工作格局。例如，2018年《石泉县人大常委会关于深入推行"一线工作法"的实施意见》以代表"一线工作方法"推进基层人大代表工作创新，意味着石泉县人大代表的立法工作从"粗放"转向"精细"，代表履职去虚化、实际性联系基层群众收集民意工作的有效开展。2021年《深圳市福田区人民代表大会常务委员会关于代表履职管理监督的办法（试行）》，采用"积分制"对人大代表年度履职情况进行评价，旨在"推进和完善代表建议办理评价机制的规范化标准化"[76]，以履职的质量检验环节追求闭环化的代表履职实效。分别在综合性与专业性法律草案征求意见机制中增强基层民意代表与专业特色代表的履职合力，仍是地方人大问计于民、高标准落实全过程民主的重点建设任务。在常委会会议中向组成人员和人大代表充分展示关于立法议题、立法目的与立法关键，以强化法规草案审议过程的质量保障。为避免"代表委员提出法律法规案，很难预定和做预先的行政性管理，具有很大的临时性、不确

〔72〕 李春树主编：《地方人大履职问答》，中国民主法制出版社2021年版，第16页。

〔73〕 赵明错：《全过程人民民主贯穿基层治理：时代意蕴、理论创新及实践转化》，载《理论导刊》2023年第1期。

〔74〕《全国人大常委会2024年度代表工作计划》，载《中华人民共和国全国人民代表大会常务委员会公报》2024年第3号。

〔75〕《全国人大常委会2022年度代表工作计划》，载《中华人民共和国全国人民代表大会常务委员会公报》2022年第3号。

〔76〕 孙莹：《点赞广东基层人大代表工作》，载《人民之声》2021年第8期。

定性"〔77〕，对于推进人大代表立法有效履职机制建设，可完善代表联名提出法规案等代表参与立法途径与建议采纳反馈机制，提升综合评析代表议案进入立法规划与计划的可能性。

其一，可增强代表立法履职的协商参与能力。地方人大指导性文件围绕"有专项活动经费、有工作人员、有规章制度、有学习资料、有活动记录、有代表信息公示栏的规范化建设目标扎实推进"〔78〕。将联系群众所涉立法民意共识问题进行初步整合，即代表向外参与群众视为第一轮利益协商。在基层立法起草审议工作进展时广泛吸收代表意见进入决议程序，即代表向内参与立法视为第二轮决策协商。

其二，基层代表主体作用的发挥激活人民代表大会制度的基层活力以推进履职常态化。以代表全面参与、选区全覆盖、流程闭环、零距离服务群众为目标，推动履职形式主义走向实质主义。"从制度层面对人大代表联系群众的内容与形式、动机与效果等进一步作出相应的、明确的规定。"〔79〕有必要进一步厘清细化乡镇人大代表履职内容和联系群众功能与职责的复合要义，加强与上级人大代表参会和活动的沟通与区域协同联动。

四、落实型沟通：基层人大践行全过程人民民主的审查监督规范

地方人大互动化审查监督的落实型沟通，旨在以增强地方治理效能为进路，围绕地方人大审查监督职权的行使"从导演式到直面问题"〔80〕的发展轨迹，"着力塑造开放、参与和回应型的审查程序"〔81〕。可围绕地方人大备案审查的参与式合作、地方人大执法检查的跟踪式协同两个维度履职规范与实践，探讨纾解基层人大关于监督主体能力、工作职能、工作保障等问题。

（一）参与式合作：基层人大的备案审查规范

备案审查机制的参与式合作即在地方人大备案审查工作主导下支持民

〔77〕 刘松山：《地方人大立法规划的十个问题》，载《地方立法研究》2020 年第 4 期。

〔78〕 汪洋：《夯实践行全过程人民民主的代表履职平台》，载《中国人大》2022 年第 9 期。

〔79〕 袁刚：《人大代表联系人民群众制度研究》，法律出版社 2016 年版，第 72 页。

〔80〕 盛艳春：《行稳致远：四十年地方人大监督》，载《人大研究》2019 年第 10 期。

〔81〕 王建学：《作为民主对话平台的宪法审查程序》，载《中国法律评论》2020 年第 1 期。

主理念落实工作全过程，"蕴含着进阶启动审查程序乃至完整激活合宪性审查的动力机制"[82]。"地方立法要适应本地各类发展状况，必须要有公众的参与。"[83]需进一步构建回应型民主参与、沟通与衔接机制，基于地方试验型实践摸索备案审查的标准体系构设。

其一，支持备案审查全覆盖机制建设。为贯彻备案审查"全覆盖"要求，地方"备案审查条例"对本区域现有制度资源进行整合。目前基层人大的备案审查工作范围主要包括两类，"1. 市、县（区）人民政府发布的决定、命令以及其他涉及公民、法人和其他组织权利义务，具有普遍约束力的文件；2. 县（区）人大及其常委会作出的具有普遍约束力的决议、决定"[84]。

其二，支持公民审查建议全过程参与。"公民建议不仅是公民自身权利诉求的体现，是公民广泛社会监督权行使中的民主参与和意见表达。"[85]《重庆市各级人民代表大会常务委员会规范性文件备案审查条例》（2022 年制定，2024 年修改）明确规定了人大常委会应当在每年第一季度通过公报和门户网站向社会公布上一年度备案登记的规范性文件目录。通过发挥基层立法联系点作用以及明确审查要求和审查建议的提出等方面形成备案审查支持型案例和样本。

其三，支持地方备案审查交流机制建设。在地方人大常委会备案审查工作流程规范中，已形成以"沟通与协商""衔接联动与跟踪指导"并行的纠错方式，通过社会公众与审查主体的反复沟通，强化对地方规范性文件的理解，寻求合法性、合理性的共识判断，增强地方人大常委会备案审查工作的实效。

（二）跟踪式协同：基层人大的执法检查规范

执法检查作为人大法律监督和工作监督相结合的监督形式，旨在弥合法

---

〔82〕 郑磊：《十二届全国人大常委会审查建议反馈实践：轨迹勾勒与宏观评述》，载《中国法律评论》2018 年第 2 期。

〔83〕 武钦殿：《地方立法专题研究：以我国设区的市地方立法为视角》，中国法制出版社 2018 年版，第 316 页。

〔84〕 陈胜：《地方基层人大常委会开展规范性文件备案审查工作探析》，载江苏人大网，http://www.jsrd.gov.cn/rdlt/gztt/202003/t20200320_522180.shtml，2024 年 5 月 26 日访问。

〔85〕 王秀哲：《全覆盖备案审查中公民建议的全覆盖》，载《政法论丛》2020 年第 5 期。

律、法规自身缺陷以实现自身完善，主要归集于地方人大履职跟踪问效规范中。地方人大执法检查活动立足于问题导向，针对法律、法规的贯彻实施，呈现出数量多、范围广、检查广泛的监督态势，相关配套地方立法围绕监督机制的民主化实践明确了具有地方特色的执法检查全链条工作流程。例如，《天津市人民代表大会常务委员会执法检查办法》（2017 年制定，2019 年修改）从执法检查项目的确立到检查重点的确定、实施与实效评价，形成了系统性与针对性的监督体系，将民意表达贯穿执法检查全过程；"人大监督不是一次性的，是由若干个环节构成的闭环体系"〔86〕。执法检查中，地方人大听取政府等有关部门的法律法规执行情况自查报告的同时，可在召开基层座谈会听取代表与公众意见基础上，采取实地检查、随机抽查、问卷调查等方式予以核查。

其一，明确执法检查监督机制的衔接目标。地方人大通过全链条民主监督的制度安排，充分发挥执法检查法律巡视监督效能，回应了法律法规自身完善、切合实际与可操作性提升的社会需求。但明确跟踪问效监督方式的核心在于"问效"，还应在地方执法检查报告中注重"对有关法律、法规提出修改完善的建议"内容的衔接。"将执法检查计划与修改修订法律的立法计划相衔接，可以使执法检查更有的放矢。"〔87〕

其二，纵深拓展执法检查监督的治理效能。"基层既是治理的最末端，也是监督的最末端，当然也是压力的最末端。"〔88〕基层人大明察暗访、问卷调查等执法检查方式的广泛运用促使基层实现多层级监督，推动解决基层民主治理问题激活基层参与共治活力。

结语

基层人大践行全过程人民民主作为围绕全过程人民民主之实践特色之真

〔86〕 王晓琳：《把"人民"二字贯穿人大监督全过程——全过程人民民主系列谈之五》，载《中国人大》2021 年第 18 期。

〔87〕 王柏荣、崔英楠、郑广永：《人大制度理论问题探索》，中国民主法制出版社 2020 年版，第 172 页。

〔88〕 吕德文：《监督下乡与基层超负：基层治理合规化及其意外后果》，载《公共管理与政策评论》2022 年第 1 期。

实性、广泛性与有效性，区分于一般人大之关注基层问题导向、实施特色与民生关切的规范要义与实践创新。可尝试从提供基层人大履职垒砌环节的必要规范解构—建构，围绕基层人大的精干型组织架构维度、直通型立法决断维度、落实型审查监督三个维度来探究基层人大践行全过程人民民主的规范建构。首先，就基层人大组织架构规范的精干型配置而言。围绕基层人大协商议事的民生性导向，与基层人大职能传递行使的针对性定位等两类规范事项，以厘清在权力运行的精细化建设下将集体职权在全过程人民民主的视域内规范与适配行使。其次，就立法决策规范的直通型交流而言。围绕基层人大立法过程的开放性设计、履职平台的纽带性延伸等角度，提出立法程序交往预设价值的规范建构畅通民主立法渠道，推动地方立法工作直通基层的迭代升级、系统重塑。最后，就审查监督规范的落实型沟通而言。开展地方人大备案审查的参与式合作、执法检查的跟踪式协同等两个维度履职，将贯彻基层群众的话语权、知情权与表达权等民生利益纳入"全流程"民主监督。基于此，基层人大践行全过程人民民主，有利于基层权力的纵向下沉与上下联通。这是充分统筹基层民主治理、畅通基层民主立法与监督的渠道构设，推动实现基层需求愿望的互动化、回应型民主治理模式规范事项与实践转化的统一。

象征性代表的再解释

丛萌雪　林奇富

摘要： 象征性代表是一种通过表达特定的价值、规范、信仰来呈现和代表委托人的政治代表类型。既有研究只关注到象征性代表的存在价值，将其等同于"令人们满意的存在"。这使得象征性代表常被误解为无实质活动的"橱窗里的代表"，或是与非理性因素相联系的"心理操纵者"。实际上，作为意义的承载者，象征性代表的核心在于意义的建构和表达，这就意味着其在结构上必然涉及一个"制造者"的角色：在"制造者"的建构下，代理实现对主体的比喻性再生产，并在"代指示"的基础上展示出唤醒社会记忆、进行身份建构、增强政治控制的动态功能。在现实政治中广泛存在的象征性代表对诸多政治现象均富有解释力，本文旨在剖析象征性代表的结构与功能，呈现出象征性代表功能发挥的动态活动过程，阐释象征性代表的当代价值及其局限性。

关键词： 代表理论　象征性代表　"制造者"角色　比喻性再生产

作为经典的代表类型之一，象征性代表一直徘徊在代表理论研究的边缘，加之人们对于象征性代表的偏见和"刻板印象"，对象征性政治代表进行再解释就显得尤为必要。长期以来，既有研究很少将象征性代表作为一个独立的维度进行探讨，一般是将其作为描述性代表的衍生物或实质性代表的对立面进行阐述，目的是为其他代表类型的解释提供补充性说明。进入21世纪，面对非选举型代表兴起的冲击和选举代表理论解释力的不足，代表理论发生了建构主义转向。受此影响，象征性代表理论得到发展，其对政治现实的解释力在不断增强。本文试图回到皮特金的概念性分析，并借助萨沃德的建构主义代表理论，对象征性代表的内涵、结构、功能和意义进行分析，以期能形成一个对象征性代表的相对系统的理论解释。

一、象征性代表的内涵解释

通俗来说，象征性代表就是通过某些具体的、可感知的人或物，来代表抽象模糊的价值和意义的代表类型。通对代表进行了概念分析与类型学划分，汉娜·皮特金将象征性代表明晰为一种通过特定方式建构意义的代理来代表、表现委托人的代表类型。皮特金强调了象征性代表的"存在意义"的同时，也指出其作为静态的"代指示"存在着没有进行积极活动、并与非理性等情感因素紧密相连的问题，这也是为什么人们对于象征性代表存在"刻板印象"的起点。针对这两点，本文认为象征性代表并非没有进行积极的活动，相反，其活动在代表的代理行为之前就已经开始了；关于代表与非理性因素挂钩的责难，实际上任何一种代表都没办法避免这一点，因为情感和信仰存在于任何一种类型的代表活动之中。但与其他类型的代表不同的是，象征性代表不仅关注意义的建构，还关注意义的表达，象征性代表正是这样一种通过表达特定的意义、规范和价值来呈现或代表委托人的代表类型。

（一）象征性代表的缘起与内涵

君主立宪制下的国王可以说是现代社会中最典型的象征性代表。他就像一面旗帜，指代政府的威严、民族的团结和整个国家，在持有代表"象征"观的理论家看来，代表是一种存在的事实；一定意义上，代表的所指就是"所在"，因为"represent"的本意就是将某种实际不在场的事物表现出来。然而，作为一个现代概念，直到 17、18 世纪代表这一概念才开始意指民众代表，并与自治政府等观念联系在一起。而象征一词的英文"symbol"起源于希腊文中的"symbolum"，其意义是"扔在一起"，表示合同或约定的形成过程。在当代西方语言中，symbol 有两个不同的含义。《简明牛津词典》对其的定义是一物从普遍意义上体现了、再现了、提醒了另一物，或者是一个标志或文字习惯上作为某个对象、思想、功能、过程的符号。前一个定义对应"象征"，后一个对应"符号"。比起符号的直接，象征则意味着某种对我们来说是模糊的、未知的，甚至是遮蔽的东西，它是承担意义的载体。也就是说，形成象征的关键在于其重复使用的过程中所造成的意义累积。

皮特金认为，谈论"象征性代表"就是在谈论代表的"象征"观。在原始社会中，首领站在子民与世间"既象征或代表着人类，又象征或代表着神圣"[1]，最初的象征性代表多是与某些神秘力量或巫术联系在一起。到了中世纪，教皇成了民众和"上帝"对话的桥梁，他是上帝在世俗社会的化身；而如法国三级会议一样的代表会议也在某种程度上象征着不同社会等级的人。随着议会的发展，现代意义上的政治代表逐渐产生并发展。接踵而来的欧洲资产阶级革命确立了各种政体类型的国家，产生了诸如立宪制君主、资产阶级革命代表等各种象征性代表。随着全球化和非政府组织行为体的兴起，现代社会中诸如公民代表、意见领袖、社会运动组织者等都是不同类型的象征性代表。当然，不同类型的象征性代表其影响力和作用范围不尽相同。

早期的研究者们试图寻找到一种对象征性代表的一般性解释，莫德·克拉克（Maude Clarke）将代表与宗教仪式联系在一起，"为了宗教上的目的，某些动物或物体被视作不可见的神秘力量的象征或代理"[2]。沃尔夫（Wolff）也试图将代表与原始巫术建立联系，一种象征性代表的"心理解释"框架由此应运而生。格拉齐亚（Grazia）等研究者认为政治代表是这样一种情形："被赋予公共职责的人的特征和行为，符合受这些职责的客观或主观的影响的人或人们的愿望"[3]，人们根据被代表者的信念和态度来判断代表是否存在，这就从非理性的意义上将代表建立在特定社群所共享的价值体系之中。

作为代表理论的集大成者，皮特金将象征性代表总结为一种通过被特定方式建构意义的代理来代表、表现委托人的代表类型。这种代表是静态意义上的"代指示"，它更关注的是代表的形式，其行动是为了塑造形象、呈

[1] Maude V. Clarke, "Medieval Representation and Contest: A Study of early Parliaments in England and Ireland, with special reference to the Modus Tenendi Parliamentum", The Cambridge Law Journal, Vol. 6, Issue. 2, 1937.

[2] Maude V. Clarke, *Medieval Representation and Contest*. Longmans, Green & Co, 1936, p. 278.

[3] De Grazia, *Public and Republic*, Alfred A. Knopf, 1951, p. 175.

现意义和培育信仰。从这个意义上，如果说描述性代表是对委托主体的"微缩"或复制，那象征性代表则是对主体的比喻性生产（figurative production）。前者追求政治代表与其所指客观上存在某些特征吻合的准确性；后者则是关注代表对其所指客体的意义建构。因此，尽管二者共同关注形式，但象征性代表的比喻性生产特征使得它们在相互关联的方面各不相同。在象征性代表中，代理在代表委托人时，具备了描述性代表中不存在的意义表现维度。玛丽安娜代表着法兰西共和国，呈现诸如自由、理性、共和等意义，并随着人们的需要被赋予更多的意义。通过代理人的特定呈现，某些联想、价值和信仰会被重新唤起，而其他一些联想会被避免甚至压制。

也正因为象征性代表关注代表的形式，它时常被视为实质性代表的对立面。实质性代表强调要关注代表行为本身的性质是否为了被代表者的利益而行动，正如英国国王的"政治无为"和首相的"理性行为"那样形成鲜明的对比。也正因为这样，皮特金对格拉齐亚等人的研究指出，象征性代表存在着明显的短板：象征性代表没有积极的活动并充斥着大量非理性的情感因素。一言以蔽之，象征性代表正是这样一种是通过表达特定的意义、规范和价值来呈现和代表委托人的政治代表类型。

（二）象征性政治代表的"刻板印象"

后皮特金时代的理论家们习惯将其对实质性代表的"标准解释"奉为圭臬，关注代表的授权、责任与回应性。由此，实质性代表不仅成为解释各种代表现象的理论主流，还是一种被人们广泛接受和普遍认可的代表类型，而象征性代表由于其"静态""感性"等特征，长期以来受到了人们的普遍质疑和误解，甚至将其推到实质性代表的对立面。此外，通常人们对象征性代表的理解也延伸到更为广泛的政治象征。"代表者无须与被代表者相似，代表者与被代表者也无须是人"[4]。正如旗帜可以代表一个特定的国家或意识形态一样，象征性代表的确属于广泛的政治象征家族。与此同时，与象征分析中的符号特性相比，象征性代表所具有的政治意义以及他与委托人之间的关系却

---

[4] 闫飞飞、李作鹏：《代表的概念：西方代表理论面面观》，载《天津行政学院学报》2013 年第 15 期。

很少被人们关注到。要深入理解象征性代表，应聚焦到具体的象征性代表，而不是广泛的政治象征物。

象征性代表受到指责的一个重要原因是在当下盛行的代议制民主政治环境下，他却不一定与代议制民主的政治实践相关：一方面是因为选举与否并非成为象征性代表身份确认的前提，另一方面象征性代表预示着有"利用民众的非理性狂热将自己打扮成人民的代表"[5]的可能，人们担心这会为别有用心的政客留下操作的空间。皮特金在分析象征性代表时就明确提出遵循象征性代表的定义，只要人们接受或相信，象征性代表就是在代表他们[6]，这就使得象征性代表轻易地被人们刻画为一种可以通过操控情感、培养习惯就能够确立的代表类型。所以，在代议制民主的发展潮流中，与其他代表类型相比，描述性代表作为比例代表制的源头，实质性代表作为选举代表制的结果，都得到了应有的重视和深入的研究，而象征性代表却依旧停留在原地。近年来，蒂什、萨沃德等人对象征性代表进行了重新反思。他们认为，尽管象征性代表中的非理性因素不可避免，但是其他的代表类型也同样无法避免，因为信仰和情感存在于任何类型的代表活动过程之中。与其说象征性代表是统治者的辩白，倒不如说象征性代表可以将隐含的价值规范和权力关系更加清晰地揭示出来。

另外，人们常常质疑象征性代表没有进行积极的活动，由此他的"存在意义"成为其备受冷落的重要原因，人们并不认为象征性代表能够代表他们开展有效的行动。人们甚至认为，即便象征性代表能够进行某些行为，也不是代他人行为，而是服务于政治需要或政治人物，是为了让人们相信和接受他作为自己的象征性代表。这点尤其体现在各种仪式活动中，如英国女王加冕和出席皇家阅兵式等仪式、庆典，其目的在于巩固人们对英国女王作为英联邦荣誉的象征地位，并不意味着女王的这些活动为人们的特定利益而行动。至此，象征性代表貌似变成了一种只具备象征意义，而无实际作用的"橱窗里的代表"。几年前"弗洛伊德之死"引起了国际上的广泛关注，作为

---

〔5〕 聂智琪：《代表理论的问题与挑战》，广东人民出版社 2013 年版，第 5 页。

〔6〕 Hanna F. Pitkin, *The concept of representation*, University of California Press, 1972, p. 102.

唯一的共和党黑人参议员斯科特在此次事件发生后，备受质疑和批评，人们用"被共和党利用的象征性代表"来形容他，讽刺他作为一名参议员却在维护所属种族利益时毫无用处。这使得"象征性代表"充满贬义色彩，变成了"橱窗里的代表"，或成了无效代表的代名词。

实际上，之所以会形成象征性代表的刻板印象，是因为忽视了象征性代表的代表过程中最重要的一部分：象征性代表并非没有进行积极的活动，相反其活动在代表行为之前就已经开始，因为构建符号的意义本身就是象征性代表的重要活动内容之一。在这方面，萨沃德的建构主义理论转向提供了许多有益的借鉴，也有利于打破对象征性代表的刻板印象。

二、象征性代表的结构解释

代表是一个普遍的现象，无论在传统君主制、民主制、贵族制政体中，还是现代的议会制、总统制政体中，代表与选民的关系都是其中的重要一环。20 世纪 60、70 年代以后，代表理论家们开始将二者关系作为一个独立的主题进行研究，委托—代理模式也成了规范性代表理论研究中的预设前提。但是，这种代表与选民是一一对应单向互动的二元关系模型，随着非选举型代表的兴起，其结构性解释力的局限性逐渐被暴露出来；代表结构分析模式中新角色的加入，使得象征性代表的特点和功能也由模糊而变得清晰。从这个意义上说，正是伴随着非选举型代表的兴起，人们对象征性代表的理论解释在不断得到加强。

（一）新角色的加入

从雷菲尔德引入"观察者"这一角色开始，代表的二元结构开始不断地被突破和超越。研究者不再受限于民主规范下被代表者的"同意"这一预设前提，正如雷菲尔德提出的那样：一个人能否成为代表取决于"观察者"的判断。"观察者"会按照某套承认规则来判断某人是否能成为代表。[7] 民主

---

〔7〕 Andrew Rehfeld, "Representation Rethought: on Trustees, Delegates, and Gyroscopes in the Study of Representation and Democracy", American Political Science Review , Vol. 103, No. 02, 2009; Andrew Rehfeld, "Towards a General Theory of Political Representation," The Journal of Politics, Vol. 68, No. 1, 2006.

条件下，这种承认规则是选举，非民主条件下这种承认规则就取决于不同的情境。而观察者本身既可以是被代表者，也可以是其他相关者。尽管雷菲尔德的"承认规则"和"观察者"理论，使得代表理论的研究不再局限于民主的范畴，但是由于其忽视了代表关系中最重要的主客体之间的互动，使得其遭到了曼斯布里奇等人的批驳。雷菲尔德的突破大大鼓舞了其他研究者对二元结构的思考，在此基础上，萨沃德以一种非常有效的方式打开了二元代表结构的视野。

萨沃德首先提出了他的假设：政治代表权是关于代表自身和他人的宣言。这样他就扩大了代表所涉及的行为者的范围，区分了宣言制造者、主体、客体、相关者和观众五种角色。为了理解的方便，原文是："*a maker of representations puts forward a subject which stands for an object that is related to a referent and is offered to an audience*"[8]。文中可以看出，宣言的制造者（maker）提出一个能够代表委托人的代理（subject），并将其提供给广大的观众（audience）；代理的代表物（object），即代表是某种与委托人有关的概念和意义，而不是委托人本身；代表不仅要与被相关者（referent）相关和理解，还要被观众所认可。通过上文可以得知：首先，"代理"和"代理的意义"二者之间存在着重要的区别，是从萨沃德的研究中提取到的最有效内容之一，这有利于更好地理解象征性代表。象征性代表是为被代表者提供意义：他是意义的具体呈现和表达，而不是被代表者的镜像微缩。其次，他提出了宣言制造者这一重要的角色。通常情况下我们总是看到某代理人声称自己代表某一特定群体（比如某一党派及其成员），又如某位负责青年问题的部长会要求部分年轻人站出来代表他们的同龄人。象征性代表总是涉及制造者这样一种角色，一个通过符号表示法来创建代理的行为者。这也就使得象征性代表的真正活动实际在制造者那里。传统的将象征性代表视为"橱窗里的代表"，作为"代指示"并不能够代表委托人来行为。但是，通过萨沃德的研究可看到，象征性代表可以为被代表者提供意义，而且对于意义的理解还与制造者有关，也就是说制造者才是象征性代表进行活动中的关键角色。代表与被代表者的

〔8〕 Michael Saward, *The Representative Claim*, Oxford University Press, 2010, p. 38.

关系更多的是象征与接收者的关系，而作为第三方的接收者是否认同 A 所提出的将 B 作为自己的象征。也正是因此，此种代表最显著的特点是具有被广泛承认的公共权威，立宪制君主、社会运动的组织者、未经选举产生的政治代表等人都具有此类特征。

萨沃德的"制造者"和"代理的意义"可以更好地理解象征性代表，明确象征性代表不是一个简单的二元结构，制造者这一"新角色"在其中发挥着关键的作用。不过此后也有学者对于萨沃德的"代理的意义"提出质疑，认为虽然象征性代表更多地呈现的是与被代表有关的价值和意义，但同时他也代表着被代表者本身，象征性代表的主体应是一致的。为了进一步厘清他们之间的关系，必须对主客体间关系及其互动模式展开必要的分析。

（二）主客体：双向互动模式

从 20 世纪 60、70 年代以来，为了更好地理解选举民主，汉娜·皮特金提出了以授权、责任和回应性为要素的民主代表的标准解释，由此形成了民主代表规范分析中的委托—代理的二元结构，而且这一结构也突显了英语中"代表"一词"再现"的原初含义。这种二元结构本质上已经假定了代表与被代表者的出场顺序：被代表者的构成先于政治代表，市民社会先于国家。被代表者先形成稳定、一致的利益诉求后，再根据这些利益诉求寻找代表者，对代表的授权在前，代表的行为在后。根据这种内在假定，代表与被代表者之间形成了一种单向的互动关系，被代表者对代表的授权成了这种关系中的核心，代表的一切行为都是为了更好地回应被代表者并对其负责。

然而，代表与被代表者之间果真如前所说是单向的作用过程吗？其实不然，实践中代表对被代表者也同样发挥着巨大的形塑作用。萨沃德的研究指出，代表与被代表者存在着双向互动的关系：潜在的代表通过提出宣言的方式吸引民众，若宣言被赞成，则代表确立。看似代表关系的确立依赖于民众对宣言的赞成，实际上宣言早在最初就由潜在的代表率先提出来了，并通过民众对宣言的态度和反馈进行修改或者匹配特定的群体，从而确保自己代表身份的确立。在身份确立之后，尽管代表都是为了被代表者的利益而行动，但其实践过程却离不开对被代表者的形塑。就象征性代表而言，代表的实践将深刻影响着对象群体对其的身份认同，甚至会形成某种公共舆论。

象征性代表的实践过程往往分为三步：第一步是构建政治话语。根据代理的意义对政治现实进行解释和定义，如塑造"民主""平等"等政治话语影响接受他的人们的思想，以使人们能保持与代表一致的价值观念。第二步是进行政治表达，这种政治表达既包括象征性政治代表通过著书立说或各种仪式活动等进行的无声的表达，也包括公开发表讲话等有声的表达。象征性代表的表现性维度，强调这种表达的关键在于让人们能够"听懂""看懂"，从而培养起人们的特定反应，形成习惯。第三步是接受被代表者的反馈。西尔斯指出人们在面对态度目标时，类似的情感反应在其早期生活中就已经习惯化或有所关联，而其中体现的象征会激起了人们沉淀已久的、习惯性的情感反应。比如，有些人被视为革命的象征，有些人被视为邪恶的象征，通过象征性代表的唤起与传达，被代表者就会对象征性代表形成某种特定态度，对某些事件、某种现象形成特定的态度，进而采取某些特定的行动。

在日常交流和公共领域中，从艺术家到媒体从业者，从社会运动的组织者和普通公民，多样化的行动者都在日常中扮演着象征性代表的角色[9]，这些象征性代表不仅有力地促进了社会网络的形成，也推动了那些应该得到代表的群体的建构：一方面是被代表者对代表身份的授权，另一方面是代表对被代表者的形塑，二者之间是一个双向的互动过程。

（三）超越二元：高度互动的网状结构

可以说象征性代表是包含代表与被代表者高度互动的多个行为体的网状结构。传统上一般认为象征性政治代表在委托—代理的二元结构中，通过被代表者的非理性情感因素而得以确立，这也导致我们往往认为象征性代表实现的"代指示"已经是其全部要义了。这与委托—代理二元结构存在较大的不同，在委托—代理二元结构模式下，追问一个代表"做了什么"成为重中之重的工作，与之相对应的是对代表的内容、代表的形式、代表的方式的研究。而象征性代表的结构本身却直到21世纪代表理论的建构主义转向以来，

---

〔9〕［法］依维斯·辛特默、刘凌旗：《政治代表的价值诠释》，载《国外理论动态》2018年第2期。

才得以被重新审视。

毫无疑问的是新角色的出现和互动模式的再思考，实现了对此前二元结构的超越，其中首先涉及的是制造者对象征性代表的选择和对象征性代表意义的理解。如同象征符号一样，象征性政治代表也是裹挟着特定意义的载体。首先，制造者根据长期形成的惯例和价值规范，提出一个适当的代表，赋予并强化其特定的价值和意义，使其得以被代表者进行识别和跟随。其次，代表并非没有进行积极的活动，需要追问象征性代表的是——他能够"唤起什么"。在代表过程中，代表使被代表者某些特定的记忆被唤起，也会更加有力地推动被代表者的身份建构，并通过对象征性代表进行奖惩来实现其对广大被代表者行为的影响。在被代表者授权的过程中，代表同时也反过来发挥着其积极的形塑性作用。委托—代理二元结构中选举代表存在一个难以解决的问题是尽管有问责机制和任期限制，当选后的代表如果没有为人们的利益而行动，这些机制和程序也很难在实际上剥夺他们的代表身份。而象征性代表却恰恰相反，虽然其身份的确立并没有经过复杂的政治程序，但一旦象征性代表的功能弱化，不再具有象征性的时候，他就会被代表者们强烈反对并剥夺其代表身份，这些反对的声音反馈到制造者那里后，重新提出一个象征性政治代表就成了其唯一的选择。因而，象征性代表的主客体实际上是有一个积极的互动关系，象征性政治代表为了确保身份，必须持续性地发挥作用，与被代表者沟通，二者你来我往，形成积极的双向互动。

三、象征性代表的功能解释

象征性代表是对主体的"比喻性生产"，强调意义的建构和表达。在静态层面上通过对意义的选择和呈现，代表着某一特定群体，任何对代表的威胁都是对其所代表的群体的威胁，发挥着积极的"代指示"功能。同时，作为特定意义的载体，象征性代表具有超越其自身的意义，或者说他只具有超越其自身的特定意义，这也是对象征性政治代表最普遍的认识。但是，如果就停留至此，缺乏对象征性代表动态功能发挥层面上的研究，对象征性代表将陷入一个只关注"代表的形式"的认识上误区，将其视为没有任何实质作用的"橱窗里的代表"。实际上，象征性代表和实质性代表一样都关注"代表的内容"，只不过实质性代表关注的是代表做了什么，象征性代表关注代表唤起了什么。通过意义的唤起，象征性代表发挥着唤醒社会记忆、进行身份建构和增强政治控制等功能。

（一）静态功能解释

象征性代表是对主体的比喻性生产，它的力量不在于它是什么，而在于它能够唤起什么。正如国旗不仅仅是一块布，象征性代表也绝不是对自身特性的强调。他强调的是特定意义的赋予，正是"比喻在抽象概念与其有形载体之间建立了一种明确的、清楚的关联"[10]。代理和代理的意义之间存在着一种关联，而象征性代表的存在价值就是要让被代表者通过自己的想象去理解这种关联的准确性质。

主体是如何被比喻性生产的？与描述性代表不同的是，象征性代表总是涉及一个制造者，也就是萨沃德所指出的"存在某人构建代理"。在象征性代表中，代理人涉及对某些联想、信仰、规范和价值的唤起。象征性代表本身是一种呈现，而这种呈现是由制造者来决定的。代理需要在无穷无尽的意义中进行选择，所以就必然会存在一个对代理赋予意义、进行塑造的行为体。也就是说，一个代理是何种意义的呈现会因为制造者的不同而不同。政治家们赞扬林肯为美利坚一位伟大的政治领袖，普通人将其视为奋斗成功的代表来激励自己，研究平等、民主的学者们将其视为种族平等的开拓者。不同的制造者，给这位代理赋予的可能是完全不同的意义。那么相应地，选择接受此种而非彼种意义的委托人，必定是因为代理的此种意义比喻性生产与他们自身的信仰、价值的相契合。制造者构建代理，也因此确定了其表现的维度。[11]

"对代表的任何威胁都是对所代表的内容的威胁"[12]，当代理所代表的内容动摇时，代理的力量也会变得脆弱。在这种情况下，主体的力量可以通过对待它们代理的方式来说明。伊拉克战争中摧毁的萨达姆·侯赛因的雕像就

---

〔10〕 Herbert Barrows, *Reading the Short Story*, Houghton Mifflin Company, 1959, p. 14.

〔11〕 Emanuela Lombardo, Petra Meier, *The symbolic representation of gender: a discursive approach*, Ashgate Publishing Limited, 2014, p. 123.

〔12〕 Kertzer, David I, *Ritual, Politics, and Power*, Yale University Press, 1988, p. 123.

是一个例子：并不是因为这个雕像阻碍了军事行动而被摧毁，而是其所代表的政治系统将要面临战斗和摧毁，当人们可以"不受惩罚地破坏他的形象时，意味着他的时间到了"[13]。同样，一个新代理的产生需要时间，即使象征性代表依赖于预先存在的人或事物，它也不仅仅是一种简单的给予。这些人和事物的意义通过惯例、有意的设计和一致的使用，被塑造和理解，以达到某种被期待的目的。[14]这个过程意味着一种意义的建构，尽管皮特金本人并不关心象征性代表意义的构建本质，但这个构建的过程却是值得探索的。

（二）动态功能解释

象征性代表与实质性代表同样都关注代表的内容，二者实质的不同点在于实质性代表的代理与委托人是直接的互动，关注的是代表为人们做了什么，是否为人们的利益展开活动并具有回应性？而象征性代表中的代理与委托人更多是一种间接的互动，关注的是代表唤起了什么？即代表的意义和价值在代理行为之前就已被建构，代表的实质是意义和价值的呈现。象征性代表中真实的行动者是制造者，代表只是根据制造者的目的进行代理呈现并表达特定的意义。在动态层面上，象征性代表通过特定意义的呈现，唤醒人们被筛选、遗忘、修饰过的集体社会记忆。在共同记忆产生的情感归属中将自我与"他者"进行区分，并将自己限制在特定的角色中，进而起到增强政治控制的作用。

1.唤醒社会记忆

哈拉尔德·韦尔策等学者提出了"社会记忆"这一概念，认为"社会记忆是一个大我群体的全体成员的社会经验的总和"[15]，是历史中人们形成了与他人相关的认同感、归属感，以及与"他者"的差异。换言之，对自己的过去、对自己所属群体的历史叙述、认知感知和意义诠释，是个人和群

---

〔13〕 Manow, Philip, *In the King's Shadow. The Political Anatomy of Democratic Representation*, Polity Press, 2010, p.58.

〔14〕 Smith, Anthony D, *Ethno-symbolism and Nationalism. A Cultural Approach*, Routledge, 2009, p.26.

〔15〕［德］哈拉尔德·韦尔策：《社会记忆：历史、回忆、传承》，季斌、王立君、白锡堃译，北京大学出版社2007年版，第28页。

体进行自我认同和群体认同的出发点，这也是人们决定将来采取何种行动的出发点。

　　社会记忆在历史的框架内形成，通过各种象征策略和方法来表现。英国女王是英联邦团结统一的象征，其尊贵的身份唤醒的是"日不落"帝国强大的记忆。当她携带着意义出现时，社会成员在历史经验和习惯的训练下自然懂得他的暗示和所指，即使跨越时间和空间，社会记忆也会随着象征性代表的出现而得以唤醒和展开。象征性代表是承载意义的载体，是裹挟着特定意义的代指示，他的意义由制造者赋予。根据制造者的目的，象征性代表可以修饰、压制或者强化某些意义，从而使受众们牢记或遗忘某些记忆。再加上长期的社会训练和习惯的培养，接收者们可以快速地识别出代理的"所指"。古代官员出行鸣锣开道，如果人们只是看到官员轿子或是官员本身，却没有充分认识到官员所体现的皇家权威，那么官员就是毫无意义的"存在物"。在象征性代表再现的情景之下，人们的记忆会复现之前的场景，官员出行的规制实则唤醒的是古人对皇权的认同和臣服。故而，可以将象征性代表理解为一个承接意义的载体，正是那些想要传达意义的人（制造者）通过载体（象征性代表）将意义呈现在接收者的眼前的东西。通过载体的复现，加上基于长时间的习惯和训练之上的情感反应，接收者的社会记忆被唤醒（如图1）。所以，不同于简单的象征符号，象征性代表往往与群体有着共同的集体记忆，因而其唤醒人们记忆和共情的能力会更强。

图1　象征性代表的运行结构示意图

　　通常情况下，国家总是要垄断对社会历史的解释权的，也就是作为意义的发送者和"制造者"。在需要的时候，国家常常通过象征性代表对集体的历史记忆进行筛选、遗忘、巩固或增强，以加强自身的合法性，塑造政治认同。马丁·路德·金是美国民权运动领袖，当他的纪念碑在华盛顿西波托马克公园揭幕时，曾经轰轰烈烈的黑人平权运动再次呈现在无数美国人民的眼前，而进行揭幕的人正是当时的美国黑人总统奥巴马，对社会历史记忆再次唤醒，增强了这位少数族裔总统入主白宫的合法性。象征性代表的特殊性就在于此，它可以根据制造者的不同目的，承载着不同的价值和意义，最终唤醒特定的社会历史记忆。

2. 促进身份建构

只有明白"我是谁"，才能知道我"属于谁"。一方面，人们通过自我认知来确认自己的身份，如对种族、性别的认知；另一方面，在象征性代表等政治手段的作用下人们的身份得以建构。象征性代表往往代表着特定的群体，因而也显示了一个关于"包含"与"排斥"的边界，让人民更清晰的明白"自我"与"他者"的区别，促进身份的建构。

身份建构往往基于一定的社会集体记忆。群体身份如果不建立在共同历史、文化的基础上，将会变成一种简单的以私人利益为基础的互惠关系。不同的集体记忆会产生出不同的群体。群体的记忆往往是象征性代表被适时修饰、反复强调的呈现内容，它们成了集体的记忆，尽管未必是历史的全部事实。正如图1所示，象征性代表呈现出来的意义是被"制造"而成，因而其唤起的记忆也是被"制造"而成。这些经过筛选、修饰或遗忘而产生的集体记忆，最终会形成、增强或改变个人和群体对于所属身份的认同。同时，象征性代表将人们限制在基于特定社会记忆产生的身份中，并使个人或群体很难超越这些身份角色去选择其他角色。比如，尽管性别分工受到质疑，但是女性仍然倾向于被构造为私人领域的象征；而男性则被构造为公共领域的象征。所以，2008年当怀孕的西班牙国防部长卡梅·查孔检阅军队时，各国媒体蜂拥而至，在这个公共领域以男性为主体的政治象征中，女性国防部长角色的出现让世界大吃一惊。实际上，象征性代表的功能远不仅只存在于性别分工中，在族群认同、政党认同和国家认同中，象征性代表都通过身份建构起到了加强或限制人们行动的作用。

最后，象征性代表还是国家塑造公民身份的有效方式。国家认同是以人们的政治认同为基础的，政治认同又依赖于公民身份的建构。《大不列颠全书》指出"公民身份指个人同国家之间的关系，是个人应对国家保持忠诚，并因而享有受国家保护的权利"。在现代化的过程中，文化认同、利益认同、地域认同等基于特定群体和区域的认同形式，对基于公民身份一体性的国家认同产生了冲击。因而，国家通常会作为象征性代表中的制造者来塑造公民身份，从而使其在国家认同和其他类型的认同形式产生冲突时，让国家认同处于优先的地位。当一个黑人以代表的身份进入美国议会，或许并不意味着他能发挥多大的实质作用，但却会让少数族裔们觉得自己融入了这个国家，并认可了自身的美国公民身份。

3. 增强政治控制

政治控制是人类进入政治社会的一个重要现象，它是以国家为代表的主体为了实现共同体的共同目标，对社会进行规约和调节的活动，也是塑造政治认同的重要途径。为了节约社会资源，限制暴力手段的使用，现代政治主体往往通过更加温和的政治规范来实现政治控制。

从象征性代表实践的层面来说，国家和群体为了寻求政治认同和合法性往往通过象征性代表来向其成员不断输出主流价值和政治意识，形成一系列牢不可破的象征性符号，从而使其成员按照共同的规范或行为模式进行活动，让他们明白什么样的主张可以提出或者说更容易成功。从象征性代表的产生这方面来说，他们在民众心理认同的基础上确立起了受到普遍承认的权威，他们产生于这个集体并能极大地影响这个集体，这就使得象征性代表可以影响民众个人是否就某些事项采取行动。司法是现代社会最有力的控制武器，因为违反法律规范的代价是巨大的。但是在法律无法涉及的领域，象征性代表却迸发了相当大的活力。从中国古代乡贤到现在的公民代表和意见领袖，尽管并非是选举制度下的政治代表，但他们却受到广泛的拥护，具有引起大批民众情绪反应的能力，即使在法律无法涵盖的领域，也可以让民众做出合乎规范的行为。而在法律覆盖的领域，作为人们认可的具有权威的代表，当民众发现其因为某项行动而受到惩处或奖励，同样也会对自己这样的行为会产生的后果进行充分的预估，进而约束和控制自身的言行。从某种程度来说，象征性代表就像舞台上的演员，对他施以惩罚或是奖励，其渲染和象征的意义要远大于其实际功能：一方面象征性代表可以通过暗示的规范、价值设定来影响社会成员的活动领域；另一方面，具有在象征性代表的暗示和"表演"之下，人们潜移默化的会形成相应的规范和价值观念，增强对国家和所属群体的政治认同。

四、象征性代表的意义解释

对象征性代表进行研究和再解释，挖掘象征性代表的理论资源对于解释诸多政治现象和应对多元挑战具有重要意义。一方面，象征性代表往往代表着特定的群体，这也使得他们能够将社会隐藏的权力关系显现出来。哪些群体居于主导地位、哪些群体处于边缘地位，通过象征性代表都可以得到可视化的呈现。另一方面，由于象征性代表具备唤醒社会记忆、促进身份建构、增强政治控制的功能，这也使得他往往是国家用来引领和凝聚政治与社会认同的有效方式。需要注意的是，应当避免只从存在主义的角度来理解象征性代表，将象征性代表等同于"让人们满意的存在"，那将会把我们引入政治操控的歧途。同样，由于其具有的多重意义，象征性代表本身也存在着一定的理解和实践上的模糊性，应当明确在不同的情境下象征性代表具有怎样的意义、应该发挥着怎样的功能。

（一）象征性代表的当代价值

一方面，象征性代表能够显现暗含的权力关系。为什么选择象征性代表是必要的？首先，一个代理很难代表所有方面，它通常代表的是一个确定的方面；其次，一个特定的代理通常是为了特定的受众，从这个意义上代理显示了一个关于包含和排斥的边界。因而，象征性代表能够反映特权群体和边缘化群体，展现着不平等的权力关系。由于象征性代表的表现，暗示了不同的群体应当占据怎样的角色和位置，使得被边缘化群体的活动面临着更具有敌意的环境。例如，西班牙的第一任女性国防部长是怀孕七个月的卡梅·查孔，从她上任起就持续受到广泛的关注和质疑：她是否能够尽好职责？又是否暗示着西班牙军队的和平走向？其所具有的女性特征是否意味着西班牙总理想提高女性的地位和任用，而这是否相应地造成有才华的男性得不到任用？在这个男性主导的政治领域，倘若国防部长由一位男性任职，或许就不会面临如此多的争议。[16]通过特定的代表代表某部分群体，象征性代表设置了接纳和排斥的边界，我们要尽可能地不断扩大象征性代表所代表的群体。如果一个国家是由不同种族、族群、性别、阶级的群体组成的，国家属性就会通过各种象征符号表现出来，如果塑造不当不仅会导致这个国家的象征性代表趋向于形成特权，还会边缘化如有色人种、女性、残疾人等一些群体。所以，一个好的象征性代表必须要更具有全面性和包容性，能够在比喻性生产中包含边缘化的群体，从而挑战原有的话语霸权，实现对特权群体的再平衡。

另一方面，象征性代表有助于增强公民对于国家的政治认同。政治认同所要解决的是个体对于国家或政治群体的政治归属问题。艾利斯·杨指出，选民认为"我在政治活动中被代表了"，通常首先是因为"我认为某人追求的东西恰好符合我自己的利益"[17]。然而，在现实生活中不同的个体往往会具有不同的利益追求，这就导致难以找到一个超越多元的唯一代表。而象征性代表的作用是巨大的，国家和政治群体总是愿意塑造"神话人物"或"领袖人物"来引导着人们认同的走向，并实现某种程度上的求同存异。尤其是对于少数群体来说，象征性代表的存在可以增强他们对现行政体的认同和归属。如图2所示，象征性代表功能的发挥实际上是围绕着国家展开的一个闭环。可以将国家通过象征性代表重塑政治认同的这个过程分为三个连续的阶段：第一阶段是国家作为"制造者"将其意图意义发送给象征性代表，而后经由象征性代表进行呈现。比如，我们常看到政治人物与儿童在一起的和谐画面，就是对国家亲近民众的意义呈现。第二个阶段是象征性代表作用于个体时所发挥的功能。按照国家的意图，象征性代表唤醒人们被筛选后的集体记忆，在此基础上进行身份建构进而将不同群体限制在各自角色之中，起到政治控制的作用。第三个阶段就是象征性代表发挥功能重塑政治认同的过程。身份建构是政治认同的起点，个体归属于集体并在集体的影响和约束下

---

〔16〕 Tania Verge, Raquel Pastor, "Women's Political Firsts and Symbolic Representation", Journal of Women, Politics & Policy, Vol. 39, No. 1, 2017.

〔17〕 Iris Marion Young, *Deferring Group Representation*, In Ethnicity and Group Rights, Nomos XXXIX edited by Ian Shapiro and Will Kymlicka, New York University Press, 1997, pp. 349–376.

具有了归属感和荣誉感，以归属和赞同为特征的政治认同得以重塑。

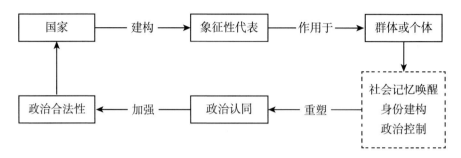

图2　象征性代表的运行机制示意图

（二）象征性代表的局限性

人们普遍接受这样一种观点：象征性代表作为一种"代指示"是不具有实质行动的功能和作用的。但是只从存在主义来理解象征性代表无法解释他在现实政治生活中所发挥的提供社会记忆、促进身份建构和增强政治控制的功能，在政治现实中象征性代表的确也存在一些理解和实践上的模糊性。

作为委托人的代理，象征性代表最重要的一点就是其不证自明的象征性和强大的唤起能力。汉娜·皮特金指出"我们永远不能用文字捕捉一个符号的暗示、唤起、象征的所有"[18]，后世学者也强调象征性代表中一个代理往往会具有多重意义。首先，不同的制造者会给同一个代理赋予不同的意义，而在不同的情境下代理表现的意义自然就会不同。在国际舞台上，我们承认一个外交官是国家处理对外事务的代理人，他是国家的象征，是国家利益的代表，其作为象征性代表的身份不容置喙。但是，我们并不会将这名外交官当作国家和人民的领袖，因为一旦离开国际舞台，他的身份就是一名具有对外职能的政务官员而不再是国家的象征。象征性代表基于特定的场景才有意义，一旦离开特定情境，其相关的意义和象征性就会消失。作为被代表者的民众，必须要明确的是象征性代表在不同场景具有不同的意义。其次，象征性代表的实践功能是有边界的。象征性代表具有提供社会记忆、促进身份建构和增强政治控制的功能，但是功能的发挥是为了对人们进行代表而不是

---

〔18〕　Hanna F. Pitkin，*The concept of representation*，University of California Press，1967. p. 96.

政治操控，象征性代表应成为人们多元利益最有力的融合，以更好地塑造权威，节约社会资源，促进社会和谐稳定。

象征性代表的存在与行动是有边界的，他存在的边界基于不同的情境，他实践的边界基于其功能发挥的目的。只有在某特定情境之下，为人民利益进行代表的象征性代表才是我们所拥护和承认的。相比于其他的代表类型，象征性代表受到程序的约束更少，其合法性的唯一来源就是被代表者的情感认同。如果过分关注于象征性代表的"定义性"，把代表等同于"令人满意的存在"，那么象征符号就会将我们引入歧途，扭曲我们对于象征性代表的理解。

三、 监督·立法：中国经验

○ 代议机关宪法监督模式的中国理论

○ 法律草案合宪性审查程序的精细化构造

○ 人大备案审查"双报备"试点的宪法基础
　　 与实践探索

○ 司法责任制改革对地方人大监督工作的影响

○ 人大主导立法视野下的人代会立法：立法文本、
　　 立法经验与中央政策（1979—2018）

○ 人大授权立法的制度变迁

代议机关宪法监督模式的中国理论

任喜荣

我一直是从宪法监督权，特别是近几年来作为研究热点的合宪性审查有关问题的研究上，思考中国的合宪性审查应该如何推进，中国的宪法监督制度怎么才能够表现出中国的特色，也就是如何构建代议机关宪法监督模式的中国理论。学术界要实现中国法学自主知识体系的整理和推进，宪法学者需要在中国宪法监督制度目前的实践基础之上，做一些理论的总结和反思。在理论研究的过程中，我深刻感受到宪法学和政治学进行交叉研究的必要性。关于中国宪法监督模式问题的思考，需要到政治学理论当中寻找理论资源，交叉研究确实可以加深我们对于相关问题的认识。

在比较宪法学的研究中，在世界宪法学的版图里，中国的宪法监督制度模式或者说以中国为典型国家的代议机关宪法监督的模式，是有特殊性的。世界上的三种宪法监督模式，有以美国为代表的司法审查制，以德国为代表的宪法法院制，另外一种就是以中国为代表的代议机关监督制。中国的实践非常关键，中国的宪法监督制能不能成为一种宪法监督模式理论，是代议机关监督模式能否成功的关键，这引导我将理论上的思考重点转向全国人民代表大会的宪法监督权到底应该如何行使上来。以美国、德国为代表的西方宪法学的有关研究，往往不将代议机关监督模式作为一种宪法监督模式。面对这样的挑战，我们在建构中国宪法学自主知识体系的过程中，需要立足实践提炼出理论规律，来回应世界宪法学对于中国的宪法理论和实践所提出来的质疑。

代议机关宪法监督模式面临的质疑主要有三个方面。第一个方面的质疑主要是体制上的，即"自我监督"的矛盾，就是自己制定的法律自己来监督，逻辑上是存在矛盾的。有观点认为自我监督不是真正的监督。在中国人民代表大会制度框架下，全国人民代表大会及其常委会既行使修宪权、宪法解释权、合宪性审查权，还行使立法权，在立法的同时履行宪法监督的职能，这就面临着"自我监督"的问题。第二个方面的质疑主要是机制上的，代议机关监督具有抽象监督的特点，有观点认为这种宪法监督制度不能为具体的权利侵害提供救济，无法在公民个人权利受到损害时，提供及时有效的救济，在机制上存在不足。也就是说代议机关监督模式的主要审查方式是抽象审查而不进行具体审查，这就使得公民的宪法基本权利受到侵害之后，没有办法通过宪法监督制度获得救济。第三个方面的质疑主要是技术上的，立法机关可能存在技术上的不足，在制定法律过程当中，虽然民主程序很完善，但是立法者的认识能力是有限的，社会上存在各种利益群体，立法本身是一个利益平衡的问题，立法没办法达到纯粹科学性的目标。有观点认为立法机关既然是行使人民主权的机关，就可以通过民主程序解决立法当中的问题。但是，从宪法实践的角度来看，立法机关也有可能忽视一项立法议案当中的宪法问题，就是说也会存在很多技术上无法避免的问题。

中国的宪法监督制度理论，在面对上述种种疑问时，可以从中国宪法监督的实践发展中寻找回应的理论突破口。党的十八大以来，中国的宪法监督实践有很多创新性的举措。首先，有代表性的就是全国人大宪法和法律委员会的设立。2018年修宪时，宪法和法律委员会通过宪法修正案的第44条写进了宪法当中。其次，备案审查制度的完善也是有代表性的制度创新。备案审查工作确立了"有件必备、有备必审、有错必纠"的"三有"目标。"有件必备"实现了所有规范性文件的全覆盖，现在已经搭建起这样的平台；"有备必审"就是要提高对所有规范性文件的审查，它所要实现的目标或者说所面对的主要挑战是审查质量和能力的提升；"有错必纠"是要确保宪法的有效实施。备案审查制度目前已成为中国宪法学的研究热点。再次，对立法的全过程的合宪性控制也是实践中的发展创新。2023年《立法法》修改时，面向立法的事前—事中—事后的合宪性审查，在党的十八大以来的立法实践基础上，提炼出一系列新条文。这方面的代表性例子就是《立法法》第23条、第36条、第58条。这些条款要求不同的立法主体对涉及的合宪性问题要进行说明。结合《立法法（修正草案）》的说明来看，这些条文规定的目的就是要在法律草案起草和审议过程当中落实合宪性审查的要求。《立法法》上述发展的目的，就是推进在立法的全过程中开展合宪性审查，包括事前、事中与事后的合宪性审查。事前与事中的审查发挥的作用很重要，但也存在很多问题，而事后的审查更是不可或缺。

从《立法法》条文的变化可以看出，在立法过程当中参与到合宪性审查的主体履行越来越多元化，草案的起草主体、审议主体都能够参与到合宪性审查职权履行当中，这也说明中国合宪性审查主体更多地吸收了"职能—履行"立场上的宪法说理主体观。这里涉及的一个理论问题就是多元主体参与到合宪性审查当中，如何保证权力行使的有效性，或者是对于宪法解释的内在融贯性。其中蕴含的民主赋权原理，即通过民主审议程序、参与程序的赋权，使得具体职能部门的宪法说理或者宪法解释转化为全国人大常委会的有权国家机关的宪法解释，后文中会进一步加以解释。

我们回头再来看，中国宪法学理论能否回应目前世界宪法学对于代议机关监督模式所提出来的具体的疑问。首先，关于第一个方面"自我监督"的质疑。上文分析了《立法法》的发展变化，就是明确规定了合宪性审查职权行使过程中的不同主体都能够参与到合宪性审查当中，宪法审查的主体因此变得多元化，不能简单概括为"自我监督"。合宪性审查具有职权型审查特征。面对职权型合宪性审查，宪法学可以借助"功能性职权分工"概念来回应以"三权分立"为背景的西方宪法学对于中国的这样的挑战。也就是说，政治学上的功能性分权的理论可否运用于中国宪法监督制度中的内部的职权分工，从而去回应西方宪法学关于"自我监督"的代议机关审查模式的质疑，我觉得可以做进一步的理论探讨。

其次，关于中国的合宪性审查制度能否对个人的权利进行救济，即能否兼容具体审查质疑。代议机关监督模式主要进行抽象审查，而这种抽象审查本身可能是缺少活力的，而且这种模式主要是对规范性文件本身进行抽象的审查，因此当公民的基本权利受到损害的时候，很难通过这样的机制实现对个人权利的救济。通过《立法法》的完善，以及2023年底全国人民代表大会常务委员会所制定的《关于完善和加强备案审查制度的决定》的有关规定，可以看到目前的法律法规既包含了公民提出建议的可能性，又在中国初步建立了监察委、人民法院和人民检察院在具体职权行使过程当中的权力过滤机制，从而使得公民基本权利救济具备了制度成长的空间。这是一个初步的阶段。如果说关于"自我监督"的讨论是体制上的问题，要在人民代表大会制度框架下来解决；那么对于具体审查的兼容，应该是在目前的制度发展当中，最应该去推进或者是回应的部分。

再次，关于立法过程当中的合宪性问题在技术上不可避免的问题。在实践当中我们是通过"强民主程序"来加以克服的。"强民主程序"就是通过民主审议程序、民主参与程序、民主协商程序等程序机制，尽量满足民意各方面的诉求，减少立法出现缺陷和不足的可能性。

以上是我国宪法监督制度的实践创新和理论回应。中国的实践需要通过理论的总结和提炼，去回应质疑，让代议机关监督模式产生越来越大的影响力。从宪法学自主知识体系建构的角度来看，我们急需对中国的宪法监督制度实践进行研究，从而使中国的宪法监督制度理论成为一个真正有影响力的宪法监督模式理论。

代议机关宪法监督模式在我国的重要实践问题就是对宪法内涵的阐释。立法当中规定"根据宪法，制定本法"，那么是根据宪法的什么制定了本法？宪法当中的精神、原则和规范，是怎么被具体化的？这些内容应当由全国人大常委会来解释。但是，实践中全国人大常委会的宪法监督是比较谦抑的，因为激进的表现容易引起不确定性和不可控性。其他国家机关也是谦抑的姿态。行政机关作为法律草案主要的起草者回避宪法解释，其他的机关也回避。法院曾经有一段时间在案件审理中援引宪法进行说理，现在这样的实践日益减少。从学理角度，非常需要系统研究全国人大及其常委会作为立法、修法、宪法解释和合宪性审查的机关，如何在权力行使的过程中加强宪法说理，通过对宪法内涵的阐明，使其真正成为宪法内涵的输出中心。

2023 年《立法法》修改，在阐明宪法内涵的问题上有了明显的推进，好几处条文增加了对合宪性和涉宪性问题进行说明的规定，加强了全国人大及其常委会在立法全过程的合宪性审查。首先，法律草案的起草过程中存在合宪性审查，法律草案的起草主体是多元的，既有人大的专门委员会，也有政府，并且政府起草了大部分草案。政府在法律草案的起草过程中，对于合宪性和涉宪性问题是要进行说明的。其次，法律草案的审议过程中存在合宪性审查，全国人大及其常委会对于审议过程中出现的合宪性和涉宪性问题要进行说明。再次，事后的备案审查过程中，如果有公民提出或者有机关提出审查请求，也要进行合宪性的说明。这就形成了立法的"事前、事中、事后"的全过程合宪性审查。这在事实上形成了宪法说理多元化的格局，即立法的起草主体要进行宪法说理，审议主体要进行宪法说理，审查主体也要进行宪法说理。这对宪法学理论研究带来了新的挑战。为什么说是新的挑战？因为根据宪法的规定，只有全国人大及其常委会才是宪法的解释机关和监督机关，只有全国人大及其常委会才能解释宪法，才能进行宪法说理，阐明宪法的内涵。基于"规范—效力"的理论立场，只有全国人大及其常委会才是有权的宪法解释机关，其对宪法内涵的说明才是有效力的宪法解释，任何其他国家机构都无此权力。然而，《立法法》规定了多元主体在立法过程中对合宪性涉宪性问题进行说明，这显示了理论立场的转变。关于立法主体立法学上有两种重要的理论立场，一种是效力论，另一种是功能论。效力论立场认为法律规定的主体才是立法主体。功能论认为只要是参与者都可以视作是立法主体。《立法法》的修改趋向于职能履行的功能论立场，也就是说对于立法过程中的全过程合宪性审查，有关主体只要在职能履行过程中参与到了合宪性审查，就可以视为合宪性审查的主体，这是在最初的效力论立场上又吸收了功能论的"职能—履行"的理论立场。

效力论和功能论之间的理论张力，可以通过人民代表大会制度运行来理解。我国人民代表大会的运行中蕴含了一个重要的机制，就是民主赋权的机制。民主赋权就是通过民主投票、民主协商、民主审议的过程，将职能履行意义上的立法审查主体的宪法说理，最终转化为全国人大常委会的宪法说理，这是一种民主程序的赋权。例如，一部法律的草案由政府的某个部门起草，经过立法程序转化为全国人大或者全国人大常委会的立法。根据《立法法》，全国人大常委会公报在公布正式的法律文本的同时还要公布法律草案的说明。在这个过程中，一部法律草案的说明由于经过了民主投票和民主审议的程序，并且根据最终通过的法律文本进行了内容调整，被纳入全国人大常委会公报中，这个法律草案说明就成为最权威的宪法或者法律解释。虽然说在我国的立法全过程合宪性审查中，存在宪法说理主体的多元化的发展变化，但是通过民主赋权程序，保证了对于宪法理解的一致性。立法草案的说理，可以分成合理性说理、正当性说理、合法性说理和合宪性说理。合理性说理指向的是立法的科学性，正当性说理指向的是立法的民主性，合法性说理指向的是法律秩序的统一性，合宪性说理指向的是宪法的全面实施。《立法法》坚持依宪立法原则，在立法说理中特别强调宪法说理，不仅使合宪性说理成为合法性说理的进一步延伸，同时也在立法起草阶段嵌入了对立法事实的合宪性判断，对于推动我国宪法实施和加强宪法权威发挥了独特的功能。

综上，中国的合宪性审查制度有这样体系化的发展，那么，是否能够以中国的实践提升代议机关监督模式在整个世界的影响？从比较宪法学角度，中国宪法监督实践展现出来的立法说理主体的多元化、功能性分权、职权型解释、备案审查中的过滤性机制等，对于世界范围内的比较宪法学是有贡献的。我国人民代表大会制度是一个有生命力的制度。人民代表大会制度框架在新中国成立之初确定下来之后，框架没有大的变化，但是在这个框架下，面对中国的发展实践，人民代表大会制度持续发展、持续成长。这种发展带来很多值得研究的理论议题，为建构中国宪法学自主知识体系提供了深厚的制度土壤。

法律草案合宪性审查程序的精细化构造*

谭清值

摘要： 在缺乏明确的法律事后合宪性审查制度之背景下，围绕"法律草案"的合宪性审查程序精细化议题，堪称宪法程序法研究皇冠上的明珠。保障"符合宪法"是法律草案合宪性审查程序的功能定位，其不仅旨在要求法律草案消极不抵触宪法，还要求其积极符合宪法的规定、原则和精神。法律草案的起草、审议是立法过程中的两个关键环节，可以从这两个环节依次完善法律草案合宪性审查程序。在法律草案起草阶段，审查主体、审查流程及程序衔接，构成了合宪性审查程序相对独立化运作的制度性条件。在法律草案审议阶段，立足功能主义的考量，合宪性审查程序可以生长出富有实际效用的复合机制。一项功能主义取向的法律草案合宪性审查程序完善方案，能够有力保障合宪性审查功能适当、富有效率。

关键词： 法律草案　符合宪法　合宪性审查　宪法程序法

一、引言

2018 年《宪法修正案》第 44 条将全国人大"法律委员会"更名为"宪法和法律委员会"，该委员会被赋予了推进合宪性审查、加强宪法监督等新工作职责。以此为界碑，可以说中国法治建设迈进了一个合宪性审查的新时代，关于合宪性审查的原理、制度与实践获得了更为普遍的拓展。党的二十届三中全会决定指出，"完善合宪性审查、备案审查制度，提高立法质

---

* 本文为国家社科基金青年项目"人大监督中全过程人民民主的法治保障研究"（23CF002）的阶段性成果。

量"[1]。然而，当前备案审查制度并没有明确将全国人大及其常委会制定的法律作为审查对象，法律完全由立法机关自身进行合宪性控制。[2]值得欣慰的是，2023 年修改的《立法法》架构起了初步的法律草案合宪性审查程序，为法律草案合宪性控制安排了基础性的程序内容。那么，在当前法律草案合宪性审查程序的规范框架下，是否需要且如何精细化程序，以使得合宪性审查功能适当、富有效率呢？

梳理既有研究，其思考主要聚焦于以下四个方面：一是总体描画合宪性审查程序。有学者在事实层面揭示法律草案合宪性审查的双重"过滤"机制。[3]而有学者在区分功能性和规范性审查标准的基础上，在应然层面描画了一套从起草阶段到审议阶段的合宪性审查流程图。[4]另有学者在应然层面建构起了一套包括法案分类程序、合宪性确认、合宪性讨论以及合宪性质疑的程序体系。[5]事实层面的程序刻画、描绘，无可辩驳，但应然层面的程序建构或许迈出的步子过大，难以落地。二是专门研究法律草案合宪性说明程序。[6]这对于该单项程序的精细化，无疑大有裨益。三是在立法论上建议制定"合宪性审查工作程序规定"或包含程序内容的"合宪性审查议事规则"。[7]该研究可以促进合宪性审查程序的规范化，但规范化的具体内容还有待进一步开掘。四是陈明法律草案合宪性审查的总体特征。其主要表现为一种"弱"

---

[1]《中共中央关于进一步全面深化改革　推进中国式现代化的决定》，人民出版社 2024 年版，第 30 页。

[2] 参见全国人大常委会法制工作委员会法规备案审查室编著：《规范性文件备案审查案例选编》，中国民主法制出版社 2020 年版，第 3-4 页。

[3] 参见陈玉山：《法律案合宪性审查的程序、事项与方法》，载《环球法律评论》2020 年第 1 期，第 73-77 页。

[4] 参见朱学磊：《法律规范事中合宪性审查的制度建构》，载《中国法学》2022 年第 5 期，第 240 页。

[5] 参见李少文：《工作型合宪性审查制度的程序设计》，载《法学评论》2021 年第 5 期，第 28-30 页。

[6] 参见胡锦光、苏锴：《论我国对法律的合宪性审查》，载《浙江社会科学》2024 年第 8 期，第 43 页。

[7] 参见于文豪：《宪法和法律委员会合宪性审查职责的展开》，载《中国法学》2018 年第 6 期，第 62 页；韩大元：《从法律委员会到宪法和法律委员会：体制与功能的转型》，载《华东政法大学学报》2018 年第 4 期，第 11 页。

审查，或被界定为工作型合宪性审查。[8] 该研究有益于更富理性地精细化合宪性审查程序。

法律草案合宪性审查程序附着于立法程序，进而遵循立法程序的基本原则和架构。虽然《立法法》没有直接划分立法的阶段，但不难发现法律草案的起草和审议是立法的两个关键环节。本文正是依据该两个阶段，依序提出法律草案合宪性审查程序的完善方案。任何一项制度的功能定位，往往成为该项制度完善的"指南针"。法律草案合宪性审查程序的功能定位及其考量要素，将有力、明确地指引着程序完善方案。

二、法律草案合宪性审查程序的功能定位及其考量要素

法律草案合宪性审查程序的功能定位，是经过程序保障法律草案"符合宪法"。该功能定位是受制于其自律型控制的程序机理。在前述功能定位之下，民主和科学两项原则成为合宪性审查程序完善的重要考量因素。

（一）法律草案合宪性审查程序的内在机理

系统梳理既有的规范体系，当前制度已经为法律草案合宪性审查程序架构起了初步的规范框架。根据 2021 年《全国人大组织法》第 39 条第 1 款规定，"宪法和法律委员会承担推动宪法实施、开展宪法解释、推进合宪性审查、加强宪法监督、配合宪法宣传等工作职责"。根据《立法法》第 23、36、58 条规定，提案人提出的法律草案说明应当"涉及合宪性问题的相关意见"；宪法和法律委员会应当将"涉及的合宪性问题"在审议结果报告中予以说明。当前法律草案合宪性审查程序的基本架构，为审查程序的精细化构造奠定了规范基础。

当前法律草案合宪性审查程序属于一种自律型程序控制。事前合宪性审查，是指制定主体或起草机关在立法启动前，遇到有关宪法问题时进行合宪性审查、咨询等工作；事中合宪性审查，则表现在立法起草或审议阶段，对

---

〔8〕参见达璐：《合宪性审查中"弱"事前审查的制度构建——基于法律文本的探讨》，载《华东政法大学学报》2021 年第 3 期，第 170 页；李少文：《工作型合宪性审查制度的程序设计》，载《法学评论》2021 年第 5 期，第 24—25 页。

立法的合宪性审查、咨询。[9]虽然官方针对法律事前事中合宪性审查和法律事后合宪性审查，都使用了"审查"一词，但其背后的实质意涵存在差异。法律事前事中的合宪性审查还身处民主审议阶段，主要是一种立法者的"自律"；法律事后合宪性审查是对法律的宪法监督，是一种"他律"。这个区别很重要，因为置身不同阶段的合宪性审查程序将会影响审查方法。

自律型合宪性审查程序对于审查方法带来了实质影响。在审查程序运作实践中，责任明晰的审查主体应当不断发展作为自制技术的事前审查方法。相比于事后的合宪性审查方法，法律草案合宪性审查方法具有两个特性：

其一，该类事前预判性的审查方法，没有个案事实的支撑。事后的合宪性审查程序，往往具有原因案件、相关案件的事实支撑，如此，便可以结合个案事实进行具体的利益衡量。因此，在法律草案合宪性审查中，应当特别注重对于立法事实的挖掘、收集与研判，否则该类事中的审查方法易停留于文本上的形式主义，从而丢失合宪性控制的初衷。

其二，该类自律性的合宪性审查力度，强于事后的合宪性审查。具体而言，在事后的合宪性审查中，审查者大多只是借助比例原则排除那些"较坏"的立法方案，但事中的审查者应在比例原则基础上致力于寻找那个"最佳"的立法选项。更何况，法律草案起草者、审议者不仅是消极地避免抵触宪法，还有义务积极地实施宪法，即通过立法极力地发展宪法。

（二）保障"符合宪法"：法律草案合宪性审查程序的功能定位

保障"符合宪法"的功能定位，旨在通过法律草案合宪性审查程序，保障立法结果最大可能地符合宪法。其中，"符合宪法"不仅是要求法律草案的规范消极不抵触宪法，还要求其积极符合宪法的规定、原则和精神。因此，法律草案合宪性审查程序具有内在的能量保障积极的宪法实施，防范立法不作为、立法懈怠的不良现象。

---

[9] 起草制定法规、司法解释等，若涉及宪法问题而又把握不准，可以向全国人大常委会提出咨询、进行请示。若事前没有咨询请示，事后又出现重大违宪问题的，制定机关可能会承担相应的法律后果。参见梁鹰：《备案审查制度若干问题探讨》，载《地方立法研究》2019年第6期，第13页。

保障"符合宪法"的功能定位，具有明确的规范基础和深厚的法理支撑。根据《立法法》第 5 条规定，"立法应当符合宪法的规定、原则和精神"。该规范表述区别于《立法法》在"适用与备案审查"一章的规定。《立法法》第 98 条规定："宪法具有最高的法律效力，一切法律、行政法规、地方性法规、自治条例和单行条例、规章都不得同宪法相抵触。"可见，立法程序阶段的规范要求是"符合宪法"，适用于备案审查阶段的规范要求则是"不得同宪法相抵触"。除了具有明确的规范基础外，保障"符合宪法"的功能定位也更为契合自律型合宪性审查程序的内在机理。在民主审议过程中，立法者具有较大的立法形成空间，而自律型合宪性审查程序一定程度上能够督促宪法规范的立法形成。

《立法法》将"宪法精神"确立为一个正式的法律概念。保障"符合宪法精神"是审查程序功能定位的亮点，也是难点。这是因为宪法精神具有极大的抽象性、可开掘性。宪法精神可能需要从宪法文本乃至宪法制定的历史背景、制定过程、主要任务等文本以外的因素中推导、论证、引申出来。[10]换言之，宪法精神依赖于运用文义解释以外的方法，从宪法中阐发出规范意义。[11]因此，起草者、审议者需要在合宪性审查程序中花费更多的精力保障法律草案"符合宪法精神"。

（三）功能定位下审查程序精细化的考量要素

"科学立法、民主立法、依法立法"是新时代立法的三大原则。党的十九大报告提出："推进科学立法、民主立法、依法立法，以良法促进发展、保障善治。"[12]党的二十大报告又进一步强调："科学立法、民主立法、依法立法，统筹立改废释纂，增强立法的系统性、整体性、协同性、时效性。"[13]《立

[10] 参见全国人大常委会法制工作委员会法规备案审查室：《规范性文件备案审查理论与实务》，中国民主法制出版社 2020 年版，第 110 页。

[11] 参见阎天：《作为合宪性审查依据的宪法精神——论〈立法法〉原第四条的修正》，载《北京大学学报（哲学社会科学版）》2023 年第 3 期，第 158 页。

[12] 习近平：《习近平谈治国理政》（第三卷），外文出版社 2020 年版，第 30 页。

[13] 习近平：《高举中国特色社会主义伟大旗帜 为全面建设社会主义现代化国家而团结奋斗：在中国共产党第二十次全国代表大会上的报告》，人民出版社 2022 年版，第 41 页。

法法》第 55 条更是直接吸纳了该三大原则，明确规定"全国人民代表大会及其常务委员会坚持科学立法、民主立法、依法立法"。值得强调的是，2023 年立法法修改，突出了"依法立法"首先应当"依宪立法"的理念。该次修改将"遵循宪法的基本原则"修改为"符合宪法的规定、原则和精神"，丰富了依法立法原则的内涵，同时也拓展了对立法进行合宪性审查的解释空间。[14]

立法三大原则不仅是对立法内容的要求，也是对立法程序的要求。法律草案合宪性审查程序的既有规定较少，同时审查程序的精细化完善正是在既定程序框架下的改良，因此可以较少考量审查程序的依法原则，而应当将重点聚焦在审查程序的科学原则、民主原则。

法律草案合宪性审查程序属于立法程序的一环，应当考量程序机制的科学性。一般意义上的科学性包含两种意涵：一是建立在"事实性"基础上的"合规律性"，它解决的是"是什么"的问题，进而"真实"成为了其评判标准；二是建立在"有效性"基础上的"合目的性"，其解决的是"做什么"的问题，以"实现目的的程度"为评价标准。[15]作为实践活动的立法也分享前述科学的意涵。因此，应当考量法律草案合宪性程序的合规律性、合目的性。法律草案合宪性审查程序的功能目标是保障法律草案"符合宪法"。因此，在遴选具体的程序措置时，需要进行成本收益分析（蕴含了合规律性、合目的性考量），使得审查程序富有效率地实现保障"符合宪法"的功能定位。

法律草案合宪性审查程序也应当考量民主性。一般将民主区分为选举民主和协商民主。选举民主是通过选票的方式实现一种意志总量的叠加，主要解决的是权源的正当性问题。协商民主是选举民主之后，通过审议、商谈、参与、论辩等方式增加权力运行过程中的民主含量，主要解决的是"民主赤字"的问题。宪法协商民主理论更多不预设实际结果，不接受道德、伦理、宗教的先验规范，而是转向于对协商过程中程序有效性条件的追求。[16]法律

---

〔14〕 参见童卫东：《新〈立法法〉的时代背景与内容解读》，载《中国法律评论》2023年第 2 期，第 194 页。

〔15〕 参见裴洪辉：《合规律性与合目的性：科学立法原则的法理基础》，载《政治与法律》2018 年第 10 期，第 61–62 页。

〔16〕 参见王旭：《宪法实施的商谈机制及其类型建构》，载《环球法律评论》2015 年第6 期，第 53 页。

草案合宪性审查程序所考量的民主性，主要指向协商民主，是对立法机关的一种程序主义民主的要求，而非选举民主的传统要求。

三、法律草案起草中合宪性审查程序的基础、要点及衔接

法律草案起草中合宪性审查程序具有相对独立的地位，其直接决定了合宪性审查质量的底线。审查主体、审查流程及程序衔接，构成了起草阶段合宪性审查程序相对独立化运作的制度性条件。

（一）合宪性审查程序相对独立设计的三个基础

当前立法制度体系尚没有规定法律草案起草阶段的合宪性审查程序，可以说合宪性审查程序是嵌入、混同在法律草案起草程序中。但是，本文主张合宪性审查程序应当从法律草案起草程序中析出，从而获得相对独立的程序地位。起草阶段合宪性审查程序相对独立设计的地位具有三个重要基础：一是宪法法律所赋予法律草案起草者行宪职责的规范基础；二是"合宪性推定"原理延展的理论基础；三是法律草案起草者合宪性审查功能优势的事实基础。

在法律草案起草过程中应当着手合宪性审查，是宪法法律赋予起草者应当履行的职责。《立法法》第58条规定了提案人在法律草案说明中报告"涉及合宪性问题的相关意见"的职责，该职责附带地要求法律草案起草者进行合宪性审查。而且，《宪法》序言最后一个自然段庄严宣告，宪法"具有最高的法律效力"，进而一切国家机关"都必须以宪法为根本的活动准则，并且负有维护宪法尊严、保证宪法实施的职责"。在当前立法制度格局中，基于宪法法律上的规范要求，包括国务院在内的法律草案起草者、提案人，应当审查法律草案是否符合宪法的规定、原则和精神。

以法定职责的规范基础为条件，在法律草案起草中推进合宪性审查程序，亦是人大制度下宪法审查中"合宪性推定"原理的内在诉求。所谓合宪性推定，是指宪法监督机关在对立法进行宪法审查过程中，首先在逻辑上推定立法内容合乎宪法，以示机关之间的尊重，除非有明显的事实和理由表明其违背了宪法。合宪性推定是一种原理性的宪法方法，其正当性根植于宪法

的最高性、以权力为手段的人权目的性、审查者的经济理性等。[17] 在人大制度之下，宪法监督机关仍然应当遵循合宪性推定原理，其正当性与前述原理性的内容相似相通。在中国宪制语境下进行严格区分，人大制度本身充分肯定法律的合宪性，在具体制度设计中便没有专设法律事后合宪性审查程序。因此，对法律的合宪性控制，放在了法律的立项、起草、审议等事前事中的环节，而不是事后的合宪性审查阶段，这是中国法律合宪性审查的特色之处。

无论是方法上的合宪性推定，还是制度意义上的合宪性认定，均依赖事前事中的合宪性审查。在宽泛意义上，合宪性审查是一个体系性的复杂过程，合宪性审查的前端、中端和后端无法完全割裂。如果法律草案起草阶段的合宪性审查"放水"，这将使事后的合宪性推定原理面临巨大挑战，动摇其背后法安性价值、立法的经济成本等诸多理论假设的事实基础。该类具有预防性质的事中合宪性审查工作，为事后的合宪性审查开展筑牢了规范基础。因此，在法律草案起草中相关国家机关不应弱化、反而应加强合宪性审查。

与事后的违宪纠错成本比较，法律草案起草中合宪性审查程序的纠错成本更小。具体原因有二：其一，事后宣布一项法律违宪将使得法规从立项、起草到通过的大部分成本付出归于"零收益"，造成立法资源的浪费；其二，实质上违宪的法律草案正式通过生效后，在执法过程中将造成诸多的社会危害，同时纠正执法过程的违宪案件，亦将带来社会止损成本的上升。特别是就后者而言，越严格执行违宪的法律，就是越严重地侵害公民的正当权益。虽然世界上多数国家的合宪性审查结果溯及力采取"以不溯及为原则，以溯及为例外"模式[18]，但这是出于维护法的安定性并兼顾个案实质正义的结果，是一种迫不得已的现实选择。总体而言，在法律草案起草过程中，就将草案内容中存在违宪的情形剔除出去，甚至排除违宪疑虑的地方，如此产生的国家治理成本必然较小，收益势必增加。

---

〔17〕 参见王书成：《合宪性推定的正当性》，载《法学研究》2010 年第 2 期，第 25—35 页。

〔18〕 参见梁洪霞：《关于备案审查结果溯及力的几个基础问题——兼与王锴、孙波教授商榷》，载《法学论坛》2022 年第 2 期，第 68—69 页。

（二）程序要点：合宪性审查的主体与流程

为了更好地实现法律草案起草中合宪性审查功能，需要各类行之有效的程序机制。在当前的法律草案拟定制度框架中，可以在明确合宪性审查主体责任、健全必要的相对独立审查流程、重视立法事实审查等方面进一步着力完善。

在法律草案起草者内部，更加明确地设定合宪性审查职责的履行主体。以作为提案人的国务院为例，结合政府机构改革的发展要求，关于政府职责的规范性文件可以更为明确地设定合宪性审查的具体责任主体。比如，在德国联邦政府内部具体由其司法部承担法律草案的合宪性审查职责，主要做到两点：一是各业务司在起草法律草案时特别注重与基本法之间的关系，确保法条符合基本法的规定和精神；二是在司法部内部确定由专门的专业司负责对其他专业司起草的法律草案进行合宪性审查。[19] 可见，德国联邦司法部对其承担合宪性审查的内部责任划分非常细致。回归我国本土，根据党的十九届三中全会审议通过的《中共中央关于深化党和国家机构改革的决定》、《深化党和国家机构改革方案》和第十三届全国人大第一次会议批准的《国务院机构改革方案》，国务院司法部承担的主要职责包含了"负责起草或者组织起草有关法律、行政法规草案。负责立法协调"。[20] 概览既有规范体系可见，在未来政府内部法制完善中，宜更为明确地规定合宪性审查的负责机构，以便落实主体责任。

在明确审查主体责任的基础上，应当建立健全必要的审查步骤和流程，以使具有内部自治性的合宪性审查程序逻辑自洽、运转高效。必要的相对独立审查流程大致包括：一是明定合宪性审查标准。在合法性的审查要求之

---

〔19〕 参见全国人大常委会法制工作委员会法规备案审查室：《规范性文件备案审查理论与实务》，中国民主法制出版社 2020 年版，第 396 页。

〔20〕 地方立法中亦有规定地方性法规草案、政府规章草案的起草单位和审查主体。例如，根据 2024 年《内蒙古自治区人民政府拟定地方性法规草案和制定政府规章程序规定》第 23 条和第 26 条规定，地方性法规草案送审稿和政府规章草案送审稿应当由起草单位法制机构审核，经起草单位主要负责人签署后，报送自治区人民政府司法行政部门。地方性法规草案送审稿和政府规章草案送审稿由几个单位共同起草的，应当由起草单位主要负责人共同签署。地方性法规草案送审稿和政府规章草案送审稿由自治区人民政府司法行政部门负责审查。

中，明确将合宪性标准作为一项独立的审查事项。二是建立审查过程的意见协商机制。如果在审查过程中出现合宪性的疑义与分歧，应当通过机关之间的协商机制加以解决，以快速有效地形成合宪性审查共识。三是建立违宪判断之后的结果处理机制。在作出违宪判断后，应当建立具体的纠错途径。当然，以上几点具体的建议略显粗疏，需要结合提案人的合宪性审查实践进行贴合实际的细化、改善。

在法律草案起草中，合宪性审查程序应当格外重视立法事实的合宪性审查。所谓立法事实，是能够为立法目的及实现手段的合理性提供支持的社会、经济、文化方面的一般事实。[21]对于判定法律合宪性的涵摄模型来说，立法事实起到的作用是构建弥补大前提与小前提之间落差的额外前提，进而才能够完成完整的涵摄模型；对于解决案件争议本身起到的作用是帮助，甚至独自形成导出判决结论的涵摄模型的大前提。[22]因此，合宪性审查中的立法事实审查相当关键和重要。立法事实问题的核心是法律规范能够在多大程度上实现政策目的，通常需要对立法措施的成本和收益进行分析，只有在收益大于成本或者成本可控的条件下才会被视为合宪。[23]相较于事后的宪法监督者、事中的法律草案审议者，法律草案起草者更为接近立法事实。凭借立法实地调研、访谈论证等方式方法，起草者具有更充分认识、把握立法事实的组织和程序条件。

（三）程序衔接：合宪性问题相关意见的筹措与说明

合宪性问题说明机制，是指提案人应当将涉及合宪性问题的相关意见在法律草案的说明中予以展现。《立法法》第58条规定法律草案的说明应当包括"涉及合宪性问题的相关意见"，即要求提案人确认草案的合宪性，这不仅是其职权，更是其职责。正是基于合宪性问题说明的职责，提案人应当以合宪性问题说明的结果为导向，在法律草案起草阶段着手合宪性问题相关意见

---

〔21〕 参见陈鹏：《合宪性审查中的立法事实认定》，载《法学家》2016年第6期，第2页。

〔22〕 参见陈道英：《立法事实在我国合宪性审查中的展开》，载韩大元、莫纪宏主编：《中国宪法年刊》（2019–2020·第十五卷），法律出版社2022年版，第75页。

〔23〕 参见朱学磊：《法律规范事中合宪性审查的制度建构》，载《中国法学》2022年第5期，第230页。

的筹措工作。

为了更好地开展起草阶段的合宪性审查，有必要更为准确、透彻地理解"涉及合宪性问题的相关意见"的规范内涵，并将其要求予以细化。提案人提出的法律草案一般要经过全国人大各专门委员会的"前置性"审议程序，才能决定是否列入大会议程。该"过滤"机制为全国人大常委会法律草案合宪性审查提供了程序性契机。全国人大常委会完全可以要求提案人在对法律草案进行说明时，特别要求其说明法律草案的各项规定不存在违反宪法的情形，[24] 亦可以要求其说明法律草案已经积极落实宪法的规定和原则、积极贯彻宪法精神。换言之，只要在"涉及合宪性问题的相关意见"文义规定范围内，全国人大常委会便可以要求提案人说明更加具体、细致的合宪性问题意见。

法律草案起草阶段的合宪性审查程序，不应当因为其身置法律事中合宪性审查程序的初端而被有意或无意的忽视，在理论上有必要予以认真对待。相信伴随着相关理论的研究和发展、方法论上的自觉以及立法上的具体回应，法律草案起草中的合宪性审查程序，将在合宪性审查的新时代发挥更为积极有力的功能。

四、法律草案审议中合宪性审查程序的复合机制

法律草案审议中合宪性审查程序，是整套法律事中合宪性审查程序承上启下的关键一环。当前立法者在实践中探索形成了初步的工作流程，主要表现为宪法和法律委员会召开会议、统一审议法律草案时，一并听取由法工委提供的关于法律草案合宪性、涉宪性问题研究意见的报告，并根据不同情况在法律草案的说明、修改情况的汇报、审议结果的报告、修改意见的报告以及参阅资料等文件中予以说明。[25] 以此初步工作流程为基础，立足程序功能

---

〔24〕 参见陈玉山：《法律案合宪性审查的程序、事项与方法》，载《环球法律评论》2020 年第 1 期，第 75 页。

〔25〕 参见全国人大常委会法制工作委员会宪法室：《2023 年全国人大及其常委会加强和创新宪法实施情况报告》，载中国人大网，http://www.npc.gov.cn/npc/c2/c30834/202402/t20240223_434718.html，2024 年 8 月 29 日访问。

主义的考量，法律草案审议阶段合宪性审查程序可以生长出富有实际效用的复合机制。

（一）合宪性审查的全覆盖式启动机制

有学者认为，只需要将部分法律草案纳入合宪性审查程序。具体而言，其根据法律草案属性，将其分为"涉宪法法案"和"不涉宪法法案或普通法案"，涉宪法法案在由全国人大常委会法工委标注之后，将履行更复杂的法案审议程序。[26]本文并不赞成该种简化的法案分类，而是主张审议阶段的合宪性审查对象应当实现全覆盖，所有法律草案都要经过专门的合宪性讨论环节。这就是合宪性审查的全覆盖式启动机制。构建全覆盖式启动机制具有两个理由：

一是政策上的支持。习近平总书记指出，"坚决把宪法规定、宪法原则、宪法精神贯彻到立法中"，"要全面发挥宪法在立法中的核心地位功能，每一个立法环节都把好宪法关，努力使每一项立法都符合宪法精神、体现宪法权威、保证宪法实施"。[27]而且，全国人大常委会法工委也明确，"确保每一部法律、每一项制度、每一条规定都符合宪法规定、宪法原则、宪法精神"[28]。如果要实现前述政策目标，必然要建构全覆盖式启动机制。不仅每项法律草案都要纳入合宪性审查程序，而且法律草案的每条规定也应当接受合宪性审查。

二是能力上的保障。全国人大及其常委会有能力在审议阶段开展全覆盖式的合宪性审查。2011年全国人大常委会工作报告宣布：以宪法为统帅，以宪法相关法、民法商法等多个法律部门的法律为主干，由法律、行政法规、地方性法规等多个层次的法律规范构成的中国特色社会主义法律体系已经形成。伴随着立法阶段性目标的实现，我国已经逐步迈入"精细化立法""修

---

〔26〕参见李少文：《工作型合宪性审查制度的程序设计》，载《法学评论》2021年第5期，第28页。

〔27〕习近平：《谱写新时代中国宪法实践新篇章——纪念现行宪法公布施行40周年》，载《人民日报》2022年12月20日，第1版。

〔28〕全国人大常委会法制工作委员会：《全面贯彻实施宪法 坚持好完善好运行好人民代表大会制度》，载《求是》2024年第17期，第58页。

法"的时代。从《全国人大常委会 2024 年度立法工作计划》中修改型法律草案的数量之众，就可见一斑了。在 2024 年立法工作计划中，继续审议的法律草案共计 16 件，8 件属于修改型；初次审议的法律草案共计 23 件，16 件属于修改型。虽然当前立法任务难度也异常艰巨，但立法任务的实际总量已经减少并趋于平稳。故而，若实施全覆盖式启动机制，全国人大及其常委会应该能够承担与之相应的审查职责。

（二）合宪性审查的服务型筹备机制

法律草案合宪性审查的服务型筹备机制，主要由全国人大常委会法工委承担。服务型是相对于职责型而言的，具体是指为其他具有审查职责的主体做一些服务性的筹措、准备工作；除非法律明确授权，法工委自身不能作出具有法效力的合宪性审查相关决定。根据 2018 年《关于全国人民代表大会宪法和法律委员会职责问题的决定》，"推动宪法实施、开展宪法解释、推进合宪性审查、加强宪法监督、配合宪法宣传等工作职责"由宪法和法律委员会承担。

法律草案合宪性审查服务型筹备机制的主要内容，是对法律草案中的法条进行分类，标记可能存在合宪性问题的条款。值得强调的是，服务型筹备机制不是对法律草案进行分类，而是对每个法条进行分类、标记。涉及宪法上的基本权利规范、国家机构规范、基本国策规范，是涉及合宪性问题条款的基本分类情形。不过，如果是经党中央预先批准的法律草案，全国人大常委会法工委则必须要进行额外的标记。基于党领导立法原则的考虑，该类额外标记的法律草案合宪性审查程序具有一些特殊处理的内容，下文将详述。

（三）合宪性审查的"二阶"审议机制

法律草案合宪性审查的"二阶"审议机制，由宪法和法律委员会主导，具体包括两个依次推进的阶段：一是专题、初步的合宪性讨论环节；二是独立、复合的合宪性论证环节。法律草案统一审议是立法工作中开展合宪性审查最重要的环节，是依宪立法、依法立法的关键阶段。[29]"二阶"审议机制

---

〔29〕 参见李飞：《全面发挥宪法在立法中的核心地位功能 在法律草案统一审议中把好合宪性审查关》，载《中国人大》2022 年第 24 期，第 15 页。

是对法律草案统一审议中合宪性审查程序的精细化。

1.专题、初步的合宪性讨论环节

宪法和法律委员会将前期发现的可能存在合宪性问题条款，全部纳入"合宪性讨论环节"。在合宪性讨论环节中，对于轻微简单的合宪性问题，宪法和法律委员会可以采取以下两种方式作出处置：

第一，修改同宪法文面不一致的条款，并在审议报告中说明具体缘由。宪法和法律委员会进行文面合宪性审查，可以修改法律草案中存在合宪性疑虑条款的部分字词，以保持法律草案与宪法的文面一致性，去除不必要的显在合宪性风险。

第二，增加有益于维护宪法的条款，亦在审议报告中指出特定理由。宪法和法律委员会进行文面合宪性审查，若发现法律草案中存在实施宪法规范不足的条款，可以增加有助于维护宪法、实施宪法的条款，以增强宪法权威。

2.独立、复合的合宪性论证环节

针对重大疑难的合宪性问题条款，宪法和法律委员会根据工作需要可以将其纳入独立、复合的"合宪性论证环节"。此时，宪法和法律委员会就应当暂停法律草案一般条款的统一审议程序，而凝心聚神开展重大疑难合宪性问题条款的论证工作。面对不同的具体情形，宪法和法律委员会可以采取与之匹配的程序机制，以增强合宪性论证环节的科学性、民主性。

第一，同党中央的汇报衔接机制。如果宪法和法律委员会在审议党中央预先审批的法律草案时发现合宪性问题，应当积极向党中央汇报相关情况，并根据党中央的意见作出宪法判断。由党中央听取有关方面关于重要立法事项的请示，在全国人大常委会审议法律草案前预先审批法律草案，是党领导立法的重要实践形式。[30]例如，2018 年《中华人民共和国公务员法》修订时，其修订草案说明即提到，"中央党的建设工作领导小组会议审议了修订草案（送审稿），根据审议意见对送审稿作了修改完善，并报经习近平总书记审阅

---

〔30〕 参见全国人大常委会法制工作委员会研究室：《我国改革开放 40 年立法成就概述》，法律出版社 2019 年版，第 18—21 页。

同意"〔31〕。有学者认为，宪法和法律委员会不应质疑经党中央预先审批法律草案的合宪性。其主要理由是该情况下，党中央实际上已经确认了法律草案的合宪性。如果仍然质疑法律草案的合宪性问题，就不能确保党对立法与合宪性审查工作的领导和权威。〔32〕此观点具有一定的说服力，但考虑到实际工作的需要，如果宪法和法律委员会确凿地发现了合宪性问题条款，应当及时向党中央汇报该种情况，并根据党中央意见作出妥当处置，而不是对已然发现的合宪性问题置之不理或自行决断。

第二，专门意见的沟通吸纳机制。根据合宪性审查工作需要，宪法和法律委员会可以同其他专门委员会衔接沟通。如果宪法和法律委员会的审议意见同其他专门委员会的审查意见存在冲突，应当将冲突意见反映在统一审议结果报告中，报请全国人大常委会审议决定。另外，根据审查工作的实际需要，宪法和法律委员会适时开展合宪性问题专家听证会，也是一项符合科学性、民主性原则的重要程序机制。

第三，提案人说明情况机制。宪法和法律委员会可以邀请法律草案起草机关说明情况，这是法律草案合宪性论证环节的重要程序机制。《立法法》第18条第2款已经架设起基本的程序框架，其规定"专门委员会审议的时候，可以邀请提案人列席会议，发表意见"。宪法和法律委员会可以据此邀请提案人到会说明合宪性问题条款的拟定背景、立法事实、行为策略等情况，为合宪性论证提供重要的参酌资料。

提案人说明情况机制具有重要的法理依据。法律草案起草者更为接近"立法事实"，在立法事实问题上具有专业优势。宪法规范的开放性和原则性，决定了宪法判断者难以单纯通过条文的涵摄适用，去得出立法合宪与否的结论，而立法内容背后是否有相关事实的支撑，便成为合宪性判断的关键决策因素。相比于事后的合宪性审查者，该类立法事实在法律草案起草阶段更容易被发现、搜集和确证，因为起草者可以通过召开座谈会、论证会、听

---

〔31〕 沈春耀:《关于〈中华人民共和国公务员法（修订草案）〉的说明》，载《中华人民共和国全国人民代表大会常务委员会公报》2019年第1号，第50页。

〔32〕 参见邢斌文:《法律草案说明中的宪法判断》，载《地方立法研究》2022年第1期，第56页。

证会、调研会等手段调配立法资源、收集相关事实信息，而且该种事实收集、研判和确证活动还不会受到特别严格的时间限制。

五、结语

当前，针对基本权利、国家机构，乃至总纲中的基本原则、国家目标等规范的研究成果丰硕，而在保障宪法实施的程序机制、程序原理的研究上，则明显着力不足。[33] 本文则勇敢迈进"宪法程序法"的研究领域，立足程序功能主义的进路，围绕法律草案合宪性审查程序的精细化问题展开探索。在人民代表大会制度下的合宪性审查程序法研究中，法律草案合宪性审查程序议题，堪称合宪性审查程序法研究皇冠上的"明珠"。本文基于既有的法律草案合宪性审查程序架构，在法律草案起草、审议阶段依次提出了一些合宪性审查程序的完善措施。期盼该项功能主义的法律草案合宪性审查程序精细化方案，能够有力保障合宪性审查功能适当、富有效率。

〔33〕 参见张翔：《以"宪法程序法"理念健全保证宪法全面实施的制度体系》，载《中国法治》2023 年第 3 期，第 25 页。

人大备案审查"双报备"试点的宪法基础与实践探索[*]

梁洪霞　徐嘉玲

摘要：我国目前部门规范性文件由本级政府备案审查的制度设计，已经显露出文件数量庞大难以监督、政府同体监督不力、政府降级发文规避人大监督等问题。重庆市人大常委会为此在全国率先开展部门规范性文件同时向本级政府及同级人大常委会报备并接受其审查的"双报备"试点。一方面，在宪法依据上，通过解释宪法中地方人大及政府职能定位条款、引入功能主义进路使"双报备"具有宪法基础；另一方面，需积极创新联合审查方式和衔接联动机制、细化审查标准附加典型案例并在双系统推广、设计审查结论冲突解决及纠错落实机制，逐步完善和推进"双报备"的制度运作。

关键词："双报备"　部门规范性文件　备案审查

引言

党的十八大以来，党和国家高度重视备案审查工作，持续加强对规范性文件的事后监督。2022年，党的二十大报告明确提出"完善和加强备案审查制度"，开启了备案审查工作的新征程。2024年，党的二十届三中全会再次强调，"完善合宪性审查、备案审查制度"，要求重点解决备案审查痛点、难点问题，推动备案审查工作取得重要进展和成效。其中，对政府各部门规范

---

* 重庆市教育科学规划课题一般项目"新时代家庭教育的政府介入问题研究"（项目编号：K22YG203118）。

性文件的备案审查，长期以来存在文件数量庞大难以监督[1]、政府同体监督效果差、政府降级发文规避人大监督[2]等困境，现已成为备案审查需要重点解决的问题之一。

为了应对这一突出问题，重庆市人大常委会率先开展"双报备"试点工作，将本级政府工作部门制定的规范性文件逐步纳入地方人大常委会的备案审查范围，[3]进一步增强了人大备案审查监督实效。但"双报备"试点工作是一项制度性探索，目前还存在宪法依据模糊、人大政府双系统审查衔接不够、审查标准不一致、审查结论冲突解决机制欠缺等问题，亟待理论支撑和制度优化。本文试对"双报备"试点工作中的理论及实践难题进行探讨，力求为地方备案审查工作的发展完善提供可行性建议。

一、重庆市人大推行"双报备"试点的工作概况

（一）背景及实施情况

2015 年 8 月，重庆市人大常委会设立备案审查工委，重庆由此成为全国省级人大中首个也是唯一一个专设常委会备案审查工作机构的省份。自成立以来，重庆市人大常委会实施了多项制度创新，备案审查工作处于全国人大系统"第一方阵"的前列。[4]重庆市人大常委会在备案审查工作中发现，政府各部门制定的规范性文件相较于政府制定的文件，数量更大，而质量参差不齐。实践中各级政府出于工作的便利往往更倾向于由其工作部门制定规范性文件，由此将监督权握在自己手中，避免同级人大常委会的审查。此外，

---

〔1〕 参见熊世明、白忠菊、蒲嘉、马有芳：《行政规范性文件内部监督机制探究——以〈重庆市行政规范性文件管理办法〉的修订为视角》，载《中国司法》2019 年第 6 期，第 24 页。

〔2〕 参见梁洪霞：《备案审查事后纠错的逻辑基础与制度展开》，载《政治与法律》2022 年第 9 期，第 132–133 页。

〔3〕 重庆的"双报备"试点工作，还包括了对政府派出机构及法律、法规授权组织制定的规范性文件向同级人大常委会报备，本文限于篇幅，仅讨论政府工作部门制定的规范性文件的备案审查问题。

〔4〕 朱宁宁：《以创新求突破提升"重庆辨识度"——重庆市人大常委会备案审查工作多项举措令人瞩目》，http://epaper.legaldaily.com.cn/fzrb/content/20240409/Articel06003GN.htm?spm=zm1012–001.0.0.2.xukYIn，2024 年 9 月 25 日访问。

各级政府的备案审查工作具体由其司法行政部门负责，那么政府司法行政部门自己制定的规范性文件，按照制度规定就由其自身进行备案审查监督，从而形成了"自我监督"。无论是"同体监督"还是"自我监督"，都违反了"自己做自己案件法官"的法治逻辑。司法行政部门职权广泛、事务繁重，加之部门规范性文件事前已经由部门相关机构进行合法性审核或者由司法行政部门审核，因此事后监督的效果并不理想。由此，部门规范性文件是否可以交由同级人大常委会直接监督，以解决政府同体监督不力的现状，是实现"规范性文件备案审查全覆盖"的又一重要问题。

2023 年，重庆市人大常委会深入基层调研，在大足、江津、綦江、秀山四地启动规范性文件"双报备"试点工作，要求区县政府工作部门制定的规范性文件同时报本级人民政府及同级人大常委会备案审查。[5]在修订《重庆市各级人民代表大会常务委员会规范性文件备案审查条例》(以下简称《重庆备审条例》)时，市人大常委会以试点经验为基础，专门对政府工作部门等制定的规范性文件渐进式纳入"双报备"范围进行制度设计。《重庆备审条例》第 12 条规定，"人大常委会应当逐步将本级人民政府的工作部门、派出机构等所有属于人大常委会监督对象的国家机关以及法律、法规授权的组织制定的规范性文件纳入备案审查范围，实现规范性文件备案审查全覆盖"。这一实践探索得到全国人大常委会法工委的肯定和支持，并向全国各省(自治区、直辖市)推介。在取得阶段性成效的基础上，"双报备"试点工作列为重庆市委深改委 2024 年加快实施的重点改革项目，目前已复制拓展至 12 个区县。[6]

(二)工作成效

"双报备"试点工作开展以来，在"备案——审查——纠错"环节均取得

〔5〕参见黄谷:《重庆市人大常委会备案审查工作委员会关于 2023 年备案审查工作情况的报告——2024 年 3 月 27 日在市六届人大常委会第七次会议上》，https://www.cqrd.gov.cn/site/article/1230096246308495360/web/content_1230096246308495360.htm，2024 年 9 月 25 日访问。

〔6〕朱宁宁:《以创新求突破提升"重庆辨识度"——重庆市人大常委会备案审查工作多项举措令人瞩目》，http://epaper.legaldaily.com.cn/fzrb/content/20240409/Articel06003GN.htm?spm=zm1012-001.0.0.2.xukYIn，2024 年 9 月 25 日访问。

了新进展、新突破。与此同时，各试点单位从前后两端着力：一方面减少规范性文件发文数量，督促文件制定机关严格按照法定程序制发文件，不必要不发文；另一方面清理存量文件，梳理各机关发文目录，及时撤销、废止年代久远、与现行法律法规不一致的规范性文件。

1. 报送备案的文件范围有序拓展

备案审查包括"备案"与"审查"两个环节，备案是前提和基础，备案范围对备案审查工作的开展有根本性、全局性的影响。各试点区县人大常委会结合试点工作要求和规范性文件制定主体清单，有序拓展"双报备"范围，2023 年共接收备案规范性文件 70 余件。2023 年 10 月初，大足区人大常委会正式将 29 个区政府部门制定、修改的规范性文件纳入"双报备"范围，截至 2024 年 3 月已接收报备规范性文件 44 件。[7] 江津区人大常委会从 2023 年 9 月 1 日开展试点工作，截至 2024 年 5 月，共收到区政府工作部门报备规范性文件 12 件，涉及森林防火、乡村建设、安全生产等多个领域。[8] 秀山县人大常委会于 2023 年底实现政府工作部门规范性文件"双报备"，共接收政府工作部门报备规范性文件 15 件。[9]

2. "双报备"各项制度逐步规范化

加强制度建设、实现有章可循是当前和未来备案审查工作的重点任务。在试点工作开展过程中，各试点区县人大常委会会同区政府、区司法局及各镇街人大等，经反复调研论证，制定《规范性文件备案试点工作方案》，明确指导思想、目标任务、备案范围等，为试点工作顺利进行提供制度保障。綦江区人大常委会考虑到"双报备"在公民审查建议办理、审查纠错结果等方面的特殊性，制定《双重报备公民建议审查制度（试行）》《双重备案试点工

---

[7] 参见重庆市大足区人大常委会监察和法制工作办：《关于 2023 年度备案审查工作情况的报告——2024 年 3 月 28 日在区三届人大常委会第十七次会议上》，作者在重庆市人大常委会备案审查工作委员会调研资料，调研时间：2024 年 7 月 25 日。

[8] 参见重庆市江津区人民代表大会监察和法制工作委员会：《关于 2023 年规范性文件备案审查工作情况的报告》，http://www.jjqrd.gov.cn，2024 年 9 月 25 日访问。

[9] 参见重庆市秀山土家族苗族自治县人民代表大会监察和法制委员会：《关于 2023 年规范性文件备案审查工作情况的报告——2024 年 3 月 20 日在县十八届人大常委会第十六次会议上》，http://www.zgcqxs.net/show/news/102623.html，2024 年 9 月 25 日访问。

作联席会议制度》[10],预防可能的难题。"双报备"制度的规范化有效帮助各试点单位快速击破"规范性文件报给谁、如何报,审查机关审什么、怎么审"的难题,也为未来工作打牢基础。

3. 备案审查工作方式持续创新

创新备案审查方式是加强备案审查能力建设的重要一环。[11]各试点区县人大常委会秉持业务深耕的理念,在"双报备"试点工作中不断创新工作方法、提升审查技能。具体而言,一是落实备案审查衔接联动机制。出台《规范性文件备案审查衔接联动工作办法(试行)》,建立人大、政府备案审查机构联动机制,对规范性文件开展同步审查,相互抄送审查意见,保持审查结果的一致性。二是监督端口前移。各试点区县人大常委会与区政府工作部门密切联系,应政府工作部门实际需求,在重大文件制定过程中适度提前介入,前移监督端口,最大限度避免事后备案审查的相对滞后性。三是推动建立年度考核激励机制。积极推动将政府工作部门规范性文件备案情况作为法治政府建设的考核指标,激励相关政府负责人重视并抓好备案审查工作,促进提升备案审查整体质效。

二、人大"双报备"试点的宪法困境与纾解

部门规范性文件"双报备"试点工作,需要明确的宪法和法律依据作为支撑。《中华人民共和国宪法》(以下简称《宪法》)第 104 条、《中华人民共和国地方各级人民代表大会和地方各级人民政府组织法》(以下简称《地方组织法》)第 50 条以及《中华人民共和国各级人民代表大会常务委员会监督法》(以下简称《监督法》)第 39 条均规定,县级以上地方各级人大常委会有权"撤销本级人民政府的不适当的决定和命令"。《宪法》第 108 条及《地方组织法》第 73 条则赋予了县级以上地方各级政府改变或撤销所属各工作部门发布

---

〔10〕 参见重庆市綦江区人大监察法制委办公室:《关于 2023 年度规范性文件备案审查工作情况的报告——2024 年 3 月 26 日在区第三届人大常委会第二十次会议上》,https://qjszb.cqqjnews.cn/pc/202403/27/content_41413.html,2024 年 9 月 25 日访问。

〔11〕 冯添:《地方备案审查工作新探索新实践》,载微信公众号"法治政府研究院",2024 年 2 月 2 日。

的不适当的决定、命令的权力。梳理以上宪法法律规定发现，目前我国立法并未明确授予地方各级人大常委会撤销同级人民政府所属各工作部门制定的规范性文件的权力，因此"双报备"试点目前存在宪法和法律依据欠缺的问题。

"双报备"试点作为一项探索性的工作，能够为全国人大常委会备案审查工作提供具备地方特情、特色的经验，对备案审查制度下一步发展完善意义重大。2023 年 12 月《全国人民代表大会常务委员会关于完善和加强备案审查制度的决定》（以下简称《备审决定》）中指出，要"支持和推动有关方面加强对规章和其他规范性文件的监督，发挥备案审查制度合力，增强备案审查制度整体成效"。但是，政治决断必须获得宪法上的规范效力才能转化为具有实操性的法律制度，创新性的制度探索也必须具备合理的宪法基础，因此，这项探索本质上仍然是一个宪法问题。[12] 依据职权法定的法治原则，法律没有明文赋予的职权，国家机关不得随意行使，否则就违反了法治原则，即便是全国人大作为最高国家权力机关，还享有兜底权力，也不得随意行使宪法规定应当由其他国家机关行使的国家权力，否则，国家机关之间的权力分工界限将会彻底地丧失。[13] 按此理论，在《宪法》已经明确规定由政府对所属各工作部门规范性文件进行监督的情况下，地方人大常委会不应再行使此项权力。本文认为，地方各级人大常委会应该享有监督政府各工作部门规范性文件的权力，上述"法无授权不可为"理论以及人大不享有其他国家机关明确列举的权力观点，不适用此问题。

（一）宪法未作规定有特定历史原因

1954 年《宪法》重塑了国家机构体系，[14] 明确全国人民代表大会是国家机构体系的核心，是最高国家权力机关。在此基础上，1954 年《宪法》明确

---

〔12〕 参见王旭：《国家监察机构设置的宪法学思考》，载《中国政法大学学报》2017 年第 5 期，第 133 页。

〔13〕 莫纪宏：《完善人民代表大会制度应遵循"职权法定"原则》，载《辽宁大学学报（哲学社会科学版）》2014 年第 5 期，第 37 页。

〔14〕 参见陈明辉：《新中国国家机构体系的生成：1927–1954》，载《荆楚法学》2022 年第 4 期，第 136 页。

规定了权力机关和行政机关，付之以不同的职权，使代议和执行的功能得以区分。[15] 中央层面，全国人民代表大会设常务委员会作为其常设机关，国务院是最高国家行政机关。地方层面，制宪者受毛泽东《在晋绥干部会议上的讲话》中论述的权力归于代表机关和政府委员会的设想的影响[16]，加之认为地方人大事务较少，因此在宪法文本中基本沿袭了《中国人民政治协商会议共同纲领》的体制，仅设立了地方人民委员会[17]，即地方人民政府，而没有另设地方人大常委会。刘少奇在《关于中华人民共和国宪法草案的报告》中解释说："全国人民代表大会工作的繁重，当然不是地方各级人民代表大会所能够相比的。如果另外设立人民代表大会的常务机关，反而会使机构重叠、造成不便。"[18] 根据 1954 年《宪法》及 1954 年《地方组织法》，地方政府有权否决下级人大不适当的决议的执行，有权召集本级人大会议、主持本级人大代表选举。这两项重要权力事实上使地方政府拥有主导本级人大的能力，双方在职权、机构及人员上紧密结合。

1954 年《宪法》实施后，设立地方人大常委会曾被重新提及并已展开一定的制度设计，但由于国家运行的混乱状态，一些议案被迫搁置。[19] 1975 年《宪法》、1978 年《宪法》基于历史局限性，设立了"革命委员会"这一国家机构。"文革"结束后，随着思想解放和理论上的拨乱反正，民主法制建设重新受到高度重视，发展社会主义民主、完善人民代表大会制度刻不容缓。在此背景下，1979 年《关于修正宪法若干规定的决议》将地方国家行政机关名称正式定为"地方各级人民政府"，并扩大了地方各级人民代表大会的权力，规定"县和县以上的地方各级人民代表大会设立常务委员会，它是本级人民代表大会的常设机关"。这些改变也是为了同地方国家权力机关处理事务越发烦琐复杂的客观情况相适应。1982 年《宪法》肯定了这一改革，并进一步加强了人民代表大会制度建设，规定地方各级人大常委会对本级政府的人事

---

〔15〕 于文豪：《地方政府双重负责的宪法内涵》，载《中国法学》2021 年第 3 期，第 94 页。

〔16〕 许崇德：《中华人民共和国宪法史》，福建人民出版社 2003 年版，第 356 页。

〔17〕《中华人民共和国宪法》（1954 年）第 62 条："地方各级人民委员会，即地方各级人民政府，是地方各级人民代表大会的执行机关，是地方各级国家行政机关。"

〔18〕 许崇德：《中华人民共和国宪法史》，福建人民出版社 2003 年版，第 358 页。

〔19〕 蔡定剑：《宪法精解》，法律出版社 2004 年版，第 367 页。

罢免权、监督权及不适当的决定和命令的撤销权，同时删去了上级政府对下级人大工作的否决权，保证国家权力机关功能的外部化和实效化。

1982 年《宪法》之所以没有将地方人大的备案审查监督权限扩展到本级政府工作部门，本文认为，可能是基于以下三点考量：第一，当时我国民主法制建设正处于重启阶段，中央与地方、地方各国家机关之间的权力分工刚刚厘清，议行分离结构得以定型，[20]为避免实践付诸阙如，不宜操之过急；第二，可能出于成本效益的考量，由人大直接监督政府，再由政府监督所属各工作部门更加方便快捷，避免纸质文件流转时间过长、效率低下；第三，基于立法的局限性，当时我国各项法律法规都不完善，制宪者意在鼓励各项法律制度"从无到有"快速发展，同时也难以预估未来地方政府工作部门规范性文件的数量和发展状况。综上，当时宪法未规定人大常委会对政府各工作部门规范性文件的监督，其并无否定的意涵，而只是出于工作的便利需要。

（二）人大监督权限拓展的宪法正当性

1. 基于地方人大及政府的职能定位

《宪法》关于地方各级人大监督权、地方各级人大及政府的职权规定，为"双报备"试点工作提供了宪法解释的空间。

地方各级人民政府作为地方国家权力机关的执行机关和地方各级行政机关，其功能在于有效执行人大的决议决定命令和日常行政管理服务。[21]依据《宪法》第 99 条第 1 款[22]，地方各级人大的重要职权之一就是保证宪法、法律、行政法规在本行政区域内的正确施行，而地方各级人大常委会作为地方各级人大的常设机关，在人大闭会时也要履行保证宪法和法律实施的职责。宪法实施具体包括消极的宪法遵守和积极的宪法执行两种方式。执行宪法积极规范最主要的方式就是通过立法落实积极规范所追求的目标，地方性法规、地方规章以及其他规范性文件都属于"实质法律"的范

---

〔20〕 于文豪：《地方政府双重负责的宪法内涵》，载《中国法学》2021 年第 3 期，第 97 页。

〔21〕 于文豪：《地方政府双重负责的宪法内涵》，载《中国法学》2021 年第 3 期，第 97 页。

〔22〕《中华人民共和国宪法》（2018 年修正）第 99 条第 1 款："地方各级人民代表大会在本行政区域内，保证宪法、法律、行政法规的遵守和执行；依照法律规定的权限，通过和发布决议，审查和决定地方的经济建设、文化建设和公共事业建设的计划。"

畴。[23] 因而，地方治理中，地方各级人大及其常委会依据上位法制定地方性法规和其他规范性文件，地方政府再以此为基础制定地方政府规章及其他规范性文件，以保证国家法律法规在地方层面贯彻落实。这也是《宪法》《监督法》《地方组织法》等规定"规范性文件备案审查"这一人大监督方式的主要原因。同时，地方政府工作部门是地方政府的组成部分，二者是领导关系，政府工作部门规范性文件往往以本级政府的决定、命令及规范性文件为基础，与公民生活紧密相关，在此意义上，对政府工作部门规范性文件有效监督是保证宪法法规施行最关键、最重要的一步。

《宪法》虽没有明确规定地方人大常委会对同级政府工作部门规范性文件的监督权，但这不代表其就不需要监督，否则将影响人大监督权的本质。在规范意义上，可以理解为"人大常委会——政府规范性文件——政府工作部门规范性文件"的层级化监督。随着备案审查的实践发展，第一层监督已无法满足现实需要，为了增强人大监督的强度和深度，完全可以将地方政府部门规范性文件直接纳入同级人大常委会备案审查范围，归入"人大监督本级政府"类型。[24] 这并不涉及人大监督权的有无，只是延伸了人大监督权的"触角"。将此项权力交由地方人大常委会行使，符合权力机关保持最高权威和最终控制性的宪法需要，本质上也符合民主集中制原则的要求，并未打破国家权力分工负责的宪法构造。

同时，也可以借助默示权力理论加以论证。国家权力的内容和范围，一种属于明示权力，一种属于默示权力。在美国麦卡洛诉马里兰州案中，为了论证联邦国会是否有权力制定合众国银行，汉密尔顿提出，可以援引"必要且适当"条款[25]。宪法中不仅具有明示的权力，也有默许的权力，即为行使

---

[23] 温泽彬：《地方人大常委会在合宪性审查中的作用及其展开》，载《中国法学》2024年第1期，第212页。

[24] 参见谭清值：《人大监督权运作的最佳模式：评判标准与行动展开》，载《法商研究》2024年第3期，第129页。

[25]《美利坚合众国宪法》第1条第8款列举了国会的多项权力，并在最后规定"为了行使上述各项权力，以及行使本宪法赋予合众国政府或其各部门或其官员的种种权力，制定一切必要的和适当的法律"。参见朱福惠、胡婧主编：《世界各国宪法文本汇编（美洲、大洋洲卷）》，厦门大学出版社2015年版，第592页。

国会其他权力而需要的必要且适当权力，虽没有具体列举但却隐含享有。我国宪法也存在这样的情况，即没有明确列举人大常委会对政府各部门规范性文件的监督权，但对政府的监督权隐含了对政府工作部门的监督，只要实践中有需求，且符合宪法的权力配置原则，可以解释为是宪法的默许权力。

2. 符合现行宪法"功能适当性"考量

"功能"在汉语中有"为实现特定目的所具有的效用"的含义。"功能主义"其中一个较为重要的语源是，自 20 世纪 70 年代以来比较法研究中形成的"功能性"原则这一基本方法。[26] 此方法主张，针对异域法律，只有具备相似社会功能的立法才有比较的意义。在传统汉语语义和他国理论的共同影响下，我国学者开始在宪法、行政法、民法等诸多部门法领域中使用"功能主义"这一称谓。虽然具体指向有所差别，但并未跳出以下内涵范畴：法律规范的形成和解释不能仅依托规范的初始内容和相应的逻辑推导，还需关注规范的社会效果，以不断调整规范的实质内容。[27]

张翔教授在考察相关制宪史料后提出，基于对民主集中制追求"国家效能"和国家决策"正确性"的基本定位，1982 年《宪法》对国家权力的划分、分工及机关内部的组织、程序、人员的相应规定，都是基于"功能适当性"的考量。[28] 从"功能——机关"维度出发，在分配某国家职能时，一要以机关结构决定职权归属，将这一国家任务与权限分配给功能最适的机关（最有可能作出正确决定的机关）；二要因应职权需要调整组织机构，获得某项国家职能的机关应在组织、结构、程序、人员上不断演进，以成为完成此项职权的功能最适机关。[29] 以国家权力配置的功能主义进路为基础，结合备案审查实践，将地方政府工作部门规范性文件备案审查权赋予地方人大常委会，

---

〔26〕［德］茨威格特·克茨：《比较法总论》（上），潘汉典等译，中国法制出版社 2018 年版，第 58 页。

〔27〕 申晨：《论中国民法学研究中的功能主义范式》，载《法制与社会发展》2023 年第 5 期，第 149 页。

〔28〕 张翔：《我国国家权力配置原则的功能主义解释》，载《中外法学》2018 年第 2 期，第 298 页。

〔29〕 张翔：《我国国家权力配置原则的功能主义解释》，载《中外法学》2018 年第 2 期，第 298 页。

同时符合公正性和权威性、有效性和正确性。

（1）公正性和权威性

人大监督权是宪法和法律赋予各级人大及其常委会的重要职权。人大行使监督权，是我国国体和政体的重要体现，是国家政治生活的重要内容，也是国家权力运行监督中的重要环节。人民的授权是人大监督权的正当性来源。规范性备案审查作为人大监督权行使的重要方式，在审查目的、审查过程及审查结果上均彰显"为人民监督""以人民为中心"的理念。首先，法律是人民意志的体现，备案审查的目的就是要使规范性文件保持与法律一致，以免偏离人民的意志。其次，在审查过程中公众参与感更强。人大代表来自各行各业，更了解和代表人民群众的利益，更有利于了解民情、集中民智，夯实备案审查的根基。目前，人大常委会也通过开设线上审查意见专栏、审查建议进站到家等方式，畅通审查建议申请提出渠道，积极回应社会公众关切。最后，在审查结果上更具公信力。人大备案审查属于外部监督，监督结果更具客观中立性。政府监督则属于内部监督，目前主要由司法行政系统承担规范性文件的备案审查工作，但囿于法律上行权障碍和不符合现行行政管理体制而无法实质性开展。[30]

（2）有效性和正确性

人大对规范性文件备案审查监督的方式较为丰富、规范，可分为"主动审查"和"被动审查"两类。一是各级人大常委会可以依照法定职权启动对规范性文件的审查，包括移送审查、专项审查、联合审查等，审查及处理程序依照相关法律法规、条例。这种常态化的事后监督方式，有助于提高规范性文件监督实效。[31]二是国家机关、社会组织、企事业单位以及公民认为规范性文件同上位法规定不一致的，可以直接向接受备案的人大常委会提出审查要求（建议），包括书面、线上申请、电话来访等多种形式。各级人大常委会也在不断完善审查要求（建议）接收、登记、审查、处理、反馈等工作机

---

〔30〕 参见宋智敏：《论以人大为主导的行政规范性文件审查体系的建立》，载《法学论坛》2020 年第 6 期，第 43 页。

〔31〕 参见宋智敏：《论以人大为主导的行政规范性文件审查体系的建立》，载《法学论坛》2020 年第 6 期，第 43 页。

制，努力提升审查要求（建议）办理工作成效。另外，人大享有完整、终局的备案审查权限，可以直接作出撤销决定，或者要求制定机关修改、废止、清理相关规范性文件。在司法"附带审查"中，法院仅有权对评价为不合法的规范性文件在个案中不予适用并提出处理建议，但后续结果完全依赖制定机关及有权机关的回应，缺乏反馈机制，监督疲软不彻底。

规范性文件备案审查是强化人大监督职能、增强人大监督实效的重要抓手。过去人大备案审查在实际操作层面，存在重程序轻实质、监督力度不足、监督实效性不强等问题。[32]尤其在监督实效性上，人大及其常委会对"一府一委两院"的监督是单向的，对问题后续处理、落实、反馈等缺乏统一的体制机制，在一定程度上单纯依靠被监督对象的自觉配合，监督效果不强，也有学者提出人大开展规范性文件备案审查存在权威性不足、强制力不够等问题。[33]但近年来相关规定也在不断完善。中央层面，《中华人民共和国立法法》（以下简称《立法法》）两次修正逐步加大了对制定机关不作自行纠正时的处理力度。[34]2015年《立法法》修改有关备案审查处理程序的规定，提高了审查研究机构的权威。2023年《立法法》第112条将原第100条规定的"研究意见"这一较为柔性的表述删除，保留刚性较强的"审查意见"，并新增了与宪法法律相抵触的法规的"废止"情形。地方层面，重庆、湖南、广东、四川、宁夏等23个省（自治区）人大常委会已经出台"规范性文件备案审查条例"，一些省份的条例规定了处罚责任制度，如广东省规定了"通报""责令限期改正"，四川省规定了"追究直接负责的主管人员和其他直接人员的责任"，重庆市规定了"依法给予处分""建议有权机关依法给予处分"。人大监督制度的刚性发展是大势所趋，随着"双报备"试点工作的开展，监督效果会越来越硬、越来越强。

---

〔32〕 简小文：《习近平关于人大监督的重要论述研究——兼论我国宪法法律监督权与人大监督制度的完善》，载《经济社会体制比较》2020年第1期，第4页。

〔33〕 封丽霞：《制度与能力：备案审查制度的困境与出路》，载《政治与法律》2018年第12期，第105页。

〔34〕 蒋清华：《支持型监督：中国人大监督的特色及调适——以全国人大常委会备案审查为例》，载《中国法律评论》2019年第4期，第204页。

三、人大"双报备"试点的制度困境及其成因

"双报备"试点工作运行以来，极大地考验了人大常委会的备案审查能力，同时放大了"双系统"备案审查固有的一些缺陷。目前的"双报备"制度在审查能力、审查标准、冲突处理等方面暴露出诸多问题，亟待解决完善。

（一）审查能力不足

1. 工作队伍力量相对薄弱

据资料统计，在组织建设方面，目前重庆市 38 个区县（自治县）中，共有 29 个区县专设了备案审查科、1 个区县专设了备案审查中心，其余 8 个区县由人大监察和法制委或人大常委会法工委兼顾备案审查工作，专设备案审查工作机构的区县数量占比 78.9%。在队伍建设方面，各区县（自治县）负责开展备案审查工作的机构中，共有 45 位专职人员、36 位兼职人员，平均每个区县有 2 位负责备案审查工作的人员，但其中具有法学专业背景的人数并不多。重庆市区县备案审查工作的整体组织和队伍建设虽已位于全国前列，但与"双报备"任务要求相比，工作人员的专业技能、综合素养仍较为薄弱，与实践需求存在一定差距。根据《重庆备审条例》第 10 条，区县（自治县）人民政府及其办公室、区县监委、区县"两院"以及乡镇人民代表大会制定的规范性文件均需报区县（自治县）人大常委会备案。试点工作的开展进一步提高了区县备案审查工作强度，对备案审查的专业性、高效性、精确性提出了更高要求。

2. 规范性文件种类复杂

目前我国各级法律法规对规范性文件的制定程序、权限范围等进行了严格限制，但文件治理是政府的传统治理方式，很难在短期内作出改变。[35]在长期实践发展中，地方政府工作部门发布的规范性文件已不再拘泥于宪法法律规定的决定、命令，大致包括以下四种类型：一是地方政府及其工作部门对地方人大常委会制定的地方性法规作具体应用问题的解释。[36]二是地方性

---

〔35〕 参见王锴：《破解规范性文件备案审查的难题探究》，载《中国法治》2023 年第 5 期，第 76 页。

〔36〕 参见王锴、刘犇昊：《现状与问题：地方备案审查制度研究——以 31 个省级地方为例》，载《江苏行政学院学报》2018 年第 3 期，第 130 页。

法规授权政府工作部门作配套性规定。例如，《重庆市实施〈中华人民共和国渔业法〉办法》第30条第5款规定，"重点保护的渔业资源品种及其可捕捞标准，禁渔期，禁渔区，禁止使用或者限制使用的渔具和捕捞方法，最小网目尺寸以及其他保护渔业资源的措施，由市人民政府渔业行政主管部门规定"。三是地方政府工作部门制定的其他一般规范性文件。2012年《党政机关公文处理工作条例》第8条[37]列举了决议、决定、命令、公报、公告、通告、意见、通知、通报、报告、请示、批复、议案、函、纪要共15种公文形式，其中符合规范性文件特征的均应纳入备案审查范围。四是行政机关未严格依据上位法规定制定规范性文件，有些地方使用布告、批示等非法定名称，或者不按规定内容撰写公文，如在内部意见、会议纪要中写入涉及公民、组织权利义务的内容。[38]

3. 规范性文件内容丰富

对于不断变化而又复杂、专业的问题，立法无力作出详尽规定，如立法中存在着大量的空白授权和不确定法律概念的间接授权就是不得已而为之。[39]在此种情况下，地方政府工作部门只得制定规范性文件作为实施行政行为的依据，否则许多行政行为就变成了"无根之木"，也为后续行政争议埋

---

〔37〕《党政机关公文处理工作条例》第8条："公文种类主要有：（一）决议。适用于会议讨论通过的重大决策事项。（二）决定。适用于对重要事项作出决策和部署、奖惩有关单位和人员、变更或者撤销下级机关不适当的决定事项。（三）命令（令）。适用于公布行政法规和规章、宣布施行重大强制性措施、批准授予和晋升衔级、嘉奖有关单位和人员。（四）公报。适用于公布重要决定或者重大事项。（五）公告。适用于向国内外宣布重要事项或者法定事项。（六）通告。适用于在一定范围内公布应当遵守或者周知的事项。（七）意见。适用于对重要问题提出见解和处理办法。（八）通知。适用于发布、传达要求下级机关执行和有关单位周知或者执行的事项，批转、转发公文。（九）通报。适用于表彰先进、批评错误、传达重要精神和告知重要情况。（十）报告。适用于向上级机关汇报工作、反映情况，回复上级机关的询问。（十一）请示。适用于向上级机关请求指示、批准。（十二）批复。适用于答复下级机关请示事项。（十三）议案。适用于各级人民政府按照法律程序向同级人民代表大会或者人民代表大会常务委员会提请审议事项。（十四）函。适用于不相隶属机关之间商洽工作、询问和答复问题、请求批准和答复审批事项。（十五）纪要。适用于记载会议主要情况和议定事项。"

〔38〕 王锴：《论规范性文件的备案审查》，载《浙江社会科学》2010年第11期，第14页。

〔39〕 钱焰青：《论新时代行政规范性文件的正当性及其界限》，载《中国法律评论》2021年第3期，第73页。

下隐患。截至 2024 年 10 月,通过重庆市法规规章规范性文件数据库检索"区县政府部门规范性文件",共获 1149 条数据。经过整理归纳,规范性文件内容主要涉工商管理、居民生活、工程质量建设、行政执法裁量基准等多个领域,如《某区个体工商户分类培育促进高质量发展的实施方案》《重庆市某区发展和改革委员会关于严格执行招标投标法规制度进一步规范招标投标主体行为的通知》《重庆市某区发展和改革委员会关于制定我区农业用水指导价格的通知》等。这些规范性文件有的涉及面广、群众关注度高,备案审查难度大;有的可能对政府实际工作产生较大影响,相关部门不愿配合开展审查;有的内容专业性较强,审查机关在面对制定机关时显得底气不足。[40]

（二）审查标准不统一

在规范性文件备案审查制度的内容中,审查标准是核心问题,它"决定了对规范性文件进行审查的广度、深度和强度"。[41]基于审查范围、职能定位、工作方式等方面的差异,虽然人大、政府都规定了"合法性""适当性"审查标准,但具体内涵、侧重点却不尽相同。人大"合法性"标准的内涵、种类更加丰富,政府则更加注重适当性和可操作性。

人大系统内,《备审决定》第 11 条[42]在《宪法》《监督法》的基础上,完善了"合法性""适当性"审查标准。《重庆备审条例》修改过程中,在第 24 条保留了上述第 11 条提及的比例原则并新增了"明显不适当"条款;针对"合法性"审查标准,保留了上述第 11 条第（三）项和第（五）项,将第（四）项的"违反"细化为"违反;明显不一致,抵消、改变或者规避"三类。适当性审查标准操作性弱,合法性审查标准中以规范性文件制定主体、程序、

---

〔40〕 梁洪霞:《备案审查事后纠错的逻辑基础与制度展开》,载《政治与法律》2022 年第 9 期,第 132 页。

〔41〕 全国人大常委会法制工作委员会法规备案审查室:《规范性文件理论与实务》,中国民主法制出版社 2020 年版,第 107 页。

〔42〕《全国人民代表大会常务委员会关于完善和加强备案审查制度的决定》第 11 条:"明确审查重点内容。在审查工作中,应当重点审查以下内容:（一）是否符合宪法规定、宪法原则和宪法精神;（二）是否符合党中央的重大决策部署和国家重大改革方向;（三）是否超越权限,减损公民、法人和其他组织权利或者增加其义务;（四）是否违反上位法规定;（五）是否违反法定程序;（六）采取的措施与其目的是否符合比例原则。"

以及与上位法内容不一致的形式性审查占据着主要地位，但以立法精神、原则和目的为对象的实质合法性审查标准受到忽视。规范性文件和上位法在条文内容上的冲突并不当然意味着立法精神的冲突，对其严格适用形式合法性审查标准很有可能会导致纠偏过度，抑制地方工作积极性。另外，《重庆备审条例》在具体适用时可能出现"合法性"标准的竞合，规范性文件在"超越权限"的同时往往也会出现"与法律、法规规定明显不一致"的情形，如全国人大常委会法制工作委员会公布的备案审查工作案例 2024 年第 1 号案例 1[43]。政府系统内，2024 年通过的《法规规章备案审查条例》第 13 条明确规定，"合法性标准"包括"是否超越权限；下位法是否违反上位法的规定"，"适当性"标准有"规章的规定是否适当，规定的措施是否符合立法目的和实际情况"。相较《重庆备审条例》第 24 条，其合法性审查标准较为宽泛，适当性审查标准更加注重工作实际运用。在该条例制定前，2019 年《重庆市行政规范性文件管理办法》第 37 条仅规定"在违法或明显不适当"情形下才能对报备的规范性文件提出备案审查意见，内容较为粗略。

（三）备案、审查意见不一致

备案审查是过程性行为，审查到底推进到哪一环节，既有赖于审查机关提出的纠正处理措施，也取决于制定机关接受审查处理意见的态度。[44]就"双报备"试点工作而言，人大与政府备案审查范围的重叠、审查地位的不对等，给审查工作带来了新的挑战与风险。政府开展规范性文件备案审查最早可以

---

〔43〕 全国人大常委会法制工作委员会："备案审查工作案例 2024 年第 1 号案例 1：某省人大常委会审查纠正省政府规章关于经营用水加倍收费、逾期不缴水费予以行政处罚并设定行政强制的规定：《供水管理规定》对逾期不缴纳水费的行为处以罚款的规定，与行政处罚法的相关规定不一致，超越了法定权限。《供水管理规定》中关于逾期未缴纳水费的可以停止供水的规定已经没有上位法依据。目前法律尚未对逾期不缴纳水费的行为作出加处滞纳金的规定，在缺乏法律依据的情形下，《供水管理规定》无权设定加处滞纳金的规定。综上所述，《供水管理规定》关于经营用水加倍收费原则、对逾期不缴水费予以行政处罚并设定停止供水、加处滞纳金等行政强制的相关规定与上位法不一致，应当予以纠正。"载微信公众号"备审动态"，2024 年 6 月 4 日。

〔44〕 李雷：《人大备案审查结论存疑的优化机制探究》，载《法学》2021 年第 12 期，第 39 页。

追溯至 1990 年《法规、规章备案规定》颁布,而人大自 2007 年《监督法》实施才开始备案审查工作。在长期实践中,政府已形成符合自身需要的备案审查体制机制,较之人大处于更强势的地位。[45] 在试点工作中,人大、政府备案审查机构基于自身立场、信息资源、审查重点等差异,可能就某一文件是否作为规范性文件纳入备案范围存在争议、对某一规范性文件的审查意见也可能给出完全不同的结论。同时,若论证理由较为简略,在说理时只展开事实性描述,而缺乏专业性解析,审查结论的接受度不高,权威性也会遭到质疑。这将不可避免地导致审查监督体系的失序,对备案审查整体闭环造成不利影响,长此以往,将极大削弱备案审查制度功能和价值。

四、人大"双报备"试点的制度优化

(一)提升自身备案审查能力

"加强备案审查能力建设必须以坚持建设德才兼备的高素质法治队伍作为突破口,尤其是备案审查领域的人才队伍建设。"[46] 囿于规范性文件的复杂多变,审查主体必须着力提升备案审查工作能力,努力集政治智慧、法治水平、审查技术、工作经验于一身。[47]

1.定期召开业务培训

地方政府部门制定的规范性文件数量多、覆盖面广,备案审查工作人员需要对规范性文件的各个核心要素进行全面审视,精确识别、有效评估潜在问题及后续影响,确保备案审查工作有效开展、落到实处。这要求工作人员必须具备深厚的知识储备、良好的法律素养及高度的问题敏感性。因此,市人大常委会应定期牵头组织各试点区县的业务培训活动,鼓励交流心得、阐述问题,综合运用典型案例分析、制发工作流程图、业务考试等多种方法,

---

〔45〕 参见宋方青、丁思绮:《论地方行政规范性文件备案审查的实践困境及其出路》,载《江海学刊》2024 年第 5 期,第 176 页。

〔46〕 王锴:《习近平法治思想有关备案审查的重要论述及其在实践中的展开》,载《地方立法研究》2021 年第 3 期,第 13 页。

〔47〕 参见梁鹰:《备案审查工作的现状、挑战与展望——以贯彻执行〈法规、司法解释备案审查工作办法〉为中心》,载《地方立法研究》2020 年第 6 期,第 13 页。

切实提高区县备案审查工作人员专业能力、工作水平。同时，为提高备案审查工作队伍的专业性和高效性，各试点区县人大常委会应掌握本单位具体负责人员的工作情况和流动情况，减少频繁岗位调动，积极培育工作人员的职业精神和法律素养。

2. 建立"统专"联合审查

为聚焦合力强化审查，各试点区县人大常委会应当对备案审查工作机构及各专门委员会的备案审查职责作出科学、合理的划分，积极建立备案审查工作机构与相关专（工）委之间的"统专"联合审查机制，努力发挥好备案审查工作机构"统"的作用和其他专工委"专"的优势。具体而言，一是对涉及各专（工）委专业领域的规范性文件，区县人大常委会备案审查工作机构要及时分送各专（工）委审查，提高备案审查工作效率；二是双方共同提出审查意见，没有效力高低之分，并积极就审查意见磋商讨论，必要时进行实地调研、召开论证会等。

3. 积极借助"外脑"力量

在区县人大常委会的积极呼吁下，重庆市人大常委会引入"外脑"资源，启动备案审查专家智库建设。从专业性和权威性的角度，专家智库建设能够保障备案审查工作依托最前沿的专业知识、实践经验，针对性地解决非法律领域，如工程建设、金融监管、生态环境保护等的规范性文件审查问题，弥补备案审查工作人员复合审查能力不足的短板。从备案审查创新发展的角度，专家智库建设可以推动备案审查理论与实践的深度融合，为备案审查工作提供新思路和新方法。从提高公民参与的角度，专家一方面在其专业领域有深刻造诣，另一方面其作为社会公众的一部分，提出的专业性意见往往也是从社会公众主要关注的角度出发的，具备较高的民意属性。[48] 目前，重庆市已有19个区县（自治县）人大常委会建立了备案审查专家智库。江津、大足、綦江等试点区县人大常委会遴选聘请人大机关、司法系统、高等院校、相关科研机构、律师事务所等各领域专家，逐步充实区县规范性文件备案审

---

〔48〕 参见王怡：《论我国立法过程中专家参与机制的规范化建构》，载《东南大学学报（哲学社会科学版）》2018年第3期，第110页。

查专家智库。

在"双报备"试点工作的过程中,市区(县)两级人大常委会要为运用好专家智库提供一定指导和帮助,推动专家、区县备案审查工作人员"破冰",促进双向交流沟通,努力形成"党委领导——人大主导——专家支持——各方协作"的备案审查工作格局。同时,为了最大限度防止专家资源虚置,保证"外脑"资源的高效利用,各试点区县人大常委会要逐步制定"规范性文件备案审查咨询专家智库管理办法",从程序上规范专家入库标准、明确选拔程序和管理制度,为专家提供相对独立的论证环境和研究空间。在具体工作中,各试点区县人大常委会要重点考察各智库专家能否充分发挥"参谋"和"智囊"作用,聚焦治理体系、法治建设和备案审查涉及的体制机制问题和人民群众的急难愁盼,深入研究论证,提出前瞻专业的对策、建议,确保每一项规范性文件都能严格符合上位法要求。

(二)细化审查标准附加典型案例的双系统推广

随着《备审决定》和《重庆备审条例》的陆续颁布,重庆市人大常委会也在修改配套性的《重庆市人大常委会规范性文件备案审查基准》(以下简称《重庆审查基准》)。基于人大合法性审查标准内容过多、适当性标准较为模糊的情况,《重庆审查基准》应在体系内容上作出相应调整。

1.合法性标准

在修改《重庆审查基准》时,应进一步类别化"合法性"审查标准。针对重点条文详细论证说理,并附加典型案例分析,详细阐述各情形的联系与区别、厘清各款项逻辑关系、是否可以叠加适用等问题。同时,上位法可能存在空白、语义模糊的情况,此时形式合法性审查很难发挥作用,可以运用比例原则,引入实质合法性审查标准,通过对立法目的、立法原则以及立法精神的价值判断得到相对合理的审查结果。[49]"立法目的、原则"等表述在评判时要结合具体个案,很容易出现争议,审查人员多会以自己的理解为锚点给出结论。相比于审查人员主观自我裁量,比例原则在逻辑上更加严密,

---

〔49〕 参见周林:《论立法合法性审查的结构优化——从形式合法性与实质合法性审查关系的重构出发》,载《华中师范大学学报(人文社会科学版)》2024年第1期,第34—44页。

通过三层次的渐进式推理，可以为实质合法性审查的适用提供可行的操作准则。《重庆审查基准》应梳理比例原则在实质审查"合法性"时的适用步骤，即手段的适当性、必要性以及狭义比例原则：规范性文件中所采取的手段是否对立法目的起到了有效的促进，这一要求是比例原则的基本前提；所采用手段对公民利益的侵害是否抑制到了最小的限度；手段造成的侵害与所带来权益增加是否达到了均衡。

2. 适当性标准

在适当性审查标准和审查结果之间，适当性程度的分层是至关重要的一环。只有对适当性程度进行详细合理的区分，才能保证适当性审查的严谨性、合理性，保障适当性审查立法监督作用的实现。根据现实情况及相关法律规定，《重庆审查基准》中可以将适当性审查标准划分为"一般不合理"以及"明显不合理"两个层次。若规范性文件存在严重的权利义务不平衡，如行政处罚中规定行政相对人违法从事行政行为所获收益与罚款数额相差巨大，则可以将相关条款认定为"明显不合理"，由审查机关作出撤销决定或限期修改意见；若仅是部分条款可能存在执行不当、手段略微严苛等情形，审查机关可以要求制定机关尽快修正相关条文、规范执法方式方法。只有建立周密而合理的适当性程度层次，并构建对应的纠正措施配套体系，才能使适当性审查标准真正落实。[50]

单一书面规定对理解审查标准的作用毕竟是有限的。重庆市人大常委会应加快提升信息化建设能力，尽快开发、上线"规范性文件融 e 查"系统与政府办公系统的衔接功能，指导、督促区县人大常委会备案审查工作人员在线使用，保证"双报备"典型案例双系统交流互通。同时，在具体案例内容上，不应当只局限于审查结果的公示，应详细写明案例情况、审查研究情况，包括各方研究意见、论证依据、论证重点等，以提高案例的操作性、指引性。

---

〔50〕 参见王盛：《规范性文件备案审查标准体系研究》，河南大学 2023 年硕士学位论文，第 41 页。

（三）建立审查结论冲突预防与解决机制

在现行体制下，维持国家机关之间的非对抗性合作关系成立备案审查工作中各方追求的目标。[51]人大、政府虽然已存在问题协商沟通流程，但双方地位、作用并不固定。随着试点工作的深入开展，固化工作机制的需求更加迫切，应在赋予人大一定主导权的基础上，建立完善协商处理、审查结论冲突解决及纠错落实机制，合力解决"双报备"试点中的困境与难题。

1. 备案登记阶段的协商处理

"备案"即备份或登记在案。在此阶段，人大、政府备案审查机构只能对报送对象是否属于备案审查对象范围作形式判断而无法作实质判断。[52]关于该文件是否属于规范性文件，双方备案审查机构应按照规范性文件基本特征，共同给出认定意见。若出现冲突，应先通过论证会、讨论会等形式协商处理，必要时可以召开由人大、司法行政部门、文件制定部门、法学专家及律师等组成的联席会议。若经联席会议讨论磋商仍无法达成一致，则由认为该文件属于规范性文件的一方（一般是人大）展开审查，并同步后续审查结果。

2. 审查研究阶段的衔接联动

出于提高审查效率、保障审查结果一致性的考量，人大备案审查机构可侧重审查规范性文件的合法性，政府备案审查机构基于专业优势侧重审查规范性文件的适当性，双方密切沟通，共同出具审查意见。若双方意见未能达成统一，一方认为规范性文件存在问题而另一方不予认可，双方需建立衔接联动机制，对规范性文件存在的问题进行充分的沟通协商，尽量达成共识。在备案审查过程中，还要注意上位法或上级政府、人大制定的规范性文件的合法性和适当性。政府部门规范性文件大多是"执行性"的，一般以上级政府规范性文件为基础，因此备案审查机构要及时审查上级政府有无相关规范性文件，以及是否存在相同问题。经初步审查，认为存在相同问题的，可以

---

〔51〕 参见林来梵：《合宪性审查的宪法政策论思考》，载《法律科学（西北政法大学学报）》2018年第2期，第41页。

〔52〕 参见宋方青、丁思绮：《论地方行政规范性文件备案审查的实践困境及其出路》，载《江海学刊》2024年第5期，第178页。

提请上级备案审查机关正式启动对上级政府相关规范性文件的审查程序，提出审查意见，部门规范性文件即根据审查处理情况作出变更。若不存在相关规范性文件或不存在相同问题，且政府与人大仍无法就审查意见达成一致的，则启动冲突解决机制。

3. 审查结论的冲突解决机制

若人大、政府双方经多次磋商、论证，仍无法就审查结论达成一致，可赋予上级人大常委会对规范性文件的"终审权"。依据《重庆市实施〈中华人民共和国各级人民代表大会常务委员会监督法〉办法》第61条的规定，对区县（自治县）人民政府的同一件规范性文件的审查意见不一致时，市人民政府和区县（自治县）人大常委会可以分别或者联合报告市人大常委会决定。上述规定虽然未写入《重庆备审条例》，但可以在"双报备"试点工作中参照适用。具体而言，区县人大常委会、区县政府分别或联合将审查意见报告市人大常委会，由市人大常委会作出"终局"审查意见，双方遵守此审查意见关于规范性文件的处理结果。若"终局"审查意见认为规范性文件不存在问题，则审查程序终结；若"终局"审查意见确定规范性文件存在合法性、适当性问题的，则由区县人大常委会要求同级人民政府撤销或改变所属工作部门相关规范性文件。

4. 纠错落实阶段的双向互动

纠错机制是备案审查制度的最后一道防线，也是确保备案审查制度实效性的关键。首先，为避免遗漏审查纠错，人大应督促政府备案审查机构通过规范性文件融e查系统"一件一报"，主要包括规范性文件电子文本、相关背景材料及研究讨论报告等，并定期汇总、核对规范性文件报备审查目录。其次，双方应协商明确纠错结果反馈时限，即政府在对规范性文件作出处理后，应在多长时间内向人大同步后续落实情况，包括文件是否撤销、修改完善后的生效文本等。最后，可以考虑增强备案审查透明度，人大备案审查机构可以在官方网站、备案审查工作报告中详细披露该年度所有不合法的规范性文件的名称、存在问题及后续处理结果，以加强公众监督和备案审查工作社会影响力。

结语

"双报备"试点工作探索对增强人大监督力度、延伸人大监督广度和深度意义重大。与此同时，要注意人大监督权与行政管理权的平衡，避免权力边界过度延伸，对正常行政工作造成干扰。随着人大、政府在试点工作中角色定位的不断清晰，希望审查标准不统一、审查结论冲突等问题能逐步得到解决和完善。"双报备"试点工作要努力平衡好人大与政府、地方主动性与规范性文件创造性的关系，落实好时效性较强的政府部门规范性文件的备案审查工作，避免审查时限过长、审查实效太弱。同时，也期待《宪法》《地方组织法》《监督法》及时作出回应，为"双报备"试点工作提供明确的规范依据。

司法责任制改革对地方人大监督工作的影响

吴红勇

摘要： 司法责任制改革是在党中央统一领导下进行的司法体制改革的核心内容。历经近十年的探索和实践，司法责任制改革的成效日益显现。但是，司法责任制改革也给地方人大监督工作带来新影响、新挑战、新课题。如何在司法责任制改革中坚持人民代表大会制度，如何做到改革于法有据，在法治的轨道上积极推进司法责任制改革，持续加强人大对司法工作的监督，共同服务和保障中国式现代化，是本文探讨交流的重点。

关键词： 人大　监督　司法

以司法责任制为核心的司法体制改革自 2013 年召开的党的十八届三中全会开启以来，在党中央的直接领导下，各地按照党中央的部署，紧紧围绕"努力让人民群众在每一个司法案件中感受到公平正义"的工作目标，积极稳步推进司法责任制改革，提出并稳步推进一系列新理念、新举措，在改革中丰富和完善中国特色社会主义司法制度，推动司法制度在新征程上实现跨越式发展。本文拟从司法责任制改革的进展、成效和问题，以及司法责任制改革对地方人大监督工作的影响，在司法责任制改革背景下加强地方人大对司法工作的监督，展开探讨。提出司法责任制改革需要在法治的轨道上进行，于法有据，要坚持和发展人民代表大会制度。同时，拟从价值目标的统一性角度，探讨人大监督工作与司法责任制改革的"政治同向、法治同轨、发展同力、与民同心"的衔接推进问题。

一、司法责任制改革的内涵、实施进展、成效和特点

党的十八届三中全会通过的《中共中央关于全面深化改革若干重大问题的决定》提出"健全司法权力运行机制，完善人权司法保障制度……探索省以下地方法院、检察院人财物统一管理"，并把"完善主审法官、合议庭办案责任制，让审理者裁判、由裁判者负责"作为健全司法权力运行机制的重大举措。这是党中央首次对司法责任制的内涵和司法责任制改革的重大意义作了直接的阐述。2014 年，党的十八届四中全会通过的《中共中央关于全面推进依法治国若干重大问题的决定》，对完善司法体制作出了明确具体的部署。2015 年 8 月 18 日中央深化改革领导小组审议通过了《关于完善人民法院司法责任制的若干意见》和《关于完善人民检察院司法责任制的若干意见》，标志着司法责任制在全国范围内普遍推进。2020 年，中共中央办公厅印发《关于深化司法责任制综合配套改革的意见》。

继党的十九大报告鲜明提出"全面落实司法责任制"后，党的二十大报告再次强调指出："深化司法体制综合配套改革，全面准确落实司法责任制，加快建设公正高效权威的社会主义司法制度，努力让人民群众在每一个司法案件中感受到公平正义。"2024 年 7 月召开的党的二十届三中全会，再次要求"深化司法公开，落实和完善司法责任制"。

为贯彻落实党中央关于司法责任制改革的决策部署，2013 年以来，最高人民法院、最高人民检察院先后会同中组部、中政委等出台《法官、检察官单独职务序列改革试点方案》《人民检察院工作人员分类管理制度改革意见》《最高人民法院关于全面深化人民法院改革的意见》《关于完善人民法院司法责任制的若干意见》，落实防止干预司法"三个规定"^[1]；2020 年最高人民法院印发《关于深化司法责任制综合配套改革的实施意见》；2024 年 7 月出台《关于人民检察院全面准确落实司法责任制的若干意见》《人民检察院司法责

---

〔1〕 防止干预司法的三个规定：是指 2015 年 3 月中共中央办公厅、国务院办公厅印发的《领导干部干预司法活动、插手具体案件处理的记录、通报和责任追究规定》；2015 年 3 月中央政法委印发的《司法机关内部人员过问案件的记录和责任追究规定》；2015 年 9 月最高人民法院、最高人民检察院、国家安全部、公安部、司法部联合印发的《关于进一步规范司法人员与当事人、律师、特殊关系人、中介组织接触交往行为的若干规定》及其实施办法，简称"三个规定"。

任追究条例》等文件，督促法院、检察院人员依法履职、促进公正司法。

（一）关于完善司法责任制的内涵

习近平总书记指出："完善司法责任制，在深化司法体制改革中居于基础性地位，是必须牵住的'牛鼻子'；推进司法体制改革，要紧紧牵住司法责任制这个牛鼻子，凡是进入法官、检察官员额的，要在司法一线办案，对案件质量终身负责。法官、检察官要有审案判案的权力，也要加强对他们的监督制约"，"保证法官、检察官做到'以至公无私之心，行光明正大之事'"。习近平总书记还指出："司法公正是社会维护公平正义的最后一道防线。"司法责任制，核心要义就是"谁办案谁负责、谁决定谁负责"，"让审理者裁判，让裁判者负责"[2]。让司法机关回归司法属性，维护公平正义，让人民群众在每一个案件中感受到公平正义。推动办案模式的职业化、专业化、科学化。

（二）司法责任制改革的主要内容

根据党中央的统一部署，司法责任制改革主要有以下内容。

第一，改革法官、检察官的准入制度。统一法律职业人资格制度，为把握法官、检察官的专业素养、职业能力和基本操守，中央决定在省一级设立法官检察官遴选委员会，由各方专业人士及人大代表、政协委员等组成的法官检察官遴选委员会，从专业的角度提出法官、检察官人选，为司法责任制的实施提供人才基础。

第二，实行司法人员分类管理和完善法官、检察官员额制。法官、检察官实行员额制。法官、检察官员额根据案件数量、经济社会发展情况、人口数量和人民法院、人民检察院层级等因素确定。[3] 推行司法人员分类管理，实行法官检察官、司法辅助人员、司法行政人员分类管理，重建司法人员职务序列，建立少而精的法官、检察官队伍，实行法官、检察官精英化，把具有良好职业道德和较高专业水准的法官检察官选拔并保留到办案法官、检察官队伍中，让他们真正在第一线办案。同时为他们配备必要的高素质法官、

---

〔2〕 张文显：《论司法责任制》，载《中州学刊》2017 年第 1 期。
〔3〕 详见《中华人民共和国人民检察院组织法》第 41 条。

检察官的助理、书记员等审判、检察辅助人员，使法官、检察官从事务性、文秘性工作中脱身，将主要精力投入案件的审理、检察中。要求"谁办案谁负责、谁决定谁负责"，员额法官、检察官实行办案质量终身负责制和错案责任倒查问责制。

第三，改革法官、检察官职业保障制度。党的十八届三中、四中全会以来，党中央提出健全法官、检察官、人民警察职业保障制度，完善司法职业保障体系，建立法官、检察官、人民警察专业职务序列及工资制度，促进法治专门队伍正规化、专业化、职业化，提高其职业素养和专业水平，任何单位或者个人不得要求法官、检察官从事超出法定职责范围的事务，非因法定事由，非经法定程序，不得将法官、检察官调离、辞退或者作出免职、降级等处分。

第四，推进司法机关内部行政管理体系改革，实行法院、检察院司法行政事务管理权与审判权、检察权相分离。法院、检察院的人财物管理权属于司法行政事务权。防止司法行政事务权干涉审判权、检察权，保证法官、检察官依法独立公正办案，克服行政化、官僚化。

第五，防止违法干预司法活动。党的十八届四中全会提出：建立领导干部干预司法活动、插手具体案件处理的记录、通报和责任追究制度，防止外部干预；建立司法机关内部人员过问案件的记录制度和责任追究制度，防止司法机关内部的干预。在司法机关内部，建立了落实"三个规定"月报告和零报告制度。这些规定，为司法责任制改革提供了制度保障。

第六，推动省以下地方法院、检察院人财物统一管理。探索建立与行政区划适当分离的司法管辖制度。关于法官、检察官的统一管理，主要是建立法官、检察官统一由省一级遴选并按法定程序任免的机制。关于领导干部的统一管理原则，按照党管干部的原则，市级、区县级法院院长、检察院检察长由省级党委（党委组织部）直接管理，其他领导班子成员可委托当地地市级党委管理。关于经费的统一管理，主要是建立省以下地方法院、检察院经费由省级政府财政部门统一管理机制。同时，为防止司法系统行政化，省、市、区县三级法院、检察院均为省财政部门一级预算单位，预算资金通过国库集中支付系统拨付给各法院、检察院。

第七，完善司法责任追究制度，坚持问责与免责相结合。最高人民法院、最高人民检察院研究制定了《关于建立法官检察官惩戒制度的意见（试行）》，明确规定由省一级法官检察官惩戒委员会负责对法官检察官是否承担司法责任提出建议。

第八，全国检察机关反贪局反渎职侵权局预防部门转隶监察委员会。为加强党对反腐败工作的集中统一领导，形成权威高效的国家监察体系，以习近平同志为核心的党中央决定进行国家监察体制改革。2016 年 11 月，中共中央办公厅印发《关于在北京市、山西省、浙江省开展国家监察体制改革试点方案》；2017 年 10 月，中共中央办公厅印发《关于在全国各地推开国家监察体制改革试点方案》；2017 年 11 月，全国人大常委会通过了在全国各地推开国家监察体制改革试点工作的决定。截至 2018 年 2 月，全国四级检察机关反贪、反渎和预防职务犯罪部门职能、机构和 44151 名检察人员按时完成转隶。转隶后，检察机关承担对监察机关移送职务犯罪案件的审查逮捕、审查起诉、补充侦查、诉讼监督等职责。同时，根据 2018 年 10 月修改后的刑事诉讼法规定，检察机关承担对司法工作人员利用职权实施的非法拘禁、刑讯逼供、徇私枉法等侵犯公民权利、损害司法公正犯罪立案侦查的职责。[4]

在全面深化司法改革的同时，检察机关贯彻党中央决策部署，支持国家监察体制改革，做好案件线索清理、结案与移交，顺利完成机构、职能、人员转隶。

（三）司法责任制改革实施进展情况

全面深化司法改革，是党中央作出的重大战略部署，是全面深化改革、全面依法治国的重要组成部分，对完善中国特色社会主义司法制度、促进国家治理体系和治理能力现代化具有重大意义。党的十八大特别是十八届三中全会以来，党中央从建设中国特色社会主义法治体系的高度，对司法体制改革作出了系统化的顶层设计、通盘考虑，为深化司法改革指明了方向。仅 2014 年至 2017 年 9 月，习近平总书记主持召开 38 次中央全面深化改革领导

---

〔4〕《【百年党史中的检察档案 129】全国检察机关反贪、反渎和预防部门职能、机构和人员转隶》，载微信公众号"最高人民检察院"2021 年 12 月 9 日。

小组会议，审议通过 48 个司法改革文件，其中涉及司法责任制改革、立案登记改革、设立最高人民法院巡回法庭等检法两院领域的重要改革方案 31 个，为人民检察院、人民法院改革提供了基本遵循。全国人大常委会通过听取专项报告、授权开展试点、修改完善法律等方式加强监督，为司法改革提供了坚强有力的法律保障。中央政法委加强领导和顶层设计，强化改革督察，促进各项改革政策落实落地，中央有关单位和地方各级党委政府大力支持配合，积极帮助解决实际困难，为改革创造了有利条件、营造了良好环境。

2017 年 11 月 1 日，第十二届全国人大常委会第三十次会议听取了《最高人民检察院关于人民检察院全面深化司法改革情况的报告》和《最高人民法院关于人民法院全面深化司法改革情况的报告》。2024 年 7 月，最高人民检察院、最高人民法院相继发布司法改革述评，阐述司法责任制改革从要求落实到全面落实再到全面准确落实的过程。目前司法责任制改革进展情况如下。

1. 全国检察机关的情况。司法责任制改革基本完成，初步建立了权责明晰、监管有效、保障有力的检察权运行新机制。"谁办案谁负责、谁决定谁负责"的司法责任制改革的根本要求得到落实。一是推行检察人员分类管理。2013 年 3 月以来，最高人民检察院与中央组织部、中央政法委共同发布人员分类管理制度改革意见，将检察人员明确划分为检察官、检察辅助人员、司法行政人员三类，进一步完善了相应类别人员的比例、职务序列管理规范，为建设专业化、职业化检察官队伍提供制度保障。2017 年 5 月，与财政部、人力资源社会保障部等共同发布聘用制书记员管理制度改革方案，试行省级统筹配备聘用制书记员，书记员原则上不再占用中央政法专项编制。二是推行员额制改革，择优遴选检察官承担办案任务，促使检察官回归办案本位。坚持"以案定额"和"以职能定额"相结合，聘请人大代表、政协委员、法学专家以及法官、检察官、律师代表等组成省级检察官遴选委员会把关。经严格考试考核、遴选委员会审议、人大常委会依法任命等程序，全国检察机关 2016 年 9 月遴选出首批员额内检察官 84444 名，占中央政法专项编制的 32.78%。其中最高人民检察院机关首批遴选 228 名员额内检察官，占中央政法专项编制的 31.89%。[5] 建立员额动态调整机制，建立员额退出机制。通过改革，基层检察院 85% 以上的人力资源配置到办案一线，办案力量增加 20% 以上。规范上级检察院统一调用辖区检察人员办案制度。三是推行检察官办案责任制。赋予员额内检察官在职权范围内独立对案件作出决定的权力，并明确相应司法责任。各省级检察院统一制定辖区内检察官权力清单，明确检察委员会、检察长、检察官的职责权限。根据案件类型、复杂难易程度，实行独任检察官或检察官办案组两种基本办案组织形式，组建专业化办案组。完善案件承办确定机制，以随机分案为主、指定分案为辅。建立领导干部带头办理重大、复杂、疑难、新类型案件制度。建立检察官联席会议制度，提供专业参考意见。坚持突出检察官办案主体地位与检察长领导检察院工作相统一，检察长切实负起"管"检察官办案的责任，实行四级院检察长常态化列席同级法院审委会会议。推动天津、云南、宁夏、新疆等 15 个省区市建立党委政法委执法监督与检察机关法律监督衔接机制。建立检察官惩戒制度，完善司法责任体系，检察官在职责范围内对办案质量终身负责。四是建立检察官办案质量评查机制和案件质量主要评价指标，建立检察业务数据分析研判会商机制，形成"汇集—分析—研判—反馈—运用"的检察业务数据应用，提高决策的针对性、科学性、有效性。向社会定期公布主要检察办案数据并进行解读。五是推动建立检察官职业保障制度，提高职业尊荣感。建立并落实与检察官职务序列相配套的职业保障制度，与办案质量、效率、效果直接挂钩的绩效考核办法。深化落实防止干预司法"三个规定"，建立领导干部干预司法活动、插手具体案件处理的记录、通报和责任追究规定实施办法。开展执法司法突出问题专项检查，纠治检察履职存在的问题，在实行权力与责任统一的同时，把权力关进制度的笼子，促使检察官依法公正行使职权，促进检察权依法公正高效廉洁运行。建立检察官履行职务受到侵害保障救济机制。六是稳步开展内设机构改革。重组专业化行使办案机构、单设民事检察机构、单设行政检察机构、专设公益诉讼检察机构，充实完善刑事执行检察

---

〔5〕参见曹建明：《最高人民检察院关于人民检察院全面深化司法改革情况的报告——2017 年 11 月 1 日在第十二届全国人民代表大会常务委员会第三十次会议上》，载《中华人民共和国全国人民代表大会常务委员会公报》2017 年第 6 号。

机构职能、专设未成年人检察机构等。2019年1月，最高人民检察院将内设机构改革后的"四大检察""十大业务"推介公众。全国四级检察院全部完成内设机构改革，内设机构大幅精简，大批业务骨干回归办案一线。七是推进跨行政区划检察院改革试点。2014年12月，全国首批跨行政区划检察院在上海市检察院第三分院、北京市检察院第四分院（原北京铁路运输检察院）挂牌成立，拉开试点序幕。案件管辖范围包括：（1）跨行政区划刑事案件。包括环境资源保护和食品药品安全、民航、公交、水运、铁路刑事一审案件，海关所属侦查案件、森林公安分局侦查的刑事案件，知识产权案件，指定管辖的跨地区重大职务犯罪案件、其他重大刑事案件。（2）公益诉讼案件，包含民事公益诉讼和行政公益诉讼案件。（3）专门诉讼监督类案件，对相应的跨行政区划中级法院以及专门法院包括金融法院、知识产权法院、互联网法院依法履行诉讼监督职责。此后，作为非试点地区的湖北、河南、重庆等地也因地制宜，在省域范围内开展了积极地探索。[6] 2021年2月，《最高人民检察院出台关于开展跨行政区划检察改革试点工作的通知》，将原本由行政区划检察院管辖的跨区域和特定类型案件，统一调整为省级检察院派出机构办理，避免司法活动受到相关案外复杂因素影响，更好地体现党的集中统一领导，遵循司法规律，确保办案实现"三个效果"的有机统一。比如广东省在2023年2月成立了两个跨地区检察分院，即广东省第一地区人民检察院（原广州铁路运输检察院）和广东省第二地区人民检察院（原肇庆铁路运输检察院）。八是积极稳步推进省以下检察院人财物统一管理。市、县检察院检察长由省级党委（党委组织部）管理，领导班子其他成员可委托市级党委管理。政法专项编制收归省级统一管理，根据人均办案量，在全省范围内统一调剂使用。九是推动数字信息技术与检察工作的深入融合，构建"业务主导、数据整合、技术支撑、重在应用"的数字检察工作机制，加快推进法治信息化工程建设，推动"一网运行、一网通办、一网赋能、一网运维"的全国检察机关案件管理系统的应用。开展全国大数据法律监督模型竞赛，

---

〔6〕 田向红：《新时代跨行政区划检察改革的实践与完善》，载《中国检察官》2023年第1期。

培养大数据思维、提升数字检察应用能力水平，积极推进检察工作理念、体系、机制、能力的现代化。[7]

2. 全国法院系统的情况：以司法责任制为核心的重大基础性改革基本完成。一是司法人员分类管理改革基本到位。法官、审判辅助人员、司法行政人员各归其位、各尽其责。经过严格考试考核、遴选委员会专业把关、人大依法任命等程序，从原来的 211990 名法官中遴选产生 120138 名员额法官。最高人民法院机关遴选产生 367 名员额法官，占中央政法专项编制的 27.8%。实现了 85% 以上法院人员向办案一线集中。[8]按照"入额必办案"要求，建立院长、庭长办案刚性约束和监督保障机制。积极开展法官助理、书记员职务序列改革试点，扎实推进聘用制书记员管理制度改革，进一步充实审判辅助力量。推行法官员额动态管理，法官配置向基层和办案一线倾斜。健全法官遴选制度，建立法官常态化增补机制，对预留或空出的法官员额定期开展遴选，每年不少于一次。完善法官退出机制。健全法官逐级遴选机制，初任法官原则上到基层法院任职。规范交流任职程序。完善法官单独职务序列管理制度。健全薪酬待遇制度。健全绩效考核制度。二是司法责任制得到有效落实。2015 年 9 月出台《关于完善人民法院司法责任制的若干意见》，2020 年出台《关于深化司法责任制综合配套改革的实施意见》，明确审判组织权限和法官职责，制定和完善审判权力和责任清单，落实"让审理者裁判，由裁判者负责"的要求，完善办案质量终身负责制和错案责任倒查问责制，明确法官在职责范围内对办案质量终身负责。完善"四类案件"[9]识别监管机制，由法官提请院庭长阅核监督。会同最高人民检察院建立完善法官、检察官惩

---

〔7〕 应勇：《最高人民检察院工作报告——二〇二四年三月八日在第十四届全国人民代表大会第二次会议上》，载《人民日报》2024 年 3 月 16 日，第 4 版。

〔8〕 周强：《最高人民法院关于人民法院全面深化司法改革情况的报告——2017 年 11 月 1 日在第十二届全国人民代表大会常务委员会第三十次会议上》，载《中华人民共和国全国人民代表大会常务委员会公报》2017 年第 6 号。

〔9〕 法院"四类案件"：根据最高人民法院印发《关于进一步完善"四类案件"监督管理工作机制的指导意见》的通知（法发〔2021〕30 号）第二条规定，"四类案件"是指符合下列情形之一的案件：（一）重大、疑难、复杂、敏感的；（二）涉及群体性纠纷或者引发社会广泛关注，可能影响社会稳定的；（三）与本院或者上级人民法院的类案裁判可能发生冲突的；（四）有关单位或者个人反映法官有违法裁判行为的。

戒制度，在省一级设立法官、检察官惩戒委员会，就法官、检察官违法办案责任作出专业认定，严格依法追究法官检察官违法审判责任。三是新型办案机制有效形成。确立合议庭、法官办案主体地位，提交审判委员会讨论的案件数量大幅下降，全国法院由独任法官、合议庭直接签发裁判文书的案件数量占到案件总数 98% 以上。完善案件分配机制，坚持以"随机分案为原则，以指定分案为例外"。优化审判团队的构建，组建专业化合议庭、专业化审判团队，合理确定案件类型搭配方式、灵活配置人力资源。健全院庭长办案机制，以指定办案为主、重点办理"四类案件"、发回重审案件等。规范"四类案件"的识别流程、分案要求、监督模式、平台建设和考核机制，压实院庭长审判监督"阅核"职责，各级法院裁判质效进一步提升。四是审判监督机制逐步健全。探索建立类案强制检索报告机制，建立专业法官会议制度，完善审判委员会制度，确保审判权严格依法行使。依托信息化手段，加强案件管理，推进审判流程监督，构建规范审判权运行的"数据铁笼"。建立防止领导干部和内部人员干预过问案件记录、通报和追责制度，建成内外部人员过问案件信息专库和直报系统，实行落实"三个规定"月报告和零报告制度。严格违法审判责任追究。坚持依法追责与依法保障有机统一。五是完善统一法律适用机制。完善关联案件和类案检索机制，专业法官会议讨论和审判委员会制度，确保各项机制有机衔接，形成合力。通过案件检索初步过滤、专业法官会议研究咨询、审判委员会讨论决定，有效解决审判组织内部、不同审判组织以及院庭长与审判组织之间的分歧，促进法律适用标准的统一。六是司法职业保障制度不断完善。员额法官按照单独职务序列进行管理，法官等级与行政职级脱钩，实行按期晋升和择优选任相结合的晋升机制，打通了基层法官的职业发展通道，增强了法官的职业尊荣感。推动解决法官逐级遴选落实中的问题，优化人员分类管理，让广大法院干警职业发展可预期、干事创业有劲头。各级法院普遍设立法官权益保障委员会，完善司法人员依法履职保障机制，在维护法官人身财产安全、及时提供救助等方面发挥了积极作用。七是人财物省级统管改革有序推进。按照中央统一部署，稳妥推进省以下地方法院人财物统一管理，着力构建更加有利于确保司法公正的新型管理体制。已完成省以下法院编制统一管理，中级、基层法院院长已实现由省级党委（党委组织部）管理。各省（区、市）已在辖区内实行财物省级统管改革，部分地方法院经费保障和工资水平实现"托低保高"。八是深化最高人民法院巡回法庭改革，进一步做实审判机关重心下移、就地解决纠纷、方便当事人诉讼，做优人民群众"家门口的最高人民法院"。九是持续深化司法公开，每季度公开发布司法统计数据。加大裁判文书上网力度，2023 年已上网文书216.5 万件[10]，同比增长 111.6%，覆盖审判领域增加、案件类型增多；最高人民法院、高级人民法院上网文书 3.5 万件，同比增长 4.7 倍。重视保护涉案当事人隐私等合法权利，隐去相关识别信息，确保当事人及其家人生活工作、企业单位经营发展不受文书上网影响。十是部署推进全国法院"一张网"建设，深化司法大数据分析应用，完善智能辅助审判系统、在线诉讼服务平台功能，推动智慧法院迭代升级，提升案件审理、审判管理能力，促推治理数字化、智能化水平。

（四）司法责任制改革的主要成效

一是法院、检察院回归办案本位，优秀人才向办案一线流动趋势明显，一线办案力量增加 20% 左右，85% 以上司法人力资源配置到办案一线。二是广大政法干警尤其是一线办案的法官、检察官支持改革，多办案、办好案的积极性、责任心明显增强，职级定期择优晋升，司法队伍活力不断进发。三是符合司法规律的体制机制逐步形成，法官、检察官办案主体地位得到确立，院庭长不再签发未参与审理的裁判文书，审委会、检委会讨论案件减少，司法队伍的专业化、职业化水平正在提高。四是办案质量效率稳步提升，人均结案数、当庭宣判率上升，上诉率、发回重审率下降。五是在改革落实到位的地方，配齐人员、明确责任、落实待遇，缓解案多人少的矛盾。六是司法公信力不断提高，法院、检察院工作报告获得的赞成票达到新高，涉法涉诉信访案件有所下降。实践证明，党中央确立的司法责任制改革的方向是正确的，实际效果是好的。

---

〔10〕 张军：《最高人民法院工作报告——二〇二四年三月八日在第十四届全国人民代表大会第二次会议上》，载《人民日报》2024 年 3 月 16 日，第 4 版。

（五）司法责任制改革内容的特点

本轮司法责任制改革的主要特点是：

1. 推进司法职业化。司法权是司法人员运用自己所具备的专业知识对所争议的事实进行识别的思维活动，要保证这种判断活动的准确性、中立性，要求司法人员具备较高的专业知识和能力。法治先进国家普遍为司法人员设置较高的准入门槛和标准。本轮司法责任制改革提出完善司法人员分类管理制度，建立法官、检察官单独职务序列，实行法官、检察官员额制，完善法官、检察官逐级遴选、惩戒机制，健全司法人员职业保障制度等举措，旨在提高法官、检察官的准入门槛，确保职业操守好、业务能力强的优秀法律人才进入法官、检察官队伍，增强法官、检察官的职业荣誉感和使命感。同时，排除干扰，强化履职保障，确保法官、检察官依法独立行使审判权、检察权。

2. 去司法地方化。由于历史的原因，我国司法机关曾经出现一些地方保护主义现象，损害了司法机关形象和声誉，破坏法治尊严和统一。司法权从其权力来源、属性、功能定位，属于中央事权，本轮司法体制改革把去地方化作为首要任务，通过改革司法管理体制和司法管辖制度，破解司法地方化。比如推进地方法院、检察院人财物省级统管、设立跨行政区划的人民法院和人民检察院两项措施，突破以往"一府一委两院"由同级人大选举产生、对同级人大负责、受同级人大监督的制度，重新调整和配置市、区人大与法院、检察院的关系。

3. 去司法行政化。司法行政化是指违背司法规律，将司法人员进行司法判断过程纳入行政体制的命令与服从当中，按照行政审批方式来行使司法权。针对司法行政化的弊端与危害，本轮司法体制改革实行多项去行政化措施，包括完善司法责任制、健全司法权力运行机制、建立领导干部和司法机关内部人员过问案件记录制度和责任追究制度，推进以审判为中心的诉讼制度改革，规范上下级法院审级监督关系。建立法官、检察官单独职务序列，员额法官、检察官按照单独职务序列进行管理，其等级与行政职级脱钩，实行按期晋升和择优选任相结合的晋升机制，员额法官、检察官依法独立办案，享有对案件的审理权、决定权和裁判权，并对所办案件终身负责。健全权责统一、权责明晰的司法权运行机制，为法官、检察官依法独立办案排除干扰。

4.反腐败专门力量的集中统一领导。为解决长期以来反腐败力量分散、职能重叠、存在监督盲区问题，加强党对反腐败工作的集中统一领导，形成高效权威的国家监察体系，在党中央统一领导和全国人大常委会的支持下，2018年全国四级检察院的反贪、反渎和预防部门的职能、机构和检察人员44151人按时完成转隶，标志着反腐败工作向集中化、高效化迈出重要一步。国家纪委监委整合检察院、纪委、监察委部门的反腐败力量，构建了一个更加高效、权威的反腐败体系。国家监察委正式成立，转隶后，纪委监委的工作重点从查办职务犯罪案件扩展到对公职人员违纪违法行为的全面监督。职务犯罪侦查权的转隶，也导致检察权再造。2018年宪法修正案将人大监督"一府两院"调整为人大监督"一府一委两院"。

（六）司法责任制改革中存在的问题

1.司法综合配套改革仍有待完善。检察官单独职务序列、检察官助理和书记员职务序列相关配套政策仍需明确，员额法官、检察官遴选、退出、交流任职、司法行政人员转任、检察官与监察官的转任等机制有待完善。法官、检察官的职级晋升是定期晋升与择优选升相结合，仍受职数限制。例如，实施法官、检察官单独职务序列后，自2019年起实行职务与职级并行，原与行政职级挂钩的医疗、差旅、退休等待遇保障如何落实直至2023年才有规定；法官、检察官津贴仅在职时享受，并不能带入退休待遇。绩效考核仍未纳入养老保险缴存基数。又如，基层法院、检察院内设机构改革标准不统一，上下级法院、检察院的内设机构无法一一对应。再如，原有检察员职称的检察官，转隶监察委后，被免去检察员职务，但未被任命为监察官。根据相关规定，法官与检察官可以互认，但是检察官与监察官不能互认。

2.省级统管后在财和物的保障管理方面的问题。由于地方财政是分灶吃饭，省级财政难以为全省法官、检察官提供职业保障，省统管后，一些地方经费保障不足，基层法院、检察院资产管理和历史债务等问题有待配套解决。地方人大无法对法院、检察院的预决算进行监督，也无法提供支持。以广州为例，目前由省一级确定法官、检察官的等级和待遇标准后（各区统一），仍然由市一级财政提供保障。

3. 去司法行政化不够彻底。对法官、检察官难以完全实行扁平化管理，院庭长入额后仍然保留行政级别和待遇。少数入额的院庭长等领导干部忙于行政事务性工作，存在办简单案、挂名办案现象。

4. 司法机关案多人少的矛盾依然存在。实行立案登记制后，立案数增加，而具有办案权限的员额法官、检察官较之前减少，检察官助理和书记员辅助人员配备不到位，新型办案组织难以完全有效建立，员额检察官人均办案量大幅增加。根据最高人民法院院长张军介绍：2013 年以来，全国法院案件总量以年均 13% 的增幅快速上涨，10 年增加 2.4 倍；法官年人均办案由 2017 年 187 件，增至 2023 年 357 件，人案矛盾日益突出。[11] 少数地方存在未入额但有检察员资格的法官、检察官经授权或指定实际承担办案任务的现象。

5. 部分法院、检察院存在部分青年干警队伍人心不稳现象。本轮司法责任制改革启动后，由于实行员额法官、检察官遴选制，省一级法院、检察院在 2017—2022 年暂时冻结了原来的审判员、检察员和助理审判员、助理检察员的选拔任免工作整整五年，一些年轻的、已通过法律职业资格考试的法院、检察院工作人员，不能成为员额法官、检察官，而只能做检察官助理，职业规划发展受阻，部分年轻的法院、检察院工作人员选择改行，另谋发展。按照《人民法院组织法》和《人民检察院组织法》的新规定，省、市级院人员入额后初任法官、检察官，必须要到基层法院、检察院任职，而不能在省级院、市级院任职。在基层院任职满五年后，才能参加上级院的遴选。因此，省、市一级法院、检察院办案一线的法官、检察官近年出现青黄不接的现象。人员分类管理和内设机构改革后，受职务职级核定等因素影响，法院、检察院综合行政部门人员晋升空间受限，综合部门人员向办案一线或改行流动明显，相关配套举措有待跟进。

6. 法官、检察官的遴选程序更加严格复杂。基层院法官、检察官如果到上级法院、检察院工作，只能先走法官、检察员的遴选程序，经省一级遴选委员会确认后，再走人事部门的调动程序，经上一级人大任命，才能成为上

---

〔11〕 张军：《最高人民法院工作报告——二〇二四年三月八日在第十四届全国人民代表大会第二次会议上》，载《人民日报》2024 年 3 月 16 日，第 4 版。

一级法院、检察院的法官、检察官。否则，仅走人事调动程序，不会被任命为法官、检察官。

二、司法责任制改革对人大监督司法工作的影响

人民代表大会制度是我国的根本政治制度，"一府一委两院"由人大产生、对人大负责、受人大监督的制度是宪法确立的基本原则。首先，本轮司法责任制改革需要理顺改革与宪法、改革与坚持人民代表大会制度的关系。改革如何有利于加强而不是削弱人民代表大会制度，有利于完善而不是损害人民代表大会制度，是值得审慎考虑的；其次，需要把握好省级统管改革与于法有据的关系。司法体制改革尤其是省级统管涉及需要修改的法律法规很多。比如，修改《监督法》《人民法院组织法》《人民检察院组织法》《法官法》《检察官法》《公务员法》及三大诉讼法等与现行司法体制改革不一致的地方，需要制定和完善监察法、监察官法等。推进司法体制改革，需要在宪法和法律的轨道上进行，更要依法接受人大的监督。[12]

但是目前在司法责任制改革与人大监督工作的衔接中出现一些问题，对地方人大监督司法工作产生一定的影响。主要有以下八个方面。

（一）省一级人财物统管下的员额法官和检察官的提名权和任命权不一致的问题

省以下法院、检察院人财物由省统管之后，事权上提至省一级，地方人大对同级法院、检察院监督力减弱，包括人事任免的监督和对预算决算的监督。在人事任免权方面，目前实行的是"统一提名，分级任免"，省级层面设立法官、检察官遴选委员会，建立全省法官、检察官统一提名和依法分级任免制度。即由省级法官、检察官遴选委员会按程序提名法官、检察官后，再由相关部门进行考察，最后按法定程序由所在地人大常委会任命。所在地人大常委会对法官、检察官具有任命权，如果提名权和任命权发生冲突，如何处理？所在地的人大常委会是否可以否决省级遴选委员会的提名？

---

〔12〕 陈永康：《司法体制改革新形势下人大监督司法的新思路新举措》，载《人大研究》2015 年第 7 期。

（二）人大对跨行政区划的法院、检察院的监督问题未予明确

2014 年，党中央全面深化改革领导小组第七次会议审议通过《设立跨行政区划人民法院、人民检察院试点方案》，确定了 8 类特殊案件管辖的总体要求，自此，首批跨行政区划的法院、检察院设立。历经 8 年的试点后，逐步形成了"跨""特""专"特点的跨行政区划法院、检察院管理体系。但是，跨行政区划的法院、检察院设立面临法律依据不足的问题，《人民法院组织法》和《人民检察院组织法》修订时并未将跨行政区划院的设置写入草案。跨区划法院、检察院的人财物管理以及由哪一级人大监督也没有明文规定。目前的做法是：以成渝金融法院为例，首先是由全国人大常委会决定成立成渝金融法院，并明确其跨省管辖范围，再由最高人民检察院明确重庆市第五检察分院对应监督。又以广东为例，2023 年 2 月，广东省成立广东省人民检察院第一检察分院（原广州铁路运输检察院）和广东省人民检察院第二检察分院（原肇庆铁路运输检察院），由省检察院明确这两个跨行政区划检察院是隶属广东省人民检察院领导的派出机构，接受广东省人大监督。再以广州知识产权法院为例。广州知识产权法院管辖除深圳以外的省内地区涉知识产权案件，但是，广州知识产权法院院长由广州市人大常委会任命，接受市人大监督。因此，目前为止，跨行政区划的法院院长和检察院检察长由哪一级人大任免和进行司法监督，没有全国统一的规定，法律规定上处于空白状态。《人民法院组织法》《人民检察院组织法》未对跨行政区划法院、检察院的设置予以确认。

（三）改革先行，修法滞后

司法责任制改革涉及相关法律的修改尚未到位。本轮司法体制改革是一个庞大的系统工程。自启动以来，为在法治的轨道上全面深化改革，全国人大及其常委会组织修改了《地方组织法》《监督法》《代表法》《法官法》《检察官法》《公务员法》《人民法院组织法》《人民检察院组织法》《刑事诉讼法》《民事诉讼法》《行政诉讼法》《监察法》等法律，制定了《人民陪审员法》《监察官法》等法律，确认和巩固了改革的成果。但是，涉及人大监督司法的内容，还不够完善。司法体制改革过程中，全国人大常委会对监察体制改革和设置跨行政区划的法院作出过相应的决定，但部分司法体制改革仍在先行先

试当中，还缺乏法律依据。再比如，对于《人民检察院组织法》（2018 年修订）第 24 条第 1 款第 4 项规定上级人民检察院"可以统一调用辖区的检察人员办理案件"，有人大代表对这一条提出了质疑，指出：一是此类决定要有书面形式作出；二是基层院检察官到上级院办理案件，要有上级人大的任命和授权。经人大代表监督，最高人民检察院在全国人大常委会法工委支持下，完善一体履职机制，规范了上级检察院统一调用辖区检察人员办案制度。[13]

（四）监察官并未通过人大任命

《宪法》第 123—127 条规定了监察委由人大产生对人大负责受人大监督，但 2022 年施行的《监察官法》第 19 条规定，国家监察委和地方各级监察委主任由同级人大选举和罢免，副主任、委员由监察委主任提请本级人大常委会任免。"其他监察官的任免，按照管理权限和规定的程序办理。"至目前为止，享有对所有行使公权力的公职人员的监督权的普通监察官，并未像法官、检察官一样通过同级人大常委会的任命。从检察院转隶到监察委的原检察官，干以前同样的工作，但并没有被人大任命为监察官。目前，地方组织法也没有授权同级人大对普通监察官的任免权。问题是：监察官的任免接受哪里的监督？

（五）人大对法官、检察官惩戒的监督问题

2016 年 10 月，最高人民法院、最高人民检察院印发《关于建立法官、检察官惩戒制度的意见（试行）》的通知，法官、检察官惩戒制度正式建立。对法官、检察官的惩戒事项的确认和惩戒均由省一级法院、检察院的惩戒工作办公室依据司法责任追究条例进行。当事法官、检察官不服的，可以向作出决定的人民法院、人民检察院申请复议，并有权向上一级人民法院、人民检察院申诉。那么，省级人大监督司法工作如何与惩戒制度相衔接？省级以下地方人大如何配合省级人大加强对法官、检察官的惩戒监督？目前并没有明文规定。

---

〔13〕 应勇：《最高人民检察院工作报告——二〇二四年三月八日在第十四届全国人民代表大会第二次会议上》，载《人民日报》2024 年 3 月 16 日，第 4 版。

（六）员额法官和检察官遴选程序需进一步规范

目前在省一级法官、检察官遴选委员会虽然设有人大代表、政协委员参与，但缺乏地方人大常委会及其组成人员对其审查、表决的程序。在 2016 年 9 月司法责任制改革启动前已经由人大任命为检察员的，在入额时不再征求人大意见，由省级院遴选委员会经考核后批准入额；在 2022 年以后，则是实行"统一提名、分级任免"的程序，先由省级院统一组织考试考核择优入额、再按法定程序分级任命为检察员。每年开展一次择优遴选下级院法官、检察官到上级院工作的程序。缺乏法院、检察院向同级人大常委会专项报告法官、检察官遴选、入额情况的步骤，人大对司法机关人员遴选情况缺乏知情权。

（七）人大对员额法官、检察官的履职情况和办案质量需加强监督

在对法官、检察官放权的背景下，急需健全新机制，加强对员额法官、检察官履职情况的外部监督尤其是人大监督。比如，法院、检察院应主动向人大常委会报告案件质量评议情况、业务数据会商分析研判材料，主动邀请人大代表参加公开听证会，观摩开庭等。

（八）司法机关贯彻全过程人民民主中做得还不够

司法公开有待进一步深化，司法裁判文书目前还是选择性公开。人民群众对司法体制改革的关注度很高，但是参与度不够高。司法机关在个案处理中听取人大代表和政协委员的意见不够充分。公开听证会的覆盖面有待拓展。

三、加强地方人大对司法工作的监督对策建议

（一）人大监督司法与司法责任制改革的价值目标一致性分析

政治基础。党的十八大以来，党中央要求坚持以人民为中心。人民代表大会制度是坚持党的领导、人民当家作主、依法治国有机统一的根本政治制度安排。要支持和保证人民通过人民代表大会行使国家权力。人民是权力合法性的最终来源。人民让渡自己的权力、再通过人大授权，是审判权和检察权的合法性来源。也只有人大按照法定程序任免法官、检察官，法官、检察

官的产生才具有程序的正当性。人大和司法机关都是在党的统一领导下，依据监督法和两院组织法开展工作。人大监督和支持司法责任制改革，有利于划清司法权与行政权的边界。

法理基础。我国宪法规定，"一府一委两院"由人大产生、对人大负责、受人大监督。监督法的相关规定，是防止权力异化，实现对公民的权利保障。司法责任制改革的目标是努力让人民群众在每一个案件中感受到公平正义。人大监督与司法责任制改革在法治理念、价值目标追求上具有一致性，人大监督具有内在动能。

现实需要。以往的司法地方化存在诸多诟病，司法领域的腐败现象导致公信力降低。党的十八大以来，全国政法系统查处违法违纪案件省部级以上干部31人，厅局级干部130多人。人民群众要求加强人大对司法工作的监督等外部监督的呼声越来越高。司法责任制实施后，员额法官、检察官的权力较以前增大，岗位风险相应增加，更有必要加强人大监督。

（二）加强人大监督司法工作与司法责任制改革制度的衔接

当前，全面依法治国进入加速推进期，司法体制改革持续深化，数字时代下司法工作的新理念、新业态、新模式在不断出现，如何准确把握新形势下人大开展司法监督工作的新要求，是当前人大机关需要研究的课题。加强人大对司法工作的监督，是宪法和法律赋予人大及其常委会的重要职责，是坚持和完善人民代表大会制度的重要体现，是推动实现司法工作现代化的强大助力，应当坚持"政治同向、法治同轨、发展同力、与民同心"，寓支持于监督之中，共同服务和保障中国式现代化。

1. 修改完善相关法律规定，使司法体制改革于法有据。如跨行政区划法院、检察院的设置、产生和监督的问题，对监察官的监督问题等。继续完善司法责任制综合配套改革。人大听取法院、检察院全面准确落实司法责任制为议题的专项报告，助力法院、检察院不断完善司法责任制改革举措。

2. 加强人大对同级司法机关的监督，依法行使人事任免权。同级人大依法行使对员额法官、员额检察官、监察官以及检委会、审委会、监察委委员的任免权。非经人大任命、人大授权和法官、检察官宪法宣誓等程序，员额法官、检察官不得行使权力。在人事任免前，主动向人大报告受权人资质、来源、遴选委员会考核确认情况。法官、检察官权力清单，报人大审查，明确责任的边界。建议修改监察官法，将普通监察官纳入人大任免范围。

3. 准确把握人大监督的重点和方向。用活用足《监督法》赋予人大监督司法方式，依法发挥人大代表的作用，提高人大监督司法的水平。[14]

（1）优化人大司法监督选题

地方人大的司法监督，包括对公检法司机关工作的监督。选题是司法监督工作的重要一环。为做好司法监督工作，必须优化监督选题，实现依法有效监督。一是围绕改革和发展中心工作大局，有力提高司法履职服务水平。聚焦中央和省市委的重大决策部署，围绕改革发展稳定的关键问题、影响法律法规正确实施的突出问题，找准司法工作融入地区现代化建设大场景，服务全面深化改革的切入点。二是贴近社会关注热点，回应人民关切。人大是民意机关，代表人民依法对司法机关实施监督，坚持以民为本、凝聚民智、反映民声、关注民生民计。司法工作中，多元化矛盾纠纷化解、个人信息和隐私保护等是人民群众备受关注的问题，也是人大司法监督关注的重点内容。三是紧扣司法现代化内生性需求，突出司法工作自身体制机制问题。人大监督司法工作，不仅是对司法权运行结果的监督，更应关注司法权总体运行整体情况，立足改革发展要求，从内生性的角度助力完善司法权运行过程。如司法体制综合配套改革、司法权的监督制约、执法司法的衔接、司法裁判尺度统一等司法权运行问题，通过监督和支持治弊纠偏。

（2）突出司法监督特色

人大加强对司法权的监督，有利于推动国家治理体系和治理能力现代化。面对日益复杂的司法履职内容和履职形式，人大在《监督法》规定的范围内尽可能激发各种监督方式的效能，实现监督成效。一是人大各项职权系统的联动。把人大的立法权、决定权、监督权结合起来，把监督司法工作与监督执法工作联动起来，把上级监督与下级监督贯通起来，强化听取审议工

---

[14] 朱恒毅：《持续加强人大对司法工作的监督》，载《法治日报》2024 年 8 月 26 日，第 4 版。

作报告和专项报告、专题询问、专题调研、执法检查、法律法规实施情况的检查、规范性文件备案审查、询问和质询、特定问题调查、撤职案的审议和决定等监督手段综合运用，打好人大监督工作组合拳。二是注重数字赋能。把准数字技术发展现状与经济社会发展对数字正义的新需求，从理念、规则、资源等多方面助力司法机关构建数字司法履职体系、管理体系和决策体系，提高智慧司法水平。督促法院检察院为代表庭审观摩、公开听证、信访处理、执法检查、专题咨询和其他活动提供线上渠道，充分调动人大代表参与司法监督的积极性和主动性。三是推动人大司法监督与检察机关的法律监督贯通协同。着眼于司法职能迭代优化，推动建立司法机关与社会公众的良性互动，积极回应人民群众的司法关切，提升司法服务经济社会的能力。探索建立"人大＋检察"联动监督新模式，代表建议与检察建议双管齐下、双效联督。

（3）增强司法监督实效

完善司法监督工作机制，提高监督的正确性、针对性、有效性。一是健全人大与司法机关工作联系机制。发挥年度监督议题协调机制功能，找准切口，使司法监督更务实，解决实际问题；强化数字赋能，完善信息共享、数字互通、会议通报、文件报送等制度机制，加强人大数字化平台与公检法司数字应用场景的有机衔接，打造智能化、一体化的执法司法数字监督；丰富联系公检法司的渠道途径，支持司法履职。发挥代表主体功能，激活参与检察开放日、法院公众开放日、公开听证的桥梁与窗口作用；完善做好代表建议、批评和意见的征集、办理、督办、转化和落实工作，办理报告应予公开，进一步提高司法机关工作质量、效率，提升公信力。县级以上的各级人大常委会应当采取多种方式同本级人民代表大会代表保持联系，建立健全常务委员会组成人员、各专门委员会和常务委员会办事机构、工作机构联系代表的工作机制，扩大代表对立法、监督等各项工作的参与，并为代表依法履职提供必要条件。二是依法运用刚性监督手段。综合运用专题询问、专题调研、满意度测评等手段，做到敢于监督、善于监督、跟踪监督；增强人大监督的权威性和约束力。推动实现审议意见问题项目化、项目清单化，提出量化评价指标，增强对整改行为的约束性。三是强化上下级人大联动监督。探索省、市、县三级人大整体联动、层级监督，全面覆盖司法监督工作机制，对司法工作中重大关键性问题，开展统一动员部署、统一监督议题、统一监督范围、统一监督步骤，同步听取审议专项工作报告，同步开展跟踪监督，集聚三级人大合理、有效推动问题解决和工作开展，做到一盘棋思考、一体化推进。四是充分发挥代表作用。把全过程人民民主具体地、现实地体现到人大监督司法工作各方面和全过程。贯彻落实《代表法》，"一府一委两院"应加强同代表的联系，并根据人大常委会的统筹安排，邀请代表参与相关工作和活动，听取代表意见和建议，加强和改进各方面的工作。充分发挥基层代表联络站的作用，推动公检法司进人大代表联络站，为代表履职提供必要的服务和保障。优化完善代表参与司法活动机制，组织代表旁听庭审、见证执行、参与公开听证会等，积极邀请代表参与调研、审议、视察司法机关以及司法工作等多种形式的司法监督活动，增强代表监督司法工作的针对性和实效性。坚持人民陪审员和人民监督员制度，切实加强对司法机关权力运行的监督制约。

人大主导立法视野下的人代会立法：
立法文本、立法经验与中央政策
（1979—2018）*

于晓虹

摘要： 人大主导立法要求明晰人大及其常委会立法权限划分。《立法法》规定立法权限划分的依据是立法事项是否"特别重大"。然而，在地方立法实践中，这一规定并未落实。通过构建省级地方立法数据库，本文梳理和考察了省级人大及其常委会立法状况，以及立法文本、立法经验和中央政策对地方立法效能，特别是人代会立法效能的影响。研究发现，各省立法文本对国家法律有相当回应性，日趋成熟和精细，但立法文本的精细化程度与人代会立法效能并不相关。地方立法的累积性经验与人代会立法有显著联系。此外，推动地方人代会立法的动力也来自中央。顶层政策的变动、法律修订引发的公众关注等与地方人代会立法的活跃程度相关。进一步树立人大在立法工作中的主导地位，细化对特别重大事项的理解有助于推进人代会立法实践。

关键词： 人大主导立法　人代会立法　立法权限划分　立法效能

一、引言

2015 年《立法法》修正，人大主导立法原则正式以法律形式确定下来。发挥人大在立法中的主导作用既是新形势下加强和改进立法工作的重要着力

---

* 本研究得到清华大学自主科研项目（项目编号：20245080006）的资助。

点，也是充分发挥立法引领和推动作用的必然要求。学界随之展开了对人大主导立法原则的讨论。诸多学者认为，人大主导立法并不意味着人大在立法过程中事必躬亲，而是享有"最重要""最基本"的立法职权，以及立法决策中的主要"话语权"与最终决定权。[1]这意味着，人大对立法工作的主导将适用于全部立法活动，从立法权限划分、立法计划提出到法律的起草、审议与事后评估，人大主导原则将一以贯之。值得注意的是，学界现有讨论主要聚焦于法规立项与立法起草环节，而对人大及其常委会之间的立法权限划分问题仅仅是浅尝辄止。

自 1982 年《宪法》确定"一元两级多层次"立法体制以来，地方立法实践已有长足发展。2015 年《立法法》修正，赋予设区的市地方人大及其常委会制定地方性法规的权力，使市级地方立法主体数量从原有的 49 个拓展到 322 个。[2]人大主导立法原则的确立与地方立法扩容的现实既对我国现行立法体制提出了新的挑战，又使解决地方立法体制既有问题更具紧迫性。

长期以来，我国地方立法实践中存在着人大及其常委会立法权限划分不清的问题。《宪法》和《地方组织法》赋予省、设区的市地方人大及其常委会制定地方性法规的权力。其中，地方人大常委会在本级人大闭会期间制定和颁布地方性法规。[3]从条文表述看，地方人大常委会在地方立法中扮演补充、辅助的角色。2000 年《立法法》曾为人大立法及其常委会立法权限划分提供了框架性的规范思路："本行政区域特别重大事项的地方性法规，应当由人民代表大会通过。"也就是说，地方人大及其常委会立法权限划分的依据是立法事项是否特别重大。然而，这一表述语言比较笼统，对特别重大事项的判断和理解并没有明确客观的衡量标准。这在一定程度上导致地方人大及其常委会的立法权限划分方面出现了诸多问题。根据学者统计，地方人大常委会实际上制定、修改了超过八九成的地方性法规。更有学者指出，常委会作为

---

〔1〕 李适时：《发挥人大在立法中的主导作用》，载《中国人大》2014 年第 20 期。

〔2〕 郑磊：《设区的市开始立法的确定与筹备——以〈立法法〉第 72 条第 4 款为中心的分析》，载《学习与探索》2016 年第 7 期，第 71—80 页。

〔3〕 参见《宪法》第 100 条，《地方组织法》（2015）第 7 条和第 43 条。

地方人大的常设机关，有窃取地方人大立法权之嫌[4]。

随着人大主导立法原则的提出，以及 2015 年《立法法》修正期间关于税收立法权的广泛讨论，人大及其常委会立法权限划分问题再次成为学界关注的重点。[5] 现有研究多聚焦于立法权限划分的地方模式以及具体立法事项的区分，这些探讨虽然提供了宝贵的思路，但仍然存在不足之处。一方面，现有文献对立法模式划分标准不一，类别之间界限难免模糊；另一方面，现有文献多聚焦于一时一地的经验，也缺乏对地方立法实践历时性的梳理与更系统的研究。本文立足全国省级地方 1979 年以来的地方立法实践，尝试建立地方立法数据库，以期系统地解构立法权限划分的地方实践。本文关注的核心问题是，地方人大及其常委会在地方立法实践中如何划分立法权限？具体而言，人代会立法[6]受哪些因素影响？

在"文献回顾与理论假说"一节，本文首先梳理了既有文献对地方立法权限划分的研究，提出立法效能的概念，本文的研究假设是人代会立法效能与三个要素有关，即立法文本、立法经验和中央政策。在"省级地方人大立法（1979—2018）"一节中，本文呈现了 1979—2018 年省级地方人大总体立法效能以及人代会立法效能的发展趋势。本文的第四、五、六小节以描述性统计的方式分别讨论了人代会立法与这些要素之间的关系。本文发现立法文本的精细化程度与人代会立法实践并不相关。地方立法的累积性经验与人代会立法效能显著相关。同时，人代会立法也受到政策因素驱动、中央层面的政策变动、修法讨论引发的公众关注等与人代会立法的活跃度相呼应。最后，在归纳和回顾本文研究发现的基础上，探讨并展望了地方立法实证研究的前景。

---

〔4〕 秦前红、曾德军：《地方立法的主要问题及其反思——以湖北省为例》，载《江汉大学学报（社会科学版）》2007 年第 2 期，第 86–91 页。庞凌：《论地方人大与其常委会立法权限的合理划分》，载《法学》2014 年第 9 期，第 12–18 页。

〔5〕 封丽霞：《人大主导立法之辨析》，载《中共中央党校学报》2017 年第 5 期，第 72–80 页；刘松山：《人大主导立法的几个重要问题》，载《政治与法律》2018 年第 2 期，第 60–78 页；刘志刚：《地方人大及其常委会的立法权限界分》，载《法治研究》2016 年第 1 期，第 56–63 页。

〔6〕 没有特殊说明，本文中人大特指人民代表大会，人代会立法特指人民代表大会立法。

本文从三个方面对现有研究作出了贡献。首先，在初步整理地方立法数据库的基础上，本文提出并衡量了"立法效能"概念。这一概念背后的逻辑也在于正视改革以来地方立法经验的积累与立法能力的培育。其次，本文从立法技术的角度重新归纳了地方立法模式，探讨了立法文本与立法效能之间的关系。最后，本文将地方立法研究嵌入到中央地方关系的框架中，进一步阐述了地方立法实践与中央立法理念变迁之间的紧密联系。

二、文献回顾与理论假说

（一）文献回顾

地方人大及其常委会立法权限划分的研究主要从两个角度展开：一是从地方实践出发探讨地方立法文本，划分不同的立法模式；二是探讨地方人大立法权疲软背后的制度原因。

1. 地方立法规定与立法权限划分

诸多学者以地方立法本文对立法权限的规范程度为依据，区分出不同的地方立法模式。肖巧平将地方立法模式分为概括性规定、程序性规定和具体规定三种。[7]李扬章则对立法模式作了更细致的划分，详细归纳了地方立法文本对地方人大立法事项不完全列举的内容，然而这种归纳的描述意义多于类型化意义。[8]刘志刚则进一步分析了各省立法文本呈现的立法技术，将立法模式区分为四类，即明确提及"本行政区域特别重大事项"，但没有具体列举适用范围；仅列举人大立法的具体事项；提及"本行政区域特别重大事项"并指明界定的具体路径；提及特别重大事项并具体界定了范围。这种分类细致分析了各省的立法规则，但仍然没有解释各种模式之间的实质区别，且模式间有相当的重叠。总之，立法模式的分析几乎是探讨人大及其常委会立法权限划分的起点，而就目前的研究现状判断，多数分类仍有失粗疏。

---

〔7〕 肖巧平：《立法法修改之划分地方人大及其常委会立法权限的建议》，载《人大研究》2014年第7期，第6–10页。

〔8〕 李扬章：《地方人大与其常委会立法权关系合理化研究——以浙江省人大及其常委会为例》，载《浙江学刊》2014年第3期，第145–151页。

在划分立法模式的基础上，多数学者又进一步探讨了各省对"特别重大事项"的理解，揭示了特别重大事项"内部化"的现象。庞凌指出，本行政区域特别重大事项只能由地方人大通过，这并不是将人大立法仅限于特别重大事项。[9]肖巧平归纳了三类确定特别重大事项的方法，并指出列举式更为合适。[10]李扬章则认为，在区分哪些是人大专属立法权时，应当采取列举加概括方式，遵循界定和认定两大思路，依照法定性、职权性和特大性标准。[11]

同时，诸多学者也明确指出地方人大立法权被削弱的现象。一方面，地方人大常委会制定了绝大多数的地方性法规，有学者指出，省级地方性法规约99%由常委会立法。[12]另一方面，人大立法存在内部化倾向。纪荣荣指出当前地方人大主要制定地方立法条例、地方人大议事规则和地方人大监督条例三类地方性法规，除此之外的其他立法事项均由地方人大常委会负责。[13]有学者统计截止到2010年，省级人大制定的地方性法规基本是内部性的立法条例与本级人大议事规则，涉及其他事项的只有五部。[14]

2. 解释地方人大立法权的疲软

诸多学者进一步探讨了地方人大立法权被削弱的原因。首先，这与《立法法》相关规定的模糊有关。在《立法法》制定过程中，立法者认为，全国人大及其常委会立法权限应以法律是否基本而划分，然而地方性法规"没有也难做基本与非基本之分"[15]。全国人大常委会发布的《立法法释义》仅指出，

---

〔9〕 庞凌：《论地方人大与其常委会立法权限的合理划分》，载《法学》2014 年第 9 期，第 12–18 页。

〔10〕 肖巧平：《立法法修改之划分地方人大及其常委会立法权限的建议》，载《人大研究》2014 年第 7 期，第 6–10 页。

〔11〕 李扬章：《地方人大与其常委会立法权关系合理化研究——以浙江省人大及其常委会为例》，载《浙江学刊》2014 年第 3 期，第 145–151 页。

〔12〕 庞凌：《论地方人大与其常委会立法权限的合理划分》，载《法学》2014 年第 9 期，第 12–18 页。

〔13〕 纪荣荣：《人大常委会立法权限研究》，载《人大研究》2011 年第 11 期，第 13–17 页。

〔14〕 庞凌：《论地方人大与其常委会立法权限的合理划分》，载《法学》2014 年第 9 期，第 12–18 页。

〔15〕 张春生：《中华人民共和国立法法释义》，法律出版社 2000 年版。

一般而言，凡涉及本地区全局的重要事项或涉及较多群众切身利益或较多群众关心的事项，可以认定为特别重大事项。[16]2015年《立法法》修正虽然把"人大主导立法"确定为基本立法原则，却并没有对人大及其常委会的立法权限划分作出更为明确的规定。

其次，特别是考虑到地方"实人大常委会，虚地方人大"的制度安排，部分学者质疑是否需要进一步明确划分地方立法权限。2000年赋予地方人大及其常委会立法权的初衷在于补强地方人大运转不便、权能发挥实效不足的弊端。[17]更有人大工作者指出，2000年《立法法》着眼于加强地方人大立法工作的力度，并非要解决地方人大及其常委会权限划分问题。《立法法》关于特别重大立法权的规定，没有改变这两个立法主体肩负同一使命的总体格局。[18]此外，也有学者指出，地方人大可以通过改变撤销同级常委会不适当的立法决定，从而在逻辑上实现地方人大对常委会立法空间的规制。[19]还有学者通过实证研究指出，地方人大会议期短而机构庞大，这与立法过程精致化、立法事务专业化与专门化存在冲突。同时，常委会是人大常设机关，人大与常委会缺乏不同主体之间对权限争议的本能诉求，人大缺乏扩张立法权的动力。[20]简而言之，既往研究认为地方人大及其常委会的职权划分或者是不必的，或者是"无法实现"的。

综上所述，现有研究虽然对地方人大及其常委会立法权限划分作了有益的探讨，但难免有不足之处。一方面，基于立法模式的研究对如何划分立法模式标准不一，界限模糊，更为重要的是，划分立法模式的意义何在，立法模式是否必然影响立法实践，既有文献并没有探讨这一底层逻辑问题。另一

〔16〕 张春生：《中华人民共和国立法法释义》，法律出版社2000年版。

〔17〕 秦前红：《为什么地方人大在立法上少有作为》，载《民主与科学》2014年第1期，第14–16页。

〔18〕 梁国尚：《对特别重大事项立法问题的审视与思考》，载《法学杂志》2001年第4期，第9–10页。

〔19〕 秦前红：《为什么地方人大在立法上少有作为》，载《民主与科学》2014年第1期，第14–16页。

〔20〕 秦前红、曾德军：《地方立法的主要问题及其反思——以湖北省为例》，载《江汉大学学报（社会科学版）》2007年第2期，第86–91页。

方面，现有文献多聚焦于一时一地的经验，或进行宏观的理论层面的探讨，还缺乏对数十年地方立法实践的历时性梳理与系统研究。

（二）理论假说：解释地方人代会立法

1. 立法效能：概念与衡量

立法机关的立法效能是比较视角下立法研究的关注重点之一。通常情况下，衡量立法效能（legislative productivity；legislative output）的标准是当期立法机关审议通过的法案数量。Hunkins 以美国第 93 至 114 届国会审议、通过并生效的法案数量为研究对象，检验了意识形态差异，政党团结，分立政府以及多数党规模等因素对国会立法效能的影响，指出党派的极化（polarization）对立法效能有负面影响。[21] 另一个相关概念是立法延迟或立法僵局（legislative delay or legislative gridlock）。Hirori 等以法案审议时间为研究对象，探讨了党派争议、法案议题等因素对立法延迟的影响，发现立法议题本身的争议性，执政联盟内部的及其与反对党之间的分裂等可能会造成立法延迟。[22] Bell 等则通过对议会秘书长协会（ASGP）成员国议会工作人员的问卷调查，发现议员们通常利用立法程序规则，如提起大量的程序性动议，以及对议案冗长而详细的辩论等阻碍立法进程。因此，立法程序规则也会影响立法效能。[23]

表 1　省级地方性法规数（1979—2018）

省区	法规总数	现行有效	人大立法	省区	法规总数	现行有效	人大立法
安徽	452	178	9	吉林	446	199	2
北京	410	156	8	青海	248	110	4
重庆	379	151	2	山西	388	170	4

〔21〕　Hunkins Z, *Analyzing the Legislative Productivity of Congress During the Obama Administration*, Honors Theses, 7 December 2017.

〔22〕　Hiroi T, Rennó L, *Disentangling legislative duration in coalitional presidential systems*, 24 The Journal of Legislative Studies 475, 475–498（2018）.

〔23〕　Bell L C, *Obstruction in parliaments: a cross-national perspective*, 24 The Journal of Legislative Studies 499, 499–525（2018）.

续表

省区	法规总数	现行有效	人大立法	省区	法规总数	现行有效	人大立法
福建	394	187	3	上海	528	176	6
广东	469	235	5	天津	508	194	7
贵州	472	202	2	西藏	201	82	3
海南	359	150	7	浙江	442	163	6
河南	336	124	3	湖北	363	123	4
云南	487	182	3	河北	642	198	5
内蒙古	487	189	4	湖南	549	135	7
四川	669	215	2	甘肃	585	208	2
宁夏	375	150	2	辽宁	711	159	5
山东	580	198	4	陕西	467	153	4
广西	588	151	7	黑龙江	655	107	5
新疆	374	148	2	江西	521	115	2
江苏	786	223	4	合计	14871	5131	133

* 不包括港澳台地区

本文借鉴了比较研究的一般处理方式，以当期人大及其常委会通过的地方性法规数量来衡量地方人大的立法效能。由于各地方人大会期略有差别，本文以 5 年为期做横向比较。例如，海南省和重庆市的第一届人大分别在1988 年和 1993 年召开，因此 2013—2017 年对应的是海南省第六届人大，重庆市第四届人大和北京市的第十五届人大。幸而，各省人大换届时间相近，且任职期限均为 5 年，因此，以 5 年为界能更好地反映和比较各省人大每届任期内的立法效能。此外，由于本文考察的是当届人大及其常委会的立法效能，因此不考虑地方性法规是否现行有效。例如，1979 年以来，安徽省人大及其常委会制定并通过了 452 件地方性法规，经过多年修改，其中 178 件现行有效。衡量当期人大的立法效能，以 452 件衡量显然更加合适。

最后，本文关注的问题是人大及其常委会在立法权限上的划分，因此本文区分了两种立法效能：一种是地方人大总体立法效能，以地方人大及其常委会通过的地方性法规总数来衡量；另一种是人代会立法效能，以人代会立法数量衡量。在本文的研究中，人代会立法效能是因变量，而人大总体立法效能是对地方立法经验积累的衡量，是本文考察的影响因素之一。为区别两种立法效能，在后文的论述中本文分别称之为"人代会立法效能"和"地方立法经验"。

2.研究假设：立法文本，立法效能与中央政策

纵观研究立法权限划分和人代会立法的文献，隐现三个观察变量。

其一，地方立法文本影响。如前所述，诸多学者从立法文本入手分析地方立法模式，虽然既有的分类难免有失粗疏，描述性强于类型化意义，但在这些讨论中，其实隐含着一条尚未得到验证的假设：立法文本与地方立法实践有关。也就是说，地方人大在地方立法规则等文件中的表述会影响到人大立法的效能。地方人大立法文本规定的越细致，人代会立法表现越好。在"立法文本"一节中，本文根据各省人大当届相关立法的规定精细程度对立法权限划分模式进行了再分类。

假设一：地方人大立法文本规定得越细致，地方人代会立法实践越活跃。

其二，立法经验，也就是地方总体立法效能的影响。如前所述，2015年"人大主导立法"原则的提出，以及地方扩容立法的铺开，是否说明地方人大数十年的立法经验已经带来地方人大可观的成长？换言之，地方立法经验的积累，以及数十年来立法专业人员和知识的储备，会带来地方人代会立法更优的表现？如前所述，立法经验以省级人大当届立法总数来衡量。

假设二：地方立法经验越丰富，地方总体立法效能越高，地方人代会立法实践越活跃。

其三，中央政策的影响。多年来，学界一直呼吁全国人大就人大及其常委会权限划分问题作出更细致的立法解释。那么2000年《立法法》正式将"特别重大事项"条款纳入法律框架，2015年《立法法》修正将"人大主

导立法"原则确定为基本立法原则是否促进了地方人大立法的进一步发展？在"中央政策"一节中，本文将检视重大立法节点前后，地方人代会的立法表现。

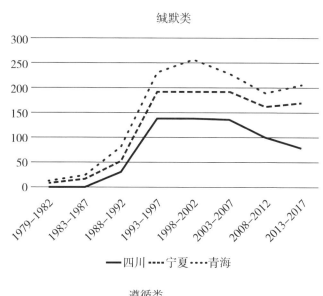

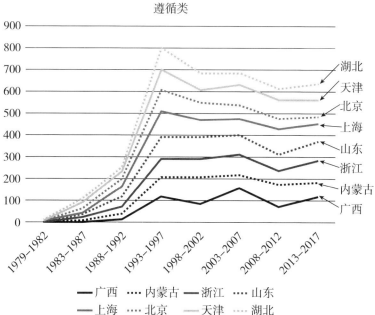

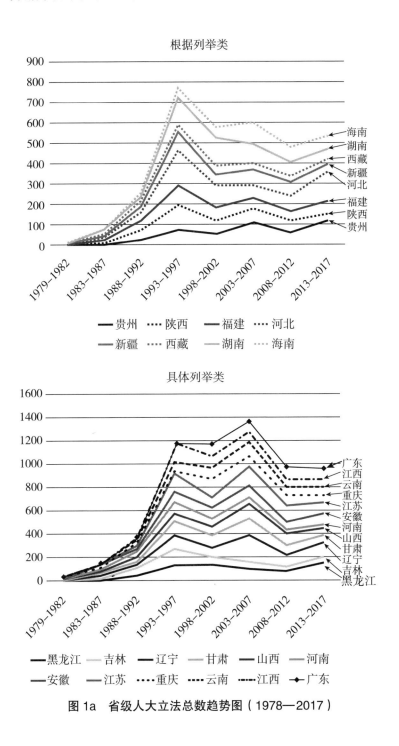

图 1a　省级人大立法总数趋势图（1978—2017）

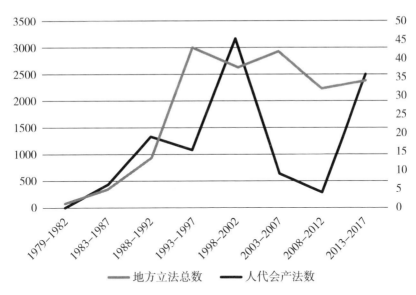

图 1b　省级人大总体立法效能与人代会立法数

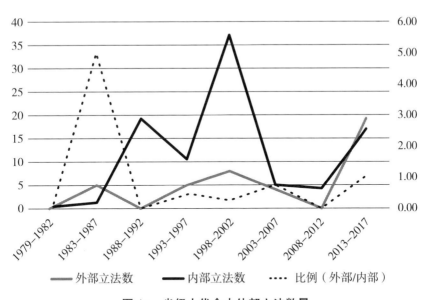

图 1c　省级人代会内外部立法数量

假设三：中央对地方人大立法关注越高，地方人代会立法实践越活跃。

三、省级地方人大立法（1979—2018）

（一）省级地方立法总体效能：立法经验

本文借助北大法宝数据库，整理并建立了我国31个省级行政区（不包括港澳台）自1979年至2018年11月制定和修改的14871件地方性法规以衡量地方立法实践（参见表1）。如前所述，本文进而以五年为期，分别考察了各省级地方的总体立法效能和人代会立法效能及其变化趋势（参见图1、图2）

如表1所示，各省立法效能差异较大，在考察期间，江苏省有786件地方性法规而西藏仅有201件地方性法规。重庆、湖南、湖北、山东和上海等地方人大立法效能高于平均水平，青海、西藏、黑龙江和宁夏等地方人大立法效能偏低。总的来说，我国地方立法实践存在较大地区差异，各省人大立法经验的丰富程度不一。

总的来说，省级地方的立法活跃程度经历了三段不同的发展期。第一个阶段是1979年到1992年，此时正值改革开放初期，是我国法制工作逐渐恢复时期。这一时期，全国省级地方三届人大立法总数分别是66件、318件和914件。各省地方立法总数稳步增长，地方立法实践不断丰富，立法效能增长趋势明显，但总体立法效能不高。第二个阶段是1993年到2002年期间，这一时期，各省立法的活跃程度明显提高，立法总数迅速增长，立法总体效能提升到较高水平。1993—1997年间，省级人大立法总数达到历史最高位2651件。2003年至今是第三个阶段。在这一阶段，地方立法效能小幅回落，但总体稳定在一个较高水平，地方各届人大立法总数均不少于2000件。由图2可见，上海、湖北等省市在这一时期保持了相当高的立法效能，部分省份的立法活跃度有一定回落，特别是四川、新疆、湖南等省份。

（二）省级人代会立法

本文分析的31个省级地方自1979年以来制定和修改了14871件地方性法规，其中5131件现行有效。相较于庞大的地方立法总数，由地方人代会制定的立法数量十分有限。1979年以来，省级人大制定和修改的地方性法规仅133件，占地方立法总数的1.02%，其中58件现行有效。就各省的情况看，安徽省人代会立法数量最多，共有 9 件，占地方立法总数的 1.99%。贵州、吉林、宁夏等省区人代会立法只有 2 件。总体来看，地方人大常委会几乎垄断立法权，地方人大立法不活跃，人大立法数量少、比例低。

如诸多学者已经指出的，地方人代会立法长期存在内部化倾向。根据法规涉及的立法事项的不同，法规可分为内部立法和外部立法两类。内部立法主要是指规范地方人大及其常委会内部运作事宜以及代表工作事宜的法规，通常包括立法条例、议事规则、立法程序等事项（参见附录 2）。规范其他国家机关运作或社会公共事务的地方性法规是外部立法。这类立法通常集中在环境资源保护、人大监督、特殊群体（如老年人、妇女儿童和劳动者等）权益保护等事务中（参见表 2）。在本文考察的 134 件省级人代会立法中，属于内部立法的有 92 件，占比约 69%；外部立法有 42 件，约占 31%；内部立法是外部立法的两倍多。从分省实践看，内蒙古、吉林、四川等十一省人大尚无外部立法实践。地方人大立法存在显著的内部化倾向，在相当程度上，《立法法》所规定的"特别重大事项"在实践中被曲解为地方人大的内部性立法。

以五年为界，本文考察了我国地方人大内外部立法的历史变化情况。图 2c 展示了不同时期省级人代会内外部立法数量以及比例。在 1983—1987 年间，地方人代会外部立法较多，此后外部立法远少于内部立法。值得注意的是，地方人代会外部立法数量在 2013—2017 年间爆发性增长，立法总数为 21 件，约为此前地方人代会外部立法数量之和，也超过了同期内部立法数量。相反，内部立法自 2002 年以来未有明显增加。从内外部立法比例来看，外部立法比例总体呈上升趋势。尽管正式法律文本没有明确规定"特别重大事项"的范畴，地方人代会立法实践日益关注外部立法，更具活力。

表 2 全国各省级地方人大外部性立法事项分类

事项类型	数量	具体法规
环境资源保护	16	《安徽省大气污染防治条例》（2015） 《北京市大气污染防治条例》（2014） 《天津市水污染防治条例》（2016）

事项类型	数量	具体法规
环境资源保护	16	《天津市人民代表大会关于农作物秸秆综合利用和露天禁烧的决定》（2017） 《天津市绿化条例》（2014） 《浙江省土地整治条例》（2014） 《浙江省水土保持条例》（2014） 《湖北省土壤污染防治条例》（2016） 《河北省国土保护和治理条例》（2015） 《河北省大气污染防治条例》（2016） 《广西壮族自治区饮用水水源保护条例》（2017） 《广西壮族自治区乡村清洁条例》（2016） 《黑龙江省大气污染防治条例》（2017） 《江苏省大气污染防治条例》（2015） 《湖南省土地管理实施办法》（1987） 《云南省红河哈尼族彝族自治州哈尼梯田保护管理条例》（2012）
监督	13	《安徽省预算审查监督条例》（2002） 《安徽省预算审查监督条例》（2007年修订） 《安徽省各级人民代表大会常务委员会监督条例》（2002） 《安徽省各级人民代表大会常务委员会监督条例》（2007年修订） 《广东省预算审批监督条例》（2001） 《海南省各级人民代表大会及其常务委员会审查监督预算条例》（2001） 《海南省各级人民代表大会及其常务委员会审查监督预算条例》（2007年修订） 《海南省人民代表大会及其常务委员会处理质询案的规定》（2001） 《河南省预算监督条例》（2002） 《甘肃省预算审批监督条例》（2016） 《广西壮族自治区各级人民代表大会常务委员会监督工作条例》（1999年修订） 《广西壮族自治区各级人民代表大会常务委员会监督工作条例》（1990） 《辽宁省人民代表大会及其常务委员会监督条例》（1994）

续表

事项类型	数量	具体法规
特殊群体权益保障	6	《上海市老年人权益保障条例》（2016） 《北京市居家养老服务条例》（2015） 《浙江省社会养老服务促进条例》（2015） 《福建省老年人权益保障条例》（2017） 《湖南省工业企业劳动卫生管理条例》（1987） 《湖南省保护妇女儿童合法权益的若干规定》（1987）
文化教育体育	5	《北京市全民健身条例》（2017） 《浙江省实行九年制义务教育条例》（1985） 《山西省实施〈中华人民共和国义务教育法〉的办法》（1986） 《西藏自治区学习、使用和发展藏语文的规定》（2002 年修订） 《河北省实施〈中华人民共和国义务教育法〉办法》（1994）
食品与生产安全	2	《上海市食品安全条例》（2017） 《河北省安全生产条例》（2017）

四、立法文本与人代会立法

（一）立法文本：立法权限划分模式的精细程度

如前所述，在一定程度上，地方人大在相关立法条例中对立法权限划分的具体表述反映了地方人大在这一问题上的态度，而过去基于立法文本对立法模式的分类依据相对模糊，对地方人大立法实践的研究需要更为简洁有力的分类模型。在整理各省级人大立法条例的基础上，根据地方人大及其常委会立法权限划分的抽象化程度，归纳出四种立法权限划分模式：缄默类、遵循类、概括列举类和具体列举类，从缄默类到具体列举类立法权限划分的规定趋向成熟和精细化（参见附录 1）。

缄默类是指地方立法条例中未对立法权限划分作具体规定。四川、宁夏、青海三省区皆属于缄默类。遵循类是指地方立法条例的规定与《立法法》完全相同，即规定"本行政区域特别重大事项"应当由地方人大立法。采取遵循类的立法模式的省级地方共有 8 个，分别是广西、内蒙古、浙江、山东、上海、北京、天津和湖北。概括类列举则是指地方立法条例对应该由人大立法的事项作了列举，但是这些列举概括性较强，并不指向明确的事务。采取概括列举类模式的省级地方有 8 个，分别是贵州、陕西、福建、河北、新疆、西藏、湖南和海南。最后，具体列举类是指省级人大在相关立法规则中具体列举了应由人大立法的特别重大事项。采用具体列举类的省份最多，包括吉林、重庆等 12 个省份。常见的列举事项包括人大（及其常委会）立法程序、人大工作规则、监督选举程序和人大代表履职活动等。例如，《吉林省地方立法条例》明确规定该省人大及其常委会的议事规则与立法程序由省人代会立法。[24]

值得注意的是，2015 年《立法法》修改后，有 8 个省区市修改了立法条例中的相关表述。其中，内蒙古的立法模式从缄默类转为遵循类，贵州从缄默类转为概括列举类，吉林等四省从缄默类转为具体列举类，重庆则从遵循类转为具体列举类。比较特别的是北京，北京的立法模式从概括列举类变回遵循类。总体而言，在中央层面的政策发生变动时，地方应时而动，在立法文本中的表述中更趋向精细化。

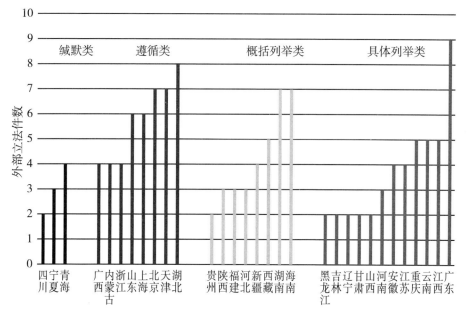

图 2　各省区市立法权限划分模式与人代会立法效能图

---

〔24〕　参见《吉林省地方立法条例》第 7 条。

（二）立法文本与人代会立法

那么，立法文本的精细化是否促进地方立法权限划分的明晰，从而提高地方人大的立法效能？图 3 以柱形图的方式呈现了立法文本的精细度与人大立法效能之间的关系。横轴分别列举了采用不同立法权限划分模式的各省区，从左到右依次是缄默类、遵循类、概括列举类和具体列举类，立法文本表述精细度不断提高。纵轴标注人代会立法数量。从图中可直观发现，立法权限划分类型相同的省份，人代会立法表现差异极大，人代会立法效能与该地方立法文本的精细度之间并不具有明显的相关性，换言之，各省人大立法文本中的表述并不必然影响到地方立法实践，人代会立法实践的逻辑在立法文本之外。

五、立法效能与人代会立法

如前所述，2000 年《立法法》同时对地方人大及其常委会赋权的初衷是要补强地方人大运转不便，权能发挥实效不足的弊端，那么，随着地方人大及其常委会立法实践的逐步活跃，也就是说，地方人大立法经验的逐渐积累以及相关专业队伍的养成，是否会促进地方人大及其常委会之间的立法权限划分更加清晰？换言之，随着地方人大总体立法效能的提升，是否能够观测到地方人代会更为活跃地立法呢？

为了检验这一假设，本文对地方立法总体效能与地方人大立法效能之间的关系进行线性回归，以散点图的方式进行描绘（如图 3）并做回归分析（参见表 3）。其中，X 轴为地方人大立法总效能，Y 轴为同期地方人代会立法数量，二者均以五年即一届的立法数量进行统计。附录 3 为不同界别立法情况的描述性统计。地方立法总数单届最大值为 227 件，最大均值为 96.03 件，分别出现在 2003—2007 年届次和 1993—1997 年届次，单届最小值为 0 件，最小均值为 2 件，均出现在 1979—1983 年届次。地方人大立法单届最大值为 5 件，最大均值为 145 件，分别出现在 2013—2017 年届次和 1998—2002 年届次，单届最小值和最小均值均为 0 件，各届次中均出现地方人大立法数为 0 的情况，1979—1983 年届次及 2018 年地方人大立法均值为 0。考虑 2000 年《立法法》出台及 2015 年《立法法》修正可能对相关关系产生影响，本文将 31 个省、自治区、直辖市人大 1979 年至 2018 年的立法情况分为三个阶段，分别是 1979 年至 1997 年，1998 年至 2012 年，2013 年至 2018 年。之所以以 1998 年和 2013 年作为关键分界点，是因为《立法法》的出台和修正分别在这两年列入全国人大立法规划。可以发现，除了 1998 年至 2012 年这一阶段立法总效能与人代会立法效能间关系并不显著之外，《立法法》出台前阶段和修正后阶段，立法总体效能和人大立法效能皆呈现显著正相关关系（p<0.01），这也就意味着在地方立法总体较为活跃的地区，地方人代会立法相对更为活跃，尤其是 2013 年以来地方立法总效能与人大立法效能间相关系数最高。进一步细致对立法表现突出的省份进行分析发现，北京和安徽的人大立法活跃度要显著高于其他地方，而吉林、贵州相对活跃的地方立法却没有促进人大立法活动的活跃。综上，本文的研究假设二大体得到证实。

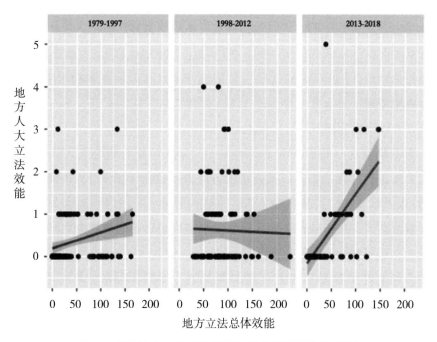

图 3　省级地方人大立法效能与地方总体效能关系图

六、中央政策与人代会立法

如前所述，地方人代会立法近年来日趋活跃。仔细审视地方人代会立法的活跃期（参见图 2）可以发现，地方人代会立法的发展与中央政策的变动有明显关联。地方人代会第一次立法活跃期在 1998—2002 年这届人大任职期间，各省级地方人代会在这一时期总共制定了 46 件法规（参见附录 2），约占人代会总立法数的三分之一。这一时期恰恰是《立法法》制定期间。逐例考察 46 件法规，本文认为这种时间相似性不是一种单纯的巧合。这 46 件法规中，内部性法规数量为 37 件，占比高达 80%。其中 25 件为地方立法条例。从各法规总则来看，地方立法条例制定依据之一是当时新制定的《立法法》，法律的制定推动了各省出台或修改本省的地方立法条例。不过，《立法法》制定的影响不限于此，事实上地方人大在此期间也制定了 21 件其他法规，其中 9 件外部性事务法规，8 件地方人大议事规则，3 件地方人大代表工作条例，1 件专门委员会工作条例。显然立法过程中，关于人大及其常委会立法权限划分的讨论促进了地方人代会在内外事务中立法的活跃。

地方人代会第二次立法活跃期在 2013—2017 年这届人大任职期间，这一阶段人代会立法总数为 38 件，超过人代会总立法数的四分之一。此时正值《立法法》修正期间，有关税收立法权的讨论引发了对立法权限问题的再探讨。此外，2015 年《立法法》修正以法律形式规定人大主导立法工作。人大主导立法理念的形成，也促使地方人大先行一步的探索。2014 年，时任全国人大常委会法工委主任李适时在《人民日报》刊文称，"要增加人民代表大会审议法律草案的次数，充分发挥人民代表大会的立法职能，充分发挥人大代表在立法中的作用"[25]。地方人大也积极响应这一中央政策信号，积极探索人大立法实践。以北京市为例，2014 年以来，北京市人大常委会有关负责人表示，"今后凡涉及人大制度、首都改革发展、人民群众普遍关注等三类地方性法规，都要纳入人代会立法"[26]。2014—2017 年间，北京市人大审议通过了《北京市大气污染防治条例》等三部地方性法规，涵盖文化教育体育、环

---

〔25〕 李适时：《坚持立法先行、发挥立法的引领和推动作用》，载人民论坛网 2020 年 12 月 6 日，http://politics.rmlt.com.cn/2014/1126/349323.shtml。

〔26〕 高星、郭亚飞：《北京人代会审议大气污染防治条例 代表：治污要依法行政》，载人民网 2020 年 12 月 6 日，http://bj.people.com.cn/n/2014/0118/c82837-20421559.html。

境资源保护和特殊群体权益保障三大领域（参见附录 2）。事实上，这三部地方性法规也是北京市人大自 1978 年以来对涉及外部性事务立法的全部实践。

表 3　省级地方人大立法效能与地方总体效能回归分析结果

	各时期地方人大立法效能			
	1979—1997	1998—2012	2013—2018	1979—2018
地方总体立法效能				
非标准回归系数（β）	0.0038*	0.0006	0.0164***	0.0054***
β 的标准误差	0.0012	0.0028	0.0027	0.0011
β 的 95% 置信区间上下限	0.0013~0.0062	0.0062~0.0051	0.011~0.0218	0.0033~0.0075
标准回归系数（Beta）	0.0012	0.0028	0.0027	0.0011
R2 修正值	0.0704	0.0005	0.384	0.0834
模型显著水平（F）	0.0029	0.8355	0.00	0.00
因变量预测值的标准误差	0.5862	0.9364	0.8175	0.8064
N	124	93	62	279
*p<0.05；**p<0.01；***p<0.001*				

七、结论与讨论

本文分析了可能影响地方人代会立法效能的因素，可以发现，地方立法经验的积累和中央层面政策的变动都推动了地方人代会立法。一方面，地方立法的总体效能与地方人代会立法存在一定的联系，特别是在《立法法》制定和修改期间；另一方面，中央层面政策的变动，修法讨论引发的普遍公众关注等与地方人代会立法的活跃程度有显著的关联。而过去受到学者普遍关注的立法模式划分，也就是立法文本的精细化程度却与人大立法实践并无显著的相关度。

值得注意的是，当前在立法理念和立法实践中都出现了进一步解决立法权限划分问题的契机。首先，"人大主导立法"原则已经正式上升为国家法律，成为规范新时代国家立法工作的基本要求。随着人大及其常委会在立法中发挥主导作用，厘清人大及其常委会在立法权限上的划分，维护人大的立法主体权威势在必行。这也符合党的十八大以来，追求"精细化、民主化、科学化"的新立法理念的要求。

其次，目前地方人大已经在积极探索解决地方人大立法面临的现实困境，特别是人大会期短与人大立法任务繁重之间的矛盾。近年来，上海市在制定《生活垃圾管理条例》时，摸索出一套可行的做法：先由市人大常委会三次审议草案，待草案内容相对成熟后，交由市人大充分讨论、审议并最终表决。[27]这种方式既能发挥人大在立法过程中的作用，又能在一定程度上克服人大会期短，议程紧凑的压力，不失为一种有益探索。

同时，本文对立法文本的分析，也在一定程度上揭示了地方立法研究需要更多的实证视角。当前，立法学方兴未艾，立法队伍建设仍在进一步探索中，立法文本、立法技术与立法实践之间的联系尚不紧密。探求我国地方立法实践，需要诉诸文本之外，寻求赋权人大、积极立法的实践路径。

人大及其常委会立法权限划分具有重要的理论意义，法律规定与学理讨论也都处在发展早期。囿于时间和文本的限制，本文仅对这个问题作了初步探讨，仍有大量的研究问题有待未来探究。其一，2015年地方立法扩容为立法权限划分提出了新的议题，即立法权限的纵向划分问题。中央以及地方各个层级的地方人大之间应该如何划分立法权限，又将如何保障法律统一？[28]其二，地方立法实践的丰富性尚有待进一步发掘，特别是立法效能的考察，还应当进一步探讨地方立法的创新性维度。最后囿于时间限制，本文仅考察了截止到2018年我国31个省级地方人大立法实践，未来可以

---

〔27〕 李学平：《〈上海市生活垃圾管理条例〉将于7月1日起实施》，载中工网2020年12月6日，http：//news.workercn.cn/32843/201902/01/190201162657668.shtml。

〔28〕 郑磊：《设区的市开始立法的确定与筹备——以〈立法法〉第72条第4款为中心的分析》，载《学习与探索》2016年第7期，第71—80页。

在更长时段内、更丰富的层次上持续考察立法权限划分与人大立法效能等问题。

人大主导立法原则的确立对我国立法实践提出了全新的要求，全国各级人大需要以全局性考量和宏观视野制定实践需要的法，高质量的法。[29]立法权限在横向与纵向上更加科学的划分是夯实人大立法权的重要途径，但也需要其他促进立法科学性民主性措施的配合。规范立法流程，大力发展开门立法，提高立法透明度，完善立法事后评估机制等都将对我国立法实践，特别是地方立法实践有所裨益。

附录 1：我国省级地方立法权限划分立法模式一览表

立法模式	省区（法规出台时间）	法规名称及具体条文	除本行政区域特别重大事项以外列举的人大立法事务
缄默类	四川（2016.01）	《四川省人民代表大会及其常务委员会立法条例》	/
	宁夏（2015.09）	《宁夏回族自治区人民代表大会及其常务委员会立法程序规定》	/
	青海（2016.11）	《青海省人民代表大会及其常务委员会立法程序规定》	/
遵循类	广西（2016.01）	《广西壮族自治区立法条例》第6条	/
	内蒙古（2016.01）	《内蒙古自治区人民代表大会及其常务委员会立法条例》第4条	/
	浙江（2016.01）	《浙江省地方立法条例》第5条	/

---

〔29〕 李适时：《发挥人大在立法中的主导作用》，载《中国人大》2014年第20期。

续表

立法模式	省区（法规出台时间）	法规名称及具体条文	除本行政区域特别重大事项以外列举的人大立法事务
遵循类	山东（2017.02）	《山东省地方立法条例》第9条	/
	上海（2015.11）	《上海市制定地方性法规条例》第3条	/
	北京（2017.01）	《北京市制定地方性法规条例》第3条	/
	湖北（2015.07）	《湖北省人民代表大会及其常务委员会立法条例》第5条	/
	天津（2016.09）	《天津市地方性法规制定条例》第6条	/
概括列举类	贵州（2016.01）	《贵州省地方立法条例》第5条	省人民代表大会职权范围内的事项
	陕西（2016.01）	《陕西省地方立法条例》第5条	涉及省人民代表大会职权的事项
	福建（2016.01）	《福建省人民代表大会及其常务委员会立法条例》第5条	规范省人民代表大会自身活动（涉及常委会自身活动由常委会规定）
	河北（2001.01）	《河北省地方立法条例》第5条	省人民代表大会职权范围内的事项
	新疆（2003.01）	《新疆维吾尔自治区人大及其常委会立法条例》第5条	省人民代表大会职权范围内的事项
	西藏（2001.01）	《西藏自治区立法条例》第7条	自治区人民代表大会职权范围内的事项
	湖南（2001.03）	《湖南省地方立法条例》第4条	法律，人民代表大会及其常务委员会认为应当
	海南（2016.01）	《海南省制定与批准地方性法规条例》第14条	法律认为及其他应当

续表

立法模式	省区（法规出台时间）	法规名称及具体条文	除本行政区域特别重大事项以外列举的人大立法事务
具体列举类	吉林（2017.01）	《吉林省地方立法条例》第 7 条	人大及其常委会议事规则，人大及其常委会立法程序
	重庆（2017.01）	《重庆市地方立法条例》第 7 条	规范市人大职权及其工作规则的法规
	甘肃（2017.01）	《甘肃省地方立法条例》第 4 条	涉及人民代表大会法定职权、议事程序作出具体规定的事项
	江西（2016.09）	《江西省立法条例》第 5 条	省人民代表大会职权及其工作规则的事项
	黑龙江（2016.01）	《黑龙江省人民代表大会及其常务委员会立法条例》第 8 条	省人民代表大会的工作制度
	河南（2016.01）	《河南省地方立法条例》第 18 条	省人大及其常委会立法程序和议事规则
	辽宁（2016.01）	《辽宁省人民代表大会及其常务委员会立法条例》第 6 条	省人民代表大会及其常务委员会立法程序、省人民代表大会的法定职责、议事规则等规定
	广东（2016.01）	《广东省地方立法条例》第 18 条	省人民代表大会及其常务委员会立法程序、省人民代表大会的法定职责、议事规则等规定
	山西（2001.02）	《山西省地方立法条例》第 7 条	涉及省人民代表大会的自身活动和人民代表大会代表履职事项（规范常委会自身活动和常委履职的规定由常委会制定）

续表

立法模式	省区（法规出台时间）	法规名称及具体条文	除本行政区域特别重大事项以外列举的人大立法事务
具体列举类	安徽（2009.06）	《安徽省人民代表大会及其常务委员会立法条例》第 5 条	省人民代表大会职权及其工作规则的事项
	云南（2007.09）	《云南省人民代表大会及其常务委员会立法条例》第 3 条	涉及省人民代表大会立法、监督选举等重要职权及其程序
	江苏（2016.01）	《江苏省制定与批准地方性法规条例》第 17 条	省人民代表大会及其常委会立法制度＋省人民代表大会议事规则＋省人民代表大会、常务委员会及专门委员会具体职责

附录 2：我国省级地方人代会立法情况一览表

省区	名称	事项	发布时间	效力	事项类型
安徽	安徽省大气污染防治条例	环境资源生态保护	2015.01.31 发布	已被修改	外部事项
	安徽省预算审查监督条例（2007 修订）	监督	2007.01.28 发布	已被修改	外部事项
	安徽省各级人民代表大会常务委员会监督条例（2007 修订）	监督	2007.01.28 发布	已被修改	外部事项
	安徽省人民代表大会议事规则（2006 修订）	议事规则	2006.02.28 发布	已被修改	内部事项
	安徽省预算审查监督条例	监督	2002.01.30 发布	已被修改	外部事项
	安徽省各级人民代表大会常务委员会监督条例	监督	2002.01.30 发布	已被修改	外部事项

续表

省区	名称	事项	发布时间	效力	事项类型
安徽	安徽省人民代表大会及其常务委员会立法条例	立法条例	2001.01.19 发布	已被修改	内部事项
	安徽省人民代表大会议事规则（1999 修改）	议事规则	1999.02.10 发布	已被修改	内部事项
	安徽省人民代表大会议事规则	议事规则	1990.04.25 发布	已被修改	内部事项
北京	北京市全民健身条例（2017）	文化教育体育	2017.01.20 发布	现行有效	外部事项
	北京市制定地方性法规条例（2017 修订）	立法条例	2017.01.20 发布	现行有效	内部事项
	北京市大气污染防治条例	环境资源生态保护	2014.01.22 发布	已被修改	外部事项
	北京市人民代表大会代表建议、批评和意见办理条例（2014）	人大代表职权	2014.01.22 发布	现行有效	内部事项
	北京市制定地方性法规条例	立法条例	2001.02.10 发布	已被修改	内部事项
	北京市人民代表大会议事规则	议事规则	1990.03.09 发布	已被修改	内部事项
	北京市人民代表大会常务委员会关于议案的若干暂行规定	议案	1983.03.16 发布	已被修改	内部事项
	北京市居家养老服务条例	老年人权益保障	2015.01.29 发布	现行有效	外部事项
重庆	重庆市人民代表大会议事规则（2009 修订）	议事规则	2009.01.12 发布	现行有效	内部事项
	重庆市地方立法条例	立法条例	2017.01.19 发布	现行有效	内部事项

续表

省区	名称	事项	发布时间	效力	事项类型
福建	福建省人民代表大会及其常务委员会立法条例	立法条例	2001.02.14 发布	已被修改	内部事项
	福建省老年人权益保障条例	老年人权益保障	2017.01.22 发布	现行有效	外部事项
	福建省人民代表大会议事规则	议事规则	1989.04.28 发布	失效	内部事项
广东	广东省预算审批监督条例	监督	2001.02.19 发布	现行有效	外部事项
	广东省地方立法条例	立法条例	2001.02.19 发布	已被修改	内部事项
	广东省人民代表大会议事规则	议事规则	1999.02.26 发布	现行有效	内部事项
	广东省实施《中华人民共和国全国人民代表大会和地方各级人民代表大会代表法》办法	人大代表职权	1994.02.26 发布	现行有效	内部事项
	广东省人民代表大会议事规则（试行）	议事规则	1989.03.16 发布	失效	内部事项
贵州	贵州省地方立法条例	立法条例	2001.01.18 发布	已被修改	内部事项
	贵州省人民代表大会议事规则	议事规则	1990.02.25 发布	失效	内部事项
海南	海南省人民代表大会议事规则（2014 修正）	议事规则	2014.02.13 发布	现行有效	内部事项
	海南省各级人民代表大会及其常务委员会审查监督预算条例（2007 修正）	监督	2007.02.09 发布	现行有效	外部事项
	海南省人民代表大会议事规则（2002 修正）	议事规则	2002.02.07 发布	已被修改	内部事项

续表

省区	名称	事项	发布时间	效力	事项类型
海南	海南省制定与批准地方性法规条例	立法条例	2001.02.16 发布	已被修改	内部事项
	海南省各级人民代表大会及其常务委员会审查监督预算条例	监督	2001.02.16 发布	已被修改	外部事项
	海南省人民代表大会及其常务委员会处理质询案的规定	质询	2001.02.16 发布	现行有效	外部事项
	海南省人民代表大会议事规则	议事规则	1994.03.05 发布	已被修改	内部事项
河南	河南省预算监督条例	监督	2002.01.30 发布	现行有效	外部事项
	河南省人民代表大会及其常务委员会地方立法程序规定	立法条例	2001.02.21 发布	失效	内部事项
	河南省地方立法条例	立法条例	2016.01.31 发布	现行有效	内部事项
吉林	吉林省地方立法条例	立法条例	2017.01.19 发布	现行有效	内部事项
	吉林省人民代表大会议事规则	议事规则	1990.03.08 发布	已被修改	内部事项
青海	青海省人民代表大会及其常务委员会立法程序规定	立法程序	2001.01.17 发布	已被修改	内部事项
	青海省县级以上人民代表大会代表议案暨代表建议、批评和意见的规定（1999 修正）	人大代表职权	1999.01.27 发布	现行有效	内部事项
	青海省实施《中华人民共和国全国人民代表大会和地方各级人民代表大会代表法》办法	人大代表职权	1995.02.25 发布	已被修改	内部事项
	青海省县级以上各级人民代表大会议事规则	议事规则	1991.05.04 发布	已被修改	内部事项

续表

省区	名称	事项	发布时间	效力	事项类型
山西	山西省人民代表大会代表建议、批评和意见的提出和处理办法	人大代表职权	2010.01.31 发布	现行有效	内部事项
	山西省人民代表大会议事规则	议事规则	2004.02.19 发布	现行有效	内部事项
	山西省地方立法条例	立法条例	2001.02.21 发布	已被修改	内部事项
	山西省实施《中华人民共和国义务教育法》的办法	文化教育体育	1986.05.16 发布	已被修改	外部事项
上海	上海市食品安全条例	食品安全	2017.01.20 发布	现行有效	外部事项
	上海市老年人权益保障条例（2016）	老年人权益保障	2016.01.29 发布	现行有效	外部事项
	上海市制定地方性法规条例	立法条例	2001.02.12 发布	已被修改	内部事项
	上海市实施《中华人民共和国全国人民代表大会和地方各级人民代表大会代表法》办法（1998修正）	人大代表职权	1998.01.14 发布	失效	内部事项
	上海市人民代表大会关于代表建议、批评和意见的规定	人大代表职权	1988.04.20 发布	已被修改	内部事项
	上海市人民代表大会关于代表议案的规定	议案	1988.04.20 发布	已被修改	内部事项
天津	天津市绿化条例	环境资源生态保护	2014.01.22 发布	失效	外部事项
	天津市人民代表大会代表议案条例	议案	2010.01.21 发布	现行有效	内部事项
	天津市地方性法规制定条例	立法条例	2001.01.16 发布	已被修改	内部事项

续表

省区	名称	事项	发布时间	效力	事项类型
天津	天津市人民代表大会议事规则	议事规则	1990.04.27 发布	已被修改	内部事项
	天津市人民代表大会关于农作物秸秆综合利用和露天禁烧的决定	环境资源生态保护	2017.01.20 发布	现行有效	外部事项
	天津市人民代表大会代表建议、批评和意见工作条例	人大代表职权	2017.01.20 发布	现行有效	内部事项
	天津市水污染防治条例	环境资源生态保护	2016.01.29 发布	已被修改	外部事项
西藏	西藏自治区学习、使用和发展藏语文的规定（2002 修正）	文化教育体育	2002.05.22 发布	现行有效	外部事项
	西藏自治区立法条例	立法条例	2001.05.21 发布	失效	内部事项
	西藏自治区人民代表大会议事规则（试行）	议事规则	1989.08.07 发布	已被修改	内部事项
浙江	浙江省社会养老服务促进条例	老年人权益保障	2015.01.25 发布	现行有效	外部事项
	浙江省土地整治条例	环境资源生态保护	2014.09.26 发布	现行有效	外部事项
	浙江省水土保持条例	环境资源生态保护	2014.09.26 发布	现行有效	外部事项
	浙江省地方立法条例	立法条例	2001.02.16 发布	已被修改	内部事项
	浙江省实行九年制义务教育条例	文化教育体育	1985.06.13 发布	已被修改	外部事项
	浙江省人民代表大会议事规则	议事规则	1989.05.05 发布	已被修改	内部事项

续表

省区	名称	事项	发布时间	效力	事项类型
湖北	湖北省人民代表大会议事规则	议事规则	2005.01.30 发布	已被修改	内部事项
	湖北省人民代表大会及其常务委员会立法条例	立法条例	2001.02.18 发布	已被修改	内部事项
	湖北省实施《中华人民共和国全国人民代表大会和地方各级人民代表大会代表法》办法	人大代表职权	1994.03.06 发布	已被修改	内部事项
	湖北省土壤污染防治条例	环境资源生态保护	2016.02.01 发布	现行有效	外部事项
甘肃	甘肃省地方立法条例	立法条例	2017.01.13 发布	现行有效	内部事项
	甘肃省预算审批监督条例	监督	2002.02.01 发布	已被修改	外部事项
广西	广西壮族自治区立法条例（2016修正）	立法条例	2016.01.29 发布	现行有效	内部事项
	广西壮族自治区人民代表大会议事规则	议事规则	2007.01.31 发布	现行有效	内部事项
	广西壮族自治区立法条例	立法条例	2001.01.16 发布	已被修改	内部事项
	广西壮族自治区饮用水水源保护条例	环境资源保护	2017.01.18 发布	现行有效	外部事项
	广西壮族自治区乡村清洁条例	环境资源保护	2016.01.29 发布	现行有效	外部事项
	广西壮族自治区各级人民代表大会常务委员会监督工作条例（1999修正）	监督	1999.02.03 发布	失效	外部事项
	广西壮族自治区各级人民代表大会常务委员会监督工作条例	监督	1990.04.28 发布	失效	外部事项

续表

省区	名称	事项	发布时间	效力	事项类型
河北	河北省地方立法条例	立法条例	2001.01.14 发布	已被修改	内部事项
	河北省安全生产条例（2017）	生产安全	2017.01.12 发布	现行有效	外部事项
	河北省大气污染防治条例（2016）	环境资源保护	2016.01.13 发布	现行有效	外部事项
	河北省国土保护和治理条例	环境资源保护	2015.01.12 发布	现行有效	外部事项
	河北省实施《中华人民共和国义务教育法》办法	文化教育体育	1994.03.03 发布	已被修改	外部事项
黑龙江	黑龙江省人民代表大会及其常务委员会立法条例（2016修订）	立法条例	2016.01.31 发布	现行有效	内部事项
	黑龙江省人民代表大会专门委员会工作条例	工作条例	2017.01.20 发布	现行有效	内部事项
	黑龙江省人民代表大会专门委员会暂行条例	工作条例	1994.03.01 发布	失效	内部事项
	黑龙江省人民代表大会议事规则	议事规则	1990.03.08 发布	现行有效	内部事项
	黑龙江省大气污染防治条例	环境资源保护	2017.01.20 发布	已被修改	外部事项
湖南	湖南省地方立法条例	立法条例	2001.01.17 发布	已被修改	内部事项
	湖南省人民代表大会议事规则（1996修改）	议事规则	1996.02.12 发布	已被修改	内部事项
	湖南省实施《中华人民共和国全国人民代表大会和地方各级人民代表大会代表法》办法	人大代表职权	1994.03.04 发布	已被修改	内部事项

续表

省区	名称	事项	发布时间	效力	事项类型
湖南	湖南省人民代表大会议事规则	议事规则	1994.03.04 发布	已被修改	内部事项
	湖南省工业企业劳动卫生管理条例	劳动者权益保障	1987.12.01 发布	失效	外部事项
	湖南省土地管理实施办法	环境资源保护	1987.05.17 发布	已被修改	外部事项
	湖南省保护妇女儿童合法权益的若干规定	妇女儿童权益保障	1987.01.22 发布	失效	外部事项
江苏	江苏省制定和批准地方性法规条例（2016 修正）	立法条例	2016.01.28 发布	现行有效	内部事项
	江苏省制定和批准地方性法规条例	立法条例	2001.02.17 发布	已被修改	内部事项
	江苏省人民代表大会专门委员会工作条例（试行）	工作条例	1999.02.07 发布	现行有效	内部事项
	江苏省大气污染防治条例	环境资源保护	2015.02.01 发布	已被修改	外部事项
江西	江西省立法条例	立法条例	2001.02.23 发布	已被修改	内部事项
	江西省人民代表大会议事规则	议事规则	1996.02.11 发布	已被修改	内部事项
辽宁	辽宁省人民代表大会及其常务委员会立法条例	立法条例	2016.01.30 发布	现行有效	内部事项
	辽宁省制定和批准地方性法规程序规定	立法程序	2001.02.24 发布	失效	内部事项
	辽宁省人民代表大会代表议案工作条例	人大代表职权	2001.02.24 发布	现行有效	内部事项

续表

省区	名称	事项	发布时间	效力	事项类型
辽宁	辽宁省人民代表大会议事规则（1999 修正）	议事规则	1999.02.07 发布	现行有效	内部事项
	辽宁省人民代表大会及其常务委员会监督条例	监督	1994.03.06 发布	失效	外部事项
内蒙古	内蒙古自治区人民代表大会及其常务委员会立法条例（2016 修正）	立法条例	2016.01.29 发布	现行有效	内部事项
	内蒙古自治区人民代表大会议事规则（2004 修正）	议事规则	2004.01.15 发布	现行有效	内部事项
	内蒙古自治区人民代表大会及其常务委员会立法条例	立法条例	2001.02.24 发布	已被修改	内部事项
	内蒙古自治区人民代表大会议事规则（1998 修正）	议事规则	1998.01.18 发布	已被修改	内部事项
宁夏	宁夏回族自治区人民代表大会及其常务委员会立法程序规定	立法程序	2001.02.20 发布	已被修改	内部事项
	宁夏回族自治区人民代表大会议事规则（1998 修正）	议事规则	1998.01.16 发布	现行有效	内部事项
山东	山东省地方立法条例	立法条例	2017.02.11 发布	现行有效	内部事项
	山东省制定和批准地方性法规条例	立法条例	2001.02.18 发布	失效	内部事项
	山东省人民代表大会议事规则（1998 修改）	议事规则	1998.04.17 发布	现行有效	内部事项
	山东省人民代表大会议事规则	议事规则	1990.03.04 发布	已被修改	内部事项

续表

省区	名称	事项	发布时间	效力	事项类型
陕西	陕西省地方立法条例（2016修订）	立法条例	2016.01.29 发布	现行有效	内部事项
	陕西省地方立法条例	立法条例	2001.02.19 发布	已被修改	内部事项
	陕西省人民代表大会议事规则（1997修正）	议事规则	1997.01.30 发布	现行有效	内部事项
	陕西省人民代表大会议事规则	议事规则	1991.03.15 发布	已被修改	内部事项
四川	四川省人民代表大会及其常务委员会立法条例	立法条例	2016.01.29 发布	现行有效	内部事项
	四川省人民代表大会议事规则（2002修正）	议事规则	2002.04.08 发布	现行有效	内部事项
	四川省人民代表大会议事规则	议事规则	1990.02.17 发布	已被修改	内部事项
新疆	新疆维吾尔自治区人大及其常委会立法条例	立法条例	2003.01.16 发布	现行有效	内部事项
	新疆维吾尔自治区人民代表大会议事规则	议事规则	1991.05.23 发布	已被修改	内部事项
云南	云南省人民代表大会及其常务委员会立法条例	立法条例	2001.02.16 发布	已被修改	内部事项
	云南省人民代表大会议事规则	议事规则	1989.03.09 发布	已被修改	内部事项
	云南省红河哈尼族彝族自治州哈尼梯田保护管理条例	环境资源保护	2012.06.28 发布	现行有效	外部事项

附录3：各届别立法情况的描述性统计

变量		样本	均值	标准差	最小值	最大值
1979—1982	人大立法数	31	0	0	0	0
	地方立法总数	31	2.13	2	0	8
1983—1987	人大立法数	31	0.23	0.67	0	3
	地方立法总数	31	10.68	6.43	0	28
1988—1992	人大立法数	31	0.58	0.56	0	2
	地方立法总数	31	30.26	12.6	0	72
1993—1997	人大立法数	31	0.48	0.72	0	3
	地方立法总数	31	96.03	40.28	0	165
1998—2002	人大立法数	31	1.45	1.03	0	4
	地方立法总数	31	86.45	29.96	44	162
2003—2007	人大立法数	31	0.29	0.64	0	3
	地方立法总数	31	92.81	42.63	33	227
2008—2012	人大立法数	31	0.13	0.34	0	1
	地方立法总数	31	71.87	25.57	29	148
2013—2017	人大立法数	31	1.16	1.21	0	5
	地方立法总数	31	75	32.6	26	146
2018	人大立法数	31	0	0	0	0
	地方立法总数	31	14.48	11.64	0	51

人大授权立法的制度变迁

刘连泰　商昌征

摘要： 国家发展和改革的需求催生了授权立法。全国人大授权全国人大常委会制定部分性质的法律是人大授权立法的起源。历经 70 年发展，授权立法已形成四种授权立法形式并存的局面：全国人大授权全国人大常委会制定和修改相关法律、全国人大及其常委会授权特定经济区域制定法规、全国人大及其常委会授权国务院先制定行政法规、全国人大及其常委会授权暂时调整适用法律的部分规定。授权立法的制度变迁呈现出授权形式趋于多元化、授权性质发生转化、监督机制不断完善等特点。

关键词： 授权立法　行政法规　经济特区法规　法律保留

人大授权立法制度是人民代表大会制度的重要组成部分，贯穿了新中国发展和改革的历程。1955 年，全国人大授权全国人大常委会制定部分性质的法律，标志着授权立法的诞生。经过 70 年的发展，授权立法已形成四种授权立法形式并存的局面：全国人大授权全国人大常委会立法、全国人大及其常委会授权特定经济区域立法、全国人大及其常委会授权国务院立法、全国人大及其常委会授权暂时调整适用法律的部分规定（以下简称授权调整法律）。本文旨在梳理授权立法的制度变迁脉络，并尝试总结变迁的特点，以期为授权立法的制度变革提供可能的建议。

一、全国人大授权全国人大常委会立法

（一）全国人大授权全国人大常委会制定和修改法律

全国人大授权全国人大常委会立法是授权立法的起源。1954 年《宪法》

规定，全国人大是行使国家立法权的唯一机关，[1]享有制定法律的权力。[2]在全国人民代表大会每年只召开一次会议的情况下，为了应对比较迫切的问题，全国人大常委会有必要制定一些规范性文件。[3]因此，1954年《宪法》赋予全国人大常委会制定法令的权力。[4]但依据1954年《宪法》的规定，部分事项只能由法律规定，[5]法令不得染指。随着社会主义建设和改造事业的进展，这些事项也急需各项法律调整，以适应发展和改革的要求。有鉴于此，1955年，一届全国人大二次会议决定，"授权常务委员会依照宪法的精神、根据实际的需要，适时地制定部分性质的法律，即单行法规"[6]。此外，全国人大制定的法律存在一些不合时宜的情况，仅授权全国人大常委会制定法律无法解决该问题。1959年，二届全国人大一次会议授权全国人大常委会"在全国人民代表大会闭会期间，根据情况的发展和工作的需要，对现行法律中一些已经不适用的条文，适时地加以修改，作出新的规定"[7]。至此，根据1954年《宪法》第31条的规定，[8]全国人大通过两次决议授权全国人大常委会制定部分性质的法律以及修改全国人大制定的法律。遗憾的是，全国人大常委会基本没有行使制定和修改法律的权力，一些基本的、现实生活急需的法律都没有被制定出来。[9]

由于全国人大常委会不是1954年《宪法》规定的制定和修改法律的主体，

---

〔1〕 1954年《宪法》第22条：全国人民代表大会是行使国家立法权的唯一机关。

〔2〕 1954年《宪法》第27条：全国人民代表大会行使下列职权：……（二）制定法律；……

〔3〕 参见韩大元：《1954年宪法制定过程》，法律出版社2022年版，第429页。

〔4〕 1954年《宪法》第31条：全国人民代表大会常务委员会行使下列职权：……（四）制定法令；……

〔5〕 1954年《宪法》文本中的"法律"有广义和狭义之分。狭义的"法律"仅指全国人大制定的法律，不包括全国人大常委会制定的法令。参见韩大元：《1954年宪法制定过程》，法律出版社2022年版，第427-428页。

〔6〕《第一届全国人民代表大会第二次会议关于授权常务委员会制定单行法规的决议》（1955年7月30日第一届全国人民代表大会第二次会议通过）。

〔7〕《第二届全国人民代表大会第一次会议关于全国人民代表大会常务委员会工作报告的决议》（1959年4月28日第二届全国人民代表大会第一次会议通过）。

〔8〕 1954年《宪法》第31条：全国人民代表大会常务委员会行使下列职权：……（十九）全国人民代表大会授予的其他职权。

〔9〕 参见韩大元主编：《新中国宪法发展70年》，广东人民出版社2020年版，第123页。

所以全国人大两次授权的性质是"授予立法职权"。在制定 1982 年《宪法》时，有人提出，"法令"的具体含义以及与法律有什么区别始终不清楚，既然草案规定"法令具有和法律同等的约束力"，何不把它也叫作法律。[10] 这一意见被采纳。1982 年《宪法》不再使用"法令"，并规定，全国人大常委会可以制定和修改基本法律以外的其他法律，并可以在全国人大闭会期间，对基本法律进行部分补充和修改，但不得同该法律的基本原则相抵触。[11] 据此，全国人大常委会不再以全国人大的授权作为制定和修改法律的权力来源。全国人大的两次授权决议已无适用空间。[12] 作为"授予立法职权"的全国人大授权全国人大常委会立法就此结束。

（二）全国人大授权全国人大常委会公布试行法律、制定和修改基本法律

依据 1955 年全国人大的授权决议，全国人大常委会只能制定"部分性质的法律"，调整某些特定事项的法律仍只能由全国人大制定。全国人大常委会若制定应当由全国人大制定的法律，须获得全国人大的授权。

1957 年，全国人大开始授权全国人大常委会公布试行法律。1957 年 6 月，时任全国人大常委会副委员长兼秘书长彭真就制定刑法问题提出："请各位代表考虑，可否由全国人民代表大会授权常务委员会根据代表和其他各方面所提的意见加以修改，作为草案公布试行。"[13] 7 月，一届全国人大四次

〔10〕 参见肖蔚云：《我国现行宪法的诞生》，北京大学出版社 2024 年版，第 176 页。

〔11〕 1982 年《宪法》第 67 条：全国人民代表大会常务委员会行使下列职权：……（二）制定和修改除应当由全国人民代表大会制定的法律以外的其他法律；（三）在全国人民代表大会闭会期间，对全国人民代表大会制定的法律进行部分补充和修改，但是不得同该法律的基本原则相抵触；……

〔12〕 1987 年 11 月，1955 年授权决议被废止。参见《全国人民代表大会常务委员会关于批准法制工作委员会关于对 1978 年底以前颁布的法律进行清理的情况和意见的报告的决定》（1987 年 11 月 24 日第六届全国人民代表大会常务委员会第二十三次会议通过）。1959 年的授权包含于全国人大关于全国人大常委会工作报告的决议。该决议无法被废止，但关于授权的内容已无适用空间。

〔13〕 彭真：《中华人民共和国全国人民代表大会常务委员会的工作报告》，载全国人大常委会办公厅研究室编：《中华人民共和国全国人民代表大会文献资料汇编（1949–1990）》，中国民主法制出版社 1990 年版，第 497 页。

会议决定，"由常务委员会根据代表和其他方面所提的意见，将中华人民共和国刑法草案（初稿）加以审议，作为草案公布试行，在试行中继续征求各方面的意见，再加以修改，提请全国人民代表大会通过"[14]。遗憾的是，"因很快就开展了反右派斗争，这个决定未能实现"[15]。1962 年 3 月，毛泽东指出"没有法律不行，刑法、民法一定要搞"[16]。在此指示下，1963 年，中央政法工作小组提出："我们准备在中央审查批准后，仍按第一届人大第四次会议的决议办理，即先由常务委员会作为草案公布试行。"[17]"但是，后来又因形势有了变化，加以法律虚无主义思潮的影响"，[18]全国人大授权全国人大常委会公布试行刑法的决定未见结果。

伴随着改革开放的脚步，1981 年，全国人大再次授权全国人大常委会公布试行法律。1981 年 12 月，时任全国人大常委会副委员长兼秘书长杨尚昆在向全国人大报告工作时提出："民事诉讼法是我们国家重要的基本法律……鉴于民事诉讼法涉及的问题比较复杂，我们的经验还不足，建议大会原则批准《中华人民共和国民事诉讼法草案》，并授权常务委员会根据代表和其他方面所提的意见，在修改后公布试行。"[19]几天后，五届全国人大四次会议决定，"原则批准《中华人民共和国民事诉讼法草案》，并授权常务委员会

---

〔14〕《中华人民共和国第一届全国人民代表大会第四次会议关于全国人民代表大会常务委员会的工作报告的决议》，载全国人大常委会办公厅研究室编：《中华人民共和国人民代表大会文献资料汇编（1949–1990）》，中国民主法制出版社 1990 年版，第 498 页。

〔15〕 中央政法小组：《关于〈中华人民共和国刑法草案〉（稿）修订工作的说明》，载高铭暄、赵秉志：《新中国刑法立法文献资料总览》，中国人民公安大学出版社 2015 年版，第 1019 页。

〔16〕 赵苍璧：《在法制建设问题座谈会上的讲话》，载《人民日报》1978 年 10 月 29 日，第 2 版。

〔17〕 中央政法小组：《关于修改〈中华人民共和国刑法草案（草稿）〉情况和意见的报告》，载高铭暄、赵秉志：《新中国刑法立法文献资料总览》，中国人民公安大学出版社 2015 年版，第 1015 页。

〔18〕 中央政法小组：《关于〈中华人民共和国刑法草案〉（稿）修订工作的说明》，载高铭暄、赵秉志：《新中国刑法立法文献资料总览》，中国人民公安大学出版社 2015 年版，第 1019 页。

〔19〕 杨尚昆：《中华人民共和国全国人民代表大会常务委员会的工作报告》，载全国人大常委会办公厅研究室编：《中华人民共和国人民代表大会文献资料汇编（1949–1990）》，中国民主法制出版社 1990 年版，第 518 页。

根据代表和其他方面所提出的意见，在修改后公布试行"〔20〕。1982 年 3 月，五届全国人大常委会第二十二次会议通过《民事诉讼法（试行）》。这是全国人大授权全国人大常委会公布试行法律的第一次成功实践。1987 年，《村民委员会组织法（试行）》仿照《民事诉讼法（试行）》的立法程序公布试行。〔21〕自此至今，全国人大没有再授权全国人大常委会公布试行法律。

直到近几年，全国人大方才再次授权全国人大常委会制定和修改基本法律。2020 年 5 月，为保障国家和香港特别行政区安全，十三届全国人大三次会议决定，"授权全国人民代表大会常务委员会就建立健全香港特别行政区维护国家安全的法律制度和执行机制制定相关法律"〔22〕。《香港特别行政区基本法》是全国人大制定的基本法律。该法第 23 条规定，香港特别行政区应自行立法维护国家和香港特别行政区安全。〔23〕因此，全国人大常委会必须取得全国人大的授权才能制定维护国家和香港特别行政区安全的相关法律。2020 年 6 月，全国人大常委会通过《香港特别行政区维护国家安全法》。2021 年 3 月，十三届全国人大四次会议决定，"授权全国人民代表大会常务委员会根据本决定修改《中华人民共和国香港特别行政区基本法》附件一《香港特别

---

〔20〕《中华人民共和国第五届全国人民代表大会第四次会议关于全国人民代表大会常务委员会的工作报告的决议》，载全国人大常委会办公厅研究室编：《中华人民共和国人民代表大会文献资料汇编（1949–1990）》，中国民主法制出版社 1990 年版，第 518 页。

〔21〕 1987 年 4 月，时任全国人大常委会副委员长、全国人大法律委员会主任委员彭冲提出，"建议这次大会原则通过《中华人民共和国村民委员会组织法（草案）》，并授权全国人大常委会……颁布试行"。彭冲：《关于〈中华人民共和国村民委员会组织法（草案）〉的决定（草案）的说明——1987 年 4 月 9 日在第六届全国人民代表大会第五次会议主席团第四次会议上》。几天后，六届全国人大五次会议"原则通过《中华人民共和国村民委员会组织法（草案）》，并授权全国人民代表大会常务委员会根据宪法规定的原则，参照大会审议中代表提出的意见，进一步调查研究，总结经验，审议修改后颁布试行"。会议通过《第六届全国人民代表大会第五次会议关于〈中华人民共和国村民委员会组织法（草案）〉的决定》。11 月，六届全国人民代表大会常务委员会第二十三次会议通过《村民委员会组织法（试行）》。

〔22〕《全国人民代表大会关于建立健全香港特别行政区维护国家安全的法律制度和执行机制的决定》（2020 年 5 月 28 日第十三届全国人民代表大会第三次会议通过）。

〔23〕《香港特别行政区基本法》第 23 条：香港特别行政区应自行立法禁止任何叛国、分裂国家、煽动叛乱、颠覆中央人民政府及窃取国家机密的行为，禁止外国的政治性组织或团体在香港特别行政区进行政治活动，禁止香港特别行政区的政治性组织或团体与外国的政治性组织或团体建立联系。

行政区行政长官的产生办法》和附件二《香港特别行政区立法会的产生办法和表决程序》"[24]。全国人大常委会可以对基本法律进行部分补充和修改。但本次修改涉及"香港特别行政区选举制度应当遵循的基本原则"和"核心要素内容",[25] 是对《香港特别行政区基本法》附件一和附件二的五方面内容的全面完善,[26] 不是局部微调,超出了全国人大常委会的立法权限。因此,全国人大常委会只能根据授权修改附件一和附件二。

无论是授权全国人大常委会公布试行法律,还是授权制定和修改有关国家和香港特别行政区安全的法律,全国人大均没有提及授权的规范依据。全国人大授权全国人大常委会立法只能从全国人大常委会兜底职权条款中解释出来。"根据实践需要"[27],2023 年《立法法》新增第 10 条第 4 款,即"全国人民代表大会可以授权全国人民代表大会常务委员会制定相关法律"。举重以明轻,全国人大也可以授权全国人大常委会公布试行法律、全面修改基本法律。此后,全国人大授权全国人大常委会立法有了明确的规范依据。

（三）全国人大授权全国人大常委会处理其他有关立法的问题

除公布试行法律、制定和修改基本法律之外,全国人大还授权全国人大常委会处理其他有关立法的问题。例如,1987 年,六届全国人大五次会议决定,"授权全国人民代表大会常务委员会在《中华人民共和国政府和葡萄牙共和国政府关于澳门问题的联合声明》经中葡两国政府正式签署后予以审议和决定批准"[28]。国际条约是我的法律渊源之一。上述条约涉及特别行政区的设立及其制度,属于全国人大的职权范围,所以全国人大常委会只能根据全

---

〔24〕《全国人民代表大会关于完善香港特别行政区选举制度的决定》（2021 年 3 月 11 日第十三届全国人民代表大会第四次会议通过）。

〔25〕 王晨：《关于〈全国人民代表大会关于完善香港特别行政区选举制度的决定（草案）〉的说明——2021 年 3 月 5 日在第十三届全国人民代表大会第四次会议上》。

〔26〕 参见《"修订香港基本法附件一附件二具有十分重要深远的意义"——访全国人大常委会法制工作委员会副主任张勇》,载《中国人大》2021 年第 7 期,第 26—27 页。

〔27〕 王晨：《关于〈中华人民共和国立法法（修正草案）〉的说明——2023 年 3 月 5 日在第十四届全国人民代表大会第一次会议上》。

〔28〕《第六届全国人民代表大会第五次会议关于授权全国人民代表大会常务委员会审议批准〈中华人民共和国政府和葡萄牙共和国政府关于澳门问题的联合声明〉的决定》。

国人大的授权进行审议和决定批准。

二、全国人大及其常委会授权特定经济区域立法

（一）全国人大及其常委会授权经济特区所在地的省、市人大及其常委会制定法规、市人民政府制定规章

"经济特区和经济特区立法是改革开放的产物。"[29] 为落实党中央实行改革开放的历史性决策，1980 年 8 月 26 日，五届全国人大常委会第十五次会议决定，在广东省深圳、珠海、汕头和福建省厦门设置经济特区。经济特区发展对外贸易、吸引外商投资并引进先进技术和设备，形成了许多新的社会关系，急需法律调整。[30] 但新的社会关系尚未稳定，制定法律的条件还不成熟。于是，1981 年，五届全国人大常委会第二十一次会议授权广东省和福建省人大及其常委会根据有关的法律、法令、政策规定的原则，制定经济特区的各项单行经济法规。[31] 1988 年 4 月 13 日，七届全国人大一次会议决定，在海南设置经济特区，并授权海南省人大及其常委会，遵循国家有关法律、全国人大及其常委会有关决定和国务院有关行政法规的原则制定法规。[32] 20世纪 90 年代，为进一步在经济特区深化经济体制改革并完善对外开放政策，

---

[29] 全国人大常委会法制工作委员会国家法室：《中华人民共和国立法法释义》，法律出版社 2015 年版，第 239 页。

[30] 参见宋方青：《论中国经济特区立法的新格局——兼评〈立法法〉有关经济特区立法的规定》，载《现代法学》2000 年第 6 期，第 126 页。

[31] 《全国人民代表大会常务委员会关于授权广东省、福建省人民代表大会及其常务委员会制定所属经济特区的各项单行经济法规的决议》（1981 年 12 月 26 日第五届全国人民代表大会常务委员会第二十一次会议通过）。值得注意的是，全国人大常委会此时并不享有国家立法权。有学者认为，该授权只能视为授权立法发展过程中的一种特别现象，不宜作为全国人大及其常委会授权经济特区立法的正式开始。参见周旺生：《立法学》，法律出版社 2009 年版，第 320 页。还有学者提出，1978 年《宪法》第 25 条第 3 项规定，全国人大常委会有权"解释宪法和法律，制定法令"。在当时，法令与法律的内容并无严格区分，对于授予个别地方特殊立法权，并且具有试验性特征的事项，全国人大常委会有权通过法令作出规定。参见谭嘉玲、林彦：《全国人大纵向立法授权的规范构造》，载《四川师范大学学报（社会科学版）》2024 年第 4 期，第 60 页。

[32] 《第七届全国人民代表大会第一次会议关于建立海南经济特区的决议》（1988 年 4 月 13 日第七届全国人民代表大会第一次会议通过）。

全国人大及其常委会相继授权深圳、厦门、汕头和珠海市人大及其常委会，遵循宪法的规定以及法律和行政法规的基本原则，制定法规；人民政府制定规章。[33]

授权广东、福建和海南省人大及其常委会制定经济特区法规的性质。1982 年《宪法》第 100 条规定，省人大及其常委会可以制定地方性法规。[34] 经济特区法规与地方性法规是什么关系？全国人大及其常委会在授权时并未说明。2000 年《立法法》第 65 条保留了经济特区法规，位于第四章第一节"地方性法规、自治条例和单行条例"之下。这说明，经济特区法规是地方性法规的一种特殊形式。[35] 之所以需要授权，是因为经济特区法规在遵循宪法的规定以及法律和行政法规的基本原则的情况下，对上位法调整特定事项的具体规则进行变通。因此，授权省人大及其常委会制定经济特区法规属于"授权调整特定事项"。[36]

授权深圳、厦门、汕头和珠海市人大及其常委会和人民政府分别制定经济特区法规和规章的性质。依据 1986 年《地方各级人民代表大会和地方各级人民政府组织法》第 7 条第 2 款、第 38 条第 2 款和第 51 条第 1 项的规定，只有省、自治区的人民政府所在地的市和经国务院批准的较大的市的人大及

---

[33]《全国人民代表大会常务委员会关于授权深圳市人民代表大会及其常务委员会和深圳市人民政府分别制定法规和规章在深圳经济特区实施的决定》（1992 年 7 月 1 日第七届全国人民代表大会常务委员会第二十六次会议通过）；《全国人民代表大会关于授权厦门市人民代表大会及其常务委员会和厦门市人民政府分别制定法规和规章在厦门经济特区实施的决定》（1994 年 3 月 22 日第八届全国人民代表大会第二次会议通过）；《全国人民代表大会关于授权汕头市和珠海市人民代表大会及其常务委员会、人民政府分别制定法规和规章在各自的经济特区实施的决定》（1996 年 3 月 17 日第八届全国人民代表大会第四次会议通过）。

[34] 1982 年《宪法》第 100 条：省、直辖市的人民代表大会和它们的常务委员会，在不同宪法、法律、行政法规相抵触的前提下，可以制定地方性法规，报全国人民代表大会常务委员会备案。

[35] 参见李德旺、叶必丰：《地方变通立法的法律界限与冲突解决》，载《社会科学》2022 年第 3 期，第 86—87 页；莫纪宏：《论地方性法规的空间效力》，载《东方法学》2024 年第 1 期，第 122 页。

[36] 有学者没有考察经济特区法规与地方性法规的关系，认为关于经济特区的授权决定属于"授予立法职权"。参见俞祺：《授权立法范围的合理界定》，载《法学》2024 年第 2 期，第 58 页。

其常委会和人民政府才可以分别制定地方性法规和规章。[37] 授权时，深圳、厦门、珠海和汕头均不属于省会城市和较大的市。[38] 它们的人大及其常委会和人民政府也就不享有立法职权。因此，授权经济特区所在地的市人大及其常委会和人民政府分别制定经济特区法规和规章在性质上是"授予立法职权"。

（二）全国人大授权经济特区所在地的省、市人大及其常委会制定法规

在总结前期经验的基础上，2000年《立法法》保留并完善了经济特区法规的相关规定。2000年《立法法》第65条规定，"经济特区所在地的省、市的人民代表大会及其常务委员会根据全国人民代表大会的授权决定，制定法规，在经济特区范围内实施"。相较于之前的授权决定，2000年《立法法》关于经济特区立法的规定有如下变化：（1）授权机关只能是全国人大。授权广东省、福建省人大及其常委会制定法规、授权深圳市人大及其常委会和人民政府分别制定法规和规章均由全国人大常委会作出。[39] 2000年《立法法》明确规定，经济特区所在地的省、市人大及其常委会只能根据全国人大的授

---

[37] 1986年《地方各级人民代表大会和地方各级人民政府组织法》第7条第2款：省、自治区的人民政府所在地的市和经国务院批准的较大的市的人民代表大会……可以制定地方性法规……；第38条第2款：省、自治区的人民政府所在地的市和经国务院批准的较大的市的人民代表大会常务委员会……可以制定地方性法规……；第51条第1项：……省、自治区的人民政府所在地的市和经国务院批准的较大的市的人民政府，还可以根据法律和国务院的行政法规，制定规章。

[38] 国务院批准的较大的市：唐山市、大同市、包头市、大连市、鞍山市、抚顺市、吉林市、齐齐哈尔市、青岛市、无锡市、淮南市、洛阳市、重庆市、宁波市、本溪市、邯郸市、苏州市、徐州市。参见《国务院关于批准唐山等市为"较大的市"的通知》（国发〔1984〕176号）；《国务院关于浙江省要求将宁波市列为"较大的市"的批复》（国函〔1988〕40号）；《国务院关于批准本溪市为"较大的市"的通知》（国函〔1992〕91号）；《国务院关于批准邯郸市为"较大的市"的通知》（国函〔1992〕90号）；《国务院关于同意苏州市和徐州市为"较大的市"的批复》（国函〔1992〕52号）。

[39] 全国人大常委会根据全国人大的授权决定，授权深圳市人大及其常委会和人民政府分别制定法规和规章。《第七届全国人民代表大会第二次会议关于国务院提请审议授权深圳市制定深圳经济特区法规和规章的议案的决定》（1989年4月4日第七届全国人民代表大会第二次会议通过）。

权决定制定经济特区法规。（2）不再授权经济特区所在地的市人民政府制定规章。较大的市扩容，经济特区所在地的市亦属于较大的市，[40] 其人民政府享有制定规章的权力，无须再单独授予规章制定权。（3）授权经济特区所在地的市人大及其常委会制定法规的性质发生变化。较大的市扩容，经济特区所在地的市人大及其常委会享有地方性法规制定权。授权经济特区所在地的市人大及其常委会制定法规的性质由"授予立法职权"转化为"授权调整特定事项"。（4）增加可以变通的规范性文件。除法律和行政法规之外，2000年《立法法》还规定，经济特区法规可以对地方性法规进行变通。[41] 2015年《立法法》沿袭了2000年《立法法》授权经济特区所在地的市人大及其常委会制定法规的规定。

（三）全国人大及其常委会授权特定经济区域所在地的省、市人大及其常委会制定法规

全国人大及其常委会授权特定经济区域立法从经济特区扩展到其他区域。为"建立完善与支持浦东大胆试、大胆闯、自主改相适应的法治保障体系"，《中共中央、国务院关于支持浦东新区高水平改革开放打造社会主义现代化建设引领区的意见》提出，"比照经济特区法规，授权上海市人民代表大会及其常务委员会……制定法规"。2021年，十三届全国人大常委会第二十九次会议决定，"授权上海市人民代表大会及其常务委员会……制定浦东新区法规"[42]。为打造海南自由贸易港，"在保证国家法制统一的前提下赋予海南更大改革自主权"[43]，《海南自由贸易港法》授权海南省人大及其常委会

---

〔40〕 2000年《立法法》第63条第4款：本法所称较大的市是指省、自治区的人民政府所在地的市，经济特区所在地的市和经国务院批准的较大的市。

〔41〕 2000年《立法法》第81条第2款：经济特区法规根据授权对法律、行政法规、地方性法规作变通规定的，在本经济特区适用经济特区法规的规定。

〔42〕《全国人民代表大会常务委员会关于授权上海市人民代表大会及其常务委员会制定浦东新区法规的决定》（2021年6月10日第十三届全国人民代表大会常务委员会第二十九次会议通过）。

〔43〕 沈春耀：《关于〈中华人民共和国海南自由贸易港法（草案）〉的说明——2020年12月22日在第十三届全国人民代表大会常务委员会第二十四次会议上》。

制定海南自由贸易港法规。〔44〕在审议 2023 年《立法法（修正草案）》时，有的代表提出，全国人大常委会分别授权上海市人大及其常委会制定浦东新区法规、海南省人大及其常委会制定海南自由贸易港法规，作为新时代地方立法的新实践新发展，有必要在《立法法》中予以体现。〔45〕最终，该建议被采纳。《立法法》第 84 条第 2 款和第 3 款分别对浦东新区法规和海南自由贸易港法规作出规定。

浦东新区法规、海南自由贸易港法规与经济特区法规属于同一范畴，〔46〕但也存在些许不同。第一，授权机关。经济特区法规的授权机关只能是全国人大。浦东新区法规和海南自由贸易港法规由全国人大常委会授权。〔47〕第二，变通的规范性文件。经济特区法规可以变通的规范性文件包括法律、行政法规和地方性法规。〔48〕浦东新区法规可以变通的规范性文件包括法律、行政法规和部门规章。〔49〕海南自由贸易港法规可以变通的规范性文件包括法律和行政法规。〔50〕第三，权限范围。海南自由贸易港法规是对海南经济特区法规立

---

〔44〕《海南自由贸易港法》第 10 条第 1 款：海南省人民代表大会及其常务委员会可以根据本法，结合海南自由贸易港建设的具体情况和实际需要，遵循宪法规定和法律、行政法规的基本原则，就贸易、投资及相关管理活动制定法规（以下称海南自由贸易港法规），在海南自由贸易港范围内实施。

〔45〕 参见《第十四届全国人民代表大会宪法和法律委员会关于〈中华人民共和国立法法（修正草案）〉审议结果的报告》（2023 年 3 月 8 日第十四届全国人民代表大会第一次会议主席团第二次会议通过）。

〔46〕 参见王建学：《国家纵向治理现代化中的立法变通授权》，载《地方立法研究》2023 年第 2 期，第 9 页。

〔47〕 关于全国人大常委会作为授权机关的合宪性论证，可参见许昌：《新时代地方变通立法的创新与规制——以授权上海制定浦东新区法规为视角》，载《上海交通大学学报（哲学社会科学版）》2023 年第 12 期，第 74 页。

〔48〕《立法法》第 101 条第 2 款：经济特区法规根据授权对法律、行政法规、地方性法规作变通规定的，在本经济特区适用经济特区法规的规定。

〔49〕《全国人民代表大会常务委员会关于授权上海市人民代表大会及其常务委员会制定浦东新区法规的决定》之二：……浦东新区法规报送备案时，应当说明对法律、行政法规、部门规章作出变通规定的情况。

〔50〕《海南自由贸易港法》第 10 条第 2 款：海南自由贸易港法规应当报送全国人民代表大会常务委员会和国务院备案；对法律或者行政法规的规定作变通规定的，应当说明变通的情况和理由。

法权限的扩大。海南自由贸易港法规可以涉及法律保留或应当由国务院制定行政法规的事项（以下称为"行政法规保留事项"）。[51]但经济特区法规不能涉及法律保留和行政法规保留事项。[52]

需要说明的是，经济特区法规、浦东新区法规和海南自由贸易港法规既然已由《立法法》第84条予以规定，三者是否转化为依职权制定的法规？《立法法》第84条的措辞是"根据全国人民代表大会的授权决定"、"根据全国人民代表大会常务委员会的授权决定"以及"根据法律规定"。也就是说，《立法法》第84条只是全国人大及其常委会授权制定三种法规的依据，特定经济区域制定三种法规的根据是授权决定和法律。例如，由于没有全国人大的授权决定，作为经济特区的喀什和霍尔果斯便不享有制定经济特区法规的权力。综上所述，三种法规仍属于依授权制定的法规。

三、全国人大及其常委会授权国务院立法

（一）全国人大及其常委会授权国务院就经济体制改革和对外开放方面的问题制定暂行规定或暂行条例

全国人大及其常委会授权国务院立法开始于修改和补充人事领域的暂行办法，发展于经济体制改革和对外开放方面的暂行规定或暂行条例。国务院制定的《国务院关于安置老弱病残干部的暂行办法》和《国务院关于退休、退职的暂行办法》涉及党组织的干部和工人，超出国务院"决议和命令"的

---

[51]《海南自由贸易港法》第10条第3款：海南自由贸易港法规涉及依法应当由全国人民代表大会及其常务委员会制定法律或者由国务院制定行政法规事项的，应当分别报全国人民代表大会常务委员会或者国务院批准后生效。关于法律保留事项和行政法规保留事项具体有哪些，可参见郑毅：《论海南自由贸易港法规制定机制及其实施——兼论与浦东新区法规的比较》，载《政治与法律》2023年第12期，第31-32页。

[52]《海南自由贸易港法》遵循党中央"赋予海南更大改革自主权"的精神，授予海南更大的立法权限。该法在规定海南自由贸易港法规可以涉及法律保留和行政法规保留事项时，同时要求报全国人大常委会或国务院批准后生效。如果经济特区法规可以涉及法律和行政法规保留事项，那么也应当报请批准后生效。授权决定和《立法法》没有关于经济特区法规报请批准后生效的规定。综上所述，经济特区法规不能涉及法律保留和行政法规保留事项。相同观点可参见郑毅：《论海南自由贸易港法规制定机制及其实施——兼论与浦东新区法规的比较》，载《政治与法律》2023年第12期，第34页。

权限。1978 年，全国人大常委会批准上述两部暂行办法。[53] 1983 年 9 月，六届全国人大常委会第二次会议决定，授权国务院对上述两部暂行办法的部分规定作一些必要的修改和补充。[54] 此授权是特定历史时期的产物，之后再无类似实践。

改革开放初期，有一系列关于对外开放和经济体制改革的新问题急需规范依据，但"有些重大问题涉及面广，情况复杂，还缺乏实践经验，制定法律尚有困难"[55]。国务院在改革开放中扮演领导和管理角色，[56] 并享有制定行政法规的权力，但不得先规定与改革开放有关的税收等法律保留事项。[57] 鉴于此，1984 年 9 月，六届全国人大常委会第七次会议决定，"授权国务院在实施国营企业利改税和改革工商税制的过程中，拟定有关税收条例，以草案形式发布试行。"[58] 此外，经济体制改革和对外开放"需要在现行有关法律的基础上作出灵活的变通"[59]。与此同时，国务院提出具有实践需要的法律草案，但立法条件尚不成熟，"委员长会议认为需要授权国务院在经济体制改革和对外开放方面可以制定暂行规定或者暂行条例"[60]。1985 年 4 月，六届全

---

〔53〕 全国人大常委会虽然不能制定法律，但可以制定法令。安置老弱病残干部和工人的退休、退职不属于 1978 年《宪法》规定的应当制定法律的事项。依据 1978 年《宪法》第 32 条第 9 项，国务院可以行使全国人大常委会授予的职权。

〔54〕《全国人民代表大会常务委员会关于授权国务院对职工退休退职办法进行部分修改和补充的决定》（1983 年 9 月 2 日第六届全国人民代表大会常务委员会第二次会议）。

〔55〕 陈丕显：《中华人民共和国全国人民代表大会常务委员会的工作报告》，载全国人大常委会办公厅研究室编：《中华人民共和国全国人民代表大会文献资料汇编（1949—1990）》，中国民主法制出版社 1990 年版，第 529 页。

〔56〕 参见林宜灿：《立法与行政之间的授权立法——授权国务院立法制度研究》，载《中国人民公安大学学报（社会科学版）》2018 年第 5 期，第 95 页。

〔57〕 根据国务院法制局原工作人员介绍，虽然宪法没有明确规定税收应当由法律规定，但学术界和实务部门对税收属于法律保留事项已有基本共识。参见刘春华：《国务院立法权限若干疑难问题探讨》，载《中外法学》1998 年第 5 期，第 91 页。

〔58〕《全国人民代表大会常务委员会关于授权国务院改革工商税制发布有关税收条例草案试行的决定》（1984 年 9 月 18 日第六届全国人民代表大会常务委员会第七次会议通过）。

〔59〕 王汉斌：《关于"授权国务院在经济体制改革和对外开放方面可以制定暂行的规定或者条例的决定（草案）"的说明——1985 年 4 月 3 日在第六届全国人民代表大会第三次会议上》。

〔60〕 彭真：《关于立法工作》，载《论新时期的社会主义民主与法制建设》，中央文献出版社 1989 年版，第 245 页。

国人大三次会议决定，"授权国务院对于有关经济体制改革和对外开放方面的问题，必要时可以根据宪法，在同有关法律和全国人民代表大会及其常务委员会的有关决定的基本原则不相抵触的前提下，制定暂行的规定或者条例"[61]。随后，国务院根据全国人大及其常委会的授权，制定了《城市维护建设税暂行条例》《建筑税暂行条例》等规范性文件，为改革开放奠定初步的法制基础。

（二）全国人大及其常委会授权国务院就法律保留事项先制定行政法规

世纪之交，一部系统规范国家立法制度的《立法法》呼之欲出。在《立法法》起草过程中，关于是否保留授权国务院立法存在争论。否定意见认为，随着民主与法制的发展，国家和社会的各个方面已基本有法可依；对法律保留事项，应当由全国人大及其常委会立法，如果制定法律的条件不成熟，可以通过制定政策的形式予以规范。[62]肯定意见认为，制定与社会主义市场经济体制相配套的法律需要时间；在建成中国特色社会主义法律体系之前，有些问题制定法律的条件尚不成熟，需要由国务院先制定行政法规，保留授权国务院立法是必要的。[63] 2000年《立法法》最终保留了授权国务院立法，第九条："全国人民代表大会及其常务委员会有权作出决定，授权国务院可以根据实际需要，对其中的部分事项先制定行政法规"。

自2000年《立法法》规定授权国务院先制定行政法规至今，全国人大及其常委会从未作出授权国务院制定行政法规的决定，主要有如下三点原因：第一，需要授权国务院先制定行政法规的事项很少。就各级国家机关的组织、民族区域自治制度、特别行政区制度、基层群众自治制度、民事基本制

---

〔61〕《第六届全国人民代表大会第三次会议关于授权国务院在经济体制改革和对外开放方面可以制定暂行的规定或者条例的决定》（1985年4月10日第六届全国人民代表大会第三次会议通过）。

〔62〕 参见全国人大常委会法制工作委员会国家法室：《中华人民共和国立法法释义》，法律出版社2015年版，第63页。

〔63〕 参见顾昂然：《关于〈中华人民共和国立法法（草案）〉的说明——2000年3月9日在第九届全国人民代表大会第三次会议上》。

度、仲裁基本制度等事项而言，全国人大及其常委会均已制定相关法律。此外，有的事项立法条件已经成熟，可以直接制定法律；有的事项基于权力分工原则，不宜由国务院规定。第二，1985 年《第六届全国人民代表大会第三次会议关于授权国务院在经济体制改革和对外开放方面可以制定暂行的规定或者条例的决定》仍然有效。"这是一项范围相当广泛的授权。"[64]"有关经济体制改革和对外开放方面的问题"可以涵盖《立法法》第 11 条中的外贸的基本制度等法律保留事项。国务院仍然可以根据该授权决定就有关经济体制改革和对外开放方面的法律保留事项先制定行政法规，无须全国人大及其常委会再行授权。第三，全国人大及其常委会在立法中直接授权，没有单独作出授权决定。例如，《城市房地产管理法》第 6 条规定，"为了公共利益的需要，国家可以征收国有土地上单位和个人的房屋，并依法给予拆迁补偿，……具体办法由国务院规定"。

四、全国人大及其常委会授权暂时调整适用法律的部分规定

在中国不断融入全球化发展和中国特色社会主义法律体系形成的背景下，全面依法治国与全面深化改革的张力需要新的手段加以弥合。[65] 对此，党的十八届四中全会提出，"实现立法和改革决策相衔接，做到重大改革于法有据、立法主动适应改革和经济社会发展需要。实践证明行之有效的，要及时上升为法律。实践条件还不成熟、需要先行先试的，要按照法定程序作出授权"[66]。

授权调整法律源于"重大改革于法有据"的实践探索。2012 年 5 月，广东省人民政府请求国务院授权调整部分行政审批。但广东省呈报的行政审批有 25 项是由法律规定的。经国务院原监察部、国务院原法制办与全国人大常委会法工委沟通研究，建议由国务院提请全国人大常委会授权国务院同意广

---

〔64〕 参见全国人大常委会法制工作委员会国家法室：《中华人民共和国立法法释义》，法律出版社 2015 年版，第 62 页。

〔65〕 参见李云霖：《全国人大及其常委会立法授权的类型与价值》，载《政治与法律》2024 年第 8 期，第 85 页。

〔66〕《中共中央关于全面推进依法治国若干重大问题的决定》，载《人民日报》2014 年 10 月 29 日，第 1 版。

东省人民政府暂时调整相关行政审批。随后，国务院有关部门拟定授权决定草案并提请全国人大常委会审议。2012 年 12 月，全国人大常委会作出《关于授权国务院在广东省暂时调整部分法律规定的行政审批的决定》。至此，授权调整法律完成首次尝试。授权决定草案载明，授权的规范依据是国务院兜底职权条款。[67] 截至 2015 年《立法法》修改前，全国人大常委会又就农村土地征收、刑事案件速裁程序等事项分别授权国务院、最高人民法院和最高人民检察院暂时调整适用相关法律的部分规定，但没有说明授权的规范依据。

为明确授权调整法律的规范依据，2015 年《立法法》新增第 13 条，即"全国人民代表大会及其常务委员会可以根据改革发展的需要，决定就行政管理等领域的特定事项授权在一定期限内在部分地方暂时调整或者暂时停止适用法律的部分规定"。该条款标志着授权调整法律正式确立。此后，授权调整法律迎来高潮。全国人大常委会就药品上市许可持有人制度、房地产税、公益诉讼制度、认罪认罚从宽制度和军官制度等事项分别授权国务院、最高人民法院和最高人民检察院、中央军事委员会暂时调整适用相关法律的部分规定。

在总结前期实践经验的基础上，2023 年《立法法》进一步完善授权调整法律。第一，由于 2015 年《立法法》第 13 条中的"部分地方"无法容纳实践中的特定国家机关公务员、全体军官等身份范围，[68] 2023 年《立法法》第 16 条第 1 款将原第 13 条中的"部分地方"修改为"规定范围"。"规定范围"可以包含地域、身份等范围。第二，由于实践中存在较多的不属于行政管理的授权事项，如司法制度、国防军事等，2023 年《立法法》第 16 条第 1 款将原第 13 条中"行政管理等领域的特定事项"修改为"特定事项"。第三，新增第 2 款，明确规定授权期限结束后与法律修改的衔接程序，即"暂时调

---

〔67〕 参见马馼:《对〈关于授权国务院在广东省暂时调整部分法律规定的行政审批的决定（草案）〉的说明——2012 年 12 月 24 日在第十一届全国人民代表大会常务委员会第三十次会议上》。

〔68〕 参见沈岿:《论宪制改革试验的授权主体——以监察体制改革试点为分析样本》，载《当代法学》2017 年第 4 期，第 12 页。

整或者暂时停止适用法律的部分规定的事项，实践证明可行的，由全国人民代表大会及其常务委员会及时修改有关法律；修改法律的条件尚不成熟的，可以延长授权的期限，或者恢复施行有关法律规定"。截至 2024 年 7 月 31 日，除四级法院审级职能定位改革之外，其他授权结束后形成的改革成果均已通过法律修改程序上升为法律。

五、人大授权立法的制度变迁特点

（一）授权形式趋于多元化

国家发展和改革的需求催生了授权立法形式的多元化。为缓解新中国成立初期法制供给不足，全国人大授权全国人大常委会适时地制定部分性质的法律。为了给改革开放提供法律保障，全国人大及其常委会授权国务院就经济体制改革和对外开放方面的问题制定暂行规定或暂行条例。为促进经济特区先行先试，充分发挥立法试验田作用，全国人大及其常委会授权经济特区变通立法。为了在法治轨道上推进改革，完善现行法律规范体系，全国人大及其常委会授权调整法律。伴随着授权立法形式的多元化，被授权机关不断扩展，授权事项范围不断扩大。

被授权机关不断扩展。首先，从中央到地方。授权立法开始于全国人大授权全国人大常委会制定法律。改革开放之初，全国人大常委会开始授权广东省和福建省人大及其常委会制定经济特区法规。被授权机关从中央国家机关扩展至地方国家机关。其次，从内部到外部。无论是全国人大授权全国人大常委会制定法律，还是全国人大常委会授权广东省和福建省人大及其常委会制定经济特区法规，都是权力机关内部的授权。1984 年和 1985 年，全国人大及其常委会授权国务院制定暂行规定或暂行条例。20 世纪 90 年代，全国人大及其常委会授权深圳、厦门、汕头和珠海市人民政府制定规章。被授权机关从权力机关内部扩展至行政机关。最后，从近到远。作为权力机关的执行机关，行政机关与权力机关的关系最为紧密。[69] 最早的外部授权便是全

---

〔69〕 参见李蕊佚：《论行政机关辅助合宪性审查的职能》，载《法学家》2022 年第 6 期，第 51 页。

国人大及其常委会授权国务院制定暂行规定或暂行条例。授权调整法律亦是从授权国务院调整有关行政审批的法律开始。随着改革不断深化，除行政管理等领域的事项外，司法制度等领域的事项也需要改革试点。2014年6月，全国人大常委会授权最高人民法院和最高人民检察院调整适用《刑事诉讼法》的相关规定，开展刑事案件速裁程序试点工作。[70] 2015年《立法法》关于授权调整法律的条款没有限定被授权机关。2016年12月，全国人大常委会授权中央军事委员会调整适用《现役军官法》《中国人民解放军军官军衔条例》的相关规定，开展军官制度试点工作。[71] 授权调整法律的被授权机关从国务院扩展至最高人民法院和最高人民检察院、中央军事委员会。虽然尚无授权先例，但作为拥有监察立法权并掌握专业知识的机关，如有发展和改革需要，国家监察委员会也可以作为授权调整法律的被授权机关。[72]

授权事项范围不断扩大。第一，授权特定经济区域立法的事项，从非法律保留事项扩大至法律保留事项。自诞生至今，经济特区法规始终不得涉及法律保留事项。随着海南自由贸易港法规的出现，授权特定经济区域立法的事项扩大至法律保留事项，即海南自由贸易港法规可以变通法律关于"涉及贸易、投资及管理活动相关的基本制度层面的立法事项"[73] 的规定。第二，全国人大及其常委会授权国务院立法的事项，从税收、经济体制和对外开放等事项扩大至其他领域的事项。20世纪80年代，全国人大及其常委会对国务院的两次授权事项分别是"税收"和"经济体制改革和对外开放方面的问题"。这与为改革开放提供法律保障的授权目的相契合。随着国家和社会不断发展，《立法法》规定的授权国务院先制定行政法规的事项不再限于税收、

---

〔70〕《全国人民代表大会常务委员会关于授权最高人民法院、最高人民检察院在部分地区开展刑事案件速裁程序试点工作的决定》（2014年6月27日第十二届全国人民代表大会常务委员会第九次会议通过）。

〔71〕《全国人民代表大会常务委员会关于军官制度改革期间暂时调整适用相关法律规定的决定》（2016年12月25日第十二届全国人民代表大会常务委员会第二十五次会议通过）。

〔72〕参见秦前红、石泽华：《论依法监察与监察立法》，载《法学论坛》2019年第5期，第44页。

〔73〕王建学、张明：《海南自贸港法规的规范属性、基本功能与制度发展——以〈宪法〉和〈立法法〉为分析视角》，载《经贸法律评论》2021年第4期，第5页。

经济体制和对外开放等事项，还包括国家主权、各级人民政府的组织以及对非国有财产的征收等其他领域的事项。第三，全国人大及其常委会授权调整法律涉及绝对保留事项。授权特定经济区域立法和授权国务院立法均不得涉及绝对保留事项。2014 年 6 月，全国人大常委会授权最高人民法院和最高人民检察院制定刑事案件速裁程序试点办法。2015 年《立法法》第 13 条规定的授权事项是"行政管理等领域的特定事项"，"等"有包含"司法制度"的空间。《立法法》修改后不久，全国人大常委会又授权最高人民法院和最高人民检察院分别制定人民陪审员制度和公益诉讼试点办法。"根据实践中成熟的经验和做法"，[74] 2023 年《立法法》第 16 条删除"行政管理等领域"，仅保留"特定事项"。这是全国人大对授权调整法律涉及司法制度的进一步肯定。[75]

（二）授权性质发生转化

授权立法起源之初的性质是"授予立法职权"。20 世纪 50 年代，全国人大常委会不享有国家立法权，全国人大授权全国人大常委会制定和修改法律的性质是"授予立法职权"。1982 年《宪法》赋予全国人大常委会国家立法权后，"授予立法职权"转化为"授权调整特定事项"。例如，2020 年，全国人大授权全国人大常委会制定有关香港特别行政区维护国家安全的法律，即对国家和香港特别行政区安全这一特定事项的授权。2023 年《立法法》第 10 条第 4 款规定，全国人大可以授权全国人大常委会制定相关法律。"相关"即与应当由全国人大调整的事项相关。

20 世纪 90 年代，全国人大及其常委会授权经济特区所在地的市人大及其常委会和政府分别制定经济特区法规和规章的性质是"授予立法职权"。2000 年《立法法》规定经济特区所在地的市人大及其常委会制定地方性法规的权力后，全国人大授权经济特区所在地的市人大及其常委会制定经济特区法规的性质转化为"授权调整特定事项"，即对法律、行政法规和地方性法规

---

〔74〕 王晨：《关于〈中华人民共和国立法法（修正草案）〉的说明——2023 年 3 月 5 日在第十四届全国人民代表大会第一次会议上》。

〔75〕 关于授权调整法律可以涉及绝对保留事项的合法性论证，可参见李蕊佚、商昌征：《论法律保留原则对授权改革试点立法的约束》，载《中国法律评论》2024 年第 5 期，第 207-210 页。

关于特定事项的规定进行变通。

1982 年《宪法》规定国务院享有行政法规制定权之后，全国人大及其常委会方才授权国务院制定暂行规定或暂行条例。授权调整法律本就是授权暂时调整适用法律关于特定事项的规定。[76] 因此，授权国务院立法和授权调整法律的性质始终是"授权调整特定事项"。

如今，全国人大常委会不再作出属于"授予立法职权"的授权决定。[77] 例如，在明确国家监察委员会监察法规制定权时，《全国人民代表大会常务委员会关于国家监察委员会制定监察法规的决定》不再使用"授权"等表述，并且该决定只是因来不及修改《立法法》的替代方案。[78] 再如，全国人大常委会将浦东新区法规制定权授予上海市人大及其常委会，而非不享有立法职权的浦东新区人大及其常委会。综上所述，随着 2000 年《立法法》的颁布，"授予立法职权"已不复存在。

（三）监督机制不断完善

20 世纪 50 年代，全国人大授权全国人大常委会制定和修改法律时，没有规定监督机制，只是概括限定全国人大常委会只能制定"部分性质的法律"。授权立法监督机制最早出现在授权经济特区立法中。1979 年《地方各级人民代表大会和地方各级人民政府组织法》首次规定备案制度。[79] 1981 年，《全国人民代表大会常务委员会关于授权广东省、福建省人民代表大会及其

---

〔76〕 在我国，部分司法解释"属于实质上的立法行为"，参见余凌云：《法院如何发展行政法》，载《中国社会科学》2008 年第 1 期，第 94 页。最高人民法院和最高人民检察院本就是事实上的立法主体。

〔77〕 在学术界，对于"授予立法职权"是否属于授权立法存在争论。例如，有学者认为，"授权立法必须针对一个特定的事项，而不能泛泛指涉宏观层面的立法职权"。俞祺：《授权立法范围的合理界定》，载《法学》2024 年第 2 期，第 58 页。

〔78〕 沈春耀：《关于〈全国人民代表大会常务委员会关于国家监察委员会制定监察法规的决定（草案）〉的说明——2019 年 10 月 21 日在第十三届全国人民代表大会常务委员会第十四次会议上》。

〔79〕 1979 年《地方各级人民代表大会和地方各级人民政府组织法》第 6 条：省、自治区、直辖市的人民代表大会……可以制订和颁布地方性法规，并报全国人民代表大会常务委员会和国务院备案；第 27 条：省、自治区、直辖市的人民代表大会常务委员会……可以制订和颁布地方性法规，并报全国人民代表大会常务委员会和国务院备案。

常务委员会制定所属经济特区的各项单行经济法规的决议》随即规定，"授权广东省、福建省人民代表大会及其常务委员会……制定经济特区的各项单行经济法规，并报全国人民代表大会常务委员会和国务院备案"。全国人大及其常委会授权深圳、厦门、汕头和珠海经济特区立法均延续了备案制度。2000 年《立法法》对经济特区法规备案作了统一规定，即"根据授权制定的法规应当报授权决定规定的机关备案"[80]，"授权机关有权撤销被授权机关制定的超越授权范围或者违背授权目的的法规，必要时可以撤销授权"[81]。2015 年《立法法》增加规定，"经济特区法规报送备案时，应当说明对法律、行政法规、地方性法规作出变通的情况"[82]。全国人大常委会在授权上海市人大及其常委会、海南省人大及其常委会分别制定浦东新区法规和海南自由贸易港法规时亦规定，浦东新区法规、海南自由贸易港法规报送备案时，应当说明变通的情况。[83] 2023 年《立法法》予以保留。[84]

授权国务院立法监督机制稍有迟缓。1984 年，全国人大常委会授权国务院制定税收条例时没有规定监督机制。次年，《第六届全国人民代表大会第三次会议关于授权国务院在经济体制改革和对外开放方面可以制定暂行的规定或者条例的决定》规定"授权国务院……制定暂行的规定或者条例……并报全国人民代表大会常务委员会备案"[85]。2000 年《立法法》保留了依授权行政法规备案制度，并新增一些其他监督机制。一是对全国人大及其常委会的监督。授权事项仅限于立法条件尚不成熟的相对保留事项，有关犯罪和刑罚、对公民政治权利的剥夺和限制人身自由的强制措施和处罚、司法制度的

---

〔80〕 2000 年《立法法》第 89 条第 5 项。

〔81〕 2000 年《立法法》第 88 条第 7 项。

〔82〕 2015 年《立法法》第 98 条第 5 项。

〔83〕《全国人民代表大会常务委员会关于授权上海市人民代表大会及其常务委员会制定浦东新区法规的决定》；《海南自由贸易港法》第 10 条第 2 款。

〔84〕 2023 年《立法法》第 109 条第 5 项。

〔85〕 不过，据时任全国人大常委会办公厅工作人员介绍，"国务院依授权在经济体制改革和对外开放方面制定的暂行规定和条例应当备案，实际未备案"。陈建文：《完善备案审查制度 加强人大立法监督》，载《中国人大》1997 年第 17 期，第 27 页。

事项不得授权。[86] 授权决定应当明确授权的目的和范围。[87] 二是对国务院的监督。国务院应当严格按照授权决定行使被授予的权力，不得将被授予的权力转授给其他机关。[88] 此外，2000 年《立法法》还明确了授权终止的条件，即"经过实践检验，制定法律的条件成熟时，由全国人民代表大会及其常务委员会及时制定法律。法律制定后，相应立法事项的授权终止"[89]。2015 年《立法法》进一步完善授权国务院立法监督机制。针对 2000 年《立法法》关于授权国务院立法的规定"比较原则，以往有些授权范围过于笼统、缺乏时限要求等问题"[90]，2015 年《立法法》增加规定，授权决定不仅应当明确授权的目的、范围，还要明确授权的事项、期限和被授权机关实施授权决定应当遵循的原则等；授权的期限不得超过 5 年，但是授权决定另有规定的除外；被授权机关应当在授权期限届满的 6 个月以前，向授权机关报告授权决定实施的情况。[91]2023 年《立法法》完全延续了上述规定。

《立法法》没有明确规定授权调整法律的监督机制。关于授权调整法律的规定紧跟授权国务院立法之后，有学者对其是否适用以及如何适用授权国务院立法的监督机制进行研究。[92]实践中，全国人大常委会的确借鉴了授权明确和备案制度。授权调整法律的决定明确规定了授权目的、事项、地区、期限、应当遵循的原则以及调整的法律，并要求试点办法报全国人大常委会备案。[93]此外，试点过程中，被授权机关还应当向全国人大常委会作中期

---

〔86〕 2000 年《立法法》第 9 条。

〔87〕 2000 年《立法法》第 10 条第 1 款。

〔88〕 2000 年《立法法》第 10 条第 2 款和第 3 款。

〔89〕 2000 年《立法法》第 11 条。

〔90〕 李建国：《关于〈中华人民共和国立法法修正案（草案）〉的说明——2015 年 3 月 8 日在第十二届全国人民代表大会第三次会议上》。

〔91〕 2015 年《立法法》第 10 条。

〔92〕 参见郭文涛：《重大改革特别授权机制应遵循授权明确性原则》，载《甘肃政法大学学报》2022 年第 2 期，第 34-37 页；秦小建：《授权改革试点应首先遵循法律保留原则》，载《法学》2023 年第 7 期，第 46-49 页；李蕊佚、商昌征：《论法律保留原则对授权改革试点立法的约束》，载《中国法律评论》2024 年第 5 期，第 197-198 页。

〔93〕 例如，《关于授权最高人民法院、最高人民检察院在部分地区开展刑事案件速裁程序试点工作的决定》：试点办法由最高人民法院、最高人民检察院制定，报全国人民代表大会常务委员会备案。

报告。[94]

结语

授权立法贯穿了新中国发展和改革的历程，为形成和完善中国特色社会主义法律体系作出了重要历史贡献。全国人大授权全国人大常委会制定和修改法律旨在弥补新中国成立初期全国人大立法供给不足。改革开放后，全国人大及其常委会授权经济特区立法，促进特区经济迅速发展，发挥了"立法试验田"的重要作用。全国人大及其常委会授权国务院在经济体制改革和对外开放方面制定暂行规定或暂行条例，及时为国家经济体制转型和对外交流提供了法律保障。2000年《立法法》初步确立立法体制后，三种授权立法依然为形成中国特色社会主义法律体系发挥重要作用。2015年《立法法》确立的授权调整法律是新时代实现"重大改革于法有据"的制度平台，有效缓解了法治与改革的紧张关系。忆往示今，授权立法如何更好地服务国家发展和改革？如何对待法条授权？如何进一步完善监督机制？有待进一步研究。

---

〔94〕 例如，《关于授权最高人民检察院在部分地区开展公益诉讼试点工作的决定》：试点进行中，最高人民检察院应当就试点情况向全国人民代表大会常务委员会作出中期报告。

四、 广东探索：地方样本

地方立法引领推动改革的
广东实践与思考

陈永康

摘要：发挥地方立法引领推动改革的作用，是新时代全面深化改革与全面推进依法治国进程下，对立法工作提出的新的任务要求。改革开放以来，广东省人大常委会通过地方立法引领推动改革经历四个阶段，呈现出不同的阶段特点。实践中，地方立法引领推动改革仍存在不少认识误区及现实困境。在进一步全面深化改革、推进中国式现代化的时代背景下，要正确认识和把握立法与改革的关系，立法决策紧密衔接改革决策，统筹运用立改废释决等方式，放权赋能推动粤港澳大湾区改革创新，深化立法领域改革，切实发挥地方立法引领推动改革的作用。

关键词：地方立法　引领推动　改革　粤港澳大湾区

引言

地方立法是中国特色社会主义法律体系的有机组成部分，在推进改革开放和社会主义现代化建设中发挥了不可替代的作用。改革开放以来，广东省人大常委会通过地方立法引领推动改革，地方立法与改革的关系不断探索演进，积累了丰富的实践和经验。当前，广东正纵深推进粤港澳大湾区建设，加强相关立法保障，推进规则衔接机制对接。在进一步全面深化改革、推进中国式现代化的时代背景下，如何正确认识和把握立法与改革的关系，发挥地方立法引领推进改革作用，是理论界和实务界都值得认真研究的重要课题。

一、广东省人大常委会通过地方立法引领推动改革的实践历程

广东处于改革开放的前沿，承担着大胆探索、先行先试的历史重任。改革开放 40 多年来，广东省人大及其常委会坚持立法和改革同频共振、相伴而行。自 1980 年制定首部地方性法规以来，44 年来，广东地方立法从无到有，从探索起步到逐渐完善，开创了若干第一，积累了许多好经验好做法，充分发挥了立法试验田的作用。截至 2024 年 10 月，广东现行有效的省法规 253件，为改革开放事业和经济社会发展提供了有力法治保障，也为国家立法提供了经验做法。回顾 44 年来广东立法引领推动改革的实践历程，大致可以分为四个阶段。

（一）立法启动改革开放阶段（1979—1992 年）

1979 年的地方组织法首次以法律的形式赋予地方立法权。广东作为改革开放的前沿阵地，邓小平同志要求广东大胆实践，创办特区作为开放窗口，"杀出一条血路来"。1981 年全国人大常委会通过决议，授权广东省人大及其常委会根据有关法律、法令、政策规定的原则，制定经济特区的各项单行经济法规。自此，广东地方立法开启了破冰之旅。这一阶段，广东省人大常委会把中央赋予的在经济体制改革和对外开放中的"特殊政策"和"灵活措施"用法规的形式确定下来，先后制定了城市建设管理、技术市场管理、企业劳动工资管理、企业登记管理、经济特区条例、深圳经济特区土地管理等法规，有力地保障和促进了全省及经济特区改革开放各项事业的发展。例如，1980 年制定的广东省经济特区条例，为经济特区的建立和运作构建了蓝图；1981 年制定的深圳经济特区土地管理暂行规定，第一次将土地使用权和所有权分开，成为国家土地产权制度改革的催化剂，并推动了宪法的修改。这一阶段广东省人大常委会还为经济特区制定了入境出境人员管理、企业登记、涉外经济合同、抵押贷款、涉外企业会计、涉外公司破产等方面的法规。这一系列的经济特区法规，体现了地方立法先行性、试验性和创制性特点，解决了改革开放中一些迫切需要解决的特别是妨碍生产力发展的体制机制问题，以地方立法推动改革试点，并最终促成了国家层面的改革。这一时期国家层面的立法与改革的关系，是在地方试点改革成熟后，把实践证明行之有

效的改革措施经验用法律肯定下来，强调立法巩固和确认改革成果。

（二）立法推动构建社会主义市场经济体制阶段（1992—2002年）

1992年初，邓小平的南方谈话，对改革实践作了系统总结梳理，对改革理论进一步作出阐述。时任全国人大常委会委员长乔石于1993年在视察广东时提出："在市场经济体制建立过程中，广东可以成为立法试验田，先行一步。"广东省人大常委会据此提出了"全速推进立法"的动员令，广东地方立法进入"快车道"。这一阶段，广东不断突破计划经济体制下形成的立法思想束缚，逐步树立起以维护市场主体权利为本位、以强化政府服务为宗旨的立法新观念，把立法决策与市场经济体制改革决策结合起来，大力加强经济立法。这一阶段，先后出台了公司条例、合伙经营条例、公司破产条例、股份合作企业条例等地方性法规，起到了引导、保障和促进社会主义市场经济快速健康发展的作用。1993年制定的公司条例，在全国率先以地方性法规的形式倡导产权清晰、管理科学的现代企业制度。特别是2000年立法法的出台，立法制度开始健全，立法程序更加规范化。这一时期立法与改革的关系的侧重点也随之发生着变化，从改革开放初期强调先改革后立法，发展到不仅仅是巩固和确认改革的成果，更是对于一些应兴应革的事情，应当积极总结实践中的经验和做法，做到边改革边立法，从而更好地用立法引导推动改革与发展。

（三）立法协调推进各领域改革阶段（2002—2012年）

这一阶段，广东深入学习贯彻科学发展观，以提高立法质量为重点，大力推进科学立法、民主立法，不断扩大公民对立法工作的有序参与，妥善解决立法中遇到的重点难点问题。一是继续抓好经济领域立法，以立法促经济转型升级。制定电子交易条例、自主创新促进条例、促进中小企业发展条例等。二是加强社会领域立法，制定突发公共卫生事件应急办法、爱国卫生工作条例、社会保险基金监督条例、工伤保险条例、工资支付条例、老年人权益保障条例等。三是加强文化领域立法，制定公共文化服务促进条例、非物质文化遗产条例、实施文物保护法办法等。四是加强生态环保领域立法，修订节约能源条例，制定民用建筑节能条例等。2005年制定的政务公开条例，是我国第一部关于政务公开的省级地方性法规；2007 年制定的食品安全条例，是国内首部专门的、系统的食品安全法规。这一阶段在处理立法与改革的关系时，既着眼于法律的现实可行性，又注意法律的前瞻性；既着眼于通过立法肯定改革成果，又注意为深化改革留有空间和余地；既着眼于加快国家立法的步伐，又注重发挥地方人大制定地方性法规的积极性。

（四）立法引领和推动全面深化改革阶段（2012 年至今）

习近平总书记在党的十八大后首站来到广东，作出"我国改革开放已经进入攻坚期和深水区"的判断，呼吁全党上下"敢于啃硬骨头，敢于涉险滩""做到改革不停步、开放不止步"，要求广东努力成为发展中国特色社会主义的排头兵、深化改革开放的先行地、探索科学发展的试验区，为率先全面建成小康社会、率先基本实现社会主义现代化而奋斗。这一阶段，广东坚持以习近平新时代中国特色社会主义思想为指导，全面贯彻落实党的十八大、十九大和二十大以及历次中央全会精神，深入学习贯彻习近平总书记对广东重要讲话和重要指示批示精神，牢牢抓住事关改革发展稳定大局的事项开展立法，着力发挥立法的引领、推动、规范和保障作用，为全面深化改革提供法治保障。

特别是党的二十大以来，广东省人大常委会围绕高质量发展和中国式现代化建设，加强助力推动粤港澳大湾区和横琴、前海、南沙三大平台建设以及科技创新、营商环境、公共卫生、绿美广东、乡村振兴、知识产权、大数据、经济统计等重要领域、新兴领域的地方立法，一批符合时代改革要求、具有全国首创意义、体现地方特色的法规相继出台，为推动我省高质量发展和现代化建设提供了有力法治保障。一是聚焦落实粤港澳大湾区建设等国家重大战略部署，先后制定横琴粤澳深度合作区发展促进条例、南沙深化面向世界的粤港澳全面合作条例、促进港澳青年在粤港澳大湾区内地九市就业创业条例、粤港澳大湾区内地九市进口港澳药品医疗器械管理条例等一批具有标志性、引领性的立法创新成果，立足省级立法权限，最大限度赋予合作区平台改革发展自主权，以法治方式促进大湾区内要素流通、制度衔接。二是聚焦高质量发展，在全国率先出台地理标志条例、版权条例，制定优化营商环境条例、制造业高质量发展促进条例、科技创新条例等。三是聚焦绿美广东和民生保障，制定生态环境教育条例、农村供水条例等；在全国首创"1+N"省市协同立法模式，协同推进粤菜发展促进立法。四是聚焦新技术新产业新业态新模式，制定数字经济促进条例、政务服务数字化条例等，推动大数据、数字经济等新兴产业发展和新技术应用。

这一阶段，习近平总书记就立法工作提出了一系列新理念新思想新论断，包括要坚持立法先行，发挥立法引领和推动作用；要实现立法和改革决策相衔接，做到重大改革于法有据、立法主动适应改革发展需要。一方面，国家和省级人大积极发挥立法引领和推动作用，通过出台授权决定和修法调法等方式保障改革全面深化推进；另一方面，中央对立法体制机制作出改革部署，2015 年修改立法法，赋予所有设区的市地方立法权，2023 年第二次修改立法法，调整设区的市立法权限范围，将"环境保护"修改成"生态文明建设"，增加了"基层治理"，进一步适应地方创新治理需求。

二、地方立法引领推动改革的认识误区及现实困境

（一）在改革与法治的关系认识上仍存在误区

党的十八届三中、四中全会提出全面深化改革和全面推进依法治国以来，社会关于改革与法治关系的认识有了长足进步和转变，实践中仍然存在着一些观念误区。例如，不少人认为，改革就是要冲破法律禁区，我国的改革开放一路走来就是靠打破条条框框走到今天，如果改革事事都要找法律依据，都要立法，岂不束缚了手脚，耽误了改革，压制了创新？有的地方只看红头文件，只要政策文件能解决的就不考虑立法，不管是否于法有据。又如，一些领导干部认为改革发展永远是第一位的，法治底线都是其次，当法治有利于推动改革时就重视法治，当法治要规范改革时就规避法治甚至抛开法治。还有一些地方的领导干部片面强调所谓的"地方特色""地方创新"，当改革与法律规定不符时，为了局部利益搞所谓的"变通执行"，违背了法治原则。再如，不少政府部门只看到重视法治对改革成果的确认、保障作用，没看到法治对改革的引领、推动作用，片面认为不破不立、先破后立，破字

当头、立在其中。

（二）地方立法引领推动改革面临权限困境

我国的改革创新事项大多采取由地方先行试点，成熟可行后再推广复制至全国的方法。当前广东正在全力推进粤港澳大湾区建设，重点加强南沙、横琴、前海、河套等合作区建设，探索加强内地与港澳之间的要素流通和制度对接，而大量对接港澳的改革事项具体涉及海关、金融、外贸、出入境、税收、司法等国家事权，涉及中央与地方、内地与港澳等多层关系，需要调整涉及国家法律、行政法规规定的事项。一方面，地方争取国家层面立法，协调国家部委支持难度大、机制不顺畅；另一方面，涉及国家事权的改革事项，地方立法要想实现突破，空间十分有限。虽然深圳、珠海可以通过经济特区立法权对有关法律、行政法规作变通规定，但属于法律保留事项和涉及国家事权，经济特区立法也力有不逮。广州南沙不属于经济特区，仅靠设区的市立法权，难以保障落实国家相关改革方案部署的任务要求。

（三）地方立法引领推动改革存在一定程度的试错动力不足

在强调维护国家法治统一的时代背景下，特别是 2017 年甘肃祁连山自然保护区立法"放水"事件之后，全国人大和国务院不断加强合宪性审查和备案审查工作，立法实践中，发现地方性法规与上位法不一致的，都会发函要求说明情况。如果被认为存在立法"放水"的问题，就会被全国通报并纳入备案审查典型案例，这导致地方立法特别是经济特区立法工作中产生了一些困惑和顾虑，不敢轻易为改革创新背书，担心稍有创新突破就会导致要向全国人大和国务院说明情况，甚至还可能面临追责。中央的问责及立法试错创新可能带来的不确定后果，削弱了地方通过立法引领推动改革的意愿，导致地方立法求稳，创新动力不足。

（四）地方立法引领推动改革的速度、准度、精度有待提高

一是立法回应改革不及时。当前，数字经济、低空经济、互联网金融、人工智能、大数据、云计算等新技术新应用快速发展，催生一系列新业态新模式，但相关法律制度还存在时间差、空白区、薄弱点，在一些领域的改革，地方立法还处于失语状态；改革实践的广泛性、改革工作的紧迫性对立

法效率提出了更高的要求。二是立法引领改革的准度不够。改革决策与立法决策"两张皮"的现象仍然存在，有关部门在草拟改革方案时较少研究立法需求，与立法没有很好地衔接，既影响了改革成效，也不利于提高立法质量。三是立法推动改革的精度不够。不少地方立法囿于权限问题或对改革实践做法总结不够等因素，更多采取"宜粗不宜细"或是"促进型立法"的方式，导致法规条款过于宽泛和原则，宣示性大过于实操性，不利于改革方案和措施的精确发力和精准落地。此外，立法机关自身的立法机制和能力一定程度上也存在无法有效引领推动改革的问题。

三、在新的历史起点上正确认识和把握立法与改革的关系

党的十八大以来，习近平总书记运用马克思主义的立场观点方法，把马克思主义法治理论同中国具体实际和中华优秀传统法律文化相结合，深入思考改革和法治的关系，创造性提出一系列原创性重要理论和论断，"改革和法治如鸟之两翼、车之两轮""改革和法治相辅相成、相伴而生""在法治下推进改革，在改革中完善法治""要高度重视运用法治思维和法治方式推进改革，坚持重大改革于法有据""坚持改革决策和立法决策相统一、相衔接，立法主动适应改革需要，积极发挥引导、推动、规范、保障改革的作用"……这些重要论述，廓清迷雾，破除了对改革和法治关系的认识误区，破解了改革和法治的现实难题，为处理改革和法治的关系提供了根本遵循和科学指引。立法是法治的首要任务，处理好立法与改革的关系必须正确认识和把握好以下三个关系。

（一）处理好立法的现实性与前瞻性的关系

19世纪英国法制史学家梅因在其《古代法》中有句名言："社会的需要和社会的意见常常是或多或少走在'法律'的前面的。我们可能非常接近地达到它们之间缺口的接合处，但永远存在的趋向是要把这缺口重新打开来。因为法律是稳定的，而我们所谈到的社会是进步的，人民幸福的或大或小，完全决定于缺口缩小的快慢程度。"处理好立法与改革的关系，要着重处理好立法的现实性与前瞻性、稳定性与变动性的关系。一方面，法律法规必须从

实际出发，着力解决现实中存在的问题，并且要相对稳定，就是要保持宏观政策的连续性和稳定性，从而发挥其累积效应。但是，又不能拘泥于眼前的现实情况，立法还必须体现时代精神，回应现实需求，特别要不断总结改革进程中新鲜的、成功的经验，使之制度化、法治化，而要求具有一定的及时性、前瞻性，以引领、推动改革发展。这里有一个"度"的把握问题。过于注重立法的现实性而缺乏前瞻性，则法规出台后会很快因不适应改革发展的需要而不得不修改；过于注重立法的前瞻性而忽略其现实性超前立法，就会失去现实的社会基础，失去可行性，无法操作。因此，立法要回应的不仅仅是已经发生的改革实践，而且应重视改革发展的趋势，要努力体现时代性、突出及时性、增强预见性、把握规律性、富于创造性，使立法决策与改革决策相衔接、相一致。

（二）处理好先行先试与法治统一的关系

所谓"先行先试"，是指在特定区域内，允许对某些改革方案措施进行先行试验，以探索新的制度或政策。20 世纪 90 年代广东许多地方立法，例如公司条例、公司破产条例等经济领域立法，就是为改革试点提供"试验田"作用的试验性立法，其重要功能就是试错，为国家立法摸索经验、提供借鉴。发挥立法引领推动改革作用，一方面必须坚持改革创新，鼓励有条件的地方先行先试，不存在法律障碍的，可以通过出台政策措施或试验性立法方式引领推动改革试点；另一方面改革试点要在现行的法治框架下进行，不能突破法律法规的底线，应当积极主动通过法治方式及时研究提出解决改革试点的路径和办法，要按照法定程序作出授权或者暂时调整相关法律法规适用的决定，为地方改革试点和立法提供空间，从而做到重大改革于法有据，切实维护国家法治统一。广东地处"两个前沿"，改革开放先行一步，遇到的新情况、新问题比较多。如加强粤港澳大湾区建设立法保障工作，没有先例可循，这就需要广东先行先试，发挥立法实验田作用，在吃透中央精神、找准政策取向的基础上，在地方立法权限内，以立法推动大湾区改革发展，对促进粤港澳规则衔接机制对接作出规范，充实和丰富法律体系，为国家立法积累经验。

（三）处理好质量与效率的关系

做好地方立法工作必须抓住立法质量这个关键，深入推进科学立法、民主立法、依法立法。地方立法引领推动改革要因需、应时、统筹、有序开展立法，坚持因地制宜、因时制宜，把立法同改革实践结合起来，坚持时间服从质量，成熟一个、出台一个，反复打磨、深入论证，确保有效管用，防止重复立法、盲目立法。同时，立法引领推动改革要增强立法的时效性，将立法"跟跑"改革提升至"伴跑"乃至"领跑"改革。不能追求每一项立法都完美无缺、意见完全一致后再出台；不能因为相关部门形不成一致意见，就不能审议、没法通过。只要国家治理有要求、改革有需要、群众有期待，就要及时作出响应，在保证立法质量的前提下，有步骤、分阶段加快推进重要领域和新兴领域立法，统筹立改废释决等方式，丰富立法形式，确保改革发展稳定急需的法规及时出台和完善。

四、进一步发挥地方立法引领推动改革作用的主要路径

党的二十届三中全会把改革摆在更加突出位置，提出在法治轨道上进一步全面深化改革、推进中国式现代化，这既是党的十八届三中全会以来全面深化改革的实践续篇，也是新征程推进中国式现代化的时代新篇。在进一步全面深化改革、推进中国式现代化的时代背景下，强调法治是中国式现代化的重要保障，立法与改革的关系需要更加紧密地结合，地方立法引领推动改革的作用需要进一步充分发挥。

第一，健全地方党委领导立法的制度机制，推动立法决策与改革决策更紧密衔接。

从党的政策与法律法规的关系看，党的政策和主张是立法的先导和指引，而通过立法明确权利义务、确立制度措施、调整利益关系、推动改革发展，可以更好地确保党的路线方针政策成为社会一体遵循的法律规则，实现国家各项工作法治化。强调立法引领改革，就是要求执政党要善于运用法治思维和法治方式，以法律法规为载体，依照法定程序提出自己的改革目标和举措，充分发扬民主、凝聚社会共识、形成国家意志，从而实现其执政主张。要发挥好地方立法引领推动改革作用，关键在于健全地方党委领导立法

的制度机制，善于通过地方立法贯彻落实好党委的决策部署，为改革扫清障碍、探索新路，真正做到政治决策、改革决策和立法决策协调同步，确保党的路线方针政策成为社会一体遵循的法律规则。健全地方党委领导立法的制度机制，具体包括，审定批准地方人大常委会的立法规划和立法计划，提出重大立法项目建议；研究讨论地方人大常委会党组报请地方党委批准的重要法规草案，对法规草案中涉及的重大改革问题作出决策等。在新形势下，地方党委加强对立法工作的领导，必须坚持法治思维和法治方式，遵循立法工作规律，注重发挥人大的立法主导作用，加强法规立项环节的研究论证，更好地将党委的主张通过法定的程序、科学的设计、规范的表述转化为地方性法规。

第二，统筹运用立改废释决等方式，推动立法与改革更灵活互动。

在进一步全面深化改革时代背景下，地方立法机关及有关职能部门要进一步强化系统观念和法治思维，根据实际情况综合运用制定、修改、废止、解释、决定等法治方式推动和保障改革，推动从"回应性立法"向"引领性立法"的升级转型。具体可区分以下七种情形：一是有关部门在研究总体改革方案和具体改革措施时，应同步考虑改革涉及的立法问题，及时提出立法需求和立法建议，改革方案的研究过程，也应是立法项目的研究过程，应当吸收立法机关的同志参加，做到立法跟进改革；二是对于已被实践证实成熟有效的改革成果，要及时上升为法规制度，做到立法确认改革；三是对于有些改革决策需要在个别地方试点推行的，可以依法作出授权或者暂时调整适用相关法律法规的决定，做到立法授权改革；四是对于不适应改革发展要求的现行法规规定，及时进行修改完善或者依法予以废止，做到立法畅通改革通道；五是对于相关改革决策已经明确、需要多部法规作出相应修改的事项，可以采取"打包"修法方式一并处理，以及按照改革部署适时进行相关法规专项清理，做到立法清理改革障碍；六是对于有关改革举措，相关法律法规没有规定或者规定不明确的，不清楚能干还是不能干，应当如何干的，有权机关应当及时作出立法解释，做到立法明确改革；七是对于需要分步推进的制度创新举措，可以采取"决定+立法""决定+修法"等方式，先依法作出有关决定，再及时部署和推进相关立法修法工作，做到立法配套改革。

第三，赋予广东粤港澳大湾区区域立法权，推动大湾区改革创新。

习近平总书记指出，粤港澳大湾区在全国新发展格局中具有重要战略地位，赋予"一点两地"的全新定位，要求广东把大湾区建设作为广东深化改革开放的大机遇、大文章抓紧做实。大湾区建设为广东的改革开放提供了重要试验田，对全省改革开放具有重要的示范带动效应。为此，今年广东省人大常委会编制了涉大湾区建设的专项立法计划，加强相关立法保障。大湾区相关立法工作涉及"一国两制"重大实践，涉及大量国家事权及法律保留事项，涉及对接国际高标准经贸规则，涉及营造市场化、法治化、国际化一流营商环境，迫切需要国家层面赋予广东更灵活有效的地方立法权，支持大湾区构建开放型经济新体制，建设富有活力和国际竞争力的一流大湾区和世界级城市群。针对地方权限不足的问题，在维护国家法治统一的前提下，有两个路径解决方案。一是争取国家放权赋能。地方相关职能部门对照大湾区建设相关政策文件，认真梳理本领域相关配套改革事项，形成立法需求清单，加强与国家有关部委的请示汇报，争取通过清单式授权或者单项授权等方式下放权限；在获得相关授权以后，可以通过地方立法的方式明确具体管理制度。积极争取中央区域办、中央改革办等部门将相关授权、立法工作列入与有关方面研究的重点事项，协调有关方面将配套立法项目列入国家层面的立法规划、计划，例如，关于争取国家为深圳河套深港科技创新合作区开展立法的问题。同时，积极争取全国人大常委会法工委、司法部加强对地方改革相关配套立法工作的指导，统筹对接地方改革立法配套项目。二是建议赋予广东粤港澳大湾区区域立法权。为适应大湾区改革创新需要，可以考虑通过全国人大常委会授权立法的形式，支持地方改革创新。授权广东省人大及其常委会立足粤港澳大湾区建设需要，在遵循宪法规定和法律、行政法规基本原则前提下，制定法规，对法律、行政法规作出变通规定，在粤港澳大湾区内地九市或者九市范围内的特定区域实施；对暂无法律法规明确规定的领域，支持广东省人民政府先行制定规章，在粤港澳大湾区内地九市或者九市范围内的特定区域实施。为更好地推进粤港澳规则衔接机制对接，授权广东省人大及其常委会就民商事、经济社会管理等领域有关合作安排作出决定，报全国人大常委会批准后，与我国香港、澳门特区出台的相应立法同步实施。

第四，深化立法领域改革，提升地方立法引领推动改革的质效。

党的二十届三中全会通过的《中共中央关于进一步全面深化改革、推进中国式现代化的决定》对深化立法领域改革作出专项部署，体现了在法治下推进改革，在改革中完善法治要求。"实践证明，改革创新既是突破发展瓶颈、解决深层次矛盾和问题的根本出路，也是开创立法工作新局面的必由之路。"面临新形势新情况新要求，不论是国家立法工作，还是地方立法工作，都要解放思想、实事求是、与时俱进，通过深化改革推动立法工作机制创新。地方人大常委会必须深刻领会把握此次立法领域改革的任务要求，谋划深化立法领域改革的具体举措，找准切入点、把握关键点、抓好发力点，在法治轨道上进一步全面深化改革、推进中国式现代化广东实践。一是完善党委领导、人大主导、政府依托、各方参与的立法工作格局。重点在于发挥地方人大常委会在立法引领推动改革的主导作用，对于涉及改革的综合性、全局性、基础性的法规项目，积极开展"攻关立法"，实现一定比例的法规由人大相关委员会组织起草或者采取立法专班起草模式。二是加强重点领域、新兴领域立法。围绕健全地方治理急需、满足人民美好生活需要必备、维护国家安全所急的法规制度，加快涉及体制机制调整、重大制度改革、有关方面反映问题突出的法规修改，补齐制度短板弱项，推动各方面制度更加完善。要着力加快发展新质生产力、数字经济、低空经济和碳达峰碳中和、人工智能、大数据等新兴领域立法，发挥地方立法先行先试作用。三是健全吸纳民意、汇集民智的立法工作机制。健全完善代表参与立法工作的体制机制，更好把办理代表议案建议与立法工作结合起来，法规草案起草、审议全过程听取代表意见。继续推行法规草案向社会公开征求意见制度，健全意见采纳反馈机制。灵活运用调研、座谈、论证、评估等方式，不断丰富和拓展公众有序参与立法途径。建好用好基层立法联系点，展示全过程人民民主实践、讲好全过程人民民主人大故事。探索数智赋能法律法规征求意见新形式，推进"数字人大""智慧立法"建设，将数字人大建设成为践行全过程人民民主的新渠道新平台新亮点。四是提升地方立法精细化水平。抓住改革的重点领域和关键环节，灵活运用"小切口""小快灵"立法，厘清法规所要调整的社会关系，科学严密地设计制度规范措施，尽量作出明确具体的规定，尽量减少授权性规定，确保制度规范严谨周密、有效管用。五是加强区域协同立法。出台加强区域协同立法方面的指导意见，推动省际、市际人大就交通运输、生态环境、产业转移、文化传承保护等领域开展协同立法，推动区域协同立法制度化、程序化、常态化、长效化。探索在粤港澳之间建立常态化的协同立法机制。六是完善备案审查制度。完善备案审查标准，通过发布典型案例的形式，鼓励地方立法守正创新。完善省级的备案审查信息平台和省法规规章规范性文件数据库建设，实现与国家数据库互联互通。

结语

总之，改革只有进行时，没有完成时。"当前，改革又到了一个新的历史关头，很多都是前所未有的新问题，推进改革的复杂程度、敏感程度、艰巨程度不亚于 40 年前。"立法必然伴随改革，同频共振，相互促进。在很长一段时间，我们都需要不断深化立法与改革的认识，平衡处理好两者的关系。在进一步全面深化改革、推进中国式现代化的时代背景下，我们必须坚持以习近平法治思想为指导，完善中国特色社会主义法治体系，充分发挥法治固根本、稳预期、利长远的作用，最大限度地发挥好地方立法引领、推动、规范、保障改革的多重功效，在法治轨道上进一步全面深化改革、推进中国式现代化，夯实中国式现代化的法治根基，确保党中央改革决策部署见到实效，为强国建设、民族复兴伟业提供坚实法治保障。

发挥地方立法探索性功能的广州实践

廖荣辉

2019 年 7 月，习近平总书记对地方人大及其常委会工作作出重要指示，要求地方人大及其常委会要"围绕地方党委贯彻落实党中央大政方针的决策部署，结合地方实际，创造性地做好立法、监督等工作，更好助力经济社会发展和改革攻坚任务"。2023 年 9 月 19 日，赵乐际委员长在全国地方立法工作座谈会上强调：要发挥好地方立法的实施性、补充性、探索性功能。目前，我国地方立法主体共 354 个，包括 31 个省（区、市）、289 个设区的市、30 个自治州以及 4 个不设区的地级市，已出台且现行有效的地方性法规 1.3 万余件，立法数量大幅增长、形式更加丰富、体系日趋完备。虽然地方性法规体量庞大，但特色不鲜明、同质化程度高等问题依然存在，需要充分发挥地方立法的探索性功能，加强立法创新、彰显地方特色，推动地方立法高质量发展。广州作为改革开放的排头兵、先行地、试验区，开展地方立法近 40 年，在发挥立法探索性功能方面始终走在前列，取得了丰硕成果，积累了丰富经验，能够为各地市做好立法工作提供借鉴参考。

一、广州立法始终秉持探索精神和为民情怀

赵乐际委员长在全国地方立法工作座谈会上对地方立法的探索性功能作了阐释，即按照"不抵触"原则，对国家尚未立法的事项，通过地方立法先行先试、积累经验。广州，作为广东省省会、副省级市、国家中心城市、超大城市，在改革开放大潮中闯急流、过险滩，较早步入"深水区"，各种体制机制障碍暴露得更多更充分，城市治理面临的深层次问题和矛盾出现得更早更彻底，需要通过立法解决的问题比国内、省内一般的设区的市更为特殊、

更为先发，具备开展重点领域和新兴领域立法的天然优势，广州更需要加强顶层设计、通过地方立法为改革指引方向、保驾护航。据不完全统计，自1987年1月以来，广州市人大常委会共制定、修订、修正、废止地方性法规431件次，截至目前现行有效地方性法规共98件。近40年广州立法创造了全省乃至全国地方立法工作的多个第一。

——率先制定私营企业权益保护方面的地方性法规，被《经济日报》誉为"广州人民进一步解放思想的结晶和产物"。

——制定全国首部规范募捐的地方性法规，时任民政部部长予以高度肯定，认为这是地方立法与国家顶层制度设计相衔接并自主创新的一项重要成果。

——率先制定代表议案条例，《广州市控制吸烟条例》等6件法规先后由代表联名提案并由常委会审议出台，形成了独一无二的广州立法现象。

——《广州市销售燃放烟花爆竹管理规定》作为全国首部在城市部分区域禁止燃放烟花爆竹的地方性法规，《人民日报》曾载文誉之为"广州的奇迹"在全国引起了广泛关注。

——《广州市母乳喂养促进条例》是全国首部促进母乳喂养的地方性法规，法规一出，就引起社会各界的强烈关注。

——《广州市青年创新创业促进条例》作为地方探索青年领域专项立法的重大突破，在全国尚属首次，共青团中央给予重点关注和充分肯定。

——《广州市野生动物放生管理规定》作为国内首部专门规范野生动物放生的地方性法规，获央地媒体广泛报道和高度评价。

——《广州市公共场所外语标识管理规定》作为全国首部外语标识专项立法，是广州探索"小切口"立法的精品力作。

——《广州市城中村改造条例》作为全国首部城中村改造专项立法，探索出了一条极具广州特色的城中村改造法治之路。

一是形式"新颖高效"。"急用先立"凸显"广州速度"，仅用时23天火速出台《广州市禁止滥食野生动物条例》，以法治的"刚性"革除滥食野味的陋习。《条例》并没有"一刀切"对野生动物的食用一禁了之，而是充分考虑到地方实际情况、不同群体的利益，具有针对性地回应这些问题，在短时间内实现精细化立法。"区域协同"擦亮"创新名片"，《广州市城市轨道交通管理条例》作为全省首部区域协同立法项目，围绕广州、佛山城市、城际间轨道交通规划、建设、运营及应急等方面的互联互通、制度衔接开展市域协同立法、作出大胆探索尝试。立法"小切口"回应民生"大关切"。强调切小题目、"一事一法"，母乳喂养促进条例从"小切口"入手推进民生立法，立意精准、针对性强、操作性好。"自主起草"彰显"人大主导"。自主起草、自主提案，推动全国首部绣花式城市治理地方立法，旨在以绣花般的细心、精心、巧心落实精细化城市治理理念和要求。

二是选题"出新出彩"。"首创立法"打造"广州样本"。广州市人大常委会积极践行立法创新理念，填补了广东地方立法的空白乃至实现了全国地方立法的"首创"。这种"首创"，不仅体现出广州地方立法的先行速度，也体现出广州地方立法对于各类新问题的有效回应，凸显其立法质量。例如，《广州市依法行政条例》构建了"行政决策——行政执法——依法行政监督与保障"的依法行政地方立法架构。《广州市反餐饮浪费条例》作为广东省首部反餐饮浪费立法，得到全国人大常委会法工委的高度评价。[1]

三是制度"求新求实"。紧紧抓住有效管用这个关键，聚焦矛盾突出问题精准发力，制度设计体现广州特色、彰显广州"风貌"，文字表述下足"绣花"功夫，做到精细规范、明确具体。例如，为巩固、扩大我市湿地保护的成果，制定了《广州市湿地保护规定》，对广州海珠湿地特别保护作了专章规定，为广州建设具有岭南特色的湿地生态城市提供了重要法律依据。针对广州当下亟待突破解决的城中村改造重点难点问题。《广州市城中村改造条例》围绕钱从哪里来、产业怎么办、地要怎么收、房子怎么拆、纠纷怎么解决、村民权益如何保障等方面靶向发力，着力推动城中村改造取得实质性突破。《广州市生活垃圾分类管理条例》形成了统一完整、协同高效的生活垃圾分类处理全过程运行系统，为全国其他城市解决垃圾治理难题提供了生动的广州样本。

---

〔1〕 参见魏丽娜：《急用先行 立法广州速度 汇集民智 法规有效管用》，载《广州日报》2021年1月30日。

二、发挥地方立法探索性功能需要解决的三个问题

（一）如何理解"不抵触"原则

本文所说的地方立法的探索性，往往是指中央专属立法权外，对上位法尚未立法的事项先行立法，填补法律空白。[2] 有观点认为先行立法没有直接上位法依据，不存在立法抵触问题。其实不然，法律抵触一般分为两种情形：一是与宪法、法律、行政法规具体条文的内容相冲突、相违背，即所谓的"直接抵触"；二是与宪法、法律、行政法规的精神实质、基本原则相冲突、相违背，即所谓"间接抵触"。[3] 先行性立法（也称为"探索性立法""创制性立法"）没有直接上位法依据，也可能涉及"抵触"问题：一是按照《立法法》规定，设区的市地方立法仅限于城乡建设与管理、生态文明建设、历史文化保护、基层治理四个领域，且不得触碰"民事基本制度、基本经济制度"等国家保留立法权，越权立法即为"抵触"。二是不得违背宪法、法律、行政法规的精神实质和基本原则。三是不得违反法律法规直接规定，引领性立法设定行政许可、处罚、强制也必须在行政许可法等法律授予的权限范围内进行。此外，虽没有直接上位法，但部分制度也可能涉及某些上位法，例如广州市社会工作服务、城乡生活垃圾分类管理、城中村改造、公共场所外语标识管理、数据保护等地方性立法均属于首创性立法，但部分规定要与社会团体登记管理、固体废弃物、土地管理、城乡规划、通用语言文字、网络安全等上位法保持一致，否则即为"抵触"。

（二）可操作性不强

地方立法探索创新要做到有效、管用、接地气、可操作，其制度实施才能转化为实实在在的治理效能和发展红利，否则不但无益于经济社会发展，甚至可能成为发展的"绊脚石"。众所周知，地方立法要探索创新、先行先试，往往没有上位法依据、可供借鉴的经验不多，要保证立法质量难度大、难点多，可操作性不强、针对性不足等问题比较突出：一是盲目立法针

---

〔2〕 参见许安标：《我国地方立法的新时代使命——把握地方立法规律 提高地方立法质量》，载《中国法律评论》2021 年第 1 期，第 6 页。

〔3〕 参见周旺生：《立法学》（第 2 版），法律出版社 2009 年版，第 284 页。

对性不足。地方立法应当坚持问题导向、区分轻重缓急，选取与当地发展最为密切、本地方人民最为关注、社会关系矛盾最为激烈的事项，通过地方立法进行调整。[4]可实践中，还存在着"先说有没有、再谈好不好"的错误认识，立法需求不迫切、时机不成熟，就盲目立法，必然难以取得实效。二是片面追求形式完整。过于强调法规框架结构、逻辑体例形式上的整体性、完整性，体例庞大、内容烦冗，很多条文实用性不强。三是语言表达不规范。例如立法者经常会使用"定期""及时"等模糊性表述代替具体的时间点或时间段。四是使用鼓励性、宣示性条款过多。但对如何"鼓励""支持""组织"等没有进一步的阐述，[5]使得这些条款因缺乏构成完整法律条款所应具备的必要结构要素而变成了一种政策性的宣誓。[6]五是制度设计不科学。抓不住关键问题、核心问题、重点问题，或者征求意见不广泛、不深入，论证不充分、研判不精准，都可能导致法规制度设计不科学、不合理，不接地气、脱离实际。

（三）地方立法权限与探索性地方立法需求存在冲突

我国幅员辽阔，区域差异决定了区域立法的差异。有必要在尊重地方差异的前提下，给予地方一定的立法权处理地方事务。[7]就广州而言，其地理位置优越、经济优势突出，中国式现代化广州实践气象万千，传统产业加速转型升级，网络电商、直播带货、滴滴出行、外卖配送、快递小哥等新事物、新业态如雨后春笋般相继涌现；低空经济、无人驾驶、新能源车、工业机器人等代表新质生产力的新工艺、新科技在广州落地生根、拔节生长。形态多元、充满活力、积极进取的经济结构，决定了广州立法需求更加多样、更为迫切。但是法律往往具有滞后性，难以及时回应新生事物、新兴行业带

---

〔4〕 参见王斐弘：《地方立法特色论》，载《人大研究》2005 年第 5 期，第 28—29 页。

〔5〕 参见李高协：《再议地方立法的不抵触、有特色、可操作原则》，载《人大研究》2015 年第 9 期，第 38 页。

〔6〕 参见汪全胜：《法律文本中的奖励性条款设置论析》，载《法治研究》2013 年第 12 期，第 73 页。

〔7〕 参见罗培新：《论地方立法与上位法"不抵触"原则》，载《法学》2024 年第 6 期，第 6 页。

来的新问题、新挑战，难以兼顾各省市个性化的立法需求。就广州而言，在推进粤港澳教育合作方面，《广州南沙深化面向世界的粤港澳全面合作总体方案》（以下简称《南沙方案》）对广州提出的要求是"规划建设外籍人员子女学校"，但该类学校的建设管理存在法律空白，受地方立法权限限制，地方难以进行规范管理。在符合国家政策导向，需求也较为迫切的情况下，因国家立法相对滞后或者地方立法权限不足，在一定程度上造成"法治真空"。立法需求与立法权限之间的矛盾，需要地方人大在立法中发挥主观能动性，在探索性和合法性之间找到连接部、平衡点。

三、进一步发挥地方立法探索性功能的思考和建议

习近平总书记指出：人民群众对立法的期盼，已经不是有没有，而是好不好、管用不管用、能不能解决实际问题。做好地方立法工作，必须深入学习贯彻习近平总书记关于全面依法治国特别是立法工作的重要论述，坚持以习近平总书记系列重要讲话精神为指导。新兴领域立法更强调对新问题、新事物、新业态的率先探索破题，往往专业性强、可借鉴经验少、立法难度较大，这方面广州立法敢于啃硬骨头、闯无人区，广州市人大常委会大力推进理论创新、制度创新，形成了多项可复制推广的新做法、新成果、新经验，为推进新兴领域立法提供了更强有力的制度供给。

（一）严守"不抵触"底线红线

我国是单一制国家，法治统一是应有之义。地方立法必须首先遵循"不抵触原则"。广州始终坚持合法立法、严守立法红线、维护法治统一，在地方立法实践中严格把握法权、法意与法条等三个层级的不抵触，在法定权限范围内加强新兴领域立法和制度创新。

一是严守地方立法权限。在《立法法》赋予设区的市立法权限范围内进行立法，还要准确理解较大的市已经制定的地方性法规继续有效的规定。根据《立法法》第81条第5款相关规定，过去的较大的市已经制定的地方性法规和地方政府规章继续有效。因此，可以将"继续有效"理解为较大的市人大及其常委会可以对"第一款规定事项范围以外的"已经制定的地方性法规

继续进行修改、完善，也可以予以废止，但是不能新制定超越权限的法规。这样，既符合《立法法》的规定、充分尊重维护了《立法法》的权威，又在一定程度上解决了《立法法》修改后导致较大的市立法权缩小而引发的后续问题。

二是准确领会法律原则和精神实质。有观点认为，"法意不抵触指地方立法不得与上位法的原则及精神相抵触"[8]，比如在增加公民义务、减损公民权利，新设许可、新设行政处罚时，应当充分尊重和保障人权、遵守信赖保护、比例原则等实体性原则；对于特区立法等享有变通立法权的场域，更应当注重对法律原则及其精神实质的把握。

三是坚决做到法条不抵触。法条不抵触指地方立法关键术语的表述不得与上位法相抵触。特别是开展引领性、探索性立法时，不能因国家没有同主题上位法就放松对合法性的审查把关，在法规研究起草阶段就要系统梳理上位法律法规，对于可能涉及的上位法条文要进行认真研究、逐项比对，做到全面覆盖、不留死角。对涉及合法性问题的条款，还需要经过多方论证、反复斟酌，仍不能明确的要及时请示上级人大给予支持指导。探索性立法的空间相对而言具有独立性和自主性，但也是有边界和限度的，若不能正确把握"不抵触"原则，可能因害怕抵触上位法而畏首畏尾、瞻前顾后，不敢创新、不敢突破。

（二）坚持有效管用硬标准

习近平总书记强调，"要抓住提高立法质量这个关键，深入推进科学立法、民主立法，完善立法体制和程序，努力使每一项立法都符合宪法精神、反映人民意愿、得到人民拥护"。特别是新兴领域立法，可借鉴经验少、立法难度较大，只有增强预见性、把握规律性、富于创造性，才能使所立之法顺应时代发展、符合群众期盼。因此，立法选题科学精准、语言表达清晰规范、制度设计有效管用，是充分发挥地方立法探索性功能的基础和前提，在此基础上的立法探索创新才是有意义、有价值，具有建设性和富有成效的。

---

〔8〕 参见罗培新：《论地方立法与上位法"不抵触"原则》，载《法学》2024年第6期，第15页。

第一，科学选题、精准立法，以立法引领推动改革、创新、发展。一是在立法符合改革和经济社会发展方向的情况下，要积极探索、深挖立法需求、加快创新立法。2023年以来，广州围绕壮大培育新质生产力，聚焦数据管理、智能网联汽车、绿色金融、低空经济等新兴领域开展地方立法。例如，广州拥有赛特、亿航、广汽等智能驾驶领域高端研发企业，探索开展智能网联汽车立法具有肥沃的现实土壤，目前广州正在着手推动立法，力争为自动驾驶汽车特别是L4、L5级自动驾驶商业化运营绘制法治蓝图。二是在立法符合改革和社会经济的发展方向但不具备立法条件的情况下，暂不作出规定或作出授权性规定。例如，《中国（广东）自由贸易试验区条例》第84条赋予自贸试验区片区所在市人民代表大会及其常务委员会、市人民政府享有制定片区建设和管理的配套法规、规章的权力。三是在所立之法已不符合改革和经济社会发展方向，或者相应上位法出台之后，坚持立改废并重，及时修改、废止不符合发展需求的法规。例如，为严格贯彻落实习近平生态文明思想，广州集中废止5件生态环保领域地方性法规，重新制定生态环境保护条例等一批法规，等等。

第二，加强"小切口""小快灵"立法。地方立法不一定就要搞"大块头""大而全"立法，特别是探索性地方立法，更要结合地方实际、针对具体问题，切小题目、切准特色、切细内容，通过"小主题""小篇幅"先行尝试、积累经验，待深层次问题、法规实施效果充分显现后，再适时修改完善。广州市获得较大的市地方立法权之初，也曾高度强调法规篇章结构的完整性，现行有效的98部地方性法规中，以条例命名的"大块头"达70部，占总比超过7成。但是近两年来，广州对立法形式的把握更加灵活、更为精细，不断加快推动以"小切口"为导向的立法转型，进一步增强了立法的针对性、适用性、可操作性。在新制定的21部地方性法规中，"小切口"立法多达10部，占比接近5成。"小切口"立法成为新常态，如常委会点题、自主起草的公共休闲场地安全管理规定，不设章节、共八条，野生动物放生管理规定共十一条，都是典型的"小切口""小快灵"立法。

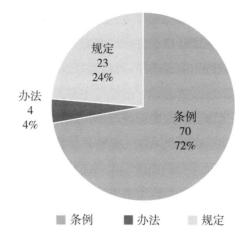

图一：广州市现行有效地方性法规体例类型总占比

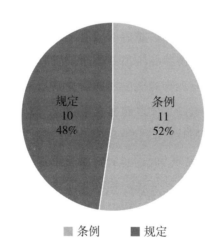

图二：2022 年以来新制定法规体例类型占比

第三，牢牢把握有效管用的硬标准。重点领域、新兴领域立法难度大、专业程度高，为了保证立法的高质量、高标准，按照广州市人大常委会王衍诗主任对立法工作提出的"一不写、两必写"要求，即"不写照样可以干的不写；不写不能干的必须写；不写清楚不好干的必须写清楚"。广州市人大常委会在法规修改论证中精雕细琢，对法规文本作了大量精简，鼓励性、宣示性、重复上位法的条款一律不写，尽可能把条文内容写得更实更细，力求每一部法规都能有刚性、真管用。例如，消防规定从 55 条压缩到 41 条，历史文化名城保护条例从 78 条压缩到 65 条。坚持问题导向,对"两必写"的条款一定写清楚,并且相应增加一些刚性条文。又如,绿化条例规定修剪历史名园、特色风貌林荫路的树木不论大小都要审批等。

(三)争取党委和上级人大常委会支持

地方事务林林总总,国家立法势难周全。有学者指出,"在中央统一领导体制下,地方是中央一体化统治下的主体,有服从中央统一领导的义务。与此同时,地方又是一个具有相对独立利益诉求的主体,且这种相对独立的利益诉求并不一定都与中央一致"[9]。国家立法往往具有一定的滞后性,要贯彻落实好习近平总书记重要讲话精神,推动国家政策落地落实、见行见效,需要在某些改革创新的前沿领域大胆探索、先行先试,在权限不足或存在其他法律障碍时,就要努力争取党委和上级人大常委会的支持。例如,为贯彻落实习近平总书记关于粤港澳大湾区建设的重要论述精神,围绕《南沙方案》对南沙的定位和发展目标,广州积极为南沙破除改革发展障碍。一是积极争取立法授权或者变通权。目前广州正积极争取授权广州根据南沙改革创新实践需要,制定有关南沙法规,在民商事领域进行变通,与我国香港、澳门特区试行规则衔接机制对接。2024 年 3 月,王衍诗主任参加全国两会期间关于解决"好政策落地难"的代表建议,建议参照授权上海制定浦东新区法规的形式,授权广州对上位法作出变通规定。二是争取上级人大常委会专门立法。推动广东省人大常委会对广州南沙进行专门立法,例如 2024 年 3 月出台《南沙深化面向世界的粤港澳全面合作条例》,通过省级立法为广州南沙放权赋能、实现高质量发展提供法治保障,在全国具有创新意义。三是开设地方人大向全国人大反馈立法需求的"直通车"。例如,2024 年 3 月全国人大常委会法工委在南沙设立基层立法联系点。成立不到半年时间,南沙基层立法联系点就 7 件法律、法规草案开展了意见征集工作,收集各方面意见建议 200 余条。在涉及粤港澳三地机制对接、规则衔接等方面的立法需求,通过立法联系点直接向全国人大反馈,争取全国人大支持。

---

〔9〕 章剑生:《论地方差异性立法及其限定》,载《法学评论》2023 年第 2 期,第 140 页。

关于充分发挥基层立法联系点作用的几点思考

倪瑞兰

基层立法联系点被群众形象地称为立法"直通车",是指国家立法机关在法律草案的立项、起草、调研、审议、评估、宣传、实施的立法全过程、各环节,通过基层立法联系点听取群众意见,并把群众诉求"原汁原味"反馈给国家立法机关做研究吸纳参考,有益的建议在法律中得到体现。[1] 设立基层立法联系点就是为了让基层人民群众能够直接参加到国家的立法活动中来,有效发挥立法"直通车"、党和人民群众"连心桥"的作用,是发展全过程人民民主中应运而生的一种制度。基层立法联系点设置是一种全新的、立足基层人民群众直接参与国家的民主立法形式。同时,设立基层立法联系点也是通过民主立法促进科学立法的保障,通过人大这个民主民意表达平台和载体,吸纳民意、汇集民智,将听取基层立法联系点的意见建议作为立法的必经环节,认真梳理、仔细研究,尽可能地充分吸纳群众的意见建议,切实提升立法质量,[2] 通过民主立法为科学立法提供支撑。

一、基层立法联系点设置情况

(一)"国字号"基层立法联系点设置情况

2014年10月,党的十八届四中全会通过《中共中央关于全面推进依法

---

〔1〕 参见全国人大常委会法制工作委员会:《基层立法联系点是新时代中国发展全过程人民民主的生动实践》,载《求是》2022年第5期。

〔2〕 周天鸿:《深化基层立法联系点建设:理论预设、现实问题与应对路径》,载《决策与信息》2023年第3期,50页。

治国若干重大问题的决定》提出建立基层立法联系点制度，推进立法精细化。2015 年全国人大常委会工作要点和立法工作计划中对创建基层立法联系点作出安排。同年 7 月，全国人大常委会法工委将上海虹桥街道办事处等 4 个地方和单位，设为首批基层立法联系点试点单位。

2019 年 11 月，习近平总书记在上海视察全国人大常委会法工委虹桥基层立法联系点时，首次明确提出全过程人民民主的概念。从此，全过程人民民主就和基层立法联系点的工作密不可分。2020 年 7 月第二批增设广东省江门市江海区人大常委会等 5 个基层立法联系点，增设中国政法大学为"立法联系点"，2021 年 7 月增设北京市朝阳区人大常委会等 12 个地方和单位为基层立法联系点。覆盖全国 2/3 省份。

2021 年 10 月，习近平总书记在中央人大工作会议上要求，发挥立法联系点"直通车"作用，主动提出和收集有关方面立法选题，认真组织论证，按照程序形成立法规划和计划。2022 年 7 月。增设山西省太原市杏花岭区杏花岭区域党群服务中心等 10 个基层立法联系点。

2023 年 3 月，立法法通过最新修改，进一步明确了基层立法联系点的法律地位和作用，规定基层立法联系点是"深入听取基层群众和有关方面对法律草案和立法工作的意见""深入听取基层群众和有关方面对地方性法规、自治条例和单行条例草案的意见"的机构，是参与国家和地方立法活动、协助收集立法相关信息的固定联系单位。2023 年 12 月增设广州市南沙区人大常委会、北京金融街服务局等 13 个基层立法联系点。

目前，"国字号"基层立法联系点 44 个、立法联系点 1 个：

2015 年 4 个、2020 年 6 个、2021 年 12 个、2022 年 10 个、2023 年 13 个。

（二）广东省、广州市基层立法联系点、联络单位、联络站设置情况

截至 2024 年 9 月，广东省人大常委会设立了 23 个省级基层立法联系点，其中县（市）人大常委会 8 个，区人大常委会 13 个，镇人大 2 个。同时设有 56 个基层立法联络单位，包括在地域、行业等方面具有代表性的各类单位，如乡镇街道办、村委会、社区、行政机关、司法机关、企业、事业单位等。

广州市人大常委会在 2015 年就将全市 11 个区人大常委会设置为其基层

立法联系点。2018 年以来，在街道、社区、经济功能区、企事业单位、行业协会等设置了 58 个基层立法联络站。

二、设置特点

1. 全国覆盖：从 2015 年 7 月设立上海虹桥等首批 4 个基层立法联系点开始，全国人大常委会法工委基层立法联系点从无到有、从小到大、从个别地方到全国范围，"国字号"基层立法联系点已实现全国 31 个省（区、市）设点全覆盖。截至目前，全国人大常委会法工委设立 45 个基层立法联系点、716 个省级基层立法联系点、6634 个设区的市（自治州）级基层立法联系点，三级联系点达 7395 个。其中，广东江海、广东南沙两个基层立法联系点分别是在 2020 年 7 月第二批、2023 年 12 月第五批设立的。

2. 人大常委会为主，多种形式保存：按照全国人大常委会法工委 2020 年修订的《基层立法联系点工作规则》的规定，对联系点设立确定了"以基层人大常委会为主，同时探索新的联系形式"的设立原则。45 个基层立法联系点，可以分为两类：一类是设立在人大常委会：其中县（区）级人大常委会（包括代表之家）有 24 个、地级市人大常委会 11 个；另一类是其他单位部门：其中党政府机关 7 个（如虹桥街道办事处、三亚市崖洲湾科技城管理局、太原市杏花岭区党群服务中心等）；企业 1 个（黑龙江尖山农场有限公司）；群众自治组织 1 个（武汉市汉阳区江欣苑社区）；立法联系点 1 个：中国政法大学。

3. 成效显著：据了解，自 2015 年设立首批基层立法联系点至 2024 年 7 月，全国人大常委会法工委先后就 185 件次法律草案、立法规划稿以及备案审查工作征求基层立法联系点意见近 30520 多条，有 3300 多条真知灼见被立法研究吸纳，采纳率超过了 10%，可以说，真正做到了"民有所呼、法有所应"，确保了出台的法律立得住、行得通、真管用。

三、设置问题分析

1. 国字号"基层立法联系点"中地市一级人大常委会作为联系点的问题。基层一般是指县级以下层级。如中共中央、国务院发布的《关于加强基层治理体系和治理能力现代化建设的意见》中，基层治理是指县乡镇（街道）和社区等行政区域。目前，国字号中有 4 个地级市人大常委会也是"基层"立法联系点，如合肥市人大常委会、长沙市人大常委会作为省会城市，也称为"基层"，与通常理解有较大差异。且它们本身具有制定地方性法规的权力，他们也会设置"基层立法联系点"，故在联系点的名称界定上应准确。

2. 在政府职能部门、企业等非人大机关中设置联系点问题。全国人大常委会法工委确立了"以基层人大常委会为主，同时探索新的联系形式"的设立原则。但从联系点的职能定位分析，其属于听取、收集基层群众立法意见的工作机构，相关法律法规征询意见时，立法联系点要做好组织协调工作。人大常委会从职能定位上来说，天然具有该项职责。而其他如企业、社区等，可以作为常委会的联络单位，作为收集意见的对象而非意见收集的"工作机构"。

3. 基层立法联系点、联络站、联络单位功能定位不清。广州市人大常委会设置的 58 个"基层立法联络站"中，既有镇人大、街道人大工委，又有开发区管委会、社区居委会、企业、仲裁中心等各类单位。广东省人大未设立"基层立法联络站"。那么，"基层立法联络站"与"基层立法联系点"有何区别？又与"基层立法联络单位"功能定位有何不同？

四、几点思考

一是明确立法联系点的职责定位为"收集建议意见的工作机构"。换言之，基层立法联系点就是在国家和地方立法活动中，协助立法机关在基层听取、收集群众意见建议，并把群众诉求"原汁原味"反馈给国家立法机关做吸纳参考的工作机构。立法联系点建立以"立法信息员"和"立法联络单位"构成的立法联系网格队伍（如江海立法联系点建立了有 59 个立法联络单位、组建 61 名立法联络员、121 名立法联系咨询专家、350 名信息员；天河区广州市人大立法联系点组建 192 名信息员、25 个联络单位）。明确其工作职责是搭建意见征询队伍、组织好意见征询活动，高质量收集到最基层反映的立法意见建议，做好法律法规实施评估工作、法治宣传工作，发挥好"直通车"的"车"的作用。

二是建议将三级立法联系点都建立在县级及以下人大常委会。可参照《广东省人大常委会关于进一步加强基层立法联系点的意见》中明确基层立法联系点选择在部分县（市、区）人大常委会设立。真正做到将"沾着泥土、带着露珠、冒着热气"的人民心声送到立法机关。政府职能部门、企业、群众性组织等单位，应作为征集意见的对象，可作为"立法联络单位"，明确区分"立法联系点"和"立法联络单位"的功能职责不同。

三是加强联系点工作制度化、规范化建设。在明确立法联系点职责定位为协助立法工作机构后，在设立中坚持"体现特色"原则，注意"为设立而设立"导致基层立法联系点爆炸式增长的趋势。并通过规范化建设，不断提高工作质量，如建立意见反馈机制（南沙格式化意见建议反馈表），激发各方主体积极参加立法活动。加强专业化建设，鼓励立法联系点积极参与立法后评估工作，充分发挥立法联系点的作用。

四是加强条件保障。基层立法联系点作为收集意见建议的专门工作机构，要逐步实现：有经费、有阵地、有队伍。如广东的南沙、江海基层立法联系点均有专门的办公地点、成立了事业编制的机构，并有专门工作经费。江海基层立法联系点通过专门的经费、人员和工作场所，组建了具有特色的意见征集网络，出台了《江海区基层立法联系点工作制度》《江海区基层立法联系点立法意见征集流程》等系列规范工作办法，创造出"八步流程工作法""榕荫议事"等独特的工作方法。

丰富新时代人大代表联系群众
内容和形式的深圳人大探索

黄 洁

"丰富人大代表联系人民群众的内容和形式"是习近平总书记在中央人大工作会议上对代表工作的重要指示，也是党的二十届三中全会对健全全过程人民民主制度体系提出的明确要求。近年来，深圳人大坚持以习近平新时代中国特色社会主义思想为指导，深入学习贯彻中央人大工作会议精神，持续推进代表工作创新和实践，形成了代表"家、站、点"、代表活动月、代表直通车、民生实事票决、代表议事会、代表大讲堂、代表回选区、代表履职积分登记等一系列代表工作平台和机制，探索出一大批密切代表同人民群众联系的鲜活载体和活动品牌。特别是从 2020 年开始，深圳市进一步拓展代表联络站平台，创新开展人大代表行业和产业联系点建设，探索出一条新形势下发挥代表专业特长，助推高质量发展的代表工作新路径，代表行业和产业联系点进一步丰富和完善了全过程人民民主的"深圳人大实践"。

一、创立代表行业和产业联系点的工作做法

（一）结合城市定位高标准建好行业和产业联系点

赵乐际委员长多次强调指出，要以"两个联系"为抓手深化拓展代表工作，用好代表之家、代表联络站，发挥代表专业特长，支持和保障代表依法履职。深圳人大代表行业和产业联系点是加强代表工作能力建设，拓宽代表履职平台阵地，充分发挥代表专业特长，助推高质量发展的一项创新举措。

一是充分体现深圳产业发展方向。截至目前，深圳市共设立市人大代表行业和产业联系点 18 个，所有联系点均立足深圳传统优势行业产业，紧扣深圳"20+8"产业集群，涵盖了黄金珠宝、人工智能、电子信息、半导体、新能源等产业和跨境电商、港口物流、律师、金融等行业，充分体现了深圳现代化行业产业体系发展方向和各区的行业产业发展特色，有利于代表聚焦行业和产业发展集中履职。此外，深圳各区产业分工和定位各有特点，也根据各区产业特点设立了一批区级的产业联系点或专业代表工作室。二是注重发挥代表专业特长。代表是行业和产业联系点的主体，把选好选准驻点代表作为联系点建设的中心任务和关键环节，通过代表报名、定向邀请、跨区调剂等方式，把相关专业领域的代表聚集到联系点上，确保驻点代表能够更懂企业所需、更懂群众期待，更好服务发展。以半导体产业联系点为例，该联系点周边聚集了腾讯、华为、字节跳动等一批头部企业，驻点代表都是该领域的高校专家学者、企业代表，更有利于发挥代表专业特长，助推产业发展。三是坚持依托代表联络站平台。深圳人大代表联络站是全国首批创立的，245 个联络站建设起步早、标准高、作用发挥好，代表行业和产业联系点作为联络站职能的延伸和拓展，坚持依托现有的代表家、站、点平台，选择建设标准高、履职条件好和工作基础扎实的代表中心联络站作为行业和产业联系点阵地，既充分利用现有人大资源、避免站点建设产生浪费，也有利于各区、街道压实主体责任，加强对行业产业联系点的建设和管理。四是出台政策性指导意见，为认真贯彻落实党的二十届三中全会精神，进一步推进代表工作改革创新，全面加强代表行业和产业联系点建设，深圳市人大常委会在系统总结近年来联系点建设管理工作经验的基础上，经过广泛深入调研和多方征求意见，2024 年 8 月印发了《关于进一步推进市人大代表行业和产业联系点建设的若干意见》(以下简称《若干意见》)，《若干意见》主要有六个方面 20 条意见，包括明确联系点工作定位、职能职责，健全完善联系点组织架构，建立常态化工作机制，健全完善工作制度，创新代表履职方式，建立健全联动协调机制，包括注重市区工作联动、跨区工作协同、横向工作联系和整合工作资源；建立健全成果转化机制，包括推动代表建议办理取得实效，推动代表调研成果转化运用，推动行业产业政策贯彻落实。《若干意见》在职能定位中进一步明确联系点依据地方组织法设立，是代表联络站工作职能的延伸，驻点代表围绕立法、监督、重大事项决定等职能开展活动，强调了联系点的法律地位和基本职能，突出了人大的工作特点和规律。

（二）依托法定职能高要求管好行业和产业联系点

代表行业和产业联系点建设，标准化建设是基础，规范化管理是重点，常态化运行是关键，深圳市人大常委会坚持以制度化建设促规范、以规范化水平促提升，确保行业和产业联系点规范化管理、常态化运行，为充分发挥代表专业特长强化阵地和制度支撑。一是制定出台工作制度。为切实规范和引导代表行业和产业联系点建设发展，市人大多次组织召开联系点建设工作座谈会，认真听取各区、街道和驻点代表意见建议，组织行业协会、相关企业代表开展座谈交流，在深入调研和系统总结的基础上制定出台了《深圳市人大代表行业和产业联系点工作暂行办法》，对行业产业联系点的职能定位、工作职责、设置条件、申报程序以及日常工作要求作出规定。二是建立健全工作机制。代表行业和产业联系点设立以来，深圳市、区两级人大坚持边探索、边实践、边总结、边提升，推动建立了一系列确保联系点常态化运行的工作机制。比如，落实年初有计划、季度有活动、年度有建议、年终有总结的常态化工作机制；建立"联系点＋行业协会＋产业园区＋相关企业＋市区两级代表专业小组＋专家学者＋有关职能部门"共同参与的工作机制；搭建"1名区人大领导牵头负责，1名市代表和1名街道工委主任召集，5名以上专业代表驻点，N名各级代表参与"的"1+2+5+N"组织领导机制等。三是压紧压实工作责任。代表行业和产业联系点建设和管理需要市、区两级人大共同发力，根据分工，市人大常委会代表工委负责统筹指导，各专工委根据产业分类负责业务指导，各区人大常委会负责指导人大街道工委和各联络站开展好日常管理和服务工作，历经4年时间，我市行业和产业联系点建设从理念创新、探索实践到逐步推开，过程稳妥有序，效果逐步凸显，初步形成了"上下联动、左右协作、共同推进"的工作局面。

（三）注重实践高质量用好行业和产业联系点

深圳人大始终坚持注重工作实效，把发挥代表专业特长，助力行业产业高质量发展作为建好用好联系点的首要任务，通过建议督办、专题调研、政策宣讲等形式，让代表聚集到行业产业、作用体现在行业产业、职责履行在行业产业，实现行业产业发展和代表履职效力互促共进，共同推动深圳经济社会高质量发展。一是聚焦行业产业发展建言献策。各联系点充分发挥扎根产业集聚区的区位优势和驻点代表的专业优势，坚持以所在区为主阵地，面向全市行业和产业发展开展专题调研，积极建言献策。比如，设置在罗湖区的黄金珠宝产业联系点结合实际推出"百日联系计划"（100天时间联系100家以上黄金珠宝企业），通过对108家企业深入调研提出高质量代表建议，特别是全国"两会"前夕，针对属于国家事权的税收政策、海关通关一体化等问题，邀请在深全国人大代表参加调研并提出建议，助推海关总署优化钻石通关流程，护航企业顺利通关。二是搭建行业产业发展交流平台。各联系点坚持把"联系"作为工作出发点和落脚点，重视加强专业领域代表的横向联系，主动靠前服务企业发展，积极搭建服务行业和产业发展交流平台。比如，2024年全国"两会"后，市人大组织代表深入联系点开展"两会"精神宣讲活动，全国人大代表围绕人工智能产业发展和"加快形成新质生产力"做了专题宣讲；金融产业联系点举办湾区金融文化研讨会，组织金融企业深入学习贯彻习近平总书记在中央金融工作会议上的重要讲话精神；电子信息产业联系点举办芯片行业产品交流对接会活动，为企业间搭建了高效互动与深度合作的桥梁。三是强化行业产业代表建议督办。市、区人大常委会坚持把代表建议督办作为推动联系点工作取得实效的重要方式和途径，每年选取部分行业和产业相关的代表建议作为重点建议，通过常委会领导带头督办、召开专题督办会、代表问政会等方式，组织驻点代表与政府有关部门面对面交流，推动解决行业产业发展难题。2024年，已组织召开了专题督办会12场次，围绕绿色产业发展和绿美广东建设组织召开专题问政会，确保代表联系点各项工作取得实效。四是助力优化行业产业发展环境。各联系点坚持以推动解决问题为导向，积极组织驻点代表聚焦行业产业发展开展活动，助力营商环境持续优化，形成代表联动履职、助推高质量发展的工作合力。比如，生物医药产业联系点自成立以来开展 5 次"助企兴业　代表在行动"活动，推动解决企业经营发展困难；港口物流行业联系点组织召开"职能部门面对面"专题座谈，协调推动解决园区道路交通等问题；黄金珠宝产业联系点主动开展专题调研，助力防范黄金市场洗钱行为，维护合法经营商户基本权益。

二、实际运行中体现的成效分析和需要解决的问题

人大代表行业和产业联系点既是拓宽代表履职平台，加强代表工作能力建设的创新之举，更是发挥代表专业特长，助推高质量发展的务实之策。联系点建设关系到人大工作的成效，关系到能否把人民代表大会制度的优势转化为国家治理效能。作为坚持和发展全过程人民民主、密切代表和人民群众联系的具体举措，通过建好管好用好行业和产业联系点，将充分发挥代表专业特长转化成推进基层人大工作改革创新的具体行动。

（一）推进联系点建设是贯彻落实改革创新精神的具体行动

党的二十届三中全会对进一步全面深化改革作出系统部署，强调要加强人民当家作主制度建设，坚持好、完善好、运行好人民代表大会制度，丰富人大代表联系人民群众的内容和形式，健全吸纳民意、汇集民智工作机制，为坚持和完善人民代表大会制度指明了方向。深圳市的人大代表行业和产业联系点探索进一步丰富了人大代表联系人民群众的内容和形式，有利于更好吸纳民意、汇集民智，充分展现了人民代表大会制度的生机与活力，契合党的二十届三中全会关于坚持和完善人民代表大会制度的重要部署，是推进代表工作改革创新的"深圳实践"。通过与时俱进加强人大工作创新，把建好管好用好人大代表行业和产业联系点，转化成坚持好、完善好、运行好人民代表大会制度的具体行动。

（二）推进联系点建设是践行全过程人民民主理念的重要体现

全过程人民民主是新时代党中央推进中国特色社会主义民主政治建设的重大理论和实践成果。2024 年 6 月，广东省人大印发的《关于"六个一"举措推动打造践行全过程人民民主省域样板的工作方案》提出，要通过"建好

用好代表联络站等一批静态基层单元""拓展代表联系群众的方式和渠道"提高践行全过程人民民主的制度化、规范化、程序化水平。深圳市人大代表行业和产业联系点作为闭会期间相关行业领域代表的履职平台，依托代表联络站开展工作，注重发挥代表专业特长，是代表联络站工作职能的延伸和拓展，进一步丰富了代表联系群众的方式和渠道，是践行全过程人民民主理念的具体举措。全面贯彻落实习近平总书记关于全过程人民民主的重要论述，把行业和产业联系点建设作为深入实施打造全过程人民民主省域样板的具体行动，全面提升联系点标准化、规范化、常态化工作水平，为进一步丰富民主形式、拓宽民主渠道，更好支持和保障代表发挥专业特长，不断丰富全过程人民民主的人大工作实践。

（三）推进联系点建设是新时代代表工作守正创新的重要途径

一是拓展了代表履职平台。丰富拓展联络站工作职能，大大加强了专业代表之间的横向联系。比如，将律师行业联系点与基层立法联系点相融合，充分发挥"数字人大"试点效应，推动律师专业代表更好更快服务群众，促进发展。二是深化了代表履职机制。各行业和产业联系点通过组织驻点代表开展跨区域、跨行业、跨层级的履职活动，有效深化了传统的代表履职机制，比如金融、律师与黄金珠宝产业联系点、高端医疗器械与人工智能产业联系点开展履职联动，助力行业产业发展；部分区还建立了"联系点＋产业园区＋相关企业＋专家学者＋有关职能部门"共同参与的工作机制。三是创新了代表履职方式。比如，依托联系点创新开展的"代表大讲堂"活动，特别是将代表建议督办融入联系点工作，多次邀请发改、工信、科创、商务等政府工作部门面对面座谈，推动解决了一批行业产业发展难题。四是整合了代表工作资源。产业资源禀赋和专业人才优势是联系点的显著特征，各区人大在建设管理联系点过程中高度重视代表工作资源整合，形成了推动高质量发展的强大合力。比如，通过"我帮企业搭场景"活动，促进电子信息产业互联互通、优质资源共享。五是发挥了代表专业特长。代表是联系点的主体，联系点能不能发挥作用关键看代表的专业特长是否得到充分发挥。从实际运行情况来看，代表们的专业特长依托联系点平台得到了更好发挥。比如，生物医药联系点推动组建驻点代表专家库等，都是充分发挥代表专业特长的典型做法。六是增强了代表履职实效。各联系点始终坚持注重实践、务求实效。比如，通过"职能部门面对面"活动推动解决园区道路交通问题；通过调研和座谈维护合法经营商户基本权益。与此同时，在各联系点充分发挥作用，助推高质量发展的实践当中，驻点代表们的履职能力也得到了很好提升。

实践证明代表行业和产业联系点建设是立足实际、创新载体，优化平台、拓宽渠道的创新举措，为了不断推进改革创新，专工委业务指导作用有待进一步发挥。根据工作分工，常委会各专工委根据行业和产业分类负责联系点的业务指导，在实际工作中，各专工委和各行业产业联系点的对口联系机制不够健全，代表专业小组和联系点的工作融合度不够，影响了各专工委业务指导作用的发挥。比如，市人大代表电子信息、高端医疗器械、半导体产业联系点的产业主管部门为工信、科创和发改部门，分别归口市人大常委会经济工委、教科文卫工委和计划预算工委联系指导，在日常工作中往往出现职能业务交叉，联系指导针对性不强、主动性不够的问题。

三、下一步"丰富人大代表联系人民群众的内容和形式"的工作建议

党的二十届三中全会对加强人民当家作主制度建设、健全基层民主制度等提出具体改革任务，要求"丰富人大代表联系人民群众的内容和形式。健全吸纳民意、汇集民智工作机制"，通过进一步加强代表工作能力建设，支持和保障代表更好依法履职，充分发挥各级人大代表作用。

一是继续建好管好用好人大代表行业和产业联系点。在产业分布集中、优势特征明显和代表普遍关注的行业产业增设一批人大代表行业和产业联系点，出台关于进一步推进市人大代表行业和产业联系点建设的措施和意见，根据人大工作实际和行业产业发展规律，围绕立法、监督等职能探索视察调研、建议办理等工作机制，推动联系点标准化建设、规范化管理、常态化运行。要坚持依法履职，各联系点要进一步明确工作定位和职能职责，组织驻点代表围绕立法、监督、重大事项决定等工作开展活动，代表履职活动要遵

循行业产业发展规律，注重发挥代表专业特长，坚持以所在区为主阵地，面向全市行业发展和产业布局，注重跨区开展履职活动。要注重成果转化，将代表建议"两个高质量"、立法工作、监督工作和联系点工作深度融合，通过组织代表开展视察调研、座谈交流、立法征询，围绕行业产业发展提出高质量的代表建议，写出高水平的调研报告，提供有质效的立法意见，运用好重点建议办理、专题询问、听取专项报告等建议督办机制，确保履职成果更好转化、见到实效。要聚焦高质量发展，各联系点要重点围绕事关全市高质量发展的重点领域和关键环节，组织代表深入开展调查研究，形成高质量的意见建议和调研成果，为推动经济社会高质量发展贡献力量。

二是围绕基层治理更好发挥人大代表作用。充分发挥基层人大代表来源于群众的优势和便利，探索推广"心安夜话"等代表工作创新，积极组织人大代表参与基层治理工作。通过建好管好用好代表联络站，综合运用代表建议办理、网上直通车、代表议事会等方式，听民声、知民情、汇民意、解民忧。围绕代表职能与基层治理的共通点，将人大制度优势转化为治理效能，在基层治理中贡献代表力量，推动基层社会发展稳定。

三是打造全过程人民民主基层单元标杆。强化代表联络中枢功能，将基层立法联系点、预算工作基层联系点、社会建设联系点等静态基层单元汇总于代表联络站建设中，共建共用、融合发展，不断深化和拓展联络站的功能作用，统筹指导服务好辖区内社情民意汇总梳理、分析处理工作。做好"数字人大"代表工作平台创建工作，在此基础上以点带面全面推进"数字人大"网上代表联络站建设，联络站实现系统实用、管用、真用、常用。

建好管好用好人大代表行业和产业联系点，要坚持守正创新、坚持务实效，深圳人大常委会将推进行业和产业联系点建设作为贯彻落实"丰富人大代表联系人民群众的内容和形式"重要部署，作为打造践行全过程人民民主样板和主动落实改革举措的具体行动，充分发挥代表专业特长，更好助力高质量发展，为新形势下更好探索代表履职新模式，提供新时代代表工作经验提供了实践支持和理论创新。

附录：

"人大制度七十年的理论与实践：法学与政治学的对话"研讨会议程

2024 年 10 月 18 日

开幕式

中山大学广州校区南校园学人馆 11 号会议室

主持人：孙莹

致辞

1. 任喜荣　中国法学会宪法学研究会副会长
2. 肖　滨　中山大学社会科学学部主任
3. 张　亮　中山大学法学院院长

主旨演讲

主持人：孙莹　中山大学法学院教授

1. 题目：全国人大常委会的职权范围及其限度

发言人：秦前红　武汉大学法学院教授

2. 题目：上下级人大之间关系的再思考

发言人：胡弘弘　中南财经政法大学法学院教授

3. 题目：人大代表闭会期间履职机制的发展：宪制意义与制度完善

发言人：焦洪昌　中国政法大学法学院教授

4. 题目：代议机关监督模式的中国理论

发言人：任喜荣　吉林大学法学院教授

5. 题目：双路运行的代表回应机制——基于两种代表理论区分对"浙江经验"的分析

发言人：肖滨　中山大学政治与公共事务管理学院教授

第一单元主题研讨
研讨主题："制度·原理"
主持人：高秦伟　中山大学法学院教授

1. 题目：人民代表大会制度的国家法原理

发言人：王旭　中国人民大学法学院教授

2. 题目：党的十八大以来人民代表大会制度在实践中创新的若干具体制度

发言人：席文启　北京市人大制度理论研究会原副会长

3. 题目：如何从规范上理解人民代表大会制度？

发言人：李忠夏　中国人民大学法学院教授

4. 题目：人大制度七十年探索的三条历史经验——以国外代议民主困境
　　　为切入点

发言人：严行健　华东政法大学政府管理学院副教授

5. 题目：充分发挥人大制度在全过程人民民主发展中的重要制度载体作用

发言人：韩旭　中国社会科学院政治学研究所副研究员

6. 题目：以习近平法治思想引领人大制度建设

发言人：戴激涛　广东财经大学法学院教授

评议人：闫然　全国人大常委会法工委宪法室副处长
　　　　郑琼现　中山大学法学院副教授

第二单元主题研讨
研讨主题："探索·监督"
主持人：潘高峰　广东外语外贸大学法学院教授

1. 题目：以专业化促进民主化：中国地方人大的新探索

发言人：何俊志　中山大学政治与公共事务管理学院教授

2. 题目：人大监督三题

发言人：王亚平　湖北省人大常委会原秘书长

3. 题目：中国特色宪法监督核心范畴的规制要素论

发言人：赵谦　西南大学法学院教授

4. 题目：司法责任制改革对地方人大监督工作的影响

发言人：吴红勇　广州市人民检察院原三级高级检察官

5. 题目：人大备案审查"双报备"试点的宪法依据与实践探索

发言人：梁洪霞　西南政法大学行政法学院教授

6. 题目：论人大专题询问的制度定位与优化调整

发言人：王雅智　中南财经政法大学法学院博士研究生

　　　　胡弘弘　中南财经政法大学法学院教授

评议人：邓世豹　广东财经大学法学院教授

　　　　周征远　广州市海珠区人民法院副院长

第三单元主题研讨
研讨主题："立法·治理"
主持人：郭宗杰　暨南大学法学院教授

1. 题目：央地立法的互动与遵从：基于大文本的实证分析

发言人：于晓虹　清华大学社会科学学院长聘副教授

2. 题目：法律草案合宪性审查制度的程序改进

发言人：谭清值　西南政法大学行政法学院副教授

3. 题目：人大授权立法的制度变迁

发言人：商昌征　厦门大学法学院博士研究生

　　　　刘连泰　厦门大学法学院教授

4. 题目：地方立法引领推进改革的广东实践与思考

发言人：陈永康　广东省人大常委会法制工作委员会原副主任

5. 题目：地方立法的探索性实践

发言人：廖荣辉　广州市人大常委会法制工作委员会主任

6. 题目：关于充分发挥基层立法联系点作用问题的几点思考

发言人：倪瑞兰　广州市天河区人大常委会原副主任

评议人：朱最新　广东外语外贸大学法学院教授

　　　　伍劲松　华南师范大学法学院教授

第四单元主题研讨
研讨主题："选民·代表"
主持人：黄冬娅　中山大学政治与公共事务管理学院教授

1. 题目：象征性代表的再解释

发言人：林奇富　吉林大学行政学院教授

2. 题目：人大代表定期联系选民履职的创新经验与理论探讨

发言人：上官丕亮　苏州大学王健法学院教授

3. 题目：当下人大制度研究的几点思考

发言人：邹平学　深圳大学法学院教授

4. 题目：关于完善选民登记程序若干问题的调研与分析

发言人：孙龙　中国人民大学国际关系学院副教授

5. 题目：新形势人大代表密切联系群众的创新路径

发言人：黄洁　深圳市人大常委会代表工作委员会办公室主任

6. 题目："如何代表"：我国人大代表履职的运行特征

发言人：孙莹　中山大学法学院教授

评议人：刘连泰　厦门大学法学院教授

　　　　罗玉忠　广州市人大常委会社会建设工作委员会副主任

闭幕式
主持人：郭天武　中山大学法学院教授

会议总结

上官丕亮　苏州大学王健法学院教授

于晓虹　清华大学社会科学学院长聘副教授

附　参会嘉宾名单

高等院校专家学者代表

焦洪昌　中国政法大学法学院教授、国务院参事

秦前红　武汉大学法学院教授、《法学评论》主编

任喜荣　吉林大学法学院教授、中国法学会宪法学研究会副会长

胡弘弘　中南财经政法大学法学院教授、研究生院院长

王　旭　中国人民大学法学院教授、副院长

李忠夏　中国人民大学法学院教授

上官丕亮　苏州大学王健法学院教授、副院长

刘连泰　厦门大学法学院教授

赵　谦　西南大学法学院教授

梁洪霞　西南政法大学行政法学院教授

谭清值　西南政法大学行政法学院副教授

林奇富　吉林大学行政学院教授、政治学系主任

于晓虹　清华大学社会科学学院长聘副教授

孙　龙　中国人民大学国际关系学院副教授

韩　旭　中国社会科学院政治学研究所副研究员

严行健　华东政法大学政府管理学院副教授

郭宗杰　暨南大学法学院教授、执行院长

邹平学　深圳大学法学院教授、港澳基本法研究中心主任

伍劲松　华南师范大学法学院教授

朱最新　广东外语外贸大学法学院教授

潘高峰　广东外语外贸大学法学院教授

邓世豹　广东财经大学法学院教授

戴激涛　广东财经大学法学院教授

商昌征　厦门大学法学院博士研究生

王雅智　中南财经政法大学法学院博士研究生

各级人大常委会及相关单位代表

席文启　北京市人大民族宗教侨务委员会原主任委员

王亚平　湖北省人大常委会原秘书长

闫　然　全国人大常委会法制工作委员会宪法室副处长

陈永康　广东省人大常委会法制工作委员会原副主任

廖荣辉　广州市人大常委会法制工作委员会主任

罗玉忠　广州市人大常委会社会建设工作委员会副主任

黄　洁　深圳市人大常委会代表工作委员会办公室主任

倪瑞兰　广州市天河区人大常委会原副主任

周征远　广州市海珠区人民法院党组成员、副院长

吴红勇　广州市人民检察院原三级高级检察官

刘　卫　中国民主法制出版社三编部主任

中山大学专家学者代表

肖　滨　中山大学政治与公共事务管理学院教授、社会科学学部主任

张　亮　中山大学法学院教授、院长、广州市人大代表

郭天武　中山大学法学院教授

高秦伟　中山大学法学院教授

孙　莹　中山大学法学院教授

郑琼现　中山大学法学院副教授

黄冬娅　中山大学政治与公共事务管理学院教授、副院长

何俊志　中山大学政治与公共事务管理学院教授

会务组主要成员

孙　莹　中山大学法学院教授

胡文蓉　中山大学法学院党政办公室

刘方洲　中山大学法学院 2023 级博士研究生

陈　玥　中山大学法学院 2024 级博士研究生

邓昕曈　中山大学法学院 2023 级硕士研究生

黄子滔　中山大学法学院 2024 级硕士研究生

卢昭衡　中山大学法学院 2024 级硕士研究生

亢露露　中山大学法学院 2024 级硕士研究生

郭雅慧　中山大学法学院 2023 级硕士研究生

宋博迪　中山大学法学院 2023 级硕士研究生

陈梓凯　中山大学法学院 2023 级本科生

贾桐岩　中山大学法学院 2023 级本科生

雷雨舟　中山大学法学院 2023 级本科生

（特别感谢以刘方洲为首的会务组同学们的付出。）

主编简介

孙莹，女，中山大学法学院教授、博士生导师，中山大学"逸仙学者计划"新锐学者。

1983年5月出生于河南省许昌市魏都区。先后就读于郑州大学法学院、武汉大学法学院和香港大学法律学院，分别获得法学学士、法学硕士和哲学博士学位。2012年入职中山大学法学院，从事宪法学教学和研究。孙莹多年深耕中国人民代表大会制度的理论与实践，致力于中国式民主代议制度的法治理论的拓展。她在人大制度研究领域的学术活动主要从以下四个方面展开。

一、建构中国人大议事规则的理论体系，前沿研究获得多项奖励

主持国家社科基金青年项目"中国人大议事规则研究"获得"优秀"结项，并形成专著《中国人大议事规则：原理与制度》（法律出版社2020年版）。这是我国首部体系化研究人大议事规则的专著。该专著提出"召集会议—提出动议—审议动议—表决决议"的人大议事规则理论框架，提出人大议事规则有"纸面上的规则"与"行动中的规则"。该书将人大议事规则的制度特征归纳为"组织引导个体"和"程序概括简略"，提出我国人大议事规则的发展应当在指导思想上"从组织引导到规则引导"，在议事程序上"从概括到具体"。该书出版问世后获得了学术界的高度认可，获中国法学会宪法学研究会第十一届"中青年宪法学者优秀科研成果奖"一等奖、第九届"董必武青年法学成果奖"三等奖、第二届法律出版社青年优秀法学学术图书"金獬豸奖"、第三届"方德法治研究奖"三等奖等奖项。该书也获得人大代表和人大工作者的好评。

二、推动学科交叉融合，强化人大制度学基础理论研究

综合运用社会科学研究方法阐释人民代表大会的制度运行特征和职权行使机制。凝练具有原创性和标识性的概念，提出人大及其常委会重大事项决定权具有"双重属性"、人大及其常委会具有"一元二体"的结构组织特征、地方人大常委会职权发展规律是"从默示职权到被列举权力"、央地立法权配置机制的特征是"法制统一与分级治理"等理论观点。成果发表于《政治与法律》《复旦学报（社会科学版）》《公共行政评论》等法学、公共行政学以及综合性社会科学核心期刊并被广泛引用。曾主持3项国家社会科学基金项目，以及2项教育部人文社科研究特别委托项目、1项广东省哲学社会科学规划项目等多个省部级项目课题。为了推进人大制度理论创新、推动人大研究学术共同体的建构，召集组织学术研讨会以促进不同学科间关于人大制度研究的对话交流，取得积极反响。开设关于中国人大制度研究的学术微信公众号"LPC Monitor"刊登本人及学界同人的人大研究成果获得广泛关注。

三、创新对外话语表达，发挥国际学术影响

作为独立作者和第一作者，关于中国人大制度改革和发展的研究成果曾发表于 The China Quarterly，Journal of Contemporary China，Asian Survey，Journal of East Asian Studies，Hong Kong Law Journal 等 SSCI 国际顶级学术期刊，独著与合著出版英文专著3部。担任国际学术期刊的审稿人和编委会成员，是国际学界认可的立法机关研究专家。致力于提升中国特色社会主义法学理论体系和话语体系的国际传播，2024年应广东省委宣传部邀请，担任广东省人大常委会制作的外宣英文专题片《外眼看人大：中国式民主之我见》的专家顾问，面向国际社会讲述中国人大制度的鲜活实践，该节目获得积极正面的海内外影响。多次参加 MPSA、ECLS 等国际学术会议并作主题报告。2025年应邀在耶鲁大学作题目为 "The Role of Local People's Congresses in Chinese Governance" 的学术讲座，推进海外学界对于中国式民主代议制度的认识理解。

四、服务于国家和地方立法实践，为法治建设建言献策

应全国人大常委会法工委、中国法学会的邀请和组织，多次参加关于国家法律制定和修改的专家意见咨询，对《立法法》《全国人大常委会议事规则》《地方组织法》等国家法律修改提出意见建议被国家立法机关吸收采纳。撰写关于香港特别行政区立法机关的决策咨询报告被全国人大常委会香港基本法委员会等有关部门采用。应《半月谈》《学习时报》等中央新闻单位刊物邀请发表人大制度评论文章。担任成都市、惠州市、肇庆市、汕尾市等多个地市的地方人大常委会和地方人民政府的立法咨询专家，提出关于地方性法规的咨询报告被地方立法机关采用。担任广东省和珠海市等地市的"七五""八五"普法讲师团成员。入选2015年度高等学校与法律实务部门人员互聘"双千计划"。自2018年起为广东省人大常委会机关刊物《人民之声》撰写"孙莹专栏"受到好评，获广东人大新闻奖。